U0043264

帝國與文明

政治思想的全球轉向

曾國祥、劉佳昊 —— 主編

曾國祥、劉佳昊、梁裕康、賴芸儀、陳禹仲
陳正國、陳嘉銘、陳建綱、周家瑜、沈明璁
葉浩、許家豪、蕭高彥、萬毓澤 —— 著

致謝

本書為中央研究院主題研究計畫「帝國與文明：普遍價值之批判性反思（歐洲：1650-1850）」之研究成果。此計畫為中研院中長程學術發展評估具有優勢、潛力及突破性的重點研究計畫之一。參與第一期計畫（2017-2020）的主要成員，包括中研院人社中心蕭高彥特聘研究員、史語所陳正國研究員、人社中心曾國祥研究員、人社中心陳嘉銘副研究員、政治大學政治系葉浩副教授，以及周家瑜副教授。在計畫執行過程中，透過每兩個月一次的讀書會，計畫成員彼此交換心得與討論，奠定了本書的議題架構與論述主軸，其間有幸邀請帝國與全球政治思想研究之權威學者，芝加哥大學的 Prof. Jennifer Pitts 與 Prof. Sankar Muthu 來臺參與工作坊，更擴展了本書的敘事格局與理論視野。

本計畫曾於 2019 年 11 月 4 日至 5 日，假中研院人社中心舉辦「帝國與國際政治思想：從格勞秀斯到馬克思」學術研討會，並請到國際知名學者 Jonathan Israel（Professor Emeritus, Institute for Advanced Study, USA）擔任主題演講人。本次會議除計畫成員外，也邀集國內多位學養深厚、學有專精的專家學者發表論文，共襄盛舉。本書收錄的各篇專論，均由當時會議論文改寫而成，並在聯經出版公司的協助下，完成嚴格的匿名外審程序。藉此機會，謹代表本計畫成員感謝該次學術研討會的主持人、發表人與評論人，以及參與審查作業的匿名審查人，沒有諸位先進、同僑的協助，就不會有本書的誕生。最後，特別感謝中研院黃進興副院長、學諮會黃舒芃副執行秘書、人社中心蕭高彥主任，以及政治思想研究專題研究中心陳宜中執行長的鼎力支持，使得本計畫得以順利進行，並有豐碩成果！

「帝國與文明」主題計畫主持人 曾國祥 謹識於中研院

中華民國 111 年 3 月 7 日

目次

導論 在帝國主義之前

曾國祥（中央研究院人文社會科學研究中心研究員）

劉佳昊（國立臺北大學公共行政暨政策學系助理教授）

帝國與文明

　　本書屬於全球政治思想史之研究範疇，嘗試在「帝國與文明」的問題架構下，涉足從歐洲到美洲、亞洲的跨文化視域，針對以西方文明為軸心的世界秩序和普遍價值論述，進行兼具哲學深度與歷史縱深的批判性反思。為此，我們邀集國內史學、社會學與政治思想研究的專家學者，以協力合作的方式，全面探索引領時代風騷的近代政治理論大師，如何在親臨歐洲列強爭奪世界霸權的帝國政治場景中，著手闡述個人價值、民族國家、歐洲精神與世界歷史之間的複雜關係，終而自信地從歐洲的特定文化傳統來界定人類文明的普遍意涵。

　　更具體地說，本書各篇文章共同追索的核心問題，聚焦於**帝國與文明的悖論**，並在結合政治哲學與政治思想史的視野下，呈現兩大特色。在縱向上，本書的討論範圍涵蓋了格勞秀斯（Hugo Grotius, 1583-1645）、霍布斯（Thomas Hobbes, 1588-1679）、洛克（John Locke, 1632-1704）、盧梭（Jean-Jacques Rousseau, 1712-1778）、斯密（Adam Smith, 1723-1790）、康德（Immanuel Kant, 1724-1804）、柏克（Edmund Burke, 1729-1797）、孔多塞（marquis

de Condorcet, 1743-1794）、邊沁（Jeremy Bentham, 1748-1832）、
黑格爾（Georg Wilhelm Friedrich Hegel, 1770-1831）、托克維爾
（Alexis de Tocqueville, 1805-1859）、約翰・彌爾（John Stuart
Mill, 1806-1873）、乃至馬克思（Karl Marx, 1818-1883）等，賦
予人類政治以「現代」新意之偉大作家的經典文本。就此而言，
本書所涉獵的知識版圖，不僅包含英、法、德三大政治哲學傳
統，並翔實地勾勒出歐洲近代帝國與文明思想發展的數百年軌
跡。

　　在橫向上，自 15、16 世紀起，當歐洲強權將其擴張野心轉
向美洲、亞洲，乃至世界時，歐洲政治思想的視域，即向全球著
眼。在此視域轉換的過程裡，歐洲近代政治思想的發展線索，乃
無可避免地與「帝國與帝國主義」、「文明與野蠻」、「歐洲中
心主義」等課題密切交織。換言之，正因為現代政治的主要概
念，諸如：國家、憲法、自由、權利、平等、公民、商業社會、
民主，乃至保守主義與自由主義等等，無一不是源起於近代歐
洲，而近代歐洲的政治史實質上又涉足從「帝國到帝國主義」的
海外殖民史。因此，從全球政治史的觀點來看，形塑現代政治概
念的歷史語境，同時承載著一套有關世界秩序與普遍價值之論述
的議題叢結，諸如：自然法、萬民法、政治法、征服、義戰、奴
隸、占有、殖民、自由貿易、商業社會、同意、契約、國家建
構、法的普遍性與特殊性、國際法、普遍人性、普世人權、民族
意識、資本主義、文明進步史觀等等。就此而言，本書最重要的
一項貢獻，便是呼應英美思想界的「全球轉向」，立足於東亞學
者的視角，來重新檢視歐洲近代政治思想的跨文化意涵及其歷史
影響，進而開拓華語政治思想研究的新視界。

　　本書收錄的十三篇文章，針對從格勞秀斯到馬克思這十三位思想大家的帝國政治思想，進行了細緻的討論和綿密的梳理。而在章節順序的安排上，則是以議題線索為導向，並未完全依照思想家的出生年分先後。通過本文所規劃的七大討論主題，讀者將可在影響歐洲、改變世界的偉大哲學心靈的引導下，對近代歐洲政治思想的歷史全景形成更完整的認識。在我們進入七大主題之前，或不妨先就「全球」、「帝國」、「文明」、「歐洲中心主義」等貫穿全書的主要概念略作說明，以利讀者掌握各篇文章共同關注的核心課題之梗概。

帝國與帝國主義

　　從政治思想史研究中相當盛行的脈絡主義（contextualism）的角度來看，我們如果要對近代歐洲政治語言之起源及發展提出具體的考察，就必須聚焦於「ideas in context」，緊扣現代國家、政教衝突、政治動盪（尤其是英國光榮革命、美國獨立革命和法國大革命）、商業社會、科技昌明、工業革命與資本主義等重大歷史事件，來釐清政治詞彙的意義脈絡。雖然在過去已有不少論著討論過，15 世紀到 17 世紀的歐洲地理大發現對於近代政治思想史發展的影響，而其中最顯著的例證，大概就是探索海外貿易與殖民活動所引發的文化衝突，以及隨之而來的有關自然法與萬民法的適用範圍之論爭。不過，真正以「帝國」所表徵的歐洲強權之「跨洲擴張」作為重探近代政治思想史之新視點的做法，即便是在英美學界，也不過是晚近這二十年間才興起的風潮。

　　在日常語言的使用中，「全球」（global）與「國際」（international）儼然是同義詞。然而，在本書中，此二概念將依

照不同的語境審慎使用。這主要是基於以下的考量：首先，「國際」一詞實為邊沁所創用，因此貿然使用「國際」概念來詮釋邊沁以前的作家關於「帝國」的省思，恐有時代錯置之嫌。其次，顧名思義，「國際」是指國家與國家之間的關係，但舉例來說，實質上代表英國治理印度的機構是成立於 1600 年的東印度公司，所謂的國際關係顯然不適合指稱 18 世紀「帝國」脈絡下的英印關係。再者，正也因為現代「國家」的概念源自歐洲，所以到了 19 世紀後半葉，國際法的學習與適用問題再度成為全球政治的爭論焦點，因為判斷一個國家是否可以成為國際法之權利義務主體的依據，恰恰是根源於西方世界的「文明」標準。

　　同樣值得注意的是，「帝國」（empire）或「帝國的」（imperial）與「帝國主義」（imperialism）雖然有著相同的字源，卻承載著不同的歷史意涵（Muthu, 2012: 4-6）。英文的 empire 源自拉丁文的 *imperio*，原意是指最高治權或軍事統治。引用梅爾（Charles Maier, 2006: 24-25）的話來說：「帝國，就其古典意涵而言，通常被認為是，第一、藉著征服與脅迫擴大其控制；第二、控制其所征服之領地的忠誠。其或直接統治這些臣屬之地，或任命順從的讓在地領導者代其治理，但他們之間絕非是平等夥伴的結盟體系。」在「征服」的問題上，如一般所知，霍布斯的觀點具有開創性，影響深遠。不過，有待補充說明的是：到了 18 世紀，「帝國」的內涵開始出現轉變，由征服、占領，轉為因殖民、移居而對一群廣大土地進行控制，有時也意味著對貿易駐點的商業壟斷（亦即「商業帝國」）或對海外居民的間接統治（亦即「海洋帝國」）。舉例而言，雖然亞當・斯密在《國富論》中使用了「殖民」與「大英帝國」等字眼，但其內涵即與

征服型帝國不同，甚至與我們今天所認定的「帝國主義」相去甚遠。正如其他主要的意識形態，「帝國主義」一詞也是在 19 世紀以後才流行開來的。就此而言，區辨「帝國」與「帝國主義」的內涵差異，可以幫助我們思索歐洲近代政治思想史的一個歷史性轉向，進而挖掘許多 18 世紀的經典文本所蘊藏的反對帝國暴政的思想素材。

就「帝國主義」一詞的內涵來說，其在近代歐洲的普遍使用，多是指拿破崙在 1804 年稱帝之後，向歐洲各地與海外非歐洲地區推展的擴張主義。不過，對於 18 世紀末、19 世紀初的歐洲知識界來說，拿破崙以其軍事優勢為歐洲帶來的，不僅是帝國的擴張思維，更是一種足以顛覆長久以來歐洲社會崇敬的共和政體想像，進而致使各國走向民族國家體制的現代國際政治發展。在勃森（J. A. Hobson）的名著《帝國主義》（*Imperialism: A Study*）結尾處，便曾提到：「帝國主義是個墮落的民族生活選擇，是由貪求物豐和過去百年來追求動物性生存處境而展開的武力支配，這雙重自利的訴求造成。」（1902: 390）換言之，帝國主義的特色除了武力擴張、物質榨取之外，更與歐洲民族國家的出現有關。然而，如果帝國主義的內涵，與民族國家的出現密切相關，此語詞自然和「國際」一語相同，很難如實指稱 19 世紀以前的歐洲國家海外貿易與殖民行徑。

當然，從列寧的角度來說，雖然「帝國主義」一語是在 19 世紀才於英國廣泛使用，但他認為在 16、17 世紀英國伊莉莎白世代，「大英帝國」（the British Empire）一語便已廣泛為時人所用，而且此時的大英帝國已然具有武力擴張、物質榨取等特徵。換句話說，如果我們接受列寧所言，「帝國主義」作為一

個常見語詞固然是在 19 世紀才成型，但其現實特徵卻可能早在 16、17 世紀便已見端倪。列寧的分析誠有其道理，但正如羅伯·楊（Robert Young, 2001: 110）所指出的，「對列寧和其後的馬克思主義者來說，帝國主義描述的是資本主義歷史的一個階段，而非跨歷史向度的政治與軍事支配作為。」因此，從本書涵蓋的時間與空間軸線來說，我們著眼的是「帝國主義」一詞被廣泛使用之前的歐洲政治思想發展；這也就是說，探討「帝國」從武力征服到自由貿易的變化，仍為本書多數作者所共同關注者。不過，正因為帝國主義與帝國之間有著千絲萬縷的複雜關係，透過考察帝國，我們其實也為更進一步認識、分析帝國主義的發展，作了鋪墊。

　　延續這點來說，按一般分類，近代歐洲強權的海外霸業屬於「海洋帝國」的型態，而與傳統中國透過天下體系與朝貢制度所建立的「大陸帝國」有所差別。在大衛·阿米塔吉（David Armitage）著名的定義上，大英帝國即標示著「自由、基督教、海洋、貿易」的特徵。在本書中，我們因此將結合下列四項要素來定義「帝國」：

（1）擁有相對「廣大」（large）的領土。

（2）一種「普遍」（universal）的信念。

（3）包含不同國家於其中，並由某一族群或部落來「統治」（rule over）其他族群或部落。

（4）此一統治事實通常是經由「征服」（conquest）而取得的（Pagden, 2015: 1）。

這一用法的好處是：只要略加修飾就可以適用於東亞傳統。換言之，帝國的「廣大」、「普遍」、對不同族群之「統治」等特徵，基本上相應於「普天之下，莫非王土；率土之濱，莫非王臣」的說法；唯一顯著的差別可能是基於儒家傳統，天下體系認為以德服人在道德判斷上是高於窮兵黷武的，雖然在許多場合中戰爭仍是在所難免。持平而論，正如西方國際關係理論基本上是自由主義與現實主義兩行並列，近代歐洲從「帝國」到「帝國主義」的歷史發展大抵上也是在普遍的正義原則與特殊的國家利益之間游蕩。在這點上，中西傳統似無決定性的差異。

文明與野蠻

暫且不論中西帝國思想的異同，在歐洲近代的歷史經驗中，帝國的擴張，尤其是對於不同族群的征服，通常同時涉及暴力鎮壓與普遍價值之間的思想纏鬥。簡單地說，這是因為幅員遼闊的帝國在本質上是「一種特殊的國家組織，在其中不同的族群民族的精英聽從並默認支配性權力的政治領導」（Maier, 2006: 33），因此終將涉及有關統治正當性的詰問。而隨著時空的演進，「文明」乃成了正當性論述的主要理據。

在字源上，「civility」大致蘊含兩層基本用法，即「禮儀」（good manners）與「規範」（norms）。從「禮儀」一面來看，對我們探索近代歐洲思想具有重要意義的陳述，包括：「文明」（civilization）、「開化（文雅）社會」（a civilized society）、「優雅生活」（a polished life），乃至「傳統」（tradition）、「風俗」（custom）、「習慣」（habit）等；從「規範」的角度切入，另一組影響深遠的政治詞彙包含：「公民」（citizenship）、「公

民社會」（civil society）、「公民政府」（civil government）、「公民德行」（civil virtue）、「公民權利」（civil rights），以及「公民秩序」（civil order）等。合而論之，解釋歐洲現代國家起源及其發展的一個重要視角，是對「civility」的兩層意涵，也就是文明進程與公民規範之間的複雜關係，提出兼具哲思與史識的分析。

　　就「帝國」與「帝國主義」之思想起源而言，「civility」所扮演的關鍵角色，同樣不容存疑。因為「文明與野蠻的對立」（civility vs. barbarity）以及攀附於此的「歐洲文明優越論」，不僅在 19 世紀以後逐漸成為許多政治理論家拿來證成「帝國主義」與「殖民主義」的理論口實，甚至至今仍然或隱或顯地呈現在非西方世界對於自由民主價值規範的評價態度中。雖然如此，一個無可否認的事實是：19 世紀以前西方思想界對於「civility」的想像遠遠要比後來大家熟知的、定萬物於理性一尊的「啟蒙計畫」來得複雜與分歧。若以英國為例，「文明與野蠻的對立」最早只是被用來解釋從羅馬統治到諾曼征服之後的英格蘭人在社會禮儀與生活條件上的改進狀態。及至 17 世紀，歷經內戰與光榮革命的洗禮，「civility」的議論重點逐漸導向政治層面，例如：霍布斯與洛克的政治學說，都涉及公民狀態或公民社會之建立的問題；也因此，洛克對於英國憲政與政治自由的闡述，日後成了 18 世紀作家討論「文明國家」的重要藍本。縱然如此，直到 18 世紀，在休謨、亞當・斯密、佛格森與柏克的論著中，「文明」概念基本上是指一個更進步的歷史階段，講述「文明與野蠻的對立」之作用，大抵上則是在凝聚民族國家的內部認同以及對於一個「開明歐洲」（an enlightened Europe）的展望，尚未淪為力挺

大英帝國對外侵略與軍事行動的思想理據。

在此脈絡下，彌爾有關「文明」的定義具有劃時代的意義，但也最具有爭議性：

> 我們習慣稱呼一個國家是更文明的，如果我們認為它是更改善的；在人與社會的最好特徵上是更卓越的；在邁向完美的道路上是更進步的；更幸福，更尊貴，更有智慧。……在另一層意義上，文明就只代表著改善的特質，區別出富裕與強大的民族與未開化之人和野蠻人的不同。（quoted in Pagden, 2015: 260, note 44; see also, Pitts, 2005: 141-144）

概括而言，彌爾觀點的「負面」影響包括以下幾個方面：（1）雖然自由主義的道德理想是正確的、也是可欲的，亦即堅定捍衛個體性與自由為全體人類共享之基本價值，但個體的道德實現與自由的合法行使，卻只可能發生在文明國家的政治制度與社會文化之中；（2）西方世界與非西方世界的差別，在許多地方恰恰反映出了「文明與野蠻的對立」；因此，（3）西方帝國強權對外的開疆闢土是正當的、也是必要的，因為這有助於「開化」「未開化民族」的「文明」素養，讓自由可以真正成為全體人類的普遍信仰與終極價值。當然，並非所有的詮釋者都同意彌爾是自由主義轉向帝國主義的始作俑者；但無可否認的是，作為一種意識形態，自由主義從 19 世紀中葉以後開始和帝國主義的現實政治產生複雜的交涉，而此一歷史性突變，或所謂的「自由帝國主義」的出現，與當時「文明」論述的峰迴路轉關聯甚深，甚至直到今日都還以「自由國際主義」之名，有效地支配著當前

的國際秩序。從意識形態分析的角度來說，彌爾的「文明」論述主要受到基佐（François Guizot）的啟發，而後者同時影響了日本思想界。要之，彌爾所承繼的是啟蒙的進步史觀，而在 19 世紀中葉以後的歷史場景中，這種以歐洲文明作為全球治理之道德依託的歷史想像，則與自由主義、帝國主義等思潮交錯地影響了全球政治思想的發展。

　　綜上所述，本書所關注的「文明」概念，大致上涵蓋了以下相互交疊的多層思維，包括：有關人類歷史之發展階段的哲學思辨；古典禮儀與德行的近代轉化；基督教世界與非基督教世界的文化差異；政治社會的出現與商業社會的興起；共同人性；啟蒙理性；以個體之自由、平等、尊嚴為核心的道德規範；改善的、卓越的、進步的人類社會發展尺度；西方世界的進步價值；基本人權，等等。舉例而言，亞當・斯密的「文明」論述涉及歷史階段的發展問題；柏克認為宗教與騎士精神是支持歐洲「文明」的兩根支柱，並重視共同人性與同情心；康德是啟蒙理性與世界主義的代言人；約翰・彌爾格外重視自由與「文明」之間的關聯；而人權則是二次大戰之後自由主義國際秩序的焦點。一言以蔽之，對於「文明」概念的思想史考察，同時涉及對普遍價值之歷史條件以及自由主義之現實關懷的揭露。不過，當我們立足於全球政治思想的歷史視域，並將討論焦點從「文明」概念本身，轉向「文明的」西方世界與「野蠻的」非西方世界之間的對立時，我們將更進一步發現，在這些歐洲政治思想家的「文明」論述中，實際上蘊含著一層「歐洲中心主義」的思維。

歐洲中心主義

當歐洲各國於 15、16 世紀開始向海外進行殖民貿易活動時，他們透過自身與北美原住民的遭遇所產生出來的經驗與想法，即具有一種文明優越性。舉例而言，當西班牙為了合理化其占領北美原住民土地的行徑而援引「捍衛無辜者」（the defence of the innocent）的主張時，其思考軸心不僅是為了國家的強盛而有國族中心主義之傾向，甚至就連「捍衛無辜者」這個主張本身，實際上也是以基督教文明為中心所產生的道德宣稱。所謂「捍衛無辜者」是指當有人枉顧人性，殺戮、獻祭他人，其他人便可出於捍衛此些無辜受害者的正當理由，介入此些野蠻暴行。從今日的角度來看，當時北美原住民的獻祭傳統固然顯得「野蠻」，但這類行徑卻與他們的宗教文化和社會經濟處境密切相關。如卡羅萊‧D‧潘那克（Caroline D. Pennock, 2008）研究指出，當時西班牙人接觸到的阿茲提克獻祭儀式，對後者來說，不僅不是野蠻的行徑，更是使人類的靈魂回歸精神世界而永存的榮耀行為。反過來說，對於阿茲提克或其他非歐洲地區的人民來說，歐洲國家假借文明之名而以其武力在世界各地建立起來的貿易殖民地，才是真正的「野蠻」。

由此可見，雖然乍看之下「帝國與文明」儼然是兩個相互衝突的理念，但在 15、16 世紀始，至 18、19 世紀發展的全球政治場域中，出於現實利益的計算、資本主義的需要，以及各種思想潮流（如「自由帝國主義」與「人類文明進步論」）的催化等因素，導致帝國主義擴張與西方文明標準兩者之間逐漸形成某種共生關係：在一方面，歐洲帝國主義國家通常正是以文明開化的藉口，為其海外殖民與武力征服之軍事行動進行辯解；在另一

方面，非歐洲世界的政治體如果想要進入人類文明之林，則只能透過相同的富國強兵手段，成為具有國際法主體地位的現代「國家」。從近代日本的特殊歷史經驗來看，自我革新、宣揚文明的另一種政治途徑，便是模仿西方帝國主義的權力邏輯。而近代中國，則是從此迎向了一個價值重估、文明重塑的紛亂時代。

　　順此而論，本書收羅的十三篇文章雖然是以歐洲近代政治思想大家的經典文本為分析對象，但本書作者們並未因此陷入歐洲中心主義的窠臼，相反地，本書作者咸信，唯有透過哲學與歷史的雙重視野，並從全球政治思想的多重時空軸線，深入探索「帝國與文明」此二理念在歷史實踐的過程中所激發的理論爭議與現實難題，我們才不會為了避免落入歐洲中心主義的窠臼，而陷入另一種東亞社會的「西方主義」泥沼裡。換言之，如果薩依德所謂的「東方主義」是指歐洲社會對於東方世界懷抱的一種刻板印象，那麼「西方主義」所反指的，即是東亞社會對於西方世界所抱有的另一種刻板印象。舉例而言，自 19、20 世紀以降，西方世界在東亞社會中經常與自由平等、啟蒙理性、進步科學、優越文明、普世人性等觀念符號相連結，但從本書作者的分析研究來看，西方世界的理性、進步與優越往往與其出於國家繁榮強盛之目的，而從事的武力征服、殖民干預、物質榨取等權力支配行徑相伴。[1]

　　更明確地說，本書以「帝國與文明的悖論」為思考起點展開的各篇論文，具有兩層共同的論述目標：首先，從政治思想史的

---

[1]　關於東方主義和西方主義的問題，可參閱何重誼從哲學與文化現代性課題展開的中西思想比較，見 Jean-Yves Heurtebise（2020）。

層面來說，我們想要追問的是：在 19 世紀中葉以後，素以追求自由、平等、人性尊嚴為尚的（最廣義用法下的）自由主義何以會開始和帝國主義產生盤根錯節的歷史糾葛？為此，本書的著眼點便是帝國主義之前的歐洲思想，而期望透過深入考察 15 至 19 世紀之間多位歐洲政治思想家的論述，以梳理化解謎團的線索。其次，從政治哲學的批判觀點來說，透過「帝國與文明」的架構，本書作者共享的一個更為深遠的問題意識，則毋寧是要探究 15 至 19 世紀歐洲各國以文明之名在世界各地擴張其帝國勢力的邏輯轉變與延伸，以及此套帝國邏輯，如何影響了當前全球的國際秩序與人權法規之建置。

政治思想的全球轉向

有此說明，在接下來的討論中，我們準備以七大主題為架構，扼要介紹本書收羅的十三篇文章各自關注的議題焦點，以及經此交織而成的全球政治思想形貌。

自然法的詮釋：征服、義戰與奴隸問題

從帝國與帝國主義、文明與野蠻、歐洲中心主義和自由主義等思潮論述的發展來看，本書所關注的全球政治思想系譜，起源於 15、16 世紀歐洲各國對「新」世界進行探索、貿易及殖民的海外活動。梁裕康在〈帝國殖民與霍布斯〉一文裡，便為我們清楚勾勒了當時歐洲各國為了進行海外貿易與殖民活動，所發展出來的各種征服、占有論述。依梁裕康之見，在當時的論述中，可以概分為「舊教－湯瑪斯式」和「新教－奧古斯丁式」兩大類。

就前一觀點來說，其要旨為：在神造的自然法之下，於塵世生活的各民族之間存在著所謂的萬民法（law of nations），而各民族只要運用理性，便會同意萬民法對於所有人和各民族的規範。如此，以萬民法為據，對於 16 世紀的西班牙來說，其之所以可以介入美洲原住民的部落秩序、進行統治，是因為原住民固有的活人獻祭和食人習俗違反了萬民法，故西班牙可以援引前述「捍衛無辜者」的正當理由，來介入美洲原住民的「暴行」。

　　相對地，所謂「新教－奧古斯丁式」的觀點，其要旨為：世界萬物都是神給予人的恩典，而為所有人都可取用的對象，因此，無論人是否有理性，都可基於自己的自由意志來選擇接受恩典與否；不過，如果人們拒絕接受恩典，並讓自身所有的土地荒蕪、烏有，其他選擇接受神的恩典之人便可正當占有這些土地。按梁文主張，此一觀點的出現，主要是因為當時的荷蘭和英國希望在海上與西班牙對抗，進而擴張自身的海外貿易與政治力量。順著這層意義來說，梁文之所以將奧古斯丁式的觀點視為是新教的，而湯瑪斯式的論述為舊教的，其出發點在於，前者的主張基本上為 16 世紀的新教國家如英國、荷蘭所用，而後者則為當時的舊教國家西班牙所採納。不過，無論是這兩種觀點中的何者，都提出了一種合理化歐洲國家「占領」新大陸的論據。以這兩種觀點為背景，梁裕康進一步指陳了霍布斯的征服概念與被征服者自願臣服的關係。如他強調，對霍布斯來說，「征服此一行為的合法性並非來自於暴力，而是來自被征服者的同意」（見本書，梁裕康，頁 74）。在這點上，無論被征服者是否是出於恐懼而表示同意，只要他們自願臣服於征服者的力量，征服者便有統治他們的合法性與正當性。而在梁文的爬梳下，我們可以看到西方

帝國論述和西方政治思想的複雜關係，尤其，從帝國思想的發展來說，其間論及的征服式帝國、征服者的權利、世人基於理性或意志認識或接受自然法、萬民法規範等觀點，不斷在後來的思想論述中出現。

相對於梁文所論及的西班牙和英國，主要是為了進行海外擴張和貿易，而發展出帝國的征服論述，賴芸儀在〈格勞秀斯《論捕獲法》之政治論述發展〉一文裡，則是從尼德蘭建國的角度來闡述格勞秀斯的海外貿易與占有論述。依賴芸儀之見，格勞秀斯雖然談論自然法和萬民法的意義和內涵，但在他《論捕獲法》和《論海洋自由》的論述裡，則特別強調國與國之間的萬民法之所以具有約束效力，乃是基於各國的同意表示。賴文指出：「意志構成的法律，有別於和上帝相關的自然法，另構成萬民法體系中占有權的基礎。如此一來，從能否占有海洋的問題起始，格勞秀斯嘗試兼顧自保與人的社會性，並以同意的行為營造出雙方主權對等的畫面，可說是格勞秀斯以此為手段，好在當時的國際現勢中找尋尼德蘭獨立建國的契機」（見本書，賴芸儀，頁107）。在格勞秀斯的主張裡，若西班牙或任何其他國家寄望援引萬民法來宣稱其海外貿易與占領的權利，或想要以萬民法來規範、聲討尼德蘭從事的海上劫掠行為，就必須先承認尼德蘭和其他國家一樣擁有相同的獨立地位，才可在尼德蘭的同意表示下，使其為萬民法的規範效力所及之國家。

如此說來，格勞秀斯的海外貿易與占有論述主要是針對歐洲各國而發，並非為了直接證成尼德蘭對新大陸或其他海外殖民地的占領正當性。甚而，依賴文之見，歐洲國家與世界各地的貿易關係皆必須是以當地人的同意為基礎進行，而無法藉武力占有之

名展開（見本書，賴芸儀，頁 113）。由是之故，當格勞秀斯說
「對自願參與戰爭的人而言，戰爭要有正義的理由。其中包括已
經提過的：人們保護其生命和財產，或是在生命或財產遭受侵害
時要求賠償，或是索取自己應得之物或對違法行為加以懲罰」時
（格勞秀斯，2015：80），他針對義戰設下的種種條件，首要乃
是針對歐洲各國進行海外活動而在彼此之間所發生的衝突提出。
相對於梁文提到「以義戰為前提的征服是合理的，因為義戰賦
予正義的一方某種『戰時法』。對於新大陸的占領，正屬於這種
戰時法」（見本書，梁裕康，頁 60），義戰在格勞秀斯的論述
裡，則主要指向當歐洲各國彼此之間缺乏基於同意形成的法律規
範時，各國便得以援引自然法藉戰爭捍衛自身權利、進行自保的
觀念。當然，若歐洲國家在新大陸或世界各地遭受權利侵害或生
存威脅時，戰爭仍可能被冠以捍衛自然權利之名展開。不過，格
勞秀斯的論著固然存有此種合理化帝國征服的可能，但賴芸儀指
出，從她的研究成果來看，在格勞秀斯本人的論著中，尚未能清
楚見得帝國建構的意圖。

　　梁文和賴文共同關注的幾個重要問題，例如：自然法的意涵
以及理性和同意作用，在陳禹仲的〈洛克：反奴隸的政治社會〉
一文裡，進一步成了洛克構築一套有關奴隸制度之合法論述的
立論焦點。按陳禹仲的解讀，在洛克的思想中，自然法和政治法
分屬不同的法學範疇。就前者來說，這是指在沒有政治生活、沒
有國家秩序的自然狀態裡，指導人們思考行動的規範。在這個自
然法規範底下，所有人都是平等的，因此沒有誰可以奴役誰、誰
必須臣屬於誰的問題。而在政治法的範疇裡，身處在同一個政
治秩序底下的人們，則可基於同意而在其中享有國家法律保障

的權利。換句話說，在政治法的規範下，每個社會成員理應享有平等的自由權利。從這兩個角度來說，在人類世界裡，理應不會存在奴隸或奴僕。不過，陳禹仲指出，洛克對於奴隸和奴僕的理解和討論，不是單純從這個應然層面出發。如他強調，「在規範意義上，能被稱之為公民社會的政治情境，是反奴隸的。我們也知道，儘管有這樣的規範性，公民社會在政治實踐上，很難阻止人自發成僕，甚至自願成奴。公民社會能阻止的，似乎只有阻止已然自願成奴的人，使其他不願自發成僕的被迫成奴」（見本書，陳禹仲，頁 146）。至於為何無法阻止人們成為奴僕，甚至奴隸，這便是因為這樣的狀態是人「自願」為之。在這個意義下，如果身處同一政治秩序內的公民都接受這個「自願為僕」的狀態，並且為此秩序下的法律所容納，那麼即便從「應然」的角度來說，此種奴僕狀態不符平等的公民社會想像，但要改變此狀態，仍需要由身處政治秩序內的公民，對此不公平狀態所涉及的違反自然法規範之情事產生自覺的反省意識，才稱得上是正當的。

　　顯然地，在陳禹仲的討論裡，人們能否認識自然法和是否自願為奴，是洛克討論奴隸制度是否合法的關鍵課題。從此出發，洛克固然如陳禹仲指出未直接反對奴隸和奴僕制度，但透過他對於自然法和政治法規範內涵的闡述，他的思想依然留下一個反思奴隸和奴僕制度合法性的空間。此即，當人們對自然法的認識愈深，人們愈有能力認知到奴僕和奴隸制度的不義，進而透過群體的政治參與改變既有政治法和國家法規。從這個角度來說，陳禹仲強調，儘管在洛克的論著（特別是《卡羅萊納基本憲章》）裡，他談論了奴隸主對奴隸的合法權利，但這不意味洛克是個帝國殖民論述的支持者，而僅意味著對他來說，「不應該由少數人

來取消已然實踐的法權」（見本書，陳禹仲，頁 148），而必須由公民們共同判斷後為之。換句話說，洛克在撰寫《卡羅萊納基本憲章》時，「其任務最主要是讓殖民地得以享有與母國同樣的法權，而不是重新建構一個完美的理想政體」（見本書，陳禹仲，頁 148）。

　　行文至此，我們可以看到，歐洲各國是否擁有征服、占領新大陸並奴役被征服者的正當性，乃是當時思想家關注的重要課題，而貫穿其間的論述軸線則包括：自然法、萬民法和政治法的分歧解讀；理性認知和自願同意的人類行動；征服者的權利與發動戰爭的正當理由；基於征服與義戰而有的占有權；政治社會的基礎與界限；帝國擴張和國家建構的辯證，等等。在這些思維線索的交織下，接續其後的歐洲思想家，於是進一步發展出了各種與自由貿易、文明與野蠻、民族國家、國際法、非征服與非占有的帝國想像等議題相關的論述；在其中，我們固然看到支持帝國征服的主張，但也能發現反省帝國征服正當性的觀點。尤其值得一提的是：在自然法、萬民法和政治法等思想學說的影響下，理性與意志的角色益發顯著。無論是北美原住民是否可以充分發揮理性認識自然法，或是被征服者是否是基於自身意志而自願為奴，乃至歐洲各國是基於同意還是理性享有特定權利等問題，都與人類的理性認知和意志自由能力，密切相關。而在 18 世紀之後，隨著歐洲各國的殖民版圖日益擴張、穩固，許多思想家開始進一步反思過往的帝國征服論述時，「理性」和「意志」兩個概念即屢屢以不同形貌出現，而將此後的思想論述導向了理性文明、民族自由、同意干預、普遍的人性史觀等各種觀念的思辨，並帶出了有關帝國的正當性、文明與野蠻、法的普遍性與特殊性

等課題的諸多討論，發展出新的（反）帝國論述。

商業社會：政治經濟學與道德情感論

　　歷經 15 世紀到 17 世紀大航海時代的征服與占領時期，到了 18 世紀，歐洲各國在全球各大洋建立起的航線日益穩定。從大西洋、太平洋到印度洋，歐洲各國沿著海洋航線建立起了大大小小的貿易據點和殖民地。如此，隨著商業貿易和海洋航行的穩定，此時的政治思想家思考的問題開始轉向非武力征服的帝國論述。在〈亞當・斯密的帝國論述及其背景〉一文裡，陳正國指出，相比於西班牙的帝國征服論述乃是以武力為手段，從而發動不義戰爭侵犯美洲原住民，斯密則試圖從理性效益和政治經濟學的角度，建立一個以商業貿易為核心的文明、正義的帝國論述。

　　依陳正國之見，斯密認為現代帝國的出現，乃是偶然、意外、非計畫的結果，在此歷史推展的過程中，諸如英國等以商業貿易為導向拓展海外事業的國家，主要是靠著政府之力協助發展殖民貿易，進而將共和國建立在商業帝國的經濟利益之上。事實上，在 1648 年歐洲大陸上發生的一系列宗教戰爭結束後，英國政治經濟學研究的先行者戴夫儂（Charles Davenant, 1656-1714）便曾主張：「英格蘭想要在國際平衡中占一席地位，甚至免於受到侵略，國際貿易的無限擴張可能是唯一的出路。」（見本書，陳正國，頁 183）斯密基本上承繼了這種認為國家存亡和商業貿易密切相關的觀點，並進一步發展出強調自由貿易重要性的商業帝國論述。

　　不過，陳正國強調，雖然斯密強調商業貿易對於國家存亡的重要性，但他並未因此認為商人從海外貿易取得的利益，比起國

內農業生產的發展更為重要。斯密的此一見解，實際上是針對英國國內的重商主義者而發。對斯密來說，「商人利益不必然是公眾利益」，而「國際貿易的真正基礎依舊是本國的農業，貿易作為商業的一環其實是農業的消費剩餘及其衍生」（見本書，陳正國，頁 193）。因此，若進行海外貿易擴張的目標是為了英國的長治久安，政府就必須從公眾利益的角度立法規範商業貿易。持平而論，正因為斯密是從國家整體的公眾利益來思考海外貿易的重要性，他不僅反對殖民地的奴隸制度，也十分強調政府必須以國家整體利益的角度來思考自身與殖民地的公平關係，而非為了商業利益遂行不義。質言之，主張在殖民地施行奴隸制度的人，主要是為了增加商業利益，但如此做法不僅限制了奴隸的生產力，長期而言也將破壞英國和殖民地的關係。因此，對斯密來說，我們應當透過政治經濟學的分析，從理性推導出一個符合於英國和各個殖民地各自利益的普遍正義原則。換句話來說，在斯密建構的商業帝國論述之下，我們依然可以根據理性效益的分析，打造一個文明、正義的帝國統治狀態。

　　相較於陳正國的斯密研究，曾國祥在〈文明帝國 vs. 野蠻帝國：從社會情感觀點重建柏克的全球政治思想〉一文裡，雖也談論柏克筆下的「文明－正義」和「野蠻－不義」兩類帝國之分野，但他強調，柏克對於帝國的省思，原則上可被視為其政治思想的延伸，而柏克以英國憲政傳統為歐洲文明典範的政治思想體系，實則奠基在他的社會情感論之上。簡而言之，在柏克的人性科學架構中，情感先於理性而存在，而人依自然法則而來的兩種情感原則，則分別是「崇高性」以及包含「愛」、「美」和「同情共感」在內的「社會性」。如一般所知，「崇高性」是柏克談

論政治權威的首要根據，但鮮少為人注意的是，正因為強調個人基於自保而對文明、傳統、王權、律法等懷抱崇敬之感是政治秩序的基石，所以在帝國政治的場景中，柏克再三提醒其大英同胞，必須尊重他者文明如印度殖民地自身的法律制度與生活傳統。另一方面，柏克同時認為，人際關係、人群互動與跨文化對話均有賴於「社會性」的作用，尤其是「同情共感」的能力，也就是一種可以引領「『我們進入他人的關懷』、『把自己放在他人所處的任何環境中』」的「社會性」（見本書，曾國祥，頁223）。依此，柏克認為，不論是法國大革命的雅各賓黨人透過武力、恐懼，動搖法國的政治權威，或是東印度公司的主政者藉著鎮壓、掠奪，顛覆印度的既有秩序，我們都可以透過「同情共感」的心靈活動，設身處地、感同身受他人的苦難及其所承受的不義對待，並藉而對具體的立法與政策，形成明智的政治判斷。

依曾文的鋪陳，柏克就和斯密一樣，咸信一個靠著武力征服他人的帝國，實為一野蠻、不義之帝國。不過，對柏克來說，這類帝國之所以為野蠻、不義，並不單單是因為其行徑有違國家整體的公眾利益，更是因為此類行徑等於是把源自於歐洲的政治邪惡帶往世界，也就是透過武力征服而妄圖將某個基於抽象理性建構出來的文明圖像，強硬施於不同地區、人民之上的專制作為。就這點來說，柏克有關文明和野蠻的區分，主要指向自由精神與征服精神的對峙，尚未掉入歐洲中心主義的窠臼。正是因此之故，曾國祥指出：「一個泱泱大國在面對殖民地人民時，不但不應該將正義原則完全排除在其帝國政策之外，因為這將使得正義畫地自限，成為一種『地理道德』，更應該試著打破文化藩籬，通過『同情共感』的道德想像，用心感受殖民地人民遭受的迫窘

處境，進而通過解除他們無端承受的各種不公不義對待，來逐步
體現普遍正義的內容。」（見本書，曾國祥，頁 244）質言之，
按曾文對於柏克的帝國政治思想的解讀，普遍正義的體現和落
實，必須透過不同社群、人民的貿易交流與友善互動來逐步推
展，而不是藉著某種抽象理性所宣稱的普遍規範來強迫他人就
範。

對人文主義的批判：虛榮心與自然非群性

　　透過前述的討論，我們可以看到，到了 18 世紀，歐洲政治
思想家不僅開始反思歐洲各國對待海外殖民地和原住民的方式，
更進一步透過這個文化衝突契機，開始重新思考過往思想家討論
的自然法、萬民法、政治法，以及理性與人性之內涵。而在這個
反思過程裡，他們除了對文明與野蠻的關係作了新的定義，也
開始更具體地思考「國家」和「國家」之間的關係。陳嘉銘在
〈「自然非群性」的盧梭變奏：從共和帝國主義到共和邦聯〉一
文裡，便從盧梭筆下的人類本性出發，從戰爭與自主的角度討
論了這些問題。按陳文指出，盧梭對於過往人文主義政治思想學
者提出的「征服者的權利」、「正義之戰」、「占領論述」等主
張，乃持批判的態度。對盧梭而言，歐洲各國對於海外殖民事業
的追求，多是出於專制君王的虛榮心與支配的野心。而正是在
此虛榮心與野心影響下，盧梭認為，歐洲各國和所謂的人文主
義學者，便以「人類社群利益和自然法之名，對野蠻人和『暴
政』發動戰爭，以及對『空地』的占領」（見本書，陳嘉銘，頁
262）。依盧梭之見，人類確實可以依照自己的理性，推論出所
謂自然法的規範原則，但正因為這個規範原則是透過個人的理性

推導，人類便容易在這個推導過程中受到個人自保動機的影響，導致其對陌生人、外邦人的憐憫心變得很薄弱。換言之，正是在理性文明的發展過程中，人類展現了一種「自然非群性」，而從自保向虛榮心變化。

在此，盧梭對於人類的自保和憐憫心的重視，除了影響蘇格蘭啟蒙運動的作家以及柏克的社會情感論（見本書，曾國祥，頁 226），也對其後思想家有關文明與野蠻關係的看法，產生重要的歷史後座力。正如前面提到，盧梭認為人類是在理性文明的發展過程中，淡化了自己的憐憫心，從而變得虛榮，相反地，他認為在原初的人類自然生活狀態裡，所謂野蠻、原始的人類，其生活反而恬然自得，雖然依循自保天性會向外尋求生活所需，也會依循憐憫的天性不會去刻意傷害他人。至於如何對抗人類的「自然非群性」，依陳文之見，一個可能的進路便是從自保的動機出發，結合盧梭的自願主義來重新理解戰爭。在此，值得一提的是：相對於梁文中提到的霍布斯，主張在征服者的武力之下自願臣服者依然是依其自由為奴僕，盧梭堅持：「我們雖然在力量脅迫下，都會遵循力量，可是那只是基於自保必要性的暫時妥協，而不是自願。」（見本書，陳嘉銘，頁 267）基於這樣的思維，盧梭遂反對征服的權利論述，並認為所有戰爭都只能發生在「國家」對「國家」之間，而非針對個人的消滅戰。這是因為國家作為一個整體，可以在面臨生存威脅時發動戰爭，但這個戰爭針對的是另一個作為整體的國家，而非生活在該國之中的個人。因此，一旦該國戰敗，戰勝國摧毀的是戰敗國的國家體制而非投降個人的生命。換句話說，從盧梭的觀點出發，任何想要征服他國、占領土地、奴役人民的戰爭，都是個不義之戰。不過，當

各個國家基於自保而自願彼此合作，建立其避免相互爭戰的邦聯時，一套和平的國際秩序便可望在各國之間產生。陳嘉銘認為，在盧梭的這套思想下，彼此合作的國家必然是在自保的基礎上，不必依賴其他國家而有獨立生存的能力。就這個角度來說，這些自願合作的國家之所以可以維持和平、避免戰爭，便是因為他們沒有藉侵略、征服他國以求生的必要。

　　顯然地，盧梭思想中蘊含的這種「共和邦聯」的想法，和格勞秀斯講述萬民法之效力來自各國同意的觀點，頗有相近之處。而雖然盧梭、斯密和柏克對於人性的看法各有不同，但他們基本上都是在同一語境中創作的歷史行為者，試著從人類的本性出發，重新解讀自然法的內涵，並由此而發展出了不同的文明觀點，以及各種批判帝國征服論述的主張。在結束本段討論之前，允讓作者再次強調：一部經典的歷久彌新，往往在於其存在著各種不同的解讀方式。例如，在劍橋學派新秀學者珍妮佛・皮茲（Jennifer Pitts, 2005: 49, 54）有關「帝國轉向」的敘述架構中，斯密實際上也是一位從道德情感出發，談論大英帝國文明和新大陸各地文明之間存有對等關係的思想家。然而，依據陳正國的精闢分析，當斯密在處理帝國問題時，他所依靠的其實是基於政治經濟學觀點而來一套重視理性效益的普遍正義原則。就這點來說，陳建綱在〈蹣跚徒行於荒野與田園之間：論邊沁的文明觀〉一文裡，在普遍主義和特殊主義的拉扯關係中，重新詮釋邊沁的理性效益原則對於各民族立法活動而言的反思意義，和陳正國的論述之間恰恰呈現出了古典政治經濟學承先啟後的延續性。

理性法則的求索：普遍主義與特殊主義

　　自約翰・彌爾以降，許多政治思想研究者（如羅素・柯克〔Russell Kirk〕）皆宣稱邊沁是個重視理性效益、不顧民族特性和社會文化差異的冷酷學者，而試圖將理性效益作為普遍原則，一逕適用於評判不同地域人民的法律規章。然而，依陳建綱之見，理性效益固然是我們檢視一國一地立法是否良善的普遍人性原則，但我們無法從自己的特定視角，逕稱其他國家、人民施用的法律規範是錯的。這是因為「邊沁認為社會中的偏見對於政治秩序的維繫有所助益，即便是有害的偏見也可能有益於維繫某一社群的良好民情風俗。只要偏見仍具有此種實用性，邊沁即反對粗暴草率地汰除之，而應以溫和的手段進行改革」（見本書，陳建綱，頁 293）。究實而論，正因為邊沁並未妄圖以強硬手段直接要求各地民族、國家按其原則修改法律，所以，誠如陳建綱所強調的，邊沁「確實將效益視作衡量政治與道德，同時也是衡量文明與文化的量尺，但這一把量尺依循的是他對於人性的洞察，所以我們無須把邊沁的效益主義與文明觀，視為除去情感、歷史、記憶與社會連結的冰冷理論」（見本書，陳建綱，頁 297）。

　　不過，理性效益既然是個人們可以藉以反思既存政治秩序和法律體制的量尺，其當然具有協助人們改革既有秩序體制的作用。在這點上，邊沁的看法與前文提到的洛克相近。按陳禹仲所論，在洛克的思想中，奴隸制固然有其不義之處，但這個制度作為既存政治法律保障之權利對象，若要改革之，便需透過社會公眾對於自然法內涵的充分認識，進而透過群體的參與來推動。相同地，邊沁也認為，一國一地的法律制度和政治秩序無法由少數

精英或外來群體推動，而必須透過人民的智識啟蒙，進而自願參與改革來進行。就此而言，邊沁的「務實的法律完善論」之要旨，即是透過考察各個政治社群的具體規範，進而藉由立法者和公眾的合作，以彰顯普遍人性原則之不變性的思考。而在這個理論觀點下，法律的普遍性和特殊性便有了融通之道。誠然，從「務實的法律完善論」來說，邊沁思想中蘊含的這個融通普遍主義和特殊主義的思想路徑，與曾國祥筆下描繪的柏克亦有相似之處。不過，就兩者之間的差異來說，邊沁的思考仍較偏重理性效益的反思，而可謂為承接斯密的理性效益普遍原則之修正觀點，至於在柏克的考量下，某種如盧梭描繪的憐憫心，或說「同情共感」能力，則是融通普遍性與特殊性的關鍵。

在另一方面，康德對於理性立法的討論，則開啟了歐陸近代法政哲學的新典範。基本上，康德延續了格勞秀斯、盧梭等人的思考方向，從人性發展、自保和理性、國際法、世界公民法權等概念，發展出了另一套反思帝國征服論述的國際政治思想。按周家瑜在〈「帝國主義的後設敘事？」：康德論文化、文明與世界公民法權〉一文中的解釋，康德的思想固然有重視理性、人類進步和世界和平等特徵，但光是如此，並不足以代表康德直接證成了一種以歐洲文明為中心的殖民主義或優越思想。尤其，在盧梭思想的影響下，康德同樣認為，人類在理性和自保的交互影響下，可以發展出眾多技術與物質文明，但這些文明發展往往容易帶來許多負面的影響，進而透過優越的技術和物質文明，以壓迫、不平等的手段對待其他民族，換取豪奢、淫逸的生活。如此，周文指出，相對於擁有一套強調歐洲優越文明的殖民主義思維，康德其實對於歐洲各國憑藉技術和物質文明，在世界各地進

行武力壓迫帶來的不平等狀態多有警惕。

　　不過，周家瑜認為，康德雖然對於歐洲的優越文明有所反思，但他也未必如慕圖（Sankar Muthu）所言，因為重視人類基於其文化本性所追求的集體自由，而肯認不同人類社群的文化差異與其自主性。周家瑜指出，「康德的目的論論述並非指出人類本性『客觀上必然如何發展』，這樣一種『預言的人類史』唯有從神意的角度才有可能知悉，自然界中是否確實存在某種自然規律是超乎人類認知能力範圍的」，因此，「對康德而言文化可能並非實存在各民族與社會中的客觀本質，而是某種人類為自己設定長期實踐目的之普遍天性或傾向」（見本書，周家瑜，頁 342）。換言之，按周文見解，康德雖然沒有直接主張一種客觀目的論，宣稱人類歷史必然是按照某一本性目的發展、進步，但他仍然提出了一種規約式的目的論（regulative teleology），來解釋人類為自己設定的本性發展目標。正因如此，康德的文化概念是否如慕圖強調而與文化多元性概念之證成相關，則仍待商榷。相對於慕圖，周文則轉向康德的永久和平論，而從世界公民法權的角度強調，對康德來說，歐洲各國透過征服、義戰、空地占有等各種論述合理化其侵略世界的做法，實為不義之舉。這是因為這些論述多是建立在一種觀點上：即歐洲各國作為友善的外來者，當有拜訪其他地區人民的權利，而不應被他國或當地原住民以敵意對待。然而，即便這種觀點成立，歐洲各國「拜訪」其他地區的態度事實上也並非友善。正是因此之故，康德在〈論永久和平〉一文裡，遂訂下許多藉以約束、限制發動戰爭意圖的條款，期望藉此為追求自由的共和國提供指引，免除戰爭。從周文的詮釋來看，我們雖然未必能夠直接宣稱康德是個重視多元文

化、尊重各民族自主權利的反殖民主義思想家，但我們確實可以
透過他的法權思想看到，他對於過往歐洲各國發展的帝國征服論
述之批判。在其中，康德對於共和國之間何以免除戰爭的討論，
則與陳嘉銘筆下描繪的盧梭思想，兩相呼應。

　　關於理性概念之近代進程，除了邊沁與康德的卓絕貢獻之
外，18 世紀的法國思想家孔多塞的相關論述，具有榫接理性自
然法則和科學進步史觀的重要地位。按珍妮佛・皮茲主張，孔多
塞撰寫的《人類精神進步史表綱要》勾勒了一個線性史觀，在這
個史觀中，歐洲國家具有優越的文明條件，而擁有教化、引領世
界其他民族朝文明發展、進步的領頭羊地位。然而，正是因為這
種文明優越論，皮茲認為，法國和其他歐洲國家可據此合理化其
殖民、占領世界其他地區的擴張行動（2005: 165-166）。對於珍
妮佛・皮茲的主張，沈明璁在〈天真的孔多塞？反思孔多塞的帝
國思想〉一文裡提出修正意見，認為孔多塞雖然確實勾勒出一個
人類進步的史觀，但他並未因此忽略了非歐洲地區人民的自然權
利。就此而言，我們固然可以透過理性科學的歷史研究，從人類
歷史的發展動態中尋找進步的法則，但這不代表任何一個國家可
以宣稱自己掌握、洞悉了法則，而可要求其他國家從屬於其優越
文明之下。這是因為人生而有無法被任何社會或他人所剝奪的自
由與權利。也因此，對孔多塞來說，歐洲國家在海外殖民地推行
的各種不平等政策或作為，既是對殖民地人民的自然權利之破
壞，其行徑便是不義。顯然地，當孔多塞透過理性科學的歷史研
究，將其勾勒人類進步法則的視角擴展至各民族身上時，他對於
自然權利的理解即和過往思想家將此限定在基督徒，或具有充分
理性能力足以認識自然法的人身上之觀點不同（見本書，陳禹

仲,頁134),而抱有一種只要是人便擁有自然權利的激進想法。

再者,沈明璁認為,雖然孔多塞十分重視理性科學的研究方法,但因為他關注的對象是人,所以我們縱然可以透過理性科學方法勾勒出人類進步的法則,但從具體的歷史事實和社會處境來說,我們對於進步、對於正義的理解,都必須結合休謨、斯密與柏克所談論的那種「同情共感」能力來進行。就這點來說,歐洲國家的武力征服和海外擴張活動,或許確實會將許多文明理念帶往世界其他地區,但暴力的使用本身仍是不義,也因此,和世界其他地區的接觸和衝突,反倒提供了歐洲國家歷史的契機,可以藉以反思自身文化的文明性和野蠻性,進而經由「同情共感」意識到殖民的不公不義,以及其中對於自然權利、人性法律的破壞。就此而言,沈明璁的詮釋不僅提供了一個不同於皮茲的解讀,也挑戰了以薩·柏林(Isaiah Berlin)描繪的,伸張理性一元論與啟蒙科學論的孔多塞形象。要之,當我們從18世紀歐洲政治思想家的理論特徵來看,孔多塞的觀點不僅有斯密和柏克那般重視人性社會情感面向的要素,也和康德相似,描繪了一種盧梭式的人類社會發展景象。雖然如此,孔多塞對於自然法、自然權利的激進解讀,以及他對於人類進步法則的討論,多少預示了彌爾的文明進步觀念。

自由帝國主義:人類文明與進步思想

葉浩在〈自由主義式帝國主義作為提升人類文明的政治工程:彌爾的國際政治思想及其當代意涵〉一文裡指出,從人類文明進步的角度來說,彌爾確實相信歐洲國家(特別是大英帝國)有透過干預來改善其他國家文明狀態的正當性。不過,依彌爾之

見，歐洲各國的實際干預行動必須在滿足特定條件下，才算是正當的。按葉浩的整理，干預行動的先決條件是被干預地區的人民有意願接受外來國家的協助，進而有堅定的意志和充分的能力在干預之後，努力去建立一套符合他們自身自由與進步福祉的文明秩序。換言之，當一地人民沒有追求自由與進步的意願、意志和能力時，其他國家便沒有干預的正當性。從這個角度來說，支撐彌爾帝國干預正當性論述的基礎，除了被干預地區人民的意願、意志和能力之外，自由與進步也是其中的關鍵。

　　與盧梭相似，彌爾所謂的自由指向的是一種非依賴的「個體性」（individuality），亦即一種透過「個人對於獨立自主的追求與個性的展現，以及集體上對獨裁或外來政權的拒斥」所展現出來的狀態（見本書，葉浩，頁 394）。然而，這樣的一種「個體性」並非僅止於個人，亦關乎個人身處的群體之民族性格。就前者來說，個人自由與其透過經驗和推理以洞悉真確知識的能力有關，而就後者來說，一個社會、民族，乃至全體人類社群的進步，則在相當程度上取決於社會民族的教育制度和政治與文化脈絡，是否允許個人發展其能力，進而推動改革、追求精神與物質文明的進步。在此，彌爾以 19 世紀的中國儒生為例，即便儒生具有充分的智識，但在社會整體缺乏讓這些儒生發揮能力的體制支持下，當時的中國仍舊未能朝向自由民主的體制發展。就此來說，雖然弗雷德里克・羅森（Frederick Rosen）認為彌爾的民族性格學遠離了邊沁以普遍的理性效益原則來推動社會立法改革的激進計畫，而更重視各個社會、人民的歷史經驗之具體差異，進而如葉浩指出，強調文明改革的因地制宜，但對照陳建綱文中描繪的邊沁形象來看，邊沁從「務實的法律完善論」提出的一套融

通普遍與特殊的主張，和彌爾嘗試結合歷史經驗和理性推論的改革實驗思維，實有異曲同工之妙。

　　不過，葉浩認為，儘管彌爾強調歐洲國家為了提升全人類的文明進步，可以在他國人民同意下干預他國的政治社會改革進程，但正因為這裡涉及他國人民的「意願」，帝國干預的正當性仍取決於他國人民「個人」的智識與自由發展程度。因此，乍見之下，強調帝國干預的正當性或許和彌爾重視個人自由的立場相違，但正如葉浩指出，「彌爾的版本既不將個人自由無限上綱，猶如一旦祭出將勝過任何其他價值的王牌，也不認為所有人都適合不受干涉的自由保障。相反，他真正在意的是個人能否善用自由，且主張自由唯有對心智已發展成熟的人才真正有益」（見本書，葉浩，頁 427），彌爾對於個人自由和社會文明進步之間關係的思考，實帶有一種彼此不同但又相互作用的有機社會運作觀。

　　從這個角度來說，到了彌爾身處的 19 世紀，歐洲政治思想家有關世界秩序與普遍價值的思考方向，似乎又有了微妙的轉換。如前所述，在近代初期，當歐洲國家開始向海外展開征服、從事貿易活動時，他們提出的各種征服論述和法律權利的解釋，主要是面向歐洲國家而發。正如格勞秀斯指出，規範世界各民族的萬民法，必須在各民族、國家的同意下才具有效力。依此，就歐洲國際關係史的發展而言，1648 年召開的「西發里亞會議」極為關鍵，因為在此會議中，歐洲各國透過同意協商，建立起了規範歐洲各國的一套法律秩序。在西發里亞會議所形成的「國際」體系下，歐洲各國因此可以在遵循所謂「國際」規範的前提下，逐漸從對自身國家內部的個人與社會、自由與進步、文明與野蠻等議題的思辨，轉進構想歐洲國家與世界其他（通常還稱不

上是國家的）地區之間的關係。延續這個思維理路的發展，到了
19 世紀，即便像彌爾這樣對自由主義之歷史發展具有開創性貢
獻，並承繼了斯密、邊沁的人性科學研究取徑的經典作家，還是
難免想要從人的理性效益和自由意志兩個面向出發，將立論重點
從歐洲國家、大英帝國，進一步拓展至全體人類的文明進程。在
這個意義下，18、19 世紀的歐洲政治思想再次改造了源遠流長
的自然法傳統，轉從理性科學和自由同意的角度，重新述說了一
個兼具普遍性和特殊性的人類文明法則。

責任與必然：帝國論述的轉向

　　隨著時間步入 19 世紀，由歐洲視野建立的文明進步思想和
國際秩序想像，也出現了更為明顯的從「帝國狀態」滑向「帝
國主義」的跡象。在許家豪的〈托克維爾論東方文明中的專制
主義〉一文裡，他著力於強調，托克維爾雖然認為自由與民主
乃是人類文明的最高理想，但他並不認為自由與民主只可能在
歐洲國家落實，而只要「任何文明文化，如果能夠學習到『正
確』的方法，同樣可以加入文明國家之林」（見本書，許家豪，
頁 433）。至於這個「正確」的方法，根據許家豪的闡述，則是
在社會條件已然企及平等的處境上，進一步追求政治上的自由。
他強調，對托克維爾來說，「在真正的良序民主中，公民必須培
養出一種對於政治自由的熱愛，並且願意付出一定的時間與心力
去參與公共事務以學習與運用自由的技藝，文明發展的最高階
段因此是對於自由與平等的同時熱愛」（見本書，許家豪，頁
454）。就此而言，當一個國家的社會條件已然企及平等，但公
民卻沒有追求政治自由的熱愛時，這個國家便容易走向專制，而

所有公民都「平等地」作為統治者支配的對象。

在此，如同彌爾談及中國儒生的文明困境，托克維爾同樣以中華帝國（和土耳其帝國）為對象，闡述一個物質甚至精神上已高度發展的文明國度，何以無法企及自由與民主的人類文明最高理想之緣由。對此，托克維爾以科舉制度為例，指出中國的專制集權體制有效地透過各種體制，扼殺了人民追求文明進步、追求政治自由的動力。就此而言，許家豪認為，托克維爾雖然肯認 19 世紀中華帝國的文明地位，但他仍然認為在沒有政治自由、沒有自由熱愛情感的中國社會中，最高的人類文明理想是無以落實的。對托克維爾來說，無論是生活在東方專制體制下的中國人、土耳其人，或是生活在北美野蠻民族部落中的印地安人，他們都和歐洲國家一樣享有追求高度文明的機會，關鍵在於他們是否願意奮力追求。而若他們無意追求文明，托克維爾則相信，所謂的歐美文明國家「以力量來臣服以促使其改變未必是一件壞事」（見本書，許家豪，頁 444），因這樣的強迫力量可能是讓這些積弱民族得以生存的必要因素。

明顯地，許家豪筆下的托克維爾和彌爾有其類似之處，也就是承認在某些情況下，歐洲國家確有必要強制介入非歐洲地區，以協助推展各地的文明發展。不過，相比於彌爾重視被干預地區人民的意願，托克維爾則將重點放在歐洲國家的道德責任之上。在此，若轉從蕭高彥於〈黑格爾論市民社會、國家、民族與帝國〉一文裡所呈現的解釋觀點來看，則某種以民族國家為核心所發展出來的帝國擴張思想，似乎在黑格爾那裡就已經到達了歷史高峰。依蕭高彥的詮釋，現代國家的形貌是在黑格爾思想中完成，而與此伴隨的，乃是一種重視世界歷史進程的民族

主義與帝國擴張思維。就前者而言，蕭高彥指出，黑格爾透過個人自由的主權、抽象與具體，以及市民社會、理性國家和民族共同體三個環節，揚棄了過往以自然法、同意契約、商業社會或政治社會為基礎的國家理論。如以陳禹仲筆下的洛克來說，一個政治秩序或國家乃是以人們在自然法的規範下所享有的平等自由權利為基礎，透過彼此的同意表示建立。而就賴芸儀筆下的格勞秀斯來說，當一個政治實體基於其同意表示而被認為受萬民法規範時，這個政治實體的國家地位便由此確立。然而，無論是洛克以個人同意或是格勞秀斯以比擬個人的國家同意所講述的國家建構方式，對黑格爾來說，都僅是「純粹的私法概念，並且因為被呈現為抽象法權，所以不可能成為具有倫理性之國家的構成基礎」（見本書，蕭高彥，頁467）。相對於此，當透過憲政而將自由個人、市民社會和倫理生活整合為一個有機整體時，這個在其內部形成均衡的動態發展力量的有機整體，便是國家的完型。至此，黑格爾的思考指向的是一種統合自然法和政治法、理性和意志、自由和律法、經濟與政治等眾多歐洲近現代政治思想資源的國家理論。

　　然而，當黑格爾訴諸的此套國家理論與其世界歷史研究相結合後，他則發展出了一套帝國思維。蕭文指出，黑格爾在《法哲學原理》述說的國家理論，未論及民族的構成意涵，不過，當他討論國家與國家之關係時，則闡述了民族的三個實存環節：作為地理學和人類學意義上而有獨特民族精神的實存；作為世界歷史中的偉大個體而以國家的絕對權力顯現的民族；以及作為世界歷史中的最高階段，而以世界歷史為其法院並與國家相互競爭的民族。在其中，當黑格爾談論第二種民族實存，也就是作為國家的

民族時，他即對比了文明民族和野蠻民族的差異，並主張「文明
民族可以把那些在國家的實體性環節方面是落後的民族看作野蠻
人（如游牧民對待狩獵民，以及農業民族對待前兩者，等等）。
文明民族意識到野蠻人所具有的權利與自己的是不相等的，因而
把他們的獨立當作某種僅為形式的東西來處理」（見本書，蕭高
彥，頁 489）。如此，從黑格爾筆下述說的民族國家來看，歐洲
各國作為建立起現代國家的文明民族，便可以不依循在歐洲建立
起來的國際規範來面對其他「野蠻民族」。換言之，當 19 世紀
的歐洲國家因為國內財富過剩，而紛紛透過海外殖民來解決此國
內問題時，他們的行徑當無須受到如西伐利亞會議建立的國際規
範約束。

　　由此觀之，當時序進入 19 世紀之後，歐洲政治思想開始出
現一股更為強烈地合理化歐洲列權干預、介入非歐洲地區的論述
傾向。無論是彌爾、托克維爾或黑格爾，這樣一種容許擴張主
義、干預主義的思維，都或隱或顯地存在於他們的著述之中。從
這個角度來說，萬毓澤的〈帝國的邊界：再論馬克思〉剛好可以
為本書收錄的各篇文章收尾，因其講述與批判的重點，進一步指
向帝國主義與資本主義之間盤根錯節的歷史關係。

全球資本帝國：勞動階級與奴隸

　　自 16 世紀到 19 世紀，源自歐洲的全球政治思想，基本上是
沿著從自然法到人類普遍法則、從萬民法到國際法、從武力征服
到自由貿易、從理性蒙蔽到文明進步等軌跡發展的。而在這個變
遷的過程裡，歐洲政治思想不僅化育出自由主義與保守主義等思
潮，同時復甦了共和主義，並催生出現代國家、民族帝國和資本

主義世界市場等人為建制。如萬毓澤所述，這由現代國家、民族帝國和資本主義世界市場共構的全球資本體系，實際上即是馬克思在《倫敦筆記》裡戮力分析與批判的對象。

　　依萬毓澤之見，當代學者往往視馬克思的資本主義分析為奠基在線性唯物史觀之上發展出來的理論，進而在此史觀下，從某種歐洲中心論的視角忽略了其他地區的歷史發展之獨特性和獨立性。不過，透過解析馬克思在《倫敦筆記》裡對大英帝國全球資本市場體系的洞察，萬毓澤認為，馬克思對於資本主義的分析和批判，並非採取一種單純的線性史觀，更不是一種以所謂方法論國族主義造就的歐洲中心論，而是同時關照大英帝國與北美棉花工業、資本剝削體制與前現代奴隸制的全球資本帝國動態分析。萬文指出，馬克思對於大英帝國內白人勞動階級受資本家剝削的處境多所批判，但他同時也留意到這個以大英帝國為核心建立起來的世界資本市場，其支柱其實橫跨了北大西洋，同時以北美黑奴受奴隸主剝削生產的棉花為基礎。換句話說，馬克思雖然看似在《資本論》裡視奴隸制為前現代社會的一環，但從他的《倫敦筆記》可知，這屬於前現代社會的奴隸制依然對於資本帝國的世界市場體制多有貢獻。據此，萬毓澤認為，馬克思其實未如某些論者所言，忽視資本帝國體制下的奴隸問題，而視其為歷史動態的過往，相反地，他其實試圖透過分析資本帝國之下的各種剝削形式，來呈現一個多重時間性且跨地域的全球資本主義動態分析。

　　以這個動態分析為中心，馬克思於是尋獲了一個立足點，來對當時大英帝國透過貿易與戰爭打造的資本主義世界市場展開全面批判。對馬克思來說，無論是勞動市場或是奴隸市場，看似都是以一種自願為奴的方式進行買賣，但對於勞動階級和奴隸來

說，他們其實都在資本帝國內缺乏充分的權利保障。就當時的勞動階級來說，他們沒有完整的公民權，因此無法透過代表在議會裡監督與其權益相關的法案，而就奴隸來說，他們則是在帝國向外爭奪土地和必要勞動力的過程裡，成為資本家和奴隸主積累生產剩餘的勞動力和商品。有趣的是，在歷史上首開先例，對這個橫跨北大西洋的資本帝國世界體系發動挑戰的，其實是在美國南北戰爭時期，結合英國工人階級和北美殖民地改革者推動的黑人公民權運動。對此，馬克思在他寫給林肯的信中說到：「歐洲的工人堅信，正如美國獨立戰爭開創了資產階級統治的新紀元一樣，美國的反奴隸制戰爭將開創工人階級統治的新紀元」（Marx, 2003: 25）。換言之，從馬克思的角度來說，亞當‧斯密所謂大英帝國應和北美殖民地共尋互惠利益的觀點，其實只是一種資產階級相互聯合的手段，而其結果，則是打造出資本主義世界市場體制。當 19 世紀的歐洲各國開始在民族意識和資本剩餘的雙重驅使之下，向海外進行殖民擴張行動後，如此發展出來的帝國（主義）便「與具有強大驅動力與吞噬力的全球資本主義──國際體系緊密相連」（見本書，萬毓澤，頁 515）。

誠然，回顧歷史，無論是 15、16 世紀，西班牙、英國或尼德蘭向海外進行貿易和擴張活動，或是 17、18 世紀，英國或法國致力於透過自由貿易推展文明開化工作的殖民事業，其政治經濟考量多與歐洲各國追求富強的野心相關。在這個意義下，無論是格勞秀斯、盧梭或康德描繪的國際和平秩序，或是托克維爾和彌爾主張的某種國際干預主義，其中涉及的國際法規範仍難脫某種歐洲中心論色彩。更不用說，從黑格爾的觀點來看，當歐洲文明國家面對著非歐洲的野蠻民族時，這種僅適用於歐洲各國的國

際法規範，並無法一體適用在非歐洲地區。就此而言，從格勞秀斯、霍布斯以降，而至黑格爾、彌爾一路發展下來的歐洲全球政治思想，其思想動態固然逐步由歐洲向北美，再向亞洲與世界展開，但從馬克思批判帝國主義的論旨來說，這樣的一種「全球」視野，很難不受到從歐洲政治、經濟與社會歷史發展過程中，萌生的國家理論、文明進步史觀、民族意識、帝國論述和資本主義世界市場的潛在影響。

結語

　　雖然本書收錄的各篇文章在方法論立場上容有差異，但總的來說，我們接受脈絡主義的基本信念，並重視政治哲學之反思、批判功能，亦即深信哲學與歷史合則兩利：在一方面，唯有認真對待「普遍價值」所由而生的「特殊脈絡」，我們才能避免掉入歐洲中心主義的陷阱；在另一方面，唯有藉助哲學對我們生活其中的這個時代、這個世界的「特定價值」進行「不斷再思」，我們才能努力擺脫極端相對主義的局限。以此言之，身為東亞社群一分子的我們，對於歐洲政治思想歷經數百年來發展的全球視點與帝國想像，固然必須抱持批判、懷疑的態度，但仍可透過探索過往東亞和歐洲政治思想的交流、互動情境，從中挖掘出更豐富、更多元的全球政治思想樣貌。

　　換句話說，雖然我們無法否認，歐洲的自然法和自然權利傳統主張的「人生而為人，皆平等享有自由權利」之觀點，乃至我們今天所追索的、建構「政治現代性」的主要價值，諸如：自由、人權、民主、法治等，無一不是經由歐洲社會的歷史發展形

成，並經由帝國政治的介入而傳遞到非西方世界；就此而言，文明與野蠻的對立，在過去許多歷史場合充其量只是帝國霸權用以征服他者的藉口。縱然如此，「現代政治價值」仍可謂是歐洲帝國留給世界最重要的文明遺產，而如何重新評價此遺產，則是生活於後西方時代的東亞知識分子必須嚴肅面對的公共提問。

　　簡單地說，此一提問的重點在於：面對「何謂人類文明？」、「哪種國際秩序？」、「誰的普遍價值？」等基本課題，我們是否願意從事持續的深切反思？是否勇於投以哲學的批判與再批判？事實上，本篇導論以「在帝國主義之前」作為標題，其主要理由即是在於表明，在轉向帝國主義之前的西方政治思想傳統中，實際上蘊藏著各種思維理據，有助於我們站在政治理論的高度上，來批判帝國暴政、檢討不當占領與不義征服、指謫利益壟斷與奴隸制度、反省商業文明所帶來的人性墮落以及文明社會所導致的虛榮驕縱、乃至於思索理性法則之合理限制。再則，從 20 世紀之後的國際政治思想發展來看，以民族國家和同意理論建構起來的國際法規範，似乎也在後來反帝國主義的風潮中起著一定的作用，成為非歐洲地區捍衛自身獨立性與自主性的重要憑藉。最後，以基本的人性尊嚴為底蘊的文明論述，以及對維護人性尊嚴所需的自由、人權、民主、法治等政治價值的探求，則不妨被看成是來自西方世界的一個哲學對話邀請。就此而言，本書的出版只是作者們參與這場跨文明的知識饗宴的一個開端，而非終結。

　　總之，通過本書的討論，我們懇切希望，「帝國與文明」可以對當前華語與東亞學界之政治思想研究展現顯著意義，因為這組概念不僅賦予了我們思索全球政治與在地倫理的雙重視野，更提供了我們批判性地重探近代政治語言所不可或缺的歷史條件。

01 帝國殖民與霍布斯 *

梁裕康（中國文化大學政治學系教授）

　　在他於 1629 年翻譯修昔底德（Thucydides, 460-400 BC）的
《伯羅奔尼撒戰爭史》（*History of the Peloponnesian War*, 431 BC）
之前，湯瑪斯・霍布斯（Thomas Hobbes, 1588-1679）仍是一位
籍籍無名的文人，所以在此之前有關霍布斯的歷史紀錄十分有
限。然而就在這段期間當中，霍布斯實際上涉入了大英帝國的殖
民事業。本文所嘗試要探討的，正是這段殖民經歷背後的思想爭
論為何，以及其可能如何影響了霍布斯對帝國（empire）── 特
別是征服（conquest）這個概念的理解。另一方面，霍布斯的征
服概念，又如何影響了日後大英帝國對外擴張的見解。

＊　本文接受科技部補助而成，計畫編號為 106-2410-H-034-019，特此致謝。
　　本文初稿於 2019 年 11 月 04 日假中央研究院人文社會科學研究中心政治
　　思想研究專題中心所舉辦「帝國與國際政治思想：從格勞秀斯到馬克思」
　　學術研討會中以「帝國與霍布斯」為題發表。感謝該會議計畫主持人中央
　　研究院人文社會科學研究中心曾國祥研究員的邀約。
　　除了本文評論人中國文化大學政治學系林炫向教授全面而細膩的指正，會
　　議主持人中央研究院人文社會科學研究中心蕭高彥特聘研究員兼主任，以
　　及中央研究院法律學研究所薛熙平博士後研究人員二位的評論與提問，也
　　讓我在一些關鍵問題上獲得許多啟發，在此一併致謝。
　　此外還要感謝二位匿名審查人所提出的各項寶貴批評與建議。
　　最後，文中若有任何疏漏，當然仍由作者自負文責。

舊教－湯瑪斯式的殖民觀

根據安東尼・派格登（Anthony Pagden）的分類，在 16 世紀晚期之後的近代（modern）歐洲，至少在劃定疆界（borders）的議題上，基督教可以分成舊教－湯瑪斯式（Catholic Thomist）與新教－奧古斯丁式（Protestant and Augustinian）二大陣營（Pagden, 2003: 122），另外理查・塔克（Richard Tuck）也有類似的分類。[1]從 15 世紀末期歐洲人開始展開海外探險，並且促成地理大發現之後，歐洲列強如何證成其對新世界（New World）的統治正當性成為一個新的而且急迫的議題（Pagden, 2015: 121-2）。最早從事海外探索的歐洲國家是葡萄牙王國（The Kingdom of Portugal），從 1419 年起「航海家」恩里克王子（*Infante Dom Henrique, o Navegador*, Prince Henry the Navigator, 1394-1460）開始，歷經達伽馬（Vasco da Gama, 1460s-1524）成功穿越地中海與阿拉伯半島抵達印度，一躍成為歐洲最早的海上強權。在 1452 年時，同屬基督教徒的拜占庭帝國（Byzantine Empire）國王康世坦丁十一世

1　塔克將其相應分成經院哲學式（Scholastic）與人文主義式（Humanist）二種觀點（Tuck, 1999）。但是塔克認為與傳統的自然法（natural law）相比，自格勞秀斯（Hugo Grotius, 1583-1645）以後的自然法學派帶有更強烈的「國家理性」（reason of state, *raison d'etat*）而更少基督教的色彩，因此他有關近代自然法的討論中，其中的基督教成分都被歸入經院哲學式的觀點中（Tuck, 1993; Tuck, 1987; Tuck, 1999）。這樣的分類固然凸顯了近代自然法學家區分出來自自然（意即理性）的權威（power rooted in nature）與來自上帝恩典的權威（power rooted in grace）（cf. Donne, 1622: 25-6），卻也在某個意義上忽略了基督教對這些近代自然法學家的影響。由於這正是本文所要討論與主張的議題之一，因此本文採用派格登而非塔克的分類方式。

（Constantine XI, 1405-1453，又譯君士坦丁）請求教皇尼古拉五世出兵解救異教徒鄂圖曼帝國（Ottoman Empire）的包圍，尼古拉五世便在 1452 年下了一道名為「當不同之時」（*Dum Diversas, while different*）的教皇飭令（papal bull），授權葡萄牙國王「攻擊、征服，以及馴服薩拉森人（Saracens）、異教徒，以及其他他們所遭遇的任何基督敵人（Rodriguez, 1997: II, 469）」。

然而在此間其鄰國卡斯提爾王國（*Corona de Castilla*, The Crown of Castile）也開始海外拓展事業，因此逐漸與葡萄牙發生齟齬。[2] 與葡萄牙不同之處，在於卡斯提爾王國不僅止於獲取貿易商業利益與占領歐洲人已知的範圍，上述卡斯提爾王國所征服並且殖民的地區都位於新大陸，這是一個從未出現在歐洲人理解的世界範圍中的新領域。因此到了 1520 年代時，卡斯提爾王國開始意識到統治合法性的問題：雖然他們實際上（*de facto*）統治了這些新領土，但是他們並沒有辦法提出任何一種明確獨占統治此區域的主張。如此一來，卡斯提爾將很難行使排他性的統治與獨占此區域的利益。在這樣的情況下，卡斯提爾王國迫切地需要一種可以被證成的殖民論述。

2　1469 年卡斯提爾王國的伊莎貝拉一世（Isabella I of Castile, 1451-1504）與亞拉岡王國（The Kingdom of Aragon）的斐迪南二世（Ferdinand II of Aragon, 1452-1516）聯姻，將二個王國的家族合而為一。之後二人分別於 1474 年與 1479 年各自繼承了本國的王位，卡斯提爾王國與亞拉岡王國最後成為具有共同首腦的君合國（personal union），並且於 1492 年的基督教收復失地運動（*Reconquista*/reconquest, 711-1492）中，最終收復了由伊斯蘭教徒所控制的格蘭那達王國（Kingdom of Granada）。這是自 8 世紀以來伊比利半島（Iberian Peninsula）上第一個統一的政治實體，也就是之後的西班牙帝國（Spainish Empire）的肇始。因此此時的卡斯提爾王國也可被稱為西班牙。

　　針對這個問題，又被稱之為「經院哲學復興」（'Second Scholasticism'）的西班牙薩拉曼加學派（School of Salamanca）創始人維多利亞（Francisco de Vitoria, 1483-1546）的若干觀點，為當時的西班牙所持的基本態度。[3] 他有時與真提利（Alberico Gentili, 1552-1608）跟格勞秀斯（Hugo Grotius, 1583-1645）被並稱為「國際法之父」（fathers of international law），並曾為神聖羅馬帝國（Holy Roman Empire）皇帝查理五世（Charles V, 1500-1558）與西班牙國王的諮詢者。有意思的是，維多利亞在 1504 年成為天主教道明會修士（Dominican），而在他之後的道明會基本上認為西班牙征服美洲並不具有正當性。[4] 維多利亞本人大體上也持相同立場，因此在《線上版大英百科全書》（*Encyclopedia Britannica Online*）中有關維多利亞的條目，一開始便稱他「以他抵抗西班牙殖民者而維護新世界中的印地安人的權利，以及他對有關義戰限制的看法而聞名（Hamilton, 2018）」。這種說法固然不能說錯，但卻過於簡略，畢竟如果維多利亞的論點是完全反對西班牙殖民美洲，就不可能被西班牙挪用為證成殖民美洲的論點。在他於 1537 到 1539 年間的三次演講中，維多利亞指出雖然美洲印地安人是異教徒，但是他們對自己財產的所有權以及其

3　不論是這些思想家（例如此處的維多利亞）或是派格登的分類，都不全然等於這些國家（例如此處的西班牙）的官方立場。在以下的說明中，可以看出在理論上各國的官方立場其實並非高度一致，某種程度是當時各種思潮的大雜燴。例如西班牙的態度，大致是教會法學家（canonist）與維多利亞理論中的某些新湯瑪斯主義（neo-Thomasit）中關於萬民法觀點的結合，而非純粹的維多利亞主張。此處的分類，主要的目的是學術見解上的分析。

4　有關道明會對西班牙殖民美洲的立場，參見（Soto, 1964: esp. 158, 162-164）。

首領對部落的統治權都是無庸置疑的，不論是教皇或是神聖羅馬帝國皇帝對此都不具正當權力，因此對其任何的侵害都是不正義的，從而否定教皇具有普及世界的權力（*Dominium Mundi*, dominion of world）。上述的說法與道明會觀點並無二致，可是除此之外，他卻指出有一種例外情況，是當這些美洲印地安人侵害了西班牙的合法權利時，西班牙就能征服其土地與財產（Vitoria, 1991: chaps 5, 6, 7）。正是這條但書，讓西班牙找到殖民美洲的理由。[5] 如同塔克所說，維多利亞出身反對西班牙殖民的道明會修士身分，反而讓他的論點深受官方信任（Tuck, 1999: 75），畢竟來自反方的證成顯得本身的立場更具說服力。派格登特別指出，雖然維多利亞等人都被泛稱為「神學家與法學家」，但實際上他們還是以神學家的身分為重。在近代初期，作為「科學之母」（mother of sciences）的神學，因為被認為是直接處理第一因（first causes）的學問，因此地位高於其他學科（其中當然包括法學）（Pagden, 2015: 46）。有關新世界的問題，被他們看作是有關「良知的事件」（a case of conscience），因此屬於「神學的爭議」（theological disputations）（Pagden, 2015: 48）。

作為最早海外殖民的二個國家，葡萄牙與西班牙之間很快就面臨了利益衝突，特別是在哥倫布（Christopher Columbus, 1451-1506）發現新大陸之後，二國間的衝突更形尖銳：如何分配新世界的利益。在 1493 年在西葡二個聲索國請求之下，教皇亞歷山

5　特別要指出的是，維多利亞與道明會反對西班牙殖民立場是無庸置疑的，他也不是西班牙的官方代言人。此處所要強調的，在於他對萬民法的詮釋，讓西班牙找到了某種證成殖民行為的說法，這並不表示維多利亞同意西班牙的作為。

大六世（Pope Alexander VI, 1431-1503），發布了統稱《贈與飭令》（Bulls of Donation）的三道教皇飭令，作為二國未來於新世界的劃界準則。[6] 然而根據阿奎那（Thomas Aquinas, 1225-1274）的分類，維多利亞指出能證成西班牙統治新大陸的依據來自於《贈與飭令》，而《贈與飭令》若要生效，前提必須是教皇具有統治世界的權力，然而這種普世權力只能由對全人類都有效的法律中取得，其中可能的選項包括神聖法（divine law）、人類法（human law）中的市民法（civil law）或萬民法（ius gentium, law of nations），以及自然法（ius naturae, natural law）。可是，首先，當中的市民法不能適用，因為市民法並非普世法則，只適用於被統治轄區內的市民，對於從未被統治過的人民（也就是新大陸的印地安人）並無效力；其次、神聖法也無效，因為神聖法中從來沒有提到過美洲這個歐洲人未知的土地，遑論住在之上的人民（Vitoria, 1991: 264, 238）。在這種情況之下，如果西班牙人還存有任何占有與統治新大陸的理由，就只能來自於自然法或萬民法。與教會法學家相比，根據他的新湯瑪斯主義式（neo-Thomasit）觀點，維多利亞不認為教會存在統治世界的合法權力，因此美洲不為教皇所轄，而是由美洲土著自行統治著。但是根據萬民法，美洲的原住民的確缺乏合法的領土治理權。

6　教皇基於其權力普及世界的看法，以擁有普及世界的權力（plenitude of power）可仲裁全世界（包含當時還未知的新世界區域）的統治者身分，將原屬其管轄之地「贈與」西葡二國，「贈與」代表所有權的轉讓。根據教會法學家的見解，其中隱含的意義，是教皇作為上帝的代表（Vicar of Christ）是世界最初的統治者（Tuck, 1999: 58-63; Tuck, 2003: 148-51）。值得注意的是，新湯瑪斯主義者並不認為存在這種普及世界的權力（Tuck, 2003: 152-3）。

　　維多利亞真正的貢獻，在於他將萬民法與自然法並列於相當的位階。他認為在巴托魯斯（Bartolus de Saxoferrato, 1313-1357）對萬民法的分類中，主要萬民法（*ius gentium primaevum*, primary law of nations）就是自然法，因為即使是異教徒，只要是人類——既然其具有理性——就能理解，因此「其自身就是公正的（equitable to itself）」。然而次要萬民法（*ius gentium secundarium*, secondary law of nations）與前者不同，其並非「自身就是公正的，而是透過具有理性的人所創造的（Vitoria, 1932: 89-90; 轉引自 Pagden, 2015: 54）。」如派格登所說，維多利亞式的萬民法雖然是人類法，但是其具有相當於自然法的超然地位，因為其蘊含了**如果**每個人都能運用理性的話，那麼萬民法的內容必然會為所有人同意。在這個意義之下，萬民法產生了二個特點：一是與市民法不同，萬民法不需要一個實體的立法機關來立法，因為其效力是建築在所有人的理性之上；二是萬民法雖然保留自然法效力的普遍性，然而其內容卻不是僵固不變的；畢竟自然法針對的是一般性原則，而萬民法的標的物則是特定人類事物（Pagden, 2015: 54-5）。

　　在確定了萬民法的效力之後，維多利亞認為根據萬民法的內容，西班牙能以「捍衛無辜者」（the defence of the innocent）的原則，合理（而且合法）介入美洲事物。他認為在美洲存在殘暴的野蠻統治者或者法律時，西班牙可以正當地以「捍衛無辜者」的理由介入美洲。[7] 當時美洲印地安人最常被認為違反上述原則的罪行是活人獻祭（human sacrifice）與食人習俗

7　cf. Pagden 2015: 59.

（cannibalism）。維多利亞承認在其他地方（甚至歐洲）也會有類似的野蠻行為，但是二者的差別在於，在其他地方這些暴行視為法律所禁止——換句話說、符合萬民法，而在美洲這些暴行卻是其法律所認可而由國家所行使。[8]

　　綜觀上述論點，維多利亞的新湯瑪斯式觀點，雖然教皇不是世界的統治者，因此西班牙也不能合法地從教皇那裡獲得統治新大陸與其上的原住民的統治權，但是西班牙卻能根據新湯瑪斯主義式的萬民法，對新大陸及其居民進行管轄。維多利亞所證成的萬民法，是奠基於人類的普遍理性，因此萬民法在假言的（hypothetical）層面上就能成立，而不像市民法需要真實的國家進行實際的立法工作。這裡隱含了存在一個超越在個別國家之上、以普遍理性為基礎的人類普遍道德實體。在美洲殖民的議題中，可以看到這個普遍道德實體化身為西班牙來行使其普遍權力。[9]

8　cf. Pagden 2015: 60. 本篇文章的審查人 B 質疑「作者是否引用維多利亞稱美洲印地安人在美洲的野蠻行為，會對西班牙人造成權利侵害？若是如此，此處會被侵害的權利具體來說又是指什麼？」在此處西班牙並非扮演一個受害者或原告、而是仲裁者或法官的角色。西班牙（自認）得到了擁有前述「普及世界的權力」的教皇的授權，自然可以以一種客觀第三者的身分進行仲裁。

9　本篇文章的審查人 A 指出萬民法的位階與「占領、征服與戰爭，及其所引出的支配正當性」雖然並非無關，但依據本文的主旨，應更聚焦於後者，因此建議作者「索性放棄」有關前者的討論，而將重心置於「『本地』王權正當性」跟「其與殖民地統治法理問題間的關聯」。作者完全認同審查人對於討論中心應置於殖民母國王權正當性是否能延伸到殖民地的批評。然而之所以在此地鋪陳看似無關的背景討論（例如審查人所指出的萬民法），目的是試圖在更為廣泛的歷史脈絡中去理解霍布斯本身的殖民經歷，藉以說明即便這些歷史脈絡不是霍布斯思想的充分條件，也可能是其必要條件。

新教－奧古斯丁式與伊莉莎白時期 [10] 及 詹姆士時期 [11] 的殖民觀

　　西班牙與葡萄牙在「贈與飭令」之後，分別於 1494 年與 1529 年簽訂了《托爾德西里亞斯條約》（Treaty of Tordesillas）及《薩拉戈薩條約》（Treaty of Zaragoza），將整個地球 —— 其中包括歐洲人已知以及未知的區域 —— 劃分為二國各自獨占的勢力範圍。這種安排對於後來的貿易諸國，當然是不能接受的做法，畢竟這樣等於排除了西葡二國以外其他國家海外貿易的權利，也因此開始受到歐洲其他新興海上勢力的挑戰，其中與本文論旨最相關的一段，就是英格蘭與西班牙之間的競爭。伊莉莎白一世（Elizabeth I of England, 1533-1603）即位之初的英格蘭，深陷於宗教的紛亂之中。為了保障天主教徒的利益，西班牙當時的國王菲利普二世（Philip II of Spain, 1527-1598）甚至向伊莉莎白一世求婚，希望透過聯姻的方式讓英西二國結為天主教同盟。但是為了平衡國內的宗教勢力，此議卻被身為新教徒的伊莉莎白一世拒絕。不僅如此，為了挑戰當時西班牙的海上霸權，伊莉莎白一世一方面支持荷蘭的新教徒爭取獨立以脫離西班牙統治（Haigh, 2000: 135），另一方面她也暗中支持德雷克爵士（Sir Francis Drake, 1540-1596）對西班牙航艦與港口的海盜式掠奪，甚至在 1587 年支持德雷克對西班牙「卡迪茲奇襲」（Cádiz raid），此舉重創了西班牙的艦隊。最後的導火線，則是伊莉莎

10　Elizabethan Era。

11　Jacobean Era。

白一世處死了與西班牙同屬天主教陣營的蘇格蘭女王瑪麗一世（Mary, Queen of Scots, 1542-1587），於是菲利普二世決定對英格蘭宣戰（Haigh, 2000: 138）。

　　這場戰爭的結果，英格蘭出人意表地於 1588 年擊敗當時歐洲海上第一強權西班牙的無敵艦隊（Spanish Armada），以及菲利普二世為推翻伊莉莎白新教政權所制訂的「對英格蘭的企圖計畫」（*the Empresa de Inglaterra*/the Enterprise of England）（Parker, 2000: chap. 6, esp. 193-194）。這個結果開啟了英格蘭介入西班牙原有的美洲勢力範圍的機會。伊莉莎白一世於 1603 年駕崩，由於其未婚無子嗣，因此由她的表姪孫、遭她處死的蘇格蘭瑪麗一世之子、蘇格蘭王、詹姆士六世（James VI, 1566-1625）繼位，並改稱詹姆士一世（James I），身兼英格蘭與蘇格蘭國王二職。詹姆士一世繼位後不久，英格蘭於 1606 年首度於美洲建立殖民地，隨即成立「維吉尼亞公司」（Virginia Company）。在伊莉莎白時代，不論是在宗教或貿易等各層面，英格蘭與西班牙都是處於對立的狀態，因此伊莉莎白的海外政策是傾向反對西班牙的舊教－新湯瑪斯主義式的瓜分與獨占海洋立場，轉而支持與其對立的、由荷蘭人格勞秀斯所代表的新教－奧古斯丁式的海洋自由航行論。[12]

　　然而在詹姆士一世登基之後，英格蘭的涉外立場又產生了劇烈的轉變。一方面荷蘭人向來經常侵入蘇格蘭漁場打撈漁獲，長年以來荷蘭就一直被蘇格蘭人視為宿敵。這點讓原本是蘇格蘭王的詹姆士一世對荷蘭人所提出的海洋自由航行論有著先天的不信

12　詳情後述。

任感，畢竟這樣的立場形同證成荷蘭人具有合法於蘇格蘭海域中捕魚的權利。另一方面在宗教立場上，詹姆士一世自然對為其母發動戰爭的天主教西班牙王室更感親近。更何況在內政上，詹姆士一世正遭受眾多不同宗派的新教教會共同的抵制。

與伊莉莎白時代相比，詹姆士一世時的英格蘭的外交處境出現了劇烈的轉折：自從擊潰無敵艦隊之後，西班牙已不再是英格蘭的威脅，取而代之的勁敵是新興的海上強權——荷蘭。親西班牙的詹姆士一世與信奉新教的荷蘭之間，除了宗教之外，此時更添加了貿易與殖民的衝突。在這些內政與外交因素的交迫之下，詹姆士一世很快就捨棄了伊莉莎白時代擁護海洋自由航行的立場，轉向支持西班牙原有的舊教－新湯瑪斯主義。對抗西班牙時的伊莉莎白一世，主張與西班牙相反的海洋自由論（*Mare Liberum*, freedom of sea）；但是在面對以同樣論點主張其海權的荷蘭時，詹姆士一世就有理由放棄伊莉莎白一世原本主張的海洋自由論，轉而主張與其相對立的海洋封閉主權理論——特別是前者正是由荷蘭人格勞秀斯為了捍衛其祖國貿易利益所發展的理論。針對格勞秀斯的論點，塞爾登（John Selden, 1584-1654）則在 1635 年提出海洋封閉論（*Mare Clausum*, closed sea）予以反駁。塞爾登同意格勞秀斯，認為葡萄牙與西班牙無權占據海洋。但是與格勞秀斯相反的是，塞爾登認為公海如同土地一樣是可以被占領的，而且根據歷史，早在羅馬人征服之前，英國人早已成為北海的統治者，無論是陸地還是海洋都屬大不列顛帝國。他認為根據《舊約聖經》的《創世紀》，上帝將海中魚群的支配權交給亞當（Adam），亞當因此獲得整個海洋的支配權；而英國人是亞當唯一的後裔，因此也繼承了對海洋的支配權（Berkowitz,

1994）。另外，根據英國習慣法，自遠古迄今，一般人的地產可以延伸到近海，國王對一般人的近海地產雖然沒有財產權（property/*dominium*）而只有管轄權（jurisdiction/*imperium*）。[13]但是塞爾登卻認為國王同時擁有二者，因此海洋並非格勞秀斯所稱的開放，而是屬於英國的（Selden, 1652; Armitage, 2000: 113-4; Thornton, 2006）。換句話說，除了有權占有者從西班牙替換成了英國之外，這種說法實際上與西班牙的主張幾乎無異。

　　與海洋封閉論相對照，格勞秀斯的海洋自由論，大致上有幾個不同之處。雖然二者都否認存在某種基督教的普世權力，但是對於（包含當時已知與未知的）世界是否由具合法性的諸國所統治，仍有不同看法。前者根據新湯瑪斯主義，認為答案是肯定的，即使是異教徒的國也是正當的（前提是其存在必須合乎萬民法而非必須是基督教王國），但是後者卻認為新世界的美洲原住民不具有統治該地的正當性。之所以會產生這樣的差異，是來自於宗教上面的不同觀點。上帝先創造了世界，接著創造了人。然而人與世界的關係應該如何界定？海洋自由論基於派格登所稱的新教－奧古斯丁論點，採取一種消極的觀點：每個人有其自然權利（natural rights）從這個世界拿取她所需要的東西。換句話說，在創世之初，沒有人對這個世界具有私人財產權。塔克指出這種觀點最早來自摩爾（Thomas More, 1478-1535）（Tuck, 1999: 155; More, 2002: 54），接著由真提利與格勞秀斯發揚光大。真提利援引了當時流行的普滿論（plenism），認為自然不喜真空（*Horror Vacui*, abhor of vaccum）：

13　所謂近海指位在海面最低與最高水位的潮間帶中的地產。

的確，「上帝所創造的世界不是空無一物」。因此填滿空地是自然的法則……而且即使這些空地隸屬某些主權者的領土……，但是因為自然法不喜真空，它們〔按：隸屬某些主權者卻未被有效使用的空地〕因此會落入那些占領它們的人手中，即使原來的主權者對它們仍具有管轄權（Gentili, 1877: 77-8; 轉引自 Tuck, 2003: 155）。

塔克進一步指出，前述的摩爾－真提利論點隨後由格勞秀斯所發揚光大。塔克歸納格勞秀斯的推論：

1. 如摩爾－真提利論點，使用無主之物是一種權利（right）而非恩惠（favour）（Tuck, 2003: 157; Grotius, 2005: vol. II, 2. 11）；[14]

2. 區分財產（property）與管轄權（jurisdiction）：無法被擁有之物，對其不可能擁有管轄權；有效取得無主之物的先決條件，必須是個人讓該無主的標的物進行改變，例如耕種無主之地（Tuck, 2003: 160）：

---

14 審查人 B 指出「另就作者前面討論的『摩爾－真提利－格勞秀斯』論述來說，其中聚焦在權利、無主之地的占有和管轄權，此些論述和理性、自由意志、恩典之關係為何，未有清楚交代。若說作者是以……『使用無主之物是一種權利而非恩惠』來連結兩處，那恩惠（favour）和恩典（grace）之間的區分或需要加注說明。」塔克此處所採恩惠一詞典出格勞秀斯引用於塞涅卡（Seneca, c. 4 BC - AD 65），當中塞涅卡指出「一個人能點火照明並非出於我們的恩惠（Grotius, 2005: vol. II, 2.11）」。與恩典出於上帝不同，恩惠是人與人之間的給予。在這個意義上，施恩者出於其自由意志賦予授與者恩惠。

2.1. 海洋即為不可被占有之物（因其無法被人力所改變），因此不可能存在「凱薩一人的管轄權」（意即如教皇所聲稱的 world ruler）（Tuck, 2003: 158-9）；

2.2. 所有的政治權力，尤其是國家懲罰的權力（the right to punish），都是來自個人。延伸而來的結論是，如果無主之地未被個人所占有（即無主之地尚未成為個人財產），國家也就無法對其進行管轄（Tuck, 2003: 159-60; Grotius, 1995: 91-2）；

2.3. 根據上面所述，海洋無法為個人所占有，因此個人也無法對海洋進行管轄，也因此不存在個人移交國家管轄權的可能。但與海洋性質不同，因陸地可被個人占有，因此國家的管轄權可及於已被其臣民所占有之陸地；

2.4. 國家的管轄權主要管轄對象是人，而且有時候僅管轄人即足夠。對領土的管轄則是次要的（Tuck, 2003: 160-1; Grotius, 2005: vol. II, 3. 4）。

3. 到了 1670 年代，摩爾－真提利－格勞秀斯論點逆轉過來遭受反對，因為此時該論點最重要的支持者是霍布斯（Tuck, 2003: 163）。

　　雖然塔克認為摩爾－真提利－格勞秀斯論點自成一格，但是派格登認為奧古斯丁的義戰（just war）理論符合該論點，甚至也是其中的構成部分之一，因為奧古斯丁認為以義戰為前提的征服是合理的，因為義戰賦予正義的一方某種「戰時法」（*ius in bello*, rights in war）（Pagden, 2015: 56-7; Pagden, 2003: 118）。

對於新大陸的占領，正屬於這種戰時法。

另一方面，派格登還指出了二者在宗教論點上的一大差異：關於自然（nature）與上帝恩典（grace）間的關係。奧古斯丁與與伯拉糾（Pelagius, 360?-420?）曾有過一場著名的爭論。後者認為雖然人性本惡，但是否認原罪（original sin）汙染了人的本性，因此人仍能藉著本性而無須完全依賴上帝恩典而得救。奧古斯丁反對伯拉糾的說法，主張「全面敗壞」（total depravity），認為人性已被原罪破壞，人的自由意志對救贖變得無能為力，因此只有上帝的選民能透過上帝恩典得救。這種見解與後來的路德（Martin Luther, 1483-1546）與喀爾文（John Calvin, 1509-1564）等新教徒「因信稱義」（*sola fide*, justification by faith）的概念十分接近。[15]

然而格勞秀斯特別之處，在於他雖是新教徒，但他並非屬喀爾文教派，而是屬於阿米尼烏斯主義（Arminianism）。對喀爾文教派來說，如果完全依賴恩典忽視自然，會出現一些出乎常識的狀況：例如一個選民最終仍將獲得赦免，即使他在世間是惡貫滿盈的犯人；而一個世間的善人卻因他不是選民而不被上帝赦免其罪。對此困境阿米尼烏斯主義提出了一種折衷的見解：一方面接受喀爾文式的預選說，但另一方面又削弱了上帝恩典的絕對力量：人一切善行都是因著神在基督裡的恩典作成，但神的恩典又可以被拒絕。藉著這樣的理解，格勞秀斯融合了人的自然意志與上帝的恩典。如同塔克生動的比喻：就好像父母親答應買禮物給

---

15 「因信稱義」意指上帝單憑信徒對祂的信仰而非其善功（good works，指相對於恩典或信仰等內在特質之外的外在舉止行為）而赦免其罪。

孩子，孩子可以拒絕不要禮物，但是卻不能自己去買禮物；同樣地父母親也無法強迫孩子接受其餽贈，只能說如果孩子想要的話，他有機會得到這份禮物（Tuck, 1993: 182）。神的恩典就如同父母的禮物一般，人只能選擇接不接受，而無法自行獲得。這樣的觀點一方面把人的自由意志從信仰中獨立出來（因為有選擇接受或不接受的自由），但是另一方面又保留了上帝的崇高地位（因為恩典唯有上帝能提供，人無法自行創造），更延伸出人不必是基督徒也能擁有理性的觀點。也因此派格登認為塔克的摩爾－真提利－格勞秀斯論點有效維繫了奧古斯丁主義中的恩典概念，應該可被稱為新教－奧古斯丁觀點。

阿奎那把自然法視為神人之間的本體論原則：

> 有理性的人（the rational creature）本身與其他〔按：無理性〕的創造物，只要帶有一絲天佑在其中，就會受到神聖恩典的以最優越的方式所支配。因此其為永恆理性的一部分，也因此其會自然傾向於合宜的行為與目的。有理性的人沉浸在永恆法就是所謂的自然法。（Aquinas, 1947: pt. I. 2. ae, q. 91, art. 1 and 2; 轉引自 Pagden, 2003: 104）

延續這樣的觀點，新湯瑪斯主義視上帝恩典與自然（也就是人以理性行使的自由意志）是相輔相成而非對立的關係。

然而格勞秀斯的觀點無疑地限制了詹姆士一世管轄海上權益的範圍。對詹姆士一世而言，塞爾登的海洋封閉論提供了完美的理論證成：對外而言，海洋封閉論對占領手段（尤其是土地）的證成，論證了英國海外殖民的合法性；對內而言，提出比習慣

法更高的權威，意味著國王找到了對抗國會的武器。無怪乎在
1635 年塞爾登的著作就以《海洋封閉論》為名，在官方贊助下
成為官方的正式聲明。

　　塞爾登的海洋封閉論採取一種積極的觀點，認為創世之初世
界是屬於所有人的（Tully, 1980: 77-9, 91-2）。按照他的看法，
在各式各樣的私人財產劃分出現之前，最早存在的狀態是普世
共有制。這種說法意味著，之後所出現的各種私人財產，必然
是經過所有人的協議安排以改變最古老的普世共有制的結果。
塔克很敏銳地指出，這種說法產生二個效果：從最早的普世共
有演變成當時各國瓜分領土的狀態，其中有些可能是經過眾人
協議（agreements）產生，但也有一些必然不是經由協議而是
經由其他手段（例如占領〔occupation〕）獲得，而且也被許多
民族所承認。既然是最早存在的狀態，必然沒有前例（previous
convention）可以證成其他手段，然而後世仍舊承認了經由其他
手段所獲得的結果。這意味著以其他手段獲得領土，至少在某種
意義下，是可以被接受的（Tuck, 1999: 117）。另一方面，這樣
的說法等同於對英國習慣法（common law）的否決，因為習慣
法的內容正是修改了最古老的普世共有狀態、從而對原本的共有
財產進行重新分配的一種複雜制度。按照塞爾登的觀點，在習慣
法之前，還存在另一種更早的普世共有制（Tuck, 1999: 118）。
如此一來，英國的習慣法效力就非自始為最高。

　　詹姆士一世的登基，恰好是英格蘭殖民美洲的開始，因此他
涉外態度的轉向，象徵著英格蘭殖民政策改變。正是在這樣的背
景下，當時尚未被世人所悉的霍布斯有了帝國統治的初次體驗，
而這個外交立場的劇烈變動，也影響了後來霍布斯的思想發展。

霍布斯、開溫第士家族與維吉尼亞公司

　　詹姆士一世與其所認可的塞爾登，主張國王同時具有海洋的所有權與管轄權，是其後來徵收船稅（ship money）的重要依據，此事乃引發克倫威爾（Oliver Cromwell, 1599-1658）等人於 1641 年提出《大抗議書》（Grand Remonstrance）的主要原因。[16] 換句話說，國王的所有權與管轄權二種概念之間的關係，在某個意義上，可說是此時英國最重要的政治爭論之一，這個爭議也影響了霍布斯。

　　青年時期的霍布斯最早受雇於開溫第士（Cavendish）家族。[17] 由於跟開溫第士家族的緊密關係，霍布斯也隨著其雇主獲得當時維吉尼亞公司（Virginia Company）與大百慕達島公司（Somer Isles Company）的股份。[18] 正如塔克所說，美洲殖民者

16　船稅是詹姆士一世在未經議會同意下，逕以皇家特權（royal prerogative）徵收的賦稅，目的在承認英國是一個海權國家的前提下，於承平時期先行徵收海軍軍費，以確保帝國海外拓殖與安全發展的能力。

17　於 1608 年大學畢業之後，霍布斯受雇於老開溫第士（William Cavendish, 1st Earl of Devonshire, 1552-1626），擔任其子、小他兩歲的小開溫第士（William Cavendish, 2nd Earl of Devonshire, 1590-1628）的家庭教師，及長霍布斯改為擔任其秘書。二人之後在 1610 年至 1615 年間還在歐洲大陸展開一次壯遊（grand tour）。一直要到 1628 年小開溫第士過世，霍布斯才離開開溫第士家族，因此霍布斯與開溫第士家族之間有著長久而穩定的關係。為了避免混淆，本文將稱小開溫第士為開溫第士。

18　在 1606 年，詹姆士一世發出一張特許狀，同意成立維吉尼亞公司與普利茅斯公司（Plymouth Company）等二家股份有限公司。當時歐洲人認為可以像西班牙一樣在美洲發現大量的黃金與白銀，因此此二公司的主要業務是在北美洲沿岸毗鄰的二個地區分別建立屯墾殖以開採金銀。維吉尼亞公司在 1609 年無意間發現並開始屯墾百慕達群島（Bermuda），並在 1615

之所以不認可國王的「征服論述」，主要還是為了排除國王特權對殖民地管轄的延伸，桑德斯「堅持維吉尼亞第一憲章的條款，其中規定殖民地土地應該像東格林威治的領地那樣，實行租地管理，從而也就暗示至少英國土地法可以約束這些殖民者（Tuck, 1999: 121-2）」。

換句話說，維吉尼亞公司內部的經營權之爭，除了單純的股東間的利益分配之外，背後還有更深刻的爭議：也就是國王與習慣法孰輕孰重的問題。[19] 跟隨著開溫第士家族，霍布斯在年輕的時候就親身經歷了帝國殖民的過程，同時也從中開始遭遇到若干可說影響他一生所處理的政治思想問題。而他對這些問題的回應，又反過來影響了後人對帝國擴張的看法。從這個角度來說，維吉尼亞公司對霍布斯的思想發展是值得注意的。

維吉尼亞公司運作的時間並不長（1606-1624）。一開始公司是由東印度公司總督（Governor of East India Company）史密斯（Sir Thomas Smythe, 1558-1625）於 1609 年出任財務主管並成為公司實際上的負責人。公司之所以成立，除了商業利益之外，還夾帶了宗教與外交上的考量。對國王而言，發出特許狀主要目的是為了擴張海權，在海外找到防衛英格蘭船隻抵抗西班牙

續————

年後獲國王特許另外成立大百慕達島公司。因為以上緣由，二家公司的持股人有一部分是重疊的。

由於每位持股人，不論其股份多寡，都擁有投票權，開溫第士或許因此也給了霍布斯若干股份，藉以擴大自己的勢力。從紀錄上來看，霍布斯幾乎都與開溫第士一同出席公司會議，似乎能證明上述開溫第士給予霍布斯股份的動機（Malcolm, 2002: 54; Martinich, 1999: 60-1）。

19　此處感謝二位審查人共同的指正。

的根據地。對史密斯這些商人來說，他們最終的目的是希望找出經由美洲抵達中國的航線；另一方面，隨著公司抵達美洲的傳教士多以新教徒為主，因此也有人認為公司成為新教徒擴大影響力的工具。然而到了 1619 年，史密斯的領導遭到了挑戰。當時公司內部大致分為三個派系：史密斯代表的是為追求長期利益可以犧牲短期利益的巨賈；具有海軍上將（admiral）身分的清教徒里奇（Robert Rich, 2nd Earl of Warwick, 1587-1658）則是將維吉尼亞視為對抗西班牙艦隊的母港；下院議員桑德斯（Sir Edwin Sandys, 1561-1629）則是炒短線無法承擔短期損失的小投資人代表。從派系的組合，可以看出史密斯與桑德斯其實是處於利益不一致的狀態。而開溫第士家族與霍布斯，則是屬於桑德斯一派。然而桑德斯與里奇的結盟並不持久，因為桑德斯反對里奇對西班牙的海盜政策，這直接阻礙了里奇的利益，以至於里奇又回頭與史密斯結盟。另一方面，桑德斯在議會中屬於「鄉紳派」（country party），一向認為國會的權力高於國王，而史密斯與里奇則是與國王相近，屬於「宮廷派」（court party）。因此在 1620 年公司改選財政主管時，在詹姆士一世的干預之下，桑德斯只得交出財政大權下臺（Wolfe, 2016）。

　　對於一般所熟知的霍布斯而言，這段早期的經歷似乎顯得有些突兀：他的雇主其實是與國王對立的。由於霍布斯與開溫第士的關係十分密切，很難讓人不認為霍布斯是否也是屬於反對國王的一方。麥爾侃（Noel Malcolm）認為，這段早期經歷或許可以解釋在內戰結束後的王政復辟時期（Restoration, 1660-1685）何以霍布斯還是不太願意聲張他的早期經歷，因為這有明顯的反保皇黨色彩。但是另一方面，這也說明了早在內戰爆

發之前，霍布斯就已經由其雇主那方「鄉紳對抗宮廷、普通法對抗大法庭、國會權利對抗國王特權」（Country against Court, Common Law against Chancery, and parliamentary privilege against royal prerogative）的態度而涉入實際的政治爭議。他更進一步指出，雖然我們很難就此得出霍布斯是反國會的立場，即使在（看似擁戴絕對王權的）《利維坦》（*Leviathan*）中他所謂的主權者不包括國會在內。然而可以肯定的是，霍布斯的確反對桑德斯一派根據自然法中的自然權利概念所引申出的論點（Malcolm, 2002: 57）。

在 1614 年時，桑德斯就針對國王可否任意徵稅發表反對意見。沃頓爵士（Sir Henry Wotton, 1568-1639）曾在下議院針對歐洲大陸的國王是否能任意徵稅發表看法。根據下議院的議會紀錄，沃頓認為：「我們沒有辦法根據歷史得出國王不能徵稅的結論。他（按：沃頓）區分了被選任的（elective）與繼承的（successive）國王，並且認為前者不能出於自己的權威徵稅，因為其權威來自於人民的意志（the will of the people）而國王是依其而立。但是後者（按：例如詹姆士一世）的權力大於前者，因為他們的王位來自世襲的權力以及較（前者）更自由的權位。[20]……法國的國王就徵收了一千五百萬的鹽稅（Jansson, 1988: 316-7）。」對此，桑德斯的回應是：

20　此處意指詹姆士一世繼承自從諾曼人征服（Norman Conquest, 11th cen.）以來的統治身分。

　　　　法國國王，以及其他擅自徵稅的國王，的確也（按：沒有
　　通過國會而）自行立法。很快地，這將會導向一條專橫的道
　　路，把國王與人民（各自的權力）混淆在一起。最後一個
　　有權徵稅的國王已經不存在──（現在）不再有繼承的國
　　王，只剩下最初選任的國王。選任是雙重的：是選任人選
　　（person）也是選任其照料（care），而此二者皆來自於人
　　民的同意（by consent of people），以及國王與人民間的互
　　利關係。根據征服而來的國王，一旦力量許可時，當驅逐其
　　下臺（Anon., 1802:493）。

稍後桑德斯又再次對國王提出反對的意見。在 1621 年，桑德斯
及其同夥於下議院提出了二個法案，一是要求賦予維吉尼亞公司
菸草專賣權，另一案則是要求國王撤銷普利茅斯公司的漁獲獨占
權。[21] 詹姆士一世被此舉所激怒，隨命卡爾弗特爵士（Sir George
Calvert, 1580-1632）在下議院發言：「如果國王特權（regal
prerogative）無所不在，那（按：國王特權）也必然存在此事之
中。新的征服必然出自於征服者的意志。維吉尼亞並非附屬於
英格蘭官方（the Crown of England）因此自不受議院法律所轄
（Notestein, Relf, and Simpson, 1935: vol. 4, 256）。」桑德斯，連
同庫克（Edward Coke, 1552-1634）等人，對此大表不以為然，
堅稱北美殖民地當然屬於官方所轄。[22] 尼爾森（Eric Nelson）

21　當時詹姆士一世才甫與西班牙簽訂菸草的自由貿易協定。
22　霍布斯對庫克並無贊同，認為他的普通法論點具有內在的煽動性質，後
　　來甚至寫了《一位哲學家與一位英國普通法學家的對話》（*A Dialogue
　　Between A Philosopher and A Student of the Common Laws of England*, 1681）

認為這場辯論激起了國王特權與國會或「人民主權」（popular sovereignty）間的對立。這場對立持續了四屆國會之久，而且主要聚焦在貿易事務之上（Nelson, 2014: 39）。

雙方主要的爭議點，在於如何才能合法地占有與屯墾新發現的殖民地。按照上述的紀錄，國王顯然延續著海洋封閉論的看法，認為他自己具有征服的權利。然而桑德斯卻不能接受這種說法。然而桑德斯之所以不能接受的理由，是否如尼爾森所說，是出自一種類似追求「人民主權」的見解？麥爾侃認為並非如此，並且提出了若干疑點反駁此說（Malcolm, 2002: 63-7）。相反地他認為桑德斯所稱的「同意」或「互利關係」並非我們現在所認知的人民意志（popular will），而是一種普遍的倫理判斷（common ethical judgement）。而這種普遍倫理判斷指的是自然理性，或者用庫克的話來說，由自然法所衍生而得的習慣法（common law）（Malcolm, 2002: 59）。正因如此他才會與庫克共同反對國王。

乍看之下桑德斯──或者更籠統地說，包括他的同夥開溫第士──都是強烈的反對王權。然而有趣的是，桑德斯卻是一個國教徒。他的父親老桑德斯（Edwin Sandys, 1519-1588）在擔任倫敦主教（bishop of London）時任命了胡克（Richard Hooker, 1554-1600）出任神職，並且後來還擔任了桑德斯的家庭教師一職。在這樣的環境中，桑德斯十分自然地成為國教徒。按理而言，這樣的宗教背景應該會讓桑德斯成為保皇黨的一員。但是由

續────────

駁斥庫克的觀點。不消多說就可知道，「哲學家」是霍布斯而「法學家」是庫克（參見 Hobbes, 1839a）。

於他的國教式自然法認知，讓他對國教中愈來愈強烈的天主教色彩——特別是主教制（episcopacy）中教會過度干預王權的傾向——益發不能接受。[23] 在他的認知裡，國王的權力來自於源自理性與自然法的習慣法，而國教中的天主教色彩恰恰破壞了傳統英國憲政中的權力平衡。麥爾侃很正確地指出，桑德斯的論點實際上把王權變成了「教士政治的人質」（a hostage to hierocracy）（Malcolm, 2002: 68）。原因是在桑德斯的自然法觀念中混淆了那些對的（what should be done because it is right）與那些神聖的（what should be done because it is holy）二種知識。對他來說這二種知識的來源同樣都來自上帝，結果就是他雖然明白二者混淆的問題（這也是他為什麼反對國教天主教化的原因，因為如此教會將過度干預國王權力），但是他卻沒辦法有效的解決這個問題。要解決這個問題的方法之一，是將第一種知識的來源從上帝獨立出來（Malcolm, 2002: 69）。

霍布斯論征服

　　並沒有直接的證據足以衡量在多大程度上桑德斯的觀點影響了後來的霍布斯，畢竟霍布斯鮮少提及這段經歷。即使在《利維坦》中，有關美洲的相關論述也屈指可數。之所以如此，如同前面所提，可能是因為在內戰之後，回顧他當時的立場，似乎顯得

23　桑德斯在 1629 年殁後，詹姆士一世於 1633 年命勞德（William Laud, 1573-1645）出任國教大主教（即坎特伯里主教〔Archbishop of Canterbury〕）。在勞德任內，國教中的天主教色彩達到巔峰，教義也轉向反喀爾文而接近荷蘭的阿米尼烏斯教派。

有些政治不正確。但是至少可以發現在早年的殖民經歷中，霍布斯就已經親身經歷他之後所要處理的政治議題：王權的範圍及其合法性的來源。

　　就維吉尼亞公司而言，由於桑德斯與開溫第士等人在國會中明確高舉反對國王的立場，自然不為詹姆士一世所喜，國王對這些「鄉紳派」的怨懟自然也延伸到了作為開溫第士秘書的霍布斯身上。然而從霍布斯自己的角度而言，當時的他似乎有些難言之隱，這種為難在他晚期的著作中可以明顯地被察覺。馬蒂尼奇就認為，在理論立場上，霍布斯根本站在桑德斯的對立面（Martinich, 1999: 62-3）。這種說法主要有二個根據：首先雖然霍布斯討厭西班牙，但是在《比希莫特》（*Behemoth*）中，他卻同意當時西班牙駐英大使、後來甚至被詹姆士一世任為樞密使（privy）的貢多馬伯爵（Diego Sarmiento de Acuña, 1st Count of Gondomar, 1567-1626）對商人的惡評：他說因為「以追求私利為職志的商人天生是道德之賊。他們唯一感到光榮之事，就是藉由買賣斂財，……因此他們普遍是最喜鼓動叛亂的人（Hobbes, 1839b: 320-1）。」[24] 換句話說，雖然霍布斯身為股東，但是他對桑德斯等人的作為似乎頗不以為然，只不過礙於雇主之面，身為開溫第士秘書的霍布斯，也只能無奈接受。馬蒂尼奇另外還提到，霍布斯在《利維坦》中以維吉尼亞公司的管理制度為例證明君主制政府的優越性（Hobbes, 1994a: chap. 22, sec. 16; Martinich, 1999: 63）。

24　霍布斯對西班牙的厭惡幾乎是眾所周知。如他自己所稱，他自己是出生於恐懼之中，因為他出生於西班牙入侵英格蘭那年。而英格蘭在北美洲的殖民直接影響了更早抵達的西班牙人利益，因此後來國王解散維吉尼亞公司之令，坊間盛傳就是出自貢多馬的陰謀。

　　然而除了這些消極的反對意見之外，霍布斯對詹姆士一世殖民政策的認同，最明顯的表示應該是在對「征服」這個概念的解釋。如前所述，詹姆士一世似乎是主張征服無主殖民地屬於國王特權，因此維吉尼亞不屬於英格蘭官方，而是他的個人財產，因此不受國會以及普通法約束。在《利維坦》中，霍布斯對這樣的征服樣態提出了更進一步的論證：

　　藉由征服，或者打勝仗而獲取的統治權力，有些作家將其稱為（源自 *despotes*）專制的（despotical），意指主宰（lord）或支配者（master），能主宰其下屬（servant）的統治權力。被征服者在其生命以及其身體的自由許可的情況下，為了免於暴死，只要經由明確的文字，或者其他足以辨識其意志的方式〔與勝利者〕締約，勝利者就能獲取隨意支配被征服者的統治權力。一旦這樣的契約成立，被征服者就成為〔勝利者的〕下屬，而不再是以前〔的自由人〕，因為下屬這個字（至於這個字是從 *service*〔to serve，服侍〕還是從 *servare*〔to save，保存〕衍生而來，我保留給文法家去爭論）指的並不是俘虜（captive）（意指被抓他的人，或是從抓他的人處把他買來的買主，將其關在監牢或把他綑綁起來，以待之後處置的人；因為這樣的人，通常被稱為奴隸〔slaves〕，〔按：其對買主〕不負有任何義務，隨時可以正當地逃脫或逃獄，甚至殺死或者俘虜他們原來的主人），而是當他們被抓時，仍然保留了身體的自由（corporal liberty），而且承諾了不會逃跑，也不會反叛他的主人，因而獲得他〔按：主人〕的信任。

因此統治權力並非來自被征服者的勝利，而是來自約定。並不是因為他被征服（或者說，被攻擊，或被迫投入戰鬥）所以必須服從，而是因為他參戰，而且順服了勝利者。在承諾饒恕其性命之前，即使他〔按：被征服者〕放棄了自己行動的自由，勝利者也沒有寬恕其性命的義務，只有當他〔按：勝利者〕自己覺得合適時才產生饒恕其性命的約束力（Hobbes, 1994a: chap. 20, secs 10, 11）。

在這段引文中，霍布斯透露出若干頗有新意的觀點。如前所述，詹姆士一世採納了塞爾登的海洋封閉論，並據以主張國王擁有征服無主之地的特權。就這點而言，霍布斯的立場雖與其雇主一派不同，但也並非首創。其中真正新穎之處，在於他擺脫了以往論證征服的方式。簡單地說，並不是在實質的內容本身，而是在論證的方法上，霍布斯提出了新的觀點。

首先霍布斯延續塞爾登的說法，認為「國家的後代（或子女）就是我們所說的**新開發地**（plantations）或**殖民地**（colonies）。這是由母國移出、在一位領導或總督的轄下的一群人，所定居的外國土地，其先前或者原本就無人居住，或者**是因為戰爭才變得無人居住**」（Hobbes, 1994a: chap. 24, sec.14. Italic added）。霍布斯也認為這些土地原本就是無主地，即便其荒廢的原因是來自於戰爭。這是國王據以對外征服的先決條件：必須先存在可以被征服的土地。

詹姆士一世乃至於塞爾登的觀點基本上與西班牙原本所持的舊教——湯瑪斯論點幾乎如出一轍——除了當中的主詞由西班牙改為英格蘭之外。這種觀點證成征服的理由是宗教的：捍

衛無辜者。所謂無辜者，指的是被違反上帝自然法的異教徒所迫害的人。但是在霍布斯的論點中，這個宗教論點被轉化了。[25]在此處霍布斯對自由意志（free will）採取了一種非常獨特的相容主義（compatibalism）（Pink, 2013）、很簡潔地將自由定義為不受物理性的「外在阻礙」（external impediments）（Hobbes, 1994a: chap. 14, sec. 2）。既然被征服者沒有受到外在的物理束縛，因此被征服者的服從實際上是一種出於自由意志的自願行動（voluntary action）。換句話說，征服此一行為的合法性並非來自於暴力，而是來自被征服者的同意──在這種意義上，「被征服者」是一個被誤用的字眼，因為既然是自願接受統治，那又何來「被征服」的事實？根據這樣的論點，征服者與被征服者之間只存在契約關係，征服因而不再是衛自然法之命──也就是衛上帝之命──而為的舉動。[26]

25　有些學者認為此處宗教論點被霍布斯所拋棄，霍布斯因此成為實證法或國家權力的創造者（參見 Tuck, 1999, esp. Introduction）。我則認為霍布斯實際上並沒有完全放棄上帝的概念，而是將其職位移轉到主權者身上。簡單來說，對霍布斯而言，主權者作為「人間的神」（mortal God）並非一種隱喻（metaphor），而是對事實的描述（description）。相關論述我將另外為文說明。

26　審查人 B 指出在此處「（本文）作者所稱誤用，或許是想要指出以『被征服者－征服者』來表述容易引人誤解這兩方基於自願所會帶來的關係之變化。」事實上筆者認為此處正是霍布斯經常遭誤解之處，因為就一般觀點認為（如審查人 B 之意見為例）「對於殖民地的美洲人來說，被征服必然是種物理性的打擊與束縛」，但按照霍布斯的定義，這並不屬於「物理性的打擊與束縛」。霍布斯所謂的「外在阻礙」是指存在令人毫無其他選擇的狀態。以他自己曾舉過的例來說，遇到劫匪時你必須交出現金或者在暴風雨中必須棄船，霍布斯認為這些都是出於自由意志的自由行為（Hobbes, 2008: chap. XII, 71-72; Hobbes, 1999a: 32; Hobbes, 1999b: 77-9）。因為根據

這樣的立場其實讓霍布斯陷入一種尷尬的立場中。因為後來在 1645 年他曾與英國國教的布蘭豪主教（John Bramhall, 1594-1663）針對人是否有自由意志的問題展開了一場辯論。[27] 布蘭豪承襲當時甫遭長期議會（Long Parliament, 1640-1660）處決的國教大主教勞德的阿米尼烏斯主義立場，主張人有自由意志，而霍布斯則以其近似決定論（determinism）的相容主義觀點反對布蘭豪的國教立場。從國王以及國教教會的角度來看，霍布斯的立場幾乎與國會中的主流 —— 新教的喀爾文主義無異。但是霍布斯的這種觀點，在某種程度上，消除了前述桑德斯支持選任國王而反對繼承國王的論點：既然不是在遭受物理束縛下所表示的服從都可被視為自願活動，那麼即使是出自恐懼（fear）而服從，都被視為是有效的同意。換句話說，即便國王是由選任而產生，也不代表他就受制於國會。只要他的「專制」手段不是物理性的束縛，臣民的服從都屬於合法的同意，臣民因此會產生服從主權者的政治義務。對國王來說，殖民者（包括桑德斯等人）依其皇室特權特許才獲得殖民的權力，因此殖民地當然是國王征服所得的私人財產。然而桑德斯卻認為依照習慣法這是殖民者所獲取的產物，理應受到國會的法律所保障。霍布斯論征服的看法，等於是

續 ─────────────────

　　他的定義，在這些行為的當下，施作者最後的欲望必定是交出現金或棄船（為了自我保存）。如果當下沒有其他外在阻礙妨害妳交出現金或棄船，那麼，根據定義，妳的自由意志成功地觸發了妳的行為（即妳真的交出現金或棄船）。既然結果真的出現了，那妳就是自由的。所謂的喪失自由，指的是妳沒有不這麼做（do otherwise）的選項，例如妳在被盜匪綑綁的情況下，即使妳想逃脫也不可能。依照霍布斯這種定義，所有的征服都是自願的，畢竟被征服者還是有不這麼做的選項。

27　關於這場論戰可參見（Hobbes, 1840; Hobbes, 1841）。

說：殖民者作為國王的臣民，有服從國王的義務。既然國王認為這是他征服所得的結果，臣民自然必須接受。

在這裡霍布斯實際上重構了前述塞爾登將財產權及管轄權都歸於國王的論點。[28] 但是不同於塞爾登訴諸歷史的論證，霍布斯提出了另一種哲學的觀點。這種觀點對英國後來一躍成為海上強權有某種程度的影響。例如阿米塔吉（David Armitage）就指出曾在霍布斯流亡歐陸十年（1641-1651）期間擔任其秘書（1643-1646）的珮第（Sir William Petty, 1623-1687），基本上採取了霍布斯而非塞爾登的觀點，主張財產權與管轄權二種概念間的通約性（the commensurability of *dominium* and *imperium*）正是來自於「霍布斯在其《利維坦》中所指出的主權或帝國這些字眼所昭示的力量」，而當前北歐各國正處於「海洋事務的自然狀態中」（Petty, 1646: Add. MS 72865, f. 119r, ff. 127v-8r; 轉引自 Armitage, 2000: 122-3）。珮第這樣的立場為詹姆士二世提供了控制歐洲海權的基礎，讓英國在 1576 年至 1689 年間成為名副其實的海上帝國（Armitage, 2000: chap. 4, esp. 123）。

結語

霍布斯鮮少在他自己的著作中提及早年這段殖民的經歷，他也幾乎不曾很明確地鼓吹帝國向外殖民，但是這不代表這段殖民經歷對霍布斯沒有留下任何影響，更不代表霍布斯的理論對後來

28　霍布斯閱讀塞爾登的《海洋封閉論》的紀錄，見諸他於 1636 年所寫的兩　　封書信之中，參見（Hobbes, 1994b: vol. 1, 30, 32）。

的英國海上拓殖沒有發生任何指導的作用。一方面雖然在當時霍
布斯並沒有明確表現出他的立場──畢竟如果這樣做的話等於是
公開反對他當時的雇主開溫第士，但是這個經歷的確可以說是霍
布斯最早遭遇如何界定王權與臣民政治義務的事件。另一方面，
有關霍布斯對征服的定義，從《利維坦》的原始意旨看來，在某
種意義上，他是在回應前述沃頓爵士所提出的議題：霍布斯認為
無論國王是來自繼承或者征服而來，他的權力都是合法的。雖然
在此處霍布斯並不是要以此論證國王有對外擴張殖民的權力，但
是他的觀點的確符合後來國王的需要。

　　如果證諸後來的史實，我們可以發現一些非常有趣的現象。
沿用舊教──湯瑪斯論點的帝國通常都非常熱中在殖民地傳教，
試圖將被殖民者改宗為天主教徒。然而英國人雖然在殖民地也
維持了一定的宗教活動，但是範圍通常僅限於英國人社群，他們
並不把異教徒改宗視為殖民的目的。舉例來說，西班牙的殖民地
（例如菲律賓、中南美洲各國）幾乎都是天主教國家，而英國的
殖民地（例如印度、新加坡、香港等）卻仍舊維持著被殖民前的
信仰。就這點而言，是與霍布斯的論證相符的。

02 格勞秀斯《論捕獲法》之政治論述發展 *

賴芸儀（國家海洋研究院海洋政策及文化研究中心副研究員）

前言

聯合東印度公司檔案中，一封標記為 1603 年 8 月 27 日由尼德蘭[1]聯合東印度公司（*Vereenigde Oostindische Compagnie*，簡稱 VOC，以下稱「聯合東印度公司」）的船長西姆斯科克（Jacob van Heemskerk, 1567-1607）寫信給位於阿姆斯特丹總部的主管時，他提到當地人為了獲得海外出產的花布，願意幫尼德蘭人向葡萄牙人開戰：

---

* 本文初稿發表於 2018 年 11 月 15 日至 16 日中央研究院人文社會科學研究中心亞太區域研究專題中心海洋史研究舉辦之「2018 年海洋史國際學術研討會 —— 海洋亞洲的中心與邊緣：帝國・港市・離島」研討會。原文〈「每場有正當理由的戰爭都是義戰」：格勞秀斯《捕獲法》的論述策略及其政治思想運用〉刊登於中央研究院出版之《人文及社會科學集刊》第三十三卷第二期（110/6），頁 179-219。感謝評論人張彬村教授及兩位匿名審查人的評論與建議。承蒙編輯委員會同意轉載。
1　為區別國名與荷蘭省名，文中以「尼德蘭」（Netherlands）指稱國名。

我們日後不應再用西班牙銀幣（ryals）[2]，而是用坎貝
（Cambay）與聖多馬（San Thomé）的織品來買胡椒。這會讓
我們在所有胡椒市場上至少賺到一葡萄牙金幣（Xeraphine），
獲益遠勝過用西班牙銀幣來付。當地人既不把西班牙銀幣
穿戴在脖子上，也不把銀幣縫在自己的衣服上。有北大年
（Patani）的港主（sabandar）[3] 和其他港埠的許多官員向我
指出，說：「帶給我們織品，我們就會向葡萄牙宣戰。」
（Grotius, 2006: 541）[4]

　　北大年人看出尼德蘭聯合東印度公司在東印度貿易背後的
最大動機與目的——透過貿易建立起海外對抗宗主國西班牙王
國[5] 及其盟國葡萄牙王國的政治聯盟，以達成尼德蘭獨立建國之
目標。而論述建構的參與者之一，正是格勞秀斯（Hugo Grotius,

2　尼德蘭此時雖與西班牙王國交戰，但在海外進行貿易時，仍使用西班牙銀
　　幣。在 1628 年從尼德蘭出發經好望角前往巴達維亞途中沉沒於澳洲西岸
　　的巴達維亞號（Batavia），船上的銀幣經分析其中金屬成分與來源，發現
　　來源有日耳曼地區、西班牙以及西班牙的美洲殖民地區的金屬特徵，顯示
　　西班牙銀幣在東印度胡椒貿易仍占有重要地位（Gentelli, 2016）。
3　感謝審查人指證此處翻譯源於波斯語 Shāhbandar，依建議參照 Hobson-
　　Jobson 辭典譯為「港主」（Harbour-Master）。
4　引自 Liberty Fund 出版的《論捕獲法》英譯本 Commentary on the Law of
　　Prize and Booty 的附錄。
5　15 世紀末經由聯姻，尼德蘭地區的統治權由勃艮地公國（the Duchy of
　　Burgundy）轉移到奧地利的哈布斯堡家族（the House of Habsburg）手中，
　　成為神聖羅馬帝國的一部分。1555 年 10 月 25 日，神聖羅馬帝國皇帝查
　　理五世（Charles V, 1519-1556）將尼德蘭地區七省轉給繼承了西班牙王國
　　王位的兒子，菲利普二世（Philip II of Spain, 1527-1598），使得西班牙成
　　為尼德蘭的宗主國（Israel, 1995: 21, 35, 134）。

1583-1645）。

　　格勞秀斯生前未能出版的《論捕獲法》（*De Jure Praedae*），除了其中的第十二章構成他在世時期的成名作《論海洋自由》（*Mare Liberum*, 1609）外，該手稿本身蘊含其巨著《論戰爭與和平法》（*De Jure Belli ac Pacis*, 1625）的原始要素——以相互同意構成國家以及國家之間的協定。值得留意的是格勞秀斯在《論捕獲法》中，將商業貿易融入他的政治思想之中。本文試圖結合現有針對格勞秀斯《論捕獲法》手稿生成脈絡之研究，並藉由東印度貿易的相關史料，探討格勞秀斯政治思想與他所身處的國際現實之關聯，如何反映在格勞秀斯思想轉折上，以世俗化角度正當化運用武力維護貿易自由，乃至於世俗化國家之政治論述。

尼德蘭獨立運動與格勞秀斯政治論述的發展

　　尼德蘭七省聯合共和國（以下簡稱為尼德蘭共和國）自 1568 年起反抗西班牙王國對該地的不當統治。從 1568 到 1648 年的「八十年戰爭」（Eighty-years War）之間，最初在 1566 年一群尼德蘭（當時稱低地地區，the Low Countries, *Terram Belgiciam*）貴族集結起來反抗出身於哈布斯堡家族（The House of Habsburg）的統治者西班牙國王菲利普二世（Philip II, 1556-1598）。他們指稱菲利普二世違反了早先的統治承諾，侵犯尼德蘭人原有的各種自由（liberties）與特權，像是擅自加稅等行為。依照格勞秀斯的說法，當時西班牙國王菲利普二世指派阿爾瓦（Alba）公爵（Fernando Alvarez de Toledo, 1508-1582）擔任低地地區總督，後

者憑藉軍事力量單方面改變法律與稅收體制，引發當地不滿。[6]
雙方爭執不下，到了 1579 年 1 月，由奧良治（Orange）家族的
沉默者威廉（William the Silent, Prince of Orange, 1533-1584）為
首，以荷蘭（Holland）與熱蘭（Zeeland）兩省為核心組成「烏
特勒支聯盟」（the Union of Utrecht），決心反抗到底，直到
國王加以改善為止。1581 年反抗者決意與統治者西班牙國王斷
絕統治關係，7 月 26 日尼德蘭地區部分省分發布《棄絕法案》
（Plakkaat van Verlatinge），正式宣告獨立，由沉默者威廉領導
建立新體制。[7] 新的邦聯體制下，地方各省與中央同樣設立議會
體制與行政機構。同時在各省內又分別設有各級議會組織，例
如省議會和市議會（municipal councils, vroedschappen）。直到
1648 年《西發里亞條約》（Pax Westphalica, 1648）簽訂後，尼
德蘭共和國歷經八十年才獲得法理獨立主權國家的地位。在此混
亂的時局，格勞秀斯留下大量著作，讓後人得以從他的思想史脈
絡見證尼德蘭獨立運動的歷程。

　　格勞秀斯本名 Hugh de Groot，Hugo Grotius 為其名的拉丁
文寫法，1583 年 4 月 10 日生於北尼德蘭富庶的荷蘭省的臺
夫特（Delft）權貴家族。他十一歲（1594 年）進入萊登大學
（Universiteit Leiden）學習語言學與神學。1598 年跟隨荷蘭特
使，同時也是尼德蘭共和國獨立運動的主要領導人物奧爾登巴
內費爾特（Johan van Oldenbarnevelt, 1547-1619）前往法國拜會
國王亨利四世（Henry IV, 1572-1610），並於法國的奧爾良大學

6　見《論捕獲法》第十一章開頭。

7　歷史學者阿米塔吉將尼德蘭的《棄絕法案》與美國的《獨立宣言》相較，
　　比擬為「尼德蘭的《獨立宣言》」（Armitage, 2008: 43）。

（Université d'Orléans）取得法學博士學位。隔年格勞秀斯獲得律師資格，於海牙執業，負責民事訴訟業務（Van Ittersum, 2009b: 249）。1601 年到 1604 年間，格勞秀斯擔任荷蘭省史官。期間荷蘭省政府根據奧爾登巴內費爾特的指示，命格勞秀斯撰寫自 1588 年以來的獨立運動，成書《低地國編年史》（*Annales et Historiae de Rebus Belgicis*）。[8] 格勞秀斯於 1607 年 11 月擔任荷蘭省的檢察長（*advocaatfiscaal*, solicitor general），1613 年改任奧爾登巴內費爾特在鹿特丹的兄長的有給職法律顧問，並成為荷蘭省議會成員，四年後成為聯省議會成員（Van Ittersum, 2009b: 249-250）。已有學者研究格勞秀斯與奧爾登巴內費爾特之間宗教寬容政策與阿米尼烏斯主義（Arminianism）的關聯，或是格勞秀斯身為法律顧問與雇主奧爾登巴內費爾特的關係（Bloemendal, 2002: 346; Geyl, 1926: 88-90; Hackett, 2014: 160; Nellen, 2005: 256）。

　　格勞秀斯在 1603 年應聯合東印度公司的董事們之邀，以訴訟代理人身分參與 1603 年 2 月東南亞麻六甲海域發生的劫船案件辯護。該案為聯合東印度公司阿姆斯特丹公司轄下的船長西姆斯科克[9]，以尼德蘭正在對抗西班牙進行獨立戰爭，而葡萄牙身為西班牙盟國，在東印度[10] 迫害尼德蘭人、嚴重危害尼德蘭國家利益為由，劫掠葡萄牙商船聖卡特琳娜號（Santa Catarina），並劫

8　該書在格勞秀斯死後才於阿姆斯特丹出版（1657 年）；英文版則是在 1665 年於倫敦出版（Van Ittersum, 2009b: 249）。

9　西姆斯科克船長為格勞秀斯父方的母系親戚。故有學者認為聯合東印度公司可能基於這層關係，進而找上格勞秀斯撰寫辯護說詞（Tuck, 2001: 79）。

10　本文依據格勞秀斯所處的時代脈絡，將印度、東南亞與東亞地區統稱為東印度。

掠貨物，引發國際法爭議。[11] 為此，格勞秀斯應聯合東印度公司
之邀，撰文《論捕獲法》為其行為與拍賣辯護，並說服聯合東印
度公司股東接受拍賣的獲益，以彌補公司自 1602 年組成以來連
年的虧損（Van Ittersum, 2006b: 110-111）。

　　早年研究多認為由於當時股東基於宗教和平原則以及對拍賣
品的合法性有所質疑，拒絕劫掠而來的財貨，為此聯合東印度公
司委託格勞秀斯著述加以澄清疑慮。不過最近有學者分析公司
檔案，發現只有極為少數的股東以宗教理由拒收劫掠而來的收
益。因此提出聯合東印度公司委由格勞秀斯撰寫辯護文另有其
他目的，指出聯合東印度公司寄望透過辯護文，以打擊哈布斯
堡勢力為理由，讓尼德蘭聯合省共和國的議會（the Dutch Estate
General）同意減稅與增資，以便強化船隻陣容與武裝（Van
Ittersum, 2006b: 118-122）。此說法符合聯合東印度公司日後以劫
掠伊比利船隻為主的政策。另有學者認為聯合東印度公司之所以
要出版《論海洋自由》，明的是針對東印度區域的葡萄牙勢力，
暗指英格蘭的北海漁權爭議以及西班牙的海上擴權（Armitage,
2004: xi）。不過這種說法則與格勞秀斯自己留下的紀錄有所矛
盾，而有待進一步的研究。

　　值得注意的是《論捕獲法》在完稿後並未即時出版，直到
1609 年 4 月底才以手稿的第十二章為主幹加以修改，成為《論
海洋自由》，以匿名方式出版。直到 1614 年第三版的尼德蘭文
譯本始提及作者名字。而拉丁文原文版本則要到 1618 年《論

11　海盜（pirate）與捕獲（privateer）是不一樣的概念。前者是純粹的個人或
　　團夥於海上的強盜行為，後者則是有國家授權並加以背書，且針對特定國
　　家船隻的海上劫掠行為（Clulow, 2006: 66; Lesson, 2009: 6-7）。

海洋自由》再版時，才公開格勞秀斯其名（Armitage, 2004; Van Ittersum, 2006a）。至於《論海洋自由》在《論捕獲法》約莫完稿於 1605 年，卻推遲至 1609 年匿名出版的原因，有學者認為是尼德蘭方面為了避免干擾到當時正在進行與西班牙的停戰協定（4 月 9 日簽訂）。且格勞秀斯作為主要談判代表之一，不宜具名出版，以免節外生枝。[12] 另有一說，認為《論捕獲法》成稿之後並未付梓的原因，歸咎於自聯合東印度公司成立以來，反對該公司壟斷亞洲貿易的聲浪不斷。故出版一本主張公海貿易自由的書對聯合東印度公司而言，不全然有利，使得格勞秀斯必須擱置出版計畫（Cornelius G. Roelofsen, 1990: 103-114）。由此可見《論捕獲法》的寫作與出版過程，充斥著現實政治利益考量。

　　格勞秀斯為了尼德蘭獨立運動，就當時各種爭論的議題著述不遺餘力，並從中逐步發展其政治論述。在尼德蘭當時以貴族為主的共和體制氛圍與歷史脈絡下，格勞秀斯逐步發展其主張分割主權與強調人民同意的共和思想。格勞秀斯繼受同為奧爾登巴內費爾特陣營的律師弗朗索瓦‧弗蘭克（François Vranck，約 1555-1617）歷史書寫影響，以古羅馬時期的巴達維亞為發想，主張尼德蘭自古就是自主的國家（Tracy, 2008: 292-294）。[13] 最初在《論古代巴達維亞共和國》（*De Antiquitate Reipublicae Batavicae*, 1610）[14] 中，他試圖呼應前一個世紀佛羅倫斯出身的歷史學者圭西亞狄尼（Lodovico Guicciardini, 1521-1589）的《低

12　即 The Twelve Years' Truce（1609-1621 年）（Vervliet, 2009: ix-x）。

13　弗蘭克的書名為 *Exposition of the Rights Exercised by the Knights, Nobles and Towns of Holland and West Friesland*（1587）。

14　1649 年英格蘭發行英譯本（Grotius, 1649）。

地國志》（*Descrittione di Lodovico Guicciardini patritio fiorentino di tutti i Paesi Bassi altrimenti detti Germania inferiore*, 1567）（Guicciardini, 1567）。格勞秀斯強調尼德蘭地區長久以來就有透過代表分權自治的共和傳統，因而有別於西班牙統治下的專制體制（Grotius, 1610: xxxv）。格勞秀斯藉由上溯尼德蘭在古羅馬時期的歷史，主張即便面對強大的羅馬帝國，尼德蘭人的祖先巴達維亞人也沒有臣屬於帝國，而是以獨立且自由國家的形式與帝國結盟。至於尼德蘭共和國引以為傲的議會體制，也是源自於巴達維亞人的政治體制，而非反對獨立運動者所批評的無政府體制（Grotius, 2000: 13）。同時他在《比較憲政》（*Parallelon Rerumpublicarum*, 1602）一書，同樣主張應效法獨立於羅馬帝國統治的先祖們，恢復統治者之權力來自於對人民的政治承諾之古代巴達維亞自由（Batavian freedom）（Israel, 1995: 421-422）。在格勞秀斯日後的其他著作中，例如《論捕獲法》，仍可見到以抵禦壓迫、獨立自治、追求自由為核心的政治訴求。

　　1613 至 1615 年間，格勞秀斯曾兩度以法務顧問身分參與聯合東印度公司對英格蘭的談判（1613 年與 1615 年）。英格蘭人在 1613 年格勞秀斯造訪倫敦後，對他印象頗佳。在格勞秀斯並未出席後續 1619 年的英荷談判時，英格蘭方面的內部文件顯示英格蘭方希望尼德蘭方面派來的人能有格勞秀斯的程度。[15] 1618

---

15 "East Indies, China and Japan: April 1618," in *Calendar of State Papers Colonial, East Indies, China and Japan*, Volume 3, 1617-1621, ed. W Noel Sainsbury (London: Her Majesty's Stationery Office, 1870), 146-163. (accessed date: 13 March 13 2017) *British History Online*, http://www.british-history.ac.uk/cal-state-papers/colonial/east-indies-china-japan/vol3/pp146-163.

年 8 月格勞秀斯因宗教立場因素而涉入由荷蘭省執政奧良治家族
的拿騷（Maurice of Nassau, 1567-1625）主導的政變，與偏向地
方分權與宗教寬容立場的奧爾登巴內費爾特一同遭到逮捕，以叛
國罪定罪。奧爾登巴內費爾特遭到公開處刑，格勞秀斯則是獲
判終生監禁於羅耶夫斯坦城堡（Slot Loevestein）（Van Ittersum,
2009b: 250）。另有學者認為除了宗教立場之爭外，雙方也在
爭奪政權，試圖主導不同的政府體制權力結構（Bakker, 2004:
206）。可說是反西班牙色彩強烈且具王政傾向的拿騷，與偏向
共和體制和宗教寬容的奧爾登巴內費爾特之間的政治路線鬥爭
（Hackett, 2014: 159）。最終奧爾登巴內費爾特的失敗，讓其成
為奧良治家族寡頭統治下的共和國混合政府共和思想精神的殉道
者（Leeb, 1973: 12）。

　　獄中格勞秀斯筆耕不輟，《論戰爭與和平法》（1625 年）、
《尼德蘭法律體系導論》（*Inleydinge tot de Hollantsche rechtsgeleertheit*,
1631）與《論基督教真義》（*De Veritate Religionis Christianae*, 1627）
等著作都是在那段時期寫的。其中《論戰爭與和平法》造就了
他被譽為現代國際法之父的地位。入獄兩年後，1621 年 3 月 22
日，在妻子瑪麗亞‧馮‧賴格斯貝希（Maria van Reigersberch, 1589?-
1653）及侍女艾瑟琳娜‧馮‧郝文寧（Elselina van Houwening, 1681年
歿）的幫助下，格勞秀斯躲在木頭書箱中逃出城堡。流亡法國期
間，他獲得法國國王路易十三（Louis XIII of France, 1601-1643）
補助，直到 1631 年返鄉為止。回鄉擔任律師不久，又因政治鬥
爭之故，於 1632 年 4 月逃亡到漢堡。1634 年應瑞典攝政阿克瑟‧
歐肯環那（Axel Oxenstierna, 1583-1654 年）之邀，擔任瑞典駐法
使節，直到 1645 年雖僥倖自海難生還，但隨後病歿，遺體歸葬

故鄉臺夫特（Tuck, 2005: xii-xv）。

《論捕獲法》內的政治論述建構

目前對格勞秀斯的思想研究以著重其自然法思想與歷史脈絡兩方面為主（Straumann, 2007）。自然法部分的研究，以理查·塔克（Richard Tuck）為首，對格勞秀斯自然法理論的詮釋，著重於自保的「優先義務」（prior obligation）（Tuck, 2001: 86）。在此切入點上，塔克認為格勞秀斯後期著作（例如《論戰爭與和平法》）將亞里斯多德式的道德訴求排除在自然權利與自然法之外（Tuck, 1991: 507）。塔克認為在《論捕獲法》裡，格勞秀斯的權利觀保留了承接自古典時期的亞里斯多德的中庸之道色彩，無法區分「對等正義」（expletive justice/commutative justice）與「選擇正義」（attributive justice/distributive justice）（Blom, 2015: 98; Tuck, 1979: 67）。到了《論戰爭與和平法》時，則進入全然法律體系內，自然法理論的核心概念變為尊重他人的權利，並在契約的架構下，遵循此原則來捍衛自己的權利（Tuck, 1979: 67, 69）。

相較於塔克，偏重歷史脈絡的瑪汀·優莉亞·馮·伊特森（Martine Julia van Ittersum）主張格勞秀斯的自然法原則著重的是「協議必須遵守」（*pacta sunt servanda*, contracts must be honored）原則，而此點正是聯合東印度公司要求聯省議會增派兵力到東印度，以劫掠來挽救公司財政負擔時所使用的理由（Van Ittersum, 2006b: 361-362）。如此一來，法律的核心則變成如何遵守契約，而為了遵守契約的義務，以武力進行貿易則是正

當的。伊特森將《論捕獲法》置於歷史脈絡之中，指出面對像格勞秀斯這類參與現實政治活動的作者，不應把作者與文本的脈絡研究局限於作者所屬國家或交往圈內，應該將脈絡研究的範圍擴大到文本之外的國際層面（Van Ittersum, 2006b: xxxviii-xliv）。透過梳理大量歷史背景，伊特森主張格勞秀斯的著作必須放在更長的時間軸上來閱讀，才能發現格勞秀斯為聯合東印度公司所留下的影響如此深遠。他將自身的權利與契約理論，植入尼德蘭的殖民主義與帝國主義之中。

　　而自然法對格勞秀斯來講，是讓尼德蘭得以生存以及壯大的工具，而非原則，就連貿易自由和航行自由也是一樣（Van Ittersum, 2006b: 489）。

　　另有學者認為格勞秀斯的貢獻，不僅是將尼德蘭成功地推向世界舞臺，還透過讓尼德蘭以資本主義模式的「法人主權」（corporate sovereignty），突破哈布斯堡家族統治的西班牙王國來的封鎖，擴張其經濟帝國規模（Wilson, 2008: 212-213）。1602 年 3 月 20 日經聯省議會同意合併尼德蘭共和國各省轄下的東印度公司，成立尼德蘭聯合東印度公司，以避免各公司間的惡性競爭，尋求整體獲利。[16] 而獲得中央政府授權收取稅金，以維護強大武裝勢力的尼德蘭聯合東印度公司，在肩負起國家軍隊（海軍）的角色之餘，也成為國家統治機器的一環，藉由與東南

16　聯合東印度公司是 1602 年由國家出面整合多個公司而成。整合之後仍保有合議體制的組織架構——由阿姆斯特丹（Amsterdam）、臺夫特（Delft）、鹿特丹（Rotterdam）、恩克赫伊森（Enkhuizen）、米德爾堡（Middelburg）以及荷恩（Hoorn）六個分部組成約七十人的董事會。董事會中又以「十七董事」（*Heren XVII*）為決策核心（Schnurmann, 2003: 479）。

亞國家結盟來鞏固經濟與政治利益，強化己方在歐洲國際政治角力上的實力與談判籌碼。

有學者認為格勞秀斯在《論捕獲法》中仿效西班牙法學者維多利亞（Francisco de Vitoria, 1483-1546）將羅馬的國內私法挪用到萬民法的做法，將萬民法挪用到國際法，其撰文反擊的對象，不僅是聯合東印度公司船隻發生在麻六甲海峽的事件，還包括更早之前就存在的北海漁權爭議（Benton & Straumann, 2010: 18-19, 22; Straumann, 2006: 329）。亦有學者認為格勞秀斯提出戰爭時期也有法律統治的說法，是以理性試圖將分裂的歐洲團結起來，因而將萬民法內具有普遍性的自然法與國際私法的實證法加以結合（Rommen, 1998: 65）。由此可看出格勞秀斯對萬民法的理解，與蓋烏斯（Gaius, 130-180）類似，認為萬民法是作用於諸國的自然法。另有學者認為兩者有所不同，例如奴隸制度是違反自然法的萬民法（Buckland, 1975: 53）。

1590年蘇格蘭法學者威爾伍德（William Welwood, 1578-1622）出版《蘇格蘭海洋法》（*The Sea-law of Scotland*），主張接鄰海岸的水域中的航行權與捕魚權由該國管理。爾後於1613年改寫為《海洋綱要》（*An Abridgement of all Sea-lawes*）出版，增加反對格勞秀斯論點之章節。爾後，在英格蘭王后丹麥的安（Anne of Denmark, 1574-1619）的授意與贊助下，威爾伍德擴寫關於主權之章節，於1616年以《論海洋之統治》（*De Dominio Maris*）之名出版。此外，為了對應《論海洋自由》，英格蘭國王詹姆士一世要求塞爾登（John Selden, 1584-1654）撰寫《領海論》（*Mare Clausum*），用以捍衛英格蘭與蘇格蘭在北海的漁權（Vieira, 2003: 362）。1618年《領海論》成稿後由於國際局勢

變化，遭到國王下令擱置。原因在於詹姆士一世擔心書中關於北海海權的段落會開罪丹麥國王，因為當時丹麥國王不僅是他的妻舅，同時也是大債主之一。基於種種外交與宮廷政治因素，塞爾登覺得自己遭到詹姆士一世親信白金漢公爵利用（Clegg, 2004: 113; Fletcher, 1933; Selden, 1653: 13）。但另有一說認為塞爾登是因為 1618 年出版的《什一稅史》（*Historie of Tithes*）一書中否認君權神授說，又不肯修改，得罪國王，導致《什一稅史》遭到查禁，黯然退出政治圈（Fletcher, 1933: 3）。及至 1630 年代英格蘭再度與尼德蘭發生漁權爭議時，查理一世下令出版此書，以詔天下（Selden, 1635）。

　　《論海洋自由》一書的出版過程，反映了尼德蘭國內的政治角力——格勞秀斯為了配合老東家奧爾登巴內費爾特在 1608 年底主導與西班牙和談的外交政策而修改出版。[17] 他在奧爾登巴內費爾特授意之下匿名出版《論海洋自由》，而擱置《論捕獲法》手稿的出版，以免觸及潛在盟國法國與英國在亞洲的利益（Cornelius G. Roelofsen, 1990: 109-111）。從為了出版《論海洋自由》而增寫的最後一章（第十三章）來看，格勞秀斯順應時勢應和西班牙簽訂和平協議的內容加以調整文稿（Van Ittersum, 2006b: 329）。1635 年塞爾登的《領海論》出版後，格勞秀斯曾想回應塞爾登的論述而寫下回應文章，但可能礙於當時他所服務的瑞典王國的立場是主張波羅的海海域主權，故無法出版（Lee, 1945: 207; Ziskind, 1973: 537）。

17　也就是 1609 年 4 月 9 日於安特衛普（Antwerp）簽訂的《十二年停戰協定》（Ittersum, 2006b: 191, 197, 204, 283-358）。

　　格勞秀斯生前並未出版的《答辯書》（1872 年才出版）提出他純粹只是討論尼德蘭在東印度的貿易，而非威爾伍德所說，試圖證成尼德蘭在北海蘇格蘭水域的漁權。對於《論海洋自由》最初匿名出版，直到 1618 年二版時才加上格勞秀斯的名字，格勞秀斯在《答辯書》中的說法是一方面為了自保，另一方面則是可以客觀地觀察讀者的反應（Armitage, 2004: xi）。格勞秀斯在後來出版的《論戰爭與和平法》中修正他對於海洋與所有權的觀點，改為承認除了存在內海之外，峽灣以及海峽的所有權（Baird, 1996: 287; MacRae, 1983: 191）。

聖地牙哥號、聖卡特琳娜號兩案的影響

　　《論捕獲法》一書，源於格勞秀斯受聯合東印度公司之託，為 1603 年 2 月 25 日發生於麻六甲海峽的聖卡特琳娜號劫掠事件辯駁，並在日後節錄為《論海洋自由》。聯合東印度公司的董事會認為聖卡特琳娜號事件為合法劫掠。1604 年 9 月 9 日海事法庭做出裁決，認定該行動合法。其理由主要依據下述幾項：自然法、萬民法，聯省會議對西班牙及敵對國家船隻的劫掠聲明（1599 年 4 月 2 日），以及船長西姆斯科克出航前從拿騷而來的任務指示（Van Ittersum, 2003: 521）。此外，聖卡特琳娜號事件為公司帶來的龐大利益，讓公司董事們日後勤於推行捕獲伊比利船隻的政策（Borschberg, 2014）。

　　《論捕獲法》的第二章到第十章討論法律的形成與經戰爭而來的占有的合法性，第十一章到第十五章為 1603 年事件的概述與辯護，其中第十二章日後成為《論海洋自由》的主幹。根據

現存於尼德蘭萊頓大學（Leiden University）的《論捕獲法》手稿，比對紙質、紙張浮水印、筆跡、墨跡、頁碼修改痕跡，格勞秀斯將《論捕獲法》手稿的第十二章改寫成《論海洋自由》時，除了新增章節標題以及從《論捕獲法》其他章節調動段落外，他刪除原本關於劫掠聖卡特琳娜號事件第三方──位於馬來半島的柔佛（Johor）國王與北大年女王──的相關討論。根據書信與船長在法庭上的證詞等史料考證，聖卡特琳娜號是在柔佛王國的柔佛河河口遭聯合東印度公司的船長以及柔佛海軍一起捕獲的（Van Ittersum, 2003）。依據原稿（編號 Ms. BPL 917）浮水印與紙質，描述柔佛國王與北大年女王涉及該事件的段落，在1604 至 1605 年間已完成，而非 1609 年《論海洋自由》出版之後才在草稿添加的補筆（Van Ittersum, 2009a: 139）。顯示格勞秀斯有意刪除該段落，其目的或許是讓尼德蘭方面的行動具有較高的合法性。

　　但聖卡特琳娜號事件並非聯合東印度公司首次處理的劫掠法律爭議。在公司成立初期（1602 年 3 月 20 日成立），就處理了原屬於熱蘭省東印度公司的船隻劫掠葡萄牙船隻聖地牙哥號（Sao Jago）並加以拍賣獲取收益的紀錄。當時還為了該事件發行紀念金幣。[18] 聖地牙哥號的劫掠事件，顯示在聖卡特琳娜號事件之前，早有法律案件先例（C. R. Roelofsen, 1989: 58）。但格勞秀斯對於此首次劫掠葡萄牙船隻的重大事件，卻僅輕描淡寫帶過，當作聖卡特琳娜號事件之前的插曲：

18　https://mpoauctions.com/nl/bladeren?aid=26&cid=15149&lid=96046

　　起先，尼德蘭人捕獲了一艘武裝商船（在聖海倫娜島〔St
Helena〕附近）。即使這樣，尼德蘭人在俘獲它時仍然表現
出了極大的謹慎和耐性。而且，正是因為葡萄牙人先前的攻
擊以及後來以敵意回應尼德蘭人示好姿態的行為才迫使後者
採取行動。儘管尼德蘭人已經知道葡萄牙人收到了向他們開
戰的命令，儘管他們也知道葡萄牙人是如何執行這些命令
的，他們仍然救起了那些快淹死的敵人，並把這些人送到巴
西海岸邊的一個小島上，因為尼德蘭人想到的是自己人性的
勝利而非敵人加給他們的傷害。那裡尼德蘭人還給了這些俘
虜各式各樣的補給，甚至還為他們造了一艘船（這當然需要
時間和精力），以便後者與大陸聯繫。尼德蘭人採取這樣的
行動更是後來的事了。在西姆斯科克捕獲武裝商船之前，他
們還沒俘獲過一艘葡萄牙船。（Grotius, 2006: 299; 格勞秀
斯，2015: 231-232）[19]

　　格勞秀斯在日後撰寫的《低地國編年史》裡也完全沒提及
人名跟船名，只是對這事件的適法性疑慮加以解釋，主張「義
大利人在船上的貨品」（*in navies Italorum bona*）是出於對「衡
平與戰爭法」（*aequitatem & jus belli*）的考量，而視為捕獲品
（Grotius, 1658: 428-429）。[20] 格勞秀斯先後在《論捕獲法》與

19　本篇引文中文翻譯參酌《論捕獲法》、《論海洋自由》與《論戰爭與和平
　　法》之中譯本。並附上 Liberty Foundation 的英譯本頁碼，以資參照。

20　原文為 *"Illud obscurius, an quae capris in navies Italorum bona inveniebantur,*
　　in praedam cederent. Res inter aequitatem & jus belli media transigendo decisa
　　est." 筆者自行翻譯。

《低地國編年史》兩書之中，都刻意忽略聖地牙哥號事件。其理由可能除了避免該事件節外生枝，另有可能是避免讓中央的總督想起在這件事情上與地方爭執的種種不愉快，並掩蓋他們搶奪中立國家的事實，甚至可以說是「軟肋」（Achilles' heel）（Van Ittersum, 2006b: 150-151）。

　　根據當時船上的非交戰國佛羅倫斯行商卡勒提（Francesco Carletti, 1573-1636）的遊記 *Ragionamenti del Mio Viaggio Intorno al Mondo*（1606），事件大要如下（Carletti, 1964: 227-270）：1602 年 3 月 14 日聖地牙哥號從印度的果亞（Goa）往葡萄牙里斯本的路上，途經大西洋上的聖海倫娜島時，遭到兩艘熱蘭省東印度公司的船隻朗格巴克號（Langebark）與熱蘭遮號（Zeelandia）劫掠，葡萄牙方面的人員被移置巴西，船上的財貨則由尼德蘭船隻帶回母國拍賣。尼德蘭水手指稱在他們從摩鹿加（Molucca）群島返航的路上，由於葡萄牙船隻先出手攻擊，基於自我防衛，才予以反擊。且卡勒提的遊記中也證實這項說法。尼德蘭人宣稱依據船東的指示，以及聯合省大會和總督（Count Maurice of Nassau）的許可狀（license），除非必要，他們不動武也不劫掠。而葡萄牙之所以主動攻擊，原因在於他們接受國王的指示，要他們在聖海倫娜島（St. Helena）等待同樣停在該島的敵方船隻（也就是尼德蘭船隻）啟航時，利用對方處於背風的局勢發動攻擊。結果事與願違，反倒是葡萄牙這邊的船隻甚至遭己方擊中。在船身不斷進水的情況下，葡萄牙人答應與尼德蘭人和談，交出船上的珠寶，泰半是鑽石與珍珠。有些貨物，例如中國瓷器等，則在避免船隻沉沒而採取拋棄貨物，以減輕載重的過程中丟到海裡。為此，尼德蘭船長同意派遣船上的工匠到葡萄牙

船上幫忙修補。

　　佛羅倫斯行商卡勒提的貨物在劫持中遭到損害一事引發始料未及的後續外交爭議（Borschberg, 2003: 159; Van Ittersum, 2006b: 123-130）。卡勒提和會義大利語的尼德蘭船員交涉後，以他所攜帶的珠寶為交換條件，幫他將剩下的珍貴貨物平安移到尼德蘭船上。中間卡勒提為了降低尼德蘭人趁火打劫造成的損失，還曾打算吞下珍珠來搶救他的資產。為此，卡勒提交給尼德蘭船長數個裝滿醃梨的中國瓷瓶，並在返航過程中用其餘的醃梨，以一日一顆為代價，讓他保留兩位僕役。直到 7 月 7 日抵達熱蘭首府米德爾堡（Middelburg），船隻陸續卸貨後，據統計卡勒提約有四分之一財貨損失，其中珠寶類就高達三分之二遭竊。卡勒提的財貨經尼德蘭拍賣，價值超過六十萬葡萄牙盾（scudos）。

　　身為佛羅倫斯人的卡勒提隨即向佛羅倫斯的統治者托斯卡尼大公（Ferdinando I de' Medici, Grand Duke of Tuscany, 1587-1609）寫信陳情。終於獲得大公回信後 9 月 7 日卡勒提離開米德爾堡，北上前往海爾德蘭省（Gelderland）尋求尼德蘭共和國總督拿騷的協助。但拿騷表示事涉公司利益，他無法置喙。於是卡勒提返回米德爾堡前往該年 3 月 20 日甫成立的聯合東印度公司陳情（9 月 12 日）。他在陳情書裡表示由於沒有其他返回歐洲的選擇，他才搭上葡萄牙的船隻，無端受累。況且他身為非交戰國君主的子民，他為托斯卡尼大公置辦名義下的貨物應該返還才是。聯合東印度公司並未理會卡勒提的陳情，原因在於公司認為一旦賠償卡勒提損失的話，就得連船上其他中立國家商人的貨物一併賠償，因此無法受理，但是考量到卡勒提的立場以及托斯卡尼大公，公司願意另作表示。

　　然而事與願違，卡勒提的案子一路延宕到隔年 1603 年 8 月
12 日才由海事法庭做出裁決，宣布熱蘭省東印度公司的行為合
法。卡勒提自然是不服，遂上訴到由跨省人士組成的最高層級會
議（supreme council）。會議成員德高望重，甚至包括尼德蘭共
和國的重要政治領導人物奧爾登巴內費爾特，也就是引領格勞秀
斯進入政治事務的關鍵人物。除了上訴到最高法院外，卡勒提還
向海事會議（the Council of Admiralty）[21] 尋求協助。隨後雖然海
事會議轄下的熱蘭省米德爾堡海事院（the College of Admiralty）
接受他的陳情，但在要求卡勒提支付超過三百三十葡萄牙盾的
相關行政費用後，就一直擱置案子。爾後在托斯卡尼大公以及
麥第奇家族（Medici）出身的法國王后（Marie de' Medici, 1575-
1642）[22] 協助下，歷經三年又九個月，聯省會議才去函海軍與熱
蘭省為卡勒提說情。期間托斯卡尼大公施壓，表示若再不返還卡
勒提為其購置貨品的款項，他將會從在他領地（包括領海）的尼

21　海事會議（Council of Admiralty）是 1580 年代成立，由聯省議會選出成
　　員，在總督監督下負責海軍、關稅、維繫流域內警備船隻運作、建造戰
　　船、確保航運權與漁權，以及招募船員等業務，並擁有相關領域司法
　　權。1597 年起，海事會議十二名成員中，必須有七名由總督（the States-
　　General）任命的成員，其餘五名為海爾德蘭省（Gelderland）、熱蘭省
　　（Zeeland）、菲士蘭省（Friesland）、烏特勒支省（Utrecht）與上愛塞省
　　（Overijssel）選出。轄下五個「海事院」（有多種英文稱呼，例如 College、
　　Committee、Chamber、Board、Court），掌管各地區業務，分別位於鹿特
　　丹（Rotterdam）、荷恩（Hoorn）與恩克豪森（Enkhuizen）、米德爾堡
　　（Middelburg）、阿姆斯特丹（Amsterdam），以及多克姆（Dokkum）。
　　由海軍上將（the Admiral-General）統理。各船艦指揮官由海軍上將提
　　名，經總督挑選後任命（Burrish, 1742: 138-142; Edmundson, 1922: 117-
　　118; Israel, 1995: 236-237, 295-296; Riker, 1957: 511）。
22　當時法國王后為托斯卡尼大公的姑姑。

德蘭船隻與商人討回，直到彌補他的損失為止。大公此語一出，
聯省會議才態度軟化，表現出協商的意願。不過討論賠償與否以
及額度的相關會議則又一再延宕。荷蘭省還向熱蘭省抗議，認為
應該由始作俑者熱蘭省來補償卡勒提的損失，而非牽連到其他省
分。在聯合東印度公司代表與商人的反彈聲浪中，海軍院指示熱
蘭省的米德爾堡應於下週，也就是 1604 年 1 月 6 日裁決本案，
妥善處理。然而最後卡勒提什麼也沒等到，黯然離開尼德蘭返
國。卡勒提的案子徹底展現當時尼德蘭共和國內各省獨立行事，
中央無法置喙的行政特色（Van Ittersum, 2006b: 144）。拍賣聖
地牙哥號換得龐大的經濟收益，用以維繫尼德蘭的海上武力，讓
聯合東印度公司以商業體認到劫掠西班牙與葡萄牙船隻，能滿足
尼德蘭的政治與經濟雙重目的（Van Ittersum, 2006b: 145-146）。

　　相較於在麻六甲「沒有預料到會要打仗」[23] 而意外交戰的尼
德蘭人與葡萄牙人，在聖海倫娜島遭到攻擊後正式還擊的朗格巴
克號與熱蘭遮號反倒較符合格勞秀斯在《論捕獲法》的說法，海
上劫掠行為是基於當下司法解決手段缺失，致使當事人不得不採
取行動：

　　　　至於司法解決手段的持續缺失，權威學者們則認為，這可
　　能由於兩方面，及法律的或事實的缺陷造成。在沒有人擁有
　　司法管轄權的地方，就會出現法律上缺失，如某一事件發生
　　在荒漠、海島、海上或無政府的人所生活之處。事實的缺失
　　是對於爭議當事人而言，存在可適當行使的司法管轄權，

23　參見（Grotius, 2006: 290; 2015: 224）

但是當事人卻沒有接受管轄或來不及訴諸法院。（Grotius,
2006: 131-132; 格勞秀斯，2015: 99）

此說法反倒較適合運用在聖地牙哥號事件，而非聖卡特琳娜事件
上。故有學者認為尼德蘭人把從聖地牙哥號事件學到的經驗，運
用到聖卡特琳娜號事件上（Van Ittersum, 2006b: 129-130）。

　　若以聖地牙哥號事件顯示聯合東印度公司如何定調劫掠伊比
利船隻的對應歐洲策略，則聖卡特琳娜號事件則是透過強化東印
度諸國外交與貿易關係來增加劫掠伊比利船隻的成功率。根據彼
得‧博爾施伯格（Peter Borschberg）的研究，1603 年的聖卡特
琳娜號事件中，尼德蘭與柔佛之間的聯盟具有以下四項意義：

　　首先，締結條約的行為，視同承認亞洲統治者的完整主權
　　地位。其次，葡萄牙人強加於亞洲的統治者們與歐洲貿易商
　　們的限制是不合法的。再者，葡萄牙汲汲營營的行為，有害
　　貿易自由與亞洲統治者們的主權，可視為戰爭行動。最後，
　　遭受損害的一方有權組成利害關係與自保之聯盟，以排除
　　葡萄牙或其他來犯國家的不當干涉，藉由進行義戰（a just
　　public war）對抗妨礙者，並據此有權劫掠捕獲物或是憑藉
　　武力手段中斷貿易。（Borschberg, 1999: 236, 247）

　　格勞秀斯透過以上幾點，產生尼德蘭人幫助柔佛國王對抗葡
萄牙人的義戰為藉口，宣稱尼德蘭人的武裝行動與事後接收劫
掠品之合法性（Borschberg, 1999: 242-243）。同時聯合東印度公
司藉由認可東印度統治者的主權，並加以平等對待，從商業交易

擴展到政治結盟，像是稱呼當地的統治者「婆羅洲的『皇帝』」（"Emperor" of Borneo）或是錫奧（Siau）[24]、帝多（Tidor）、特爾納特（Ternate）以及柔佛（Johor）的「國王」（"Kings" of Siau, Tidor, Ternate and, of course, Johor.）（Borschberg, 1999: 229）。

> 在任何情況下，我們均認為葡萄牙人不是尼德蘭人所到地區（即爪哇、錫蘭和摩鹿加群島的大部分地區）的所有人。理由是不可辯駁的；若任何人從來沒有通過自己的直接行為或通過他人以其名義的代理活動而占有某物，則他不是該物之所有人。我們所說的這些島嶼，如今，而且一直有自己的統治者、政府、法規及其法律制度。葡萄牙人與其他國家的人們一樣，是得到允許在那些地方進行貿易的。事實上，通過繳納被征的貢品，也通過向統治者請求獲取貿易權利之行為方式，葡萄牙人他們自己足夠清楚地證實了這樣一個事實：他們不是上述島嶼的所有者，反倒是國外的來客。他們居住在島上僅僅是被賜與的恩惠而已。（Grotius, 2006: 306; 格勞秀斯，2015: 238）

國家意志：為貿易發起正義戰爭

歐洲大航海時代早期，西班牙與葡萄牙兩國不僅原本就為了亞洲航線的利益，齟齬不合。經西班牙贊助的哥倫布於 1942 年

24　印尼北蘇拉威西（Sulawesi）省附近美娜多（Manado）東北邊的島。轉引自（Borschberg, 1999: 229）

抵達美洲後，兩國又為了眼中的新大陸，展開一系列爭奪。在教宗亞歷山大六世（Papa Alexander VI, 1431-1503）斡旋之下，簽訂《托爾德西里亞斯條約》（Treaty of Tordesillas, 1494）。條約以西非外海的維德角群島（the Cape Verde Islands）為界，將歐洲以外的世界劃為東西兩半。界線以西的美洲歸西班牙，以東則歸給葡萄牙（Williams, 1922: 4-6; Zwalve, 2009: 56-57）。格勞秀斯的《論海洋自由》反對的正是將海洋分屬兩國的作為。他承認國家對海灣（包含 gulf 與 bay）有主權，但不若塞爾登認同「鄰接海域」（*mare adiacens*，adjacent sea）的主權（Fenn, 1926: 479-480）。

　　在認同宣稱無主物先到先占原則之前提下，格勞秀斯如何調和自由貿易與國家主權的概念？方法在於他將海洋與陸地劃分開來，只要無法將公海視為無主物，則就沒有無主物先到先占原則應用的空間。格勞秀斯提出海洋之所以無法為任何人所有的理由，在於海洋既非可占有的無主物（*res nullius*），也不是經某種夥伴關係或是相互同意成為一群特定者所有共有物（*res communis*），而是無法成為私產的公有物（*res publica*）（Thornton, 2004: 23-24）（Grotius, 2006: 322-323; 2015: 252-253）。《論海洋自由》引述查士丁尼的《法學階梯》（*Institutes*）[25]第二書第一條第十二項：「陸海空中的所有飛禽走獸魚類，一經

25　查士丁尼下令整理的羅馬法彙編，後世稱為《民法大全》（*Corpus Juris Civilis*），由四部分組成：作為法學生教科書的《法學階梯》（*Institutes*）、蒐集過去法學著作的《學說匯纂》（*Digest*）、匯集法律條文的《法典》（*Code*）和關乎帝國新法的《新律》（*Novels*）。見 Ladner, 1975。

任何人捕獲，即按照萬民法（*iure gentium*），為捕獲人所有。」[26]（Ziskind, 1973: 542）。易言之，即便人類能經由勞動從海洋中占有漁獲，海洋本身依然不會為任何人所有。

最初羅馬法中「無主物」（*res nullius*）的概念，為了因應羅馬帝國擴張的需求，發展出「無主地」（*terra nullius*）的概念（Benton & Straumann, 2010: 2）。如此一來，即便原本同為「共有物」（*res communis*）陸地已經依據自然法的先到先占原則遭到劃分，就經驗而言無法占有、關乎公共利益的海洋，按照自然法，則保有其公有物的性質（Benton & Straumann, 2010: 27-29）。對於當時國家主權未明的尼德蘭共和國來說，授權尼德蘭聯合東印度公司以經濟體的形式行使主權（如戰爭權與外交權），為共和國邁向實質獨立的重要環節（Wilson, 2009: 316）。而提出海洋自由論，則是為了進行對其他國家的牽制，尤其是憑藉教宗權威將世界一分為二的葡萄牙與西班牙（Benton & Straumann, 2010: 29）。格勞秀斯使用羅馬法作為國際法論述依據，就能削弱教宗的權威（Benton & Straumann, 2010: 9）。

必須留意格勞秀斯的政治思想源自於他所身處的國際政治現實。格勞秀斯對國際法的理解，立足於國際政治經驗與現實操作上。他了解除非國力受到影響，否則不會有國家把海權論述當作一回事（Fenn, 1926: 479-480）。學者認為這與他在擔任東印度公司的法律顧問與英荷談判使節時期的經驗有著深刻的關聯，

26　"*Ferae igitur bestiae et volucres et pisces, id est omnia animalia quae in terra, mari, caelo nascuntur, simulatque ab aliquo capta fuerint, iure gentium statim illius esse incipiunt.*" 中文為筆者翻譯。

而《論捕獲法》則是格勞秀斯為了回應尼德蘭共和國的國際地位之作──試圖回答當時缺乏法理獨立地位的尼德蘭共和國，憑藉什麼條件宣戰這一質疑（Cornelius G. Roelofsen, 1990: 111-112; Thomas, 2003: 374）。塔克指出尼德蘭共和國基於國家理性和國家利益之考量，戰爭是唯一的選擇（Tuck, 1993: 162）。從此點來看，格勞秀斯將主權國家之間才能宣戰的前提反向操作，主張戰爭法是自然法的一部分，進而賦予尼德蘭宣戰的權利。例如，1603 年聯合東印度公司以聖卡特琳娜號事件為由，從當時國際間通行的「報復准許書」（*Letter of Marque and Reprisal*）到自然法，經由戰爭論證尼德蘭共和國在事實與法理的雙重獨立地位。[27]

　　格勞秀斯有言，「每場有正當理由的戰爭都是義戰」（Grotius, 2006: 91）。筆者認為對格勞秀斯而言，政治義務蘊含了義戰的發動條件（懲戒〔punishment〕／報復）與目的（獲得自由）的雙重意涵。格勞秀斯先利用自然法論述建立起人與人之間基於自保與自衛的平等（或對等）狀態，再推出人為了自保與自衛組成社會組織（國家），當國家的自由受到威脅時，人民得以捍衛體制（自由）之名，將妨礙者視為敵方，加以排除，就此成立國家

27　或譯「私掠許可證」或「捕拿（敵船或貨物）許可證」。美國現行憲法第一條第八項第十一款（Article 1, Section 8, Clause 11）明定由國會頒發該證：「To declare War, grant Letters of Marque and Reprisal, and make Rules concerning Captures on Land and Water.」「一個國家的人民，受到另一個國家的人民所壓迫和損害，受害的人，又不能得到對方國家的公平審判的時候，受害人的國家，可發報復准許書給受害人，准他用私人的武裝船隻，來捕掠對方的船隻，來作抵償。這種情形，在戰爭的時候，會發生的。1856 年的巴黎宣言發表之後，這種方法已被廢止。」見《英國法律辭典》，余文景編譯（臺北：南天，1986）。

發動戰爭或授權個人使用武力的正當性。格勞秀斯以自然法為訴求，有著明顯的政治目的。在《論捕獲法》的第十一章，以聯合東印度公司的資料為底，他指出以西班牙和葡萄牙為首，針對尼德蘭的國際貿易與外交封鎖的突破口，在於以反制葡萄牙壟斷與暴虐為號召，主張亞洲國家基於保衛自己的財產與契約，聯合起來共同對抗葡萄牙的不當行為（Van Ittersum, 2006b: 107-108, 119）。格勞秀斯透過將戰爭行為比擬為法律行動，以個人的身分藉由私戰向「不存在的法庭」（the absence of courts）尋求公義（Thomas, 2003: 368）。

　　格勞秀斯為了透過戰爭行為尋求公義，便如此區分「公戰」（public wars）與「私戰」（private wars）：

　　私戰（這應當首先論及）可以由任何人以任何形式發動，包括連同其同盟者或通過其指使的代理人發動等情形。〔……〕有的人直接發動戰爭，而不通過其他的代理人；有的人並不直接介入，而是指使他的代理人發動戰爭；有些人則既直接發動戰爭同時又讓其他的代理人參與戰爭。（格勞秀斯，2015：70; Grotius, 2006: 90）

至於公戰，則是：

　　〔公戰〕只能由某國或該國根據職級由相應權力的官員來發動，可聯合盟國或盟國的執政官發動，也可通過其代理機構發動。（Grotius, 2006: 100; 格勞秀斯，2015: 74）

發動戰爭的行為，不論公戰或私戰，都可視為一種意思表示。發動私戰的方式有三種：親自參與發動戰爭、夥同盟友發動戰爭，或是指使代理人發動戰爭；重點在於必須由「有權發動戰爭的人進行」，才算是合法（格勞秀斯，2015: 71; Grotius, 2006: 96）。公戰則是國家發動的戰爭，發動者可以是已賦予發動戰爭權的人或機構，例如執政官的判斷或大會通過，基於國家利益（甚至可以「人民的利益為最高法律」為理由未經程序）而發動，其目的在於伸張正義（格勞秀斯，2015: 72-73; Grotius, 2006: 97-98）。故一場「正式」（*solenne*, formal/solemn）的戰爭，也就是一場「合法」（*justum*, legal/lawful）的戰爭。[28]

據此，尼德蘭作為一個國家，授與屬民（聯合東印度公司）捕獲敵方船貨的權利（Thomas, 2003: 372-373）。格勞秀斯以實現正義為理由，主張尼德蘭人的行為是「義戰」（just war）：

> 可以加害於敵國臣民的人身，只要他們因其不法行為而罪有應得，或妨礙（儘管可能是疏忽所致）正義的實現。但是，任何時候從〔敵方〕臣民那邊奪取戰利品都是正當的，直至敵人的債務全部償清。（Grotius, 2006: 171; 格勞秀斯，2015: 129）

28　見《論戰爭與和平法》第一書第三章第四節（格勞秀斯，2018: 121-123; Grotius, 2005: 248-252）。前一翻譯為牛津 Clarendon 出版的法蘭西斯・W・凱爾西（Francis W. Kelsey）版本。後一翻譯為 Liberty Fund 出版，塔克根據 1738 年約翰・莫里斯（John Morrice）翻譯的讓・巴貝拉克（Jean Barbeyrac）法文版本修改而來。關於正式戰爭的相關論述，另可見《論戰爭與和平法》第三書第二章第二節第三段。

　　在格勞秀斯寫就《論捕獲法》之前，尼德蘭共和國就已有宣稱為了抵禦西班牙的侵略而劫掠西班牙船隻，乃是合法行為的文告，已可見主張信仰自由與貿易自由之基本論調。[29] 在重申該原則的背後，此時格勞秀斯撰寫《論捕獲法》是項莊舞劍意在沛公，其政治目的不僅在為已成定局的劫掠事件辯護，而是為當時國際地位不明的尼德蘭共和國辯護。以政治秩序的角度來看，葡萄牙獨占東印度貿易的行為，是種專制，得加以抵抗。而尼德蘭在公海上針對敵對國家的劫掠行為，是正當防衛。基於維護交易對象（東南亞諸國）的權益與確保契約之執行，聯合東印度公司得在未取得國家的直接授權之下，以維護國家權益為由，對妨礙交易的對象（海盜或敵對國），得直接採取攻擊或懲罰之行動，理由在於「邦國的所有權利皆來自於私人」（private persons）。原本兩國君王結盟聯合尼德蘭船長，在柔佛王國領海內對葡萄牙船隻發動襲擊的事件，潤飾為顯示世界兩端的國家聯合反抗壓迫者（即葡萄牙人）破壞兩造之間契約此種天經地義的事。格勞秀斯亦在 1610 年出版的《論古代巴達維亞共和國》中再度重申聯合東印度的國家反抗西班牙暴政（Grotius, 2000: 107）。

　　格勞秀斯指出戰爭的原因有三種：自衛（包含保衛自己的財產）、求償，以及懲罰。雖然這些行為在民事法庭上也能獲得解決，但多因事態緊急而必須立刻發動，法律訴訟緩不濟急，必須採取司法上的自力救濟（格勞秀斯，2015: 76-79, 107; Grotius, 2006: 102-106）。更有甚者，格勞秀斯認可預先發動戰爭的行為：

29　本文在此參照的是英譯本：*A proclamation of the Lords the Generall States, of the vnited Prouinces whereby the Spaniards and all their goods are declared to be lawfull prize*（United Provinces of the Netherlands, 1599）。

　　主動地發動一場針對某些人或某個國家的戰爭也可以是正義的，因為這些人、國家或者其執政官給他人造成了損害。如果一國保護侵權者，那麼對該國發動戰爭也是正義的。如果一國及其臣民有可能成為帶來侵害的敵人，那麼針對他們的戰爭也是正義的。（Grotius, 2006: 114; 格勞秀斯，2015: 85）

　　在缺乏司法救濟情況下，公戰是正當的，或者採取了正式要求賠償的程序，且國家已經頒布了戰爭法令，那麼戰爭也是正當的。（Grotius, 2006: 151-152; 格勞秀斯，2015: 114）

　　此種以預防為理由的戰爭行為，成為格勞秀斯就聖卡特琳娜號事件辯護的伏筆。格勞秀斯主張一場「完全」（perfect）的戰爭，是國家之間正式宣戰的戰爭（Baumgartner, 2011: 123）。同時格勞秀斯更將尼德蘭與西班牙的戰爭，以捍衛自由之戰為名，提升至義戰理論層次（Bailyn, 1967: 43）。格勞秀斯將自然法的意涵，從傳統的兩種意涵之外──主觀且私人的道德特質與客觀和公共的法（*lex*），新增添第三種意涵，使之成為道德行動的準則：「每個人所做的意思表示就是關於他的法律。」及「國家所示意志即為所有公民之整體的法律」（Grotius, 2006: 34, 40; 2015: 23, 27）。為此，意志構成的法律，有別於和上帝相關的自然法，另構成萬民法體系中占有權的基礎。如此一來，從能否占有海洋的問題起始，格勞秀斯嘗試兼顧自保與人的社會性，並以同意的行為營造出雙方主權對等的畫面，可說是格勞秀斯以此為手段，好在當時的國際現勢中找尋尼德蘭獨立建國的契機。

　　格勞秀斯的最後一個觀點，不僅結合道德與法律，甚至將其引入政治行動之中，成為他的義戰理論之核心。因為正義與否並不在格勞秀斯對戰爭的定義之中，所以不只公戰，私戰也能師出有名。只要為的是法律上充分的權利，就能擁有完整的道德屬性（Grotius, 2005: 138; 2018: 36-37）。而憑藉著權利上的道德屬性，與國家和人民之間的關係，也必須服膺於此原則，致使「國家可以與君主分離而存在，但是，君主只能經由國家的普遍同意（general consent）而產生」，且「因為自由源於自然，命令權力來自於人的行為，且如有疑問，應優先考慮源於自然的事，給予有利的前提」（Grotius, 2006: 415, 416; 格勞秀斯，2015: 322, 323）。

　　格勞秀斯視一場基於正義的戰爭是在行使權利（Grotius, 2006: 102; 2015: 76）。他帶入尼德蘭的歷史背景，主張尼德蘭本身具有自我治理的憲政傳統，而宗主國西班牙國王對尼德蘭的不當統治，以及葡萄牙王國獨占亞洲南海貿易之舉，危害了該傳統所維護的邦國自由與安全（貿易利益）。對一國人民的侵害，也就是對該國整體社會的侵害。為此尼德蘭人揭竿起義，捍衛憲政傳統與邦國，實乃義戰：

　　　　義戰包含使權利之行使，而宣告義戰一事，必以權利為其必要。（Grotius, 2006: 102）

　　　　對自願參與戰爭的人而言，戰爭要有正義的理由。其中包括已經提過的：人們保護其生命和財產，或是在生命或財產遭受侵害時要求賠償，或是索取自己應得之物或對違法行為加以懲罰。（格勞秀斯，2015a: 80; Grotius, 2006: 107）

> 只要不違反合理根據（*ratio probabilis*），下屬（*subditorum*）
> 就有理由（*causam*）服從（*subditis*）上位者（*superiore*）發
> 動的義戰。（Grotius, 1868: 80; 2006: 121）

另一段將東印度貿易與尼德蘭共和國的安全連結，倡議應當
運用武力來維護的文字，則可見於《為〈論海洋自由〉第五章辯
護》：

> 幾年前，當我看到與稱之為東方的印度的貿易對我國極
> 為重要，且顯然這貿易在葡萄牙人透過暴力與詭計加以阻
> 擾的情況下，非得已靠武力來維持，我把案件本身[30]的正義
> 與衡平（just and equity）放到同胞們眼前，藉由古人留下
> 「可靠的」傳統，努力激發他們起身捍衛業已發生的事件。
> （Grotius, 2004: 77）

從義戰理論發展而來的國家觀，帶出格勞秀斯主張如同人一
般，得基於自衛與自保採取一定作為的角度，正當化國家為了自
衛與自保而奪取敵人戰利品行為的觀點（格勞秀斯，2015a: 56;
Grotius, 2006: 77）。從捕獲物的屬性來看國家與私人的區別，
在於國家具備基於共同同意所建立的政治權力而來的司法權威；
而在缺乏司法救濟體制與途徑的地方，才由自然法接管（格勞秀
斯，2015a: 148-149; Grotius, 2006: 197）。

行為自由意味著財產所有權，格勞秀斯的自由觀並非精神與

---

30 聖卡特琳娜號事件。

德行的，而是源自於個人意志與行動的結果。如此一來，國家作為眾人的集合體，透過司法展現意志，那麼公眾同意就成為政治義務的基礎：

　　就像執政官的所有權力來自於國家，國家的權力則來自於私人，同樣，國家的權利是集體同意（collective consent）之結果，〔……〕懲罰權由國家掌控之前，歸私人行使。〔……〕國家不僅可以對自身錯誤實施懲罰，而且可以對本國國民和外國人的錯誤加以懲罰，但是，對外國人的懲罰權不是來自於市民法，因為市民法基於市民的同意而僅對市民有拘束力。於是，自然法，或萬民法就成了國家懲罰外國人的權力依據。（格勞秀斯，2015: 103; Grotius, 2006: 137）

此觀點在他個人書信中也能發現，

　　另一方面，基於普遍法則（*dominium universale*），一國（*republica*）的公共事務（*respublica*）或至高權（*potest summa*）掌握於臣民手中，勝過掌握於少數人手中；故法律關乎個人公民之所有權（*privatorum dominio*）時，為了不牴觸普遍法則，應加以限制之。[31]

31　"*Rursum quia dominium universale, quod respublica sive potestas summa in republica habet in bona subditorum, fortius est quam dominium particulare, quod habent singuli; ideo leges consulentes privatorum dominio intelligendae sunt cum limitatione quatenus non obstat dominium universale.*"
　　405. 1615 Mei 18. Aan Willem de Groot. http://grotius.huygens.knaw.nl/letters/0405（筆者自行翻譯）。

如果司法體制是建立在公眾同意上，作為實現社會契約的證明，而人民以遵守司法體制當作實踐社會契約的行動，放棄私刑。那麼格勞秀斯如何主張聯合東印度公司船長針對聖卡特琳娜號的行動是合法的？格勞秀斯主張因為不存在凌駕於國家之上者，故國家必然為自己做仲裁。格勞秀斯明文寫道：「神意之體現即為法」（格勞秀斯，2015: 11; Grotius, 2006: 19）。那麼來自於哲學家精神深處的自然法，則為人探究內心尋求神意的成果。

> 自然戒律（the precepts of nature）允許每個人做出對自己或關乎自己的判決，顯然所有國家都會認為有必要建立某種有序的司法體系，而作為個體的公民們也同意該計畫。〔……〕國家所示意志，即為個體的眾公民間關係之法律。〔……〕除通過司法程序外，任何公民均不得自行對同為公民者（a fellow citizen）主張自己的權利。（Grotius, 2006: 42-43; 格勞秀斯，2015: 29）

如此一來，國家彷彿存在於無司法體系的自然狀態中的個人，既為自己做決定，也捍衛自己的權利。在面對互不隸屬、地位平等的其他國家時，彼此的公民也是平等的。當產生爭端時，「就司法程序而言，被告國或其公民為被告的國家應行使該程序；但若證明該國未履行其司法義務，則原告國或其公民為原告的國家應成為裁判官」（Grotius, 2006: 47; 格勞秀斯，2015: 33）。每一個尼德蘭公民面對尼德蘭共和國的敵對勢力，均得採取戰爭行為。尤其當對方的上級下令攻擊時，就可合法發動戰爭（Grotius, 2006: 124, 175; 格勞秀斯，2015: 93, 132）。此種化整

為零，讓每個公民都得以行使戰爭權的概念，證成船長西姆斯科克行動的合法性：

> 如一國固執地為一項由其公民或（正如更經常發生的那樣）其自身造成的損害辯護，且如果它既不承認傷害業已發生也不做出相應補救，為此，依據上述自然法，判決的執行轉移給另一方，即，自己或自己所屬的公民就受到的傷害提出控告的國家。（Grotius, 2006: 48; 格勞秀斯，2015: 33）

> 一國因違法而受制於他國。因為任何正當地發起戰爭者必須在該程度上成為其敵人的法官，或（正如柏拉圖所言）成為後者的檢察官與懲罰者（censor and chastiser），回到自然法下的運作體制（the system in force under the law of nature），允許每個人成為自己案件的法官。（Grotius, 2006: 48; 格勞秀斯，2015: 34）

換言之，國際社會必須先承認尼德蘭作為實際存在的國家，納入其同意後，尼德蘭才得以進入新的國際規範內。否則尼德蘭將處於法外的狀態，依據自保的原則，自己做自己的法官。

貿易自由：為建國與諸國達成同盟

彼得・博爾施伯格主張格勞秀斯海洋自由論述的核心在於自由貿易，而非自由航行（Borschberg, 1999: 237）。博爾施伯格認為對格勞秀斯而言，他所著重之處，與其說是「海洋自由」

（the freedom of the seas），不如說是基於「航行自由」（the freedom of maritime navigation）而來的「貿易自由」（the freedom of trade）。同時後兩者為聯合東印度公司對外政策的主要基調（Borschberg, 2005）。不過雖然屢次抨擊葡萄牙與西班牙獨占（monopoly）東印度的貨品與港口的行為，但聯合東印度公司仍認可基於雙方自由意志下簽訂契約所產生的獨占行為（Borschberg, 1999: 246）。更有甚者，聯合東印度公司藉由與當地人開會和簽約等儀式，強調聯合東印度公司的獨占行為是獲得當地人「同意」，藉此來排除其他國家介入或競爭的可能性（Knaap, 1992）。此種一邊強調貿易自由、航行自由，另一方面又主張獨占權（monopoly）所產生的矛盾，呼應了格勞秀斯所構築出的論述的獨特性。

　　格勞秀斯將貿易自由透過自然法的概念，將之與國家利益加以結合。在格勞秀斯提出貿易自由的概念之前，已有西班牙法學家維多利亞提出交流自由概念（*jus communicandi*, right of [free] communication），其中包含貿易自由（free trade）、港市通行自由（free access to all ports and cities）、旅行自由（free travel），以及資訊傳播不受阻礙（the right to unimpeded dissemination of information）等權利（Borschberg, 1999: 232）。然而格勞秀斯的長官奧爾登巴內費爾特賦予聯合東印度公司專賣權的用意，是將公司作為對付西班牙與葡萄牙的經濟武器，有其明顯的政治目的（Meilink-Roelofsz, 1962: 174）。

　　雖然格勞秀斯在《論捕獲法》中主張貿易自由與航行自由乃是自然權利，「貿易不僅為他人提供方便和幫助，還可以從中謀取自我生存和發展」（Grotius, 2006: 248; 格勞秀斯，2015:

186）。但格勞秀斯在《論捕獲法》也承認奧爾登巴內費爾特將
貿易作為戰爭工具之一的論述：

　　因為每個人都知道，金錢是戰爭的動力（sinews），而
　　（在戰爭中）獲得財源是頭等重要的事，所以僅次於此等重
　　要的事就是盡可能斷絕敵人的財源。相應地，如菲利普國王
　　從東印度領地獲得的所有物產和收入，就像他從一些歐洲領
　　地那樣，都要付出昂貴的代價，可以肯定，我們就比較容易
　　對付外來戰爭。〔……〕幾乎所有為尼德蘭帶來好運和繁榮
　　的事，都源於敵人的困乏。（Grotius, 2006: 477; 格勞秀斯，
　　2015: 372-373）

　　同時期的葡萄牙人也留意到聯合東印度公司藉由發展海上貿
易打擊敵方勢力的策略：

　　征服戰略要地、展示強勢海陸武力、全面發展亞洲海上貿
　　易商館、系統性地介入亞洲貿易網絡，以及持續打擊葡萄牙
　　利益的侵略政策。（Loureiro, 2017: 177）

　　格勞秀斯對於海洋自由的貿易策略並非其原則，而是維護
國家利益的手段。他曾在早期多次主張海洋自由，例如 1603 年
東印度麻六甲的聖卡特琳娜號事件，以及 1609 年西印度加勒比
海的泳獅號（Zwemmende Leeuw）事件的辯護（Van Ittersum,
2010）。但格勞秀斯在 1613 年與 1615 年兩次的英荷談判中，處
於尷尬的立場。一方面他身為《論海洋自由》的作者，提倡航海

自由與貿易自由，但在談判中面對英格蘭方面要求加入東南亞香料貿易市場時，格勞秀斯又不得不保全尼德蘭的利益。尼德蘭提出英格蘭得在尊重尼德蘭與當地君王既有貿易契約的前提之下，獲得尼德蘭方面提供武力保護，以優惠價格向尼德蘭購買香料。但英格蘭方面認為此舉違反貿易自由原則，故第一次談判未能有所成果。1615 年第二次談判時，英格蘭國王詹姆士一世亟欲達成談判，遂提出合併尼德蘭聯合東印度公司與英格蘭東印度公司的方案。但因會中的主要議題已轉為北海漁權爭議，合併方案就此無疾而終（Van Ittersum, 2006b: xx-xxi）。博爾施伯格認為格勞秀斯兩次參與英格蘭與尼德蘭的商業談判會議，產生觀念上的轉變，使他從維護自由貿易，變為捍衛聯合東印度公司的專賣權與利益（Borschberg, 1999: 241-247）。

　　直到 1682 年尼德蘭占領之前，聯合東印度公司對爪哇島西端沿岸的萬丹（Banten，或寫作 Bantam）王國的關係，時好時壞。萬丹當時是胡椒的最大獨立交易口岸。萬丹與葡萄牙的戰爭同盟，對尼德蘭相當不利。根據格勞秀斯的說法，萬丹由於與葡萄牙人合謀攻擊尼德蘭人的緣故，「原先是第一個接待尼德蘭人的城市，現在也是第一個要接受懲罰的」（Grotius, 2006: 290; 格勞秀斯，2015: 224）。就格勞秀斯來看，尼德蘭需要盟友與財源，而東印度正是聯合東印度公司大展拳腳的地方：

　　讓他們〔按：尼德蘭商人〕捍衛我們的商業權利（the right of commerce），去粉碎每一個傷害我們的企圖吧！讓他們為祖國贏得盟友，為國家也為自己取得敵人的財產吧！（Grotius, 2006: 496; 格勞秀斯，2015: 389）

根據格勞秀斯的描述，當時爪哇島有其名義上的最高統治者淡目拉惹（the Rajah of Demak），且葡萄牙人稱他為「皇帝」（Emperor），然而實際上並沒有統治全島（Grotius, 2006: 262, 265; 2015: 199, 202）。而亞齊（Aceh）地區也有類似情況，當地統治者雖然試圖集中政權，但主要仍透過各地區的附屬國王透過當地官員進行統治。即便亞齊逐步擴張勢力，但亞齊國王仍倚靠各地區的行政長官或是附屬國王（vassal king）來統治，並無法中央集權統治（Mitrasing, 2014: 71）。格勞秀斯寫道：

> 我先前說過，淡目（Demak）的拉惹（Rajah）[32] 是整個爪哇島的最高統治者，至少葡萄牙人在當時宣布他是那裡的統治者。不過，據稱，在對幾個不服從的小國王的戰爭中，淡目的拉惹不僅喪失了他對王國的統治權，還遭受了巨大的財產上的損失。在這種情況下，一個高貴出身而又陷於貧窮的人是很容易魯莽行事的。好在他有兩樣東西可以彌補所有這些損失：第一、高超的武藝。拉惹的武藝在當地人可謂是登峰造極。第二、（現在被當地人認為是避免走上絕路的最後一招）與葡萄牙人結盟。後者尊他為皇帝。葡萄牙人買通了拉惹，讓他來消滅尼德蘭人。（Grotius, 2006: 265-266; 格勞秀斯，2015: 202）

就格勞秀斯來看，除了面對當地已有的競爭對手穆斯林商

---

32 淡目位於今日印尼爪哇島東北。拉惹為當地統治者的稱呼。感謝審查人提供翻譯上的建議。

人 [33] 與中國人，尼德蘭人還得試圖在東南亞諸國矛盾中謀取最大的利益，以便獲得對付葡萄牙人的盟友（Grotius, 2006: 259; 格勞秀斯，2015: 195）。當時的局勢為亞齊敵對柔佛和彭亨（Pahang）；而北大年與暹羅（Siam）之間有衝突（Souza, 1986: 97）。格勞秀斯的策略是視東印度的國家為擁有完整主權的國家，藉以與他們結盟一同進行對葡萄牙的公戰，強化尼德蘭方面的合法性（Grotius, 2006: 432-433; 格勞秀斯，2015: 334-335）。

　　格勞秀斯認為相對於葡萄牙人被當地視為「外國來的強盜」（foreign robbers）與「人類自由的毀滅者」（destructive of human liberty）的不良相處模式，尼德蘭人應秉持商業模式與當地人交往（Grotius, 2006: 259; 格勞秀斯，2015: 196）：

> 葡萄牙人所享有的聲名，以及他們在當地人心中所激起的恐懼，使得他們得以占有那些他們尚未真正統治的島嶼和海岸。許多人甚至不敢在沒有取得葡萄牙人的許可前出海。（Grotius, 2006: 457; 格勞秀斯，2015: 355）

　　葡萄牙於 17 世紀初，強行介入亞齊政治，扶植己方勢力為王的結果，雖然一時讓亞齊脫離當時與聯合東印度公司交好的柔佛統治勢力，但是也埋下日後亞齊當地人對葡萄牙人的不滿情緒。像是蘇門答臘島西邊國家為了防止亞齊的擴張，就願意與尼德蘭人合作。但與葡萄牙人合作，也不保證安全。例如位於蘇門

33　感謝張彬村教授指出文中的「阿拉伯人」（Arabs）應是來自印度古吉拉特邦（Gujarati）的穆斯林商人。另見（Pearson, 1976: 1-2）。

答臘島中部內陸的英得其利（Indragiri）[34]在1624年遭到亞齊攻陷前，曾是葡萄牙的主要胡椒集散處（Mitrasing, 2014: 68-70）。北大年的船來到占碑和英得其利替尼德蘭人採購胡椒。另有產自亞齊的胡椒，主要供貨給葡萄牙（Souza, 1986: 95-96）。葡萄牙壟斷貿易路線的行徑，不只妨礙尼德蘭方面的貿易活動，同時也影響到東南亞當地華商的貿易活動，例如葡萄牙人妨礙華商自巽他（Sunda）、北大年、彭亨，和英得其利等胡椒產地購買胡椒（Meilink-Roelofsz, 1962: 170）。聯合東印度公司就在當地多變的局勢中，對抗葡萄牙人：

> 不過，每當情況對我們而言有了些好轉，葡萄牙人就在那個節骨眼上提供更多的錢來收買當地人。從麻六甲出發的一個使節，給攝政王（Regent）和萬丹的其他顯貴帶來了數不盡的禮物，其中包括六千西班牙銀幣（*reaes*），目的就是要用這些東西買通他們來殺尼德蘭人。這立即產生了效果，情況急轉直下；與我們的貿易暫停了；就是在萬丹的中國商人也被禁止向尼德蘭人出售任何東西。（Grotius, 2006: 267; 格勞秀斯，2015: 204）

傳統上從巽他及周圍鄰近地區運往萬丹地區的胡椒，華商占有重要地位，原因在於華商能提供島民葡萄牙人、爪哇人或是其他貿易者無法提供的商品。聯合東印度公司主要的進貨對象為各

---

34 書中格勞秀斯拼作 Andryghery。另有 Ardagui 的拼法。見（Grotius, 2006: 539; Suárez, 1999）

地區的統治者，而不是直接與地方商人進貨（Meilink-Roelofsz, 1962: 152-153, 174, 210）。

　　北大年對聯合東印度公司的重要性也隨著貿易物品與路線的變化而發生轉變。儘管尼德蘭人認為英得其利胡椒的品質接近亞齊，但不如占碑所產的胡椒（Grotius, 2006: 539）[35]。由於葡萄牙人極力隱藏占碑胡椒的購買路線，尼德蘭人轉為經由萬丹或是北大年取得。直到 1615 年英格蘭人與尼德蘭人成功找到通往占碑的河口航路，加上華人、葡萄牙人、馬來人、望加錫人（Makassarese）與爪哇人在當地構築胡椒交易（Andaya, 1993: 97-98）。尼德蘭商人採取單一設點，集中貨物交易的做法，而非分別前往各種貿易品產地購買的做法。而葡萄牙人採取各地收購的模式，使得葡萄牙商人（私人經商）有時為了逃避課稅，會趁夜色搭乘小船到爪哇與馬來商船旁邊，以略高於市價的金額購買胡椒，進而影響胡椒市場的交易價格（Meilink-Roelofsz, 1962: 120, 167-168）。

　　尼德蘭人於 1596 年開始涉足東印度市場時，就體認到以印度布料換取東南亞香料的利潤所在，於 1620 到 1650 年間達到高峰（Reid, 2009: 35-36）。在 17 世紀初的摸索與衝突中，聯合東印度公司發現進口印度的坎貝與聖多馬的布匹到柔佛或北大年換取胡椒，比銀幣來得好用與經濟，尤其是替代因葡萄牙人介入而破局的亞齊胡椒貨源（Akhtar, 1995: 413; Arasaratnam, 1969; Van

---

35　此說法來自 Liberty Fund 出版的英文版《論捕獲法》中收錄的信件：“Jacob van Heemskerck to the Directors of the United Amsterdam Company,” August, 27, 1603。

Ittersum, 2006b: 41; Maloni, 2007: 277）。同時尼德蘭人不從印度
採購胡椒，而是利用來自歐洲的紅色織品（crimson textile）等布
料以及火藥來換取胡椒等香料（Coutre, 2015: 75）。甚至日後更
進一步地利用印度的織品建立起與緬甸的貿易網絡，像是把高價
精緻的織品呈給達官顯要套關係，或是從印度輸出平價的布到緬
甸當地換購歐洲所需的貨品，以因應緬甸沒有貨幣的情況（Dijk,
2002: 495-496, 511）。至此，尼德蘭逐步在東印度建立起對抗伊
比利半島政治勢力的貿易網路。

格勞秀斯透過使用武力手段獲得商業利益的企圖，在《論海
洋自由》添加的第十三章中表露無遺：

> 因此，既然法律和衡平法（equity）要求與東印度的貿易
> 成為我們和其他任何人的自由，我們應當維護依照自然由我
> 們享有的自由，不論是與西班牙人達成和平、休戰（truce）
> 或戰爭。（Grotius, 2004: 57; 格勞秀斯，2013: 71）

透過論證葡萄牙人並無擁有東印度的主權，既無戰爭後征服
與占領的事實，也不能以神法的信仰基督與否凌駕於實證法的主
權，否認異教徒的世俗所有權（Grotius, 2004: 17-20; 格勞秀斯，
2013: 20-23）。歐洲國家對東印度既缺乏占有之事實，也缺乏占
有之名義，格勞秀斯主張「東印度的財產和主權不應被視作無
主物；既然他人不能不正當地取得這些一直屬於東印度人民的
財產和權利，那麼該人民就不歸葡萄牙人的統治，而是擁有充分
的社會和民事權利（*sui iuris*）的自由人（free men）」（Grotius,
2006: 314; 2015: 245）。此種以自由為基調的論述，成為格勞秀

斯前期（1618 年政變前）為了尼德蘭建國所需，並在此之上發展出以自由貿易和航行，追求尼德蘭在東印度的利潤，排除西葡兩國的勢力，爭取尼德蘭的國際生存空間。

結語

在《論海洋自由》中，格勞秀斯使用世俗的羅馬法，而非《聖經》來討論自然法。而且過往也已有主張公海自由的學說，加上羅馬帝國法律學說正好符合尼德蘭擴張海外勢力時所需要的法學理論以及相關商業法律條文（Straumann, 2015: 16-18）。《論捕獲法》中提及的「報復准許書」，迄今仍是國際法上辯論的議題之一（Bellia Jr. & Clark, 2012; Hutchins, 2011; Lofgren, 1972; Marshall, 1997）。美國獨立運動時期，亦有運用格勞秀斯的自然法及「報復准許書」等論述來說明武裝行動的正當性與合法性（Bailyn, 1967: 27, 43, 205-206; Lofgren, 1972: 689-697）。格勞秀斯以自然法准予國家自我保護，主張聯合東印度公司船長西姆斯科克於公海正當劫掠葡萄牙船隻聖卡特琳娜號，顯示在尼德蘭未獲得國際間應有的承認與合理對待時，就無法律秩序存在，因為法律須獲得在同一社會組織中的成員同意，才能稱為法律。更進一步地說，格勞秀斯為尼德蘭的劫掠行為辯護的做法，是立基於他對共和體制的理解之上，即同意為一切人世間法秩序運作之基礎。唯有此基礎，構成尼德蘭反抗西班牙統治之正當性與合法性。可見「同意」實則為他政治思想乃至於法律體系的核心。一方面格勞秀斯藉由「同意」作為自然法的一環，構成世間法律秩序，讓尼德蘭共和國得以在國際間獲得一席之地。另一方面，

「同意」作為政治統治的合法性來源，賦予尼德蘭人作為一個自由的共和國，得以脫離西班牙統治的理據。

　　格勞秀斯的思想並非獨立於所處時代之外，也並非一成不變。思索格勞秀斯為何提出自己一系列基於自然法的國際法學說時，必須考量他所身處的時空環境，也就是他的這套說法，如何因應尼德蘭共和國當時的國際處境以及國內的輿論壓力。例如博爾施伯格指出兩次英荷談判（1613 與 1615 年）中間，格勞秀斯的思路有所轉變，其路線變化一直延伸到 1625 年發表的《論戰爭與和平法》上──格勞秀斯向英方提出基於自然自由（natural liberty）與萬民法（*ius gentium*）論述，經買賣雙方同意與契約而來的專賣體制，用以取代西班牙與葡萄牙基於「發現」（discovery）而來的獨占論述（Borschberg, 1999: 243-247）。本文則進一步地藉由重構格勞秀斯寫作的歷史脈絡，並從脈絡重返文本，從中探索格勞秀斯論述建構之轉折。在武力占有之外，格勞秀斯貢獻另一種基於商業貿易行為的政治論述：從占有出發討論權利，從權利建立同意論述，又從同意論述構築正當性論述，從正當性論述證成國家行動的道德屬性。格勞秀斯在《論捕獲法》以自然法立論，結合財產權與反抗權，將原本屬於人的自然權利推及至國家，產生追求國家利益極大化以自保的思維，進而反映在其共和思想上的變化。此觀察是過往研究在重構格勞秀斯寫作脈絡時，較少從《論捕獲法》關注的部分。格勞秀斯政治論述上的轉折，顯現在當格勞秀斯寫道「捕獲戰利品制度源自自然法」時，他隱而不顯地將國家與個人加以對比，得出用於國際間的法律也必須獲得各國的意思表示的說法，使同意之意思表示，成為格勞秀斯的法律秩序之基礎。

　　透過各省會議以及最高行政長官的運作，將多個省分的東印度公司整合成一間，賦予該公司優惠待遇和武力，讓聯合東印度公司為尼德蘭謀求利益。聯合東印度公司在成立初期經歷聖地牙哥號事件與聖卡特琳娜號事件，透過劫掠葡萄牙船隻獲得收益，呈現以武力謀求商業利益的手法。加上利用東南亞地區統治者們的矛盾與利益偏好，見縫插針，打擊葡萄牙在當地的香料交易。格勞秀斯引入自然法論述應用到國際貿易中，為的是消除教宗劃分世界給葡萄牙與西班牙兩國的法源基礎。同時透過以對等主權國家的形式面對亞洲國家，賦予尼德蘭共和國實質上的獨立地位。最後藉由實質獨立地位下簽署的契約，建立尼德蘭共和國的法理獨立依據。其中以貿易契約下的專賣權，讓東印度的貿易對象與其他歐洲商人必須在商業名義下，讓尼德蘭獨占貿易與貨源。並透過貿易建立與亞洲各地統治者在主權上的對等地位，進而回頭以主權國家的地位面對歐洲各國，尤其是西班牙與葡萄牙。

　　格勞秀斯在《論戰爭與和平法》裡引述古羅馬歷史學者弗洛盧斯（Gessius Florus，約紀元 2 世紀前後）的話：「如果你摧毀了商業，你就割斷了把人類聯繫在一起的紐帶。」（格勞秀斯，2016: 40; Grotius, 2006: 77）而為聯合東印度公司處理劫掠法律問題的經驗，相當程度影響了格勞秀斯日後看待國家以及國家主權之概念，而逐漸脫離他早先在《論古代巴達維亞共和國》裡傳統共和思想從理性或德行的面向，轉而開展出以同意論為核心的共和思想與國家論述。就這點來說，從格勞秀斯的同意理論出發並建構的政治論述，此時尚未能找到他涉及從占有與支配建構海洋帝國的明顯痕跡，有的是他就尼德蘭共和國生存危機引發的自我保全論述。

03 洛克：反奴隸的政治社會

陳禹仲（中央研究院人文社會科學研究中心助研究員）

洛克的自由主義？

近半世紀對英格蘭哲學家洛克政治思想的學術發展，常限於歐美政治哲學的一種研究傾向：批判式省思政治哲學傳統範式（reassessing canons of political philosophy）。這種批判式省思隱含兩種看似存在悖論的邏輯。其一是對政治哲學傳統範式的批判，其二是批判傳統範式本身，即是一種重新確立傳統範式價值的行為。以洛克政治思想研究而言，近半世紀學術發展的主要對話對象，是在挑戰將洛克視為自由主義傳統早期提倡者的範式。

論者多採脈絡主義政治思想史（contextualist history of political thought）的方法視野，挑戰此種範式在詮釋洛克時的兩大論述的邏輯問題：時序錯置（anachronism）與一廂情願（wishful thinking）。時序錯置論證會有的邏輯問題分別為「因為 A 是 X 主義者，故 A 的論述與個人行為應符合當代所理解的 X 主義規範」及「A 與 B 同是 X 主義者，故若 A 的著作與生卒年早先於 B，則 B 之著述與思想必然受 A 影響」。一廂情願的論證邏輯則為「因為 A 是 X 主義者，故 A 對特定議題的想法應該符合當代所理解的 X 主義規範」或「因為 A 是 X 主義者，故即使 A 對特定議題的想法未完全符合當代所理解的 X 主義規範，詮釋

者仍應能在 A 的論述中得到支持 X 主義規範的論點 α、β……
等」。

　　政治思想史家對這類問題的質疑在於，這幾種邏輯論證皆
未能幫助我們有效理解 A 的著作內容及其意圖。以洛克研究而
言，政治思想史的回應多聚焦在試圖瓦解「洛克是自由主義者」
的前提。例如重構洛克重要政治哲學著作（如《政府論次講》與
《論寬容》）的時效性與歷史局限、考掘洛克本人行為與自由主
義的理論預期衝突之處（如洛克本人的宗教信仰、對天主教徒的
態度），以及洛克政治思想未能有效回應自由主義理論規範……
等。其中本文所關心的，是第三點的論證邏輯：「A 的政治思
想，未能有效回應或未討論 X 主義理論所關心的重要議題 T，故
稱 A 為 X 主義者無效。」

　　本文尤其聚焦於以殖民方式閱讀洛克（the colonial readings
of Locke）所發展的論述及其兩種結果。殖民論述的基本結構如
下：「重構洛克對北美殖民事務的參與，強調由於洛克參與北
美殖民事務，他必然知道北美存在奴隸制問題，卻未有效批判
奴隸問題，故（結論 A：洛克不是符合當代意義的自由主義者）
或（結論 B：不應該期待洛克是當代意義的自由主義者，因為當
代自由主義對奴隸制的批判，並不是洛克那個時代會面臨的問
題）。」

　　本文所要挑戰的主要命題，並不是「洛克是不是一個當代意
義的自由主義者」或「洛克的論述可不可以是一個當代意義的自
由主義論述（或變相地說，可不可以有一個洛克式的當代自由主
義論述）」。脈絡式政治思想史對政治哲學範式的批判本身是否
成立，及其相關問題（如脈絡式政治思想史對政治哲學範式的批

判，是否也表示政治思想史對政治哲學的批判，或表示政治思想史本身是反政治哲學論述的），有幾個可以檢討的面相（如脈絡式政治思想史的重構本身，是否也含有「時序錯置」與「一廂情願」的邏輯問題；脈絡式政治思想史的重構，除批判之餘，是否亦具有重探政治哲學範式規範內容的理論涵義……等）。但限於篇幅與主題，這並不會是本文多加著墨之處。

　　本文關心的重點在於，政治思想史的殖民論述得以成立的關鍵，即「洛克是否有效批判奴隸問題」。本文將探詢「從理論的角度來說，洛克的政治思想是否允許奴隸存在？」、「若是，則奴隸是在什麼樣的意義下存在？以及其存在與意義是否可能廢除？」當然，這不代表本文不會涉及上述偏向方法論的反思，只是說明本文聚焦處不在申論於此問題。事實上，在分析本文關注的兩類問題時，勢難避免回應「提供一個反奴隸的洛克論述，用意為何？」的問題，而本文對這個問題的回應，則不免連帶回應「洛克的論述可不可以是一個當代意義的自由主義論述」。這是後話，眼前當聚焦的，還是洛克與奴隸制的問題。

洛克與殖民批判

　　以殖民方法閱讀洛克的研究，亦是在批判「洛克是（當代意義的）自由主義者」這個命題。其批判的邏輯結構如下：

　　1.a. 帝國主義與自由主義在規範意義與概念分類上是互斥的兩種意識形態。

　　1.b. 若 A 是自由主義者，則 A 不是帝國主義者。

且 1.c. 若 A 之論著與言行為有效批判或拒斥帝國主義，則 A
　　　不是自由主義者。

　2.　任一命題（T）宣稱「A 是自由主義者」，須通過
　　　1.b. 與 1.c. 之檢驗。

　　當然，這般批判邏輯不涵蓋直接否定 1.a. 的論述，如認為自
由主義與帝國主義，尤其與後者有緊密關聯的殖民主義，相輔
相成的後殖民或馬克思式批判（Wood, 1984; Parekh, 1995; Meta,
1999; Wood, 1992）。

　　如前簡述，在此結構下發展的殖民批判，其結論大體在強
調，不宜以當代自由主義意識形態的規範內容與概念結構，來理
解洛克的政治思想。持此論者也強調，洛克生存時的歐洲，並沒
有當代對殖民，尤其殖民關係中於制度面認可奴隸存在的批判意
識，故這樣的殖民批判的對象，並不是在洛克本人（即非批判洛
克是支持帝國主義的壓迫者），而是在指出以當代自由主義的理
論視野詮釋洛克的不合時宜之處。此外，殖民批判尚有學術意義
上的批判效力，即以殖民方式閱讀洛克，同時也能有效呈現國際
環境對近代早期歐洲政治思想的意義與影響，有敦促政治思想
史不宜過度歐洲中心的意涵（Tully, 1993; Arneil, 1996; Armitage,
2004; Armitage, 2012）。當然，亦有論者提醒，即便洛克生存寫
作的年代未有如當代對奴隸制批判的意識，但洛克論述裡缺乏對
奴隸制提出有效批判，甚至於部分內容認可奴隸制存在的事實，
確實被挪用於後來的奴隸制辯論。但即便如此，批判的主要對象
仍舊不是洛克本人，而是針對「洛克是自由主義者」或「洛克的
論述是個自由主義式的論述」這類論題（Farr, 2008）。

　　這個批判論述之所以成立，當然是洛克本人的論述提供了「洛克並未有效批判奴隸制」或「洛克認可奴隸制存在」的證據。其中最常為人所引用的，是洛克參與起草的《卡羅萊納基本憲章》（*The Fundamental Constitutions of Carolina*; hereafter *Carolina*）第九十八與第一○一條，分別陳述：

> （98）　既然（上帝的）慈愛約束我們要祈願眾人靈魂的福祉，且宗教應當無法改變任何人的公民狀態與權利，則奴隸理當如同所有其他人一般，得以合法進入任何他們認為最好的教會，並與其他自由人一般皆得以成為該教會全權的教徒。但這並不表示，奴隸得以免除其主人對奴隸所擁有的公民財產權，奴隸（在公民社會的情境）仍舊處於同樣（身為奴隸）的狀態。
>
> （101）　卡羅萊納的任一自由人，無論其宗教信仰，皆應當有對其奴隸的絕對權力與權威。（Locke, 1997, pp. 179-80）

　　這兩條條文實際上參與了 17 世紀的一場政治神學辯論：若奴隸可以受洗成基督徒，則奴隸在成為基督徒的同時，於神學意義上獲得了與奴隸主同等的位階，但這是否表示奴隸在公民社會的意義上，也取得與奴隸主同等的權利位階，進而表示奴隸受洗的同時，也實質上免除其奴隸身分？

　　這個辯論的爭議點在於，基督信仰政治神學的一個重要基本原則：基督徒不得奴役基督徒。若秉持此一原則，則洛克於《憲

章》中捍衛奴隸成為基督徒的權利時，理應連帶攻擊奴隸制度的
存續。然而，洛克在此顯然有意區分了政治與神學場域，在強調
宗教平等的同時，也指出神學場域與身為教徒的宗教制度身分，
並不能有效適用於政治場域與人在公民社會裡所具備的身分。
換句話說，洛克宗教平等論述的來源在於他認為，公民社會中
不同身分的人，皆應具有同樣的宗教信仰權利（right to religious
belief），但某人屬於特定宗教信仰的制度身分（如身為基督徒
〔the institutional identity of Christians〕），並無法改變該人在公
民社會的制度身分。有學者因此指出，洛克在此並未採納提倡
積極廢除奴隸的立場，反而藉由理論上強調神學與公民場域的區
隔，實質為奴隸制的存續辯護（Farr, 1982）。更有甚者，批評
洛克與基督政治神學的反奴隸傾向，在涉及英格蘭殖民政策與種
族差異時便不復存在（Tomlins, 2010, Ch. 8-9）。

　　然而，本文意圖指出，就理論層面上來說，這樣的詮釋是犯
了幾組重要概念的範疇錯誤而來，其中最主要的，是「政治／自
然」、「法的原則性規範（ius）／法的成文規範（lex）」、「政
治社會（political society）／社群（community）」。基於洛克自
己有意識地做出這些概念範疇的分野，奠基於此類範疇錯誤的論
述是否成立，是一值得深探的問題。本文接下來將有兩個任務：
第一、以洛克的概念分類重構其政治理論結構。第二、探討這樣
的結構內是否有奴隸制存在的空間，以及我們應當如何在這樣的
結構裡，理解洛克在如上述引文中所提及的奴隸問題。最後則於
結論處解釋，這種重探洛克的理論結構，是否有與當代有關聯的
理論意涵（theoretical implications）。

洛克與政治性 [1]

　　近年歐美政治思想史家的研究指出，近代早期歐洲政治理論對何謂「政治性」（the political）的理解，仰賴於基督政治神學自然法傳統，尤其是湯瑪斯派（Thomists）對人類生存情境（the human condition）多重場域的認識，其中最關鍵的，是人作為萬物之一的自然（the natural）場域，以及人之所以為人，異於萬物的政治（the political）場域（Rubinstein, 1987; Brett, 1997, 2011; Smith, 2019）。與同時期非天主教的法哲學與道德哲學家相似，洛克也共享了這樣的理論視野，但挑戰此自然法傳統的常見論述：政治場域的多種規範，如實證法（lex）、公民社會的道德與德性（civic morality and virtue）等，是以自然場域的規範性（ius naturale）為基礎（Zuckert, 2007）。《政府論兩講》（*Two Treatises of Government*）對費爾默（Sir Robert Filmer）批判的重點，即是費爾默將政治權威與統治正當性奠基於自然法規範的範疇錯誤。這是為何洛克在《政府論次講》（*Second Treatise*）第一章即強調，政治權威與統治正當性是「政治性」的問題，思考其來源需要有別（但非獨立）於自然法的規範性基礎（Locke, 1988, II, Ch. 1）。

　　學界目前已經接受「自然／政治」的概念分野之於洛克政治思想的意義（Tully, 1980;Tate, 2012; etc.）。較可惜的是，洛克自己如何重新梳理這組概念分類，並強調洛克仰賴這組概念分類，作為他構思政治規範性的理論視域，則較少人提及（有相似論

1　The Political.

點，但並未聚焦於此的近期研究請見 Stanton, 2017）。這組分類涉及了洛克的法學理論，如果本文的論述正確，則從此出發，洛克的政治理論基本上可被視為一種以法權規範為基礎的憲政理論（right-based constitutionalism）。政治場域與自然場域的分野，是「法的規範原則所要保障的權利」（ius）的分野。[2]

　　而這也表示洛克區別了「自然場域的法」與「政治場域的法」，或更嚴謹地說，是區別了「神聖場域的法」與「政治場域的法」（此段及後續段落的內容，見 Locke, 1997, 62-64）。神聖場域的法，又分為有成文效力的實證法，及未成文的規範原則。前者往往被直接稱為「神聖法」（divine law），如《聖經》具體規範的行為（不可殺人、竊盜等），後者則是自然法（natural law）。同樣地，政治場域的法也具備這樣的分類。洛克稱政治場域裡，具成文效力的法為「政治法」（political law）。洛克並未給予政治場域裡的未成文規範原則一個如「政治法」般簡潔明瞭的名稱，但為了行文方便，或可稱之為「政治法的原則」

2　這裡涉及了對 ius 一詞的理解。Ius 在英文常被直譯為「權利」（rights），這固然不能說是誤譯，但卻未能盡達原意。在羅馬法脈絡下，ius 所指涉的權利，是指當一個人符合某個法律位階時便應該要有的權利，如羅馬公民所有的公民法權（ius civiliis），這無庸置疑。但在近代早期歐洲，受政治神學影響的法哲學脈絡，ius 所指涉的權利，更近似於「即使沒有實證法的保障，人之為人就會有（來自神聖法）的法權」。在這個脈絡下，實證法的成立，很重要的一個面向是要保障這樣的法權，也因此 ius 又可被理解成「法的原則性規範」，與實證法具有成文法律效力的規範（lex）互為表裡。在此傳統下，一個人在處於不同的場域作為不同能動者（agency）時，也會具備多種不同、屬於特定場域與能動者的 ius。Brett（1997）是此議題極好的學術論著。基於方便考量，本文後續將以法權翻譯 ius。相關近期研究，詳參 White（2019）。

（principles of political law）。

　　必須再多加說明的是，「政治法」又可再進一步細分成（我稱之為）「鞏固神聖場域的法的政治法」（reinforcing political law）與「創制的政治法」（created political law）。前者是指政治法中，規範原則來自自然法的法條，如幾乎所有國家都會有禁止殺人的法律，這固然是政治法，但這種政治法的規範基礎卻是來自神聖法。洛克認為，政治法難免會有這樣的內容，只是這種政治法其實只是神聖場域的法的延伸，並未符合政治場域的法的「恰當意旨」（proper matter）（Locke, 1997, 64）。符合「恰當意旨」的政治法，應該是各個不同國家的立法機構，在衡量各個國家各殊的狀態後所制定的法，且這些法的規範性基礎，只能來自於立法機構的權威，不能是神聖場域的法的延伸。這也是為何我稱這樣的政治法為「創制的政治法」。

　　在梳理這樣的概念分野後，我們可以重新檢視洛克如何分別政治與自然場域的規範差異。洛克對自然場域的探討廣為人知，在此也就不需要再作深入探討。對洛克而言，自然場域（即所謂的「自然狀態」），並不是無秩序且無法律的狀態。相反地，自然狀態的秩序與法律是「絕對的」（absolute），原因是自然狀態的法律秩序，是由神聖法與自然法構成。神聖法的絕對性自無須多言，而自然法的絕對性則在於，這是上帝創世造萬物的規範原則。雖然不像神聖法有成文效力，但自然法卻深刻且嚴格地規範了萬物之所以為萬物。在洛克看來，理解這種絕對性在非人類的事態中是相對簡單的。例如，一隻會飛的鳥之所以會飛是因為這隻鳥就是有能力飛，三角形之所以是三角形是因為三個角加起來就是有一百八十度。自然法的絕對性對人類則相對嚴苛。人類

之所以是人類，是因為人類就是被創造成具備理性，且有能力運用理性觀察萬物進而理解自然法的動物。一個人如果不具備理性就不是為人，一個人**應該**要運用理性觀察萬物進而理解自然法，才能**真正的**（genuinely）被稱之為人（Locke, 1997, 125）。

　　換句話說，人在自然狀態是平等的，因為人享有同樣的、絕對的法權。這可見於自然法與神聖法互為表裡的狀態。例如，神聖法中不得殺人的規範性原則，除了上帝的權威禁止殺人外，也表示每個人皆有享有生命的法權（right to life）。同理可證，不得竊盜之於每個人皆享有私有財產的法權（the right to private property），等等。從此延伸，我們也可以得到一個簡單清楚明瞭的論點，在自然狀態裡是不允許奴隸存在的，因為所有人皆享有同樣的、絕對的法權。[3] 這表示洛克政治思想中，只有在政治狀態裡可能容許奴隸存在的空間。

　　自然法規範了人之所以為人的絕對條件（the absolute condition），但這並不表示，自然法提供了人之所以為人的必要條件（the necessary condition）。在洛克看來，政治場域才是人之所以為人的必要條件。這固然有亞里斯多德與湯瑪斯派的餘音，但洛克的理解卻不盡相同。政治狀態（或政治情境〔the political condition〕）之所以必要，並不是因為自然法規範人是政治社會性的動物，而是因為儘管自然狀態中的人享有絕對法權與絕對的法秩序，自然狀態的秩序與法權缺乏一種非常近似於當代分

3　這其實並不簡單明瞭。事實上，洛克及其同時代人的觀點更當近似於，在自然狀態下所有人都是奴隸。這是後話，涉及「奴隸」（slavery）的歷史涵義，下節討論。

析法哲學強調的「法治」（the rule of law）概念。當代分析法哲學法治概念所蘊含的特質，包含法律的清晰（clarity）、可落實性（feasibility）、總體性（generality）、公開（publicity）、（實踐上的）穩定（stability）、與程序正當（procedural due process）等等（Fuller, 1969; Raz, 2009, 210-29; Raz, 2019; Waldron, 2008）。[4]在洛克的文本中可見，洛克認為這些是自然法所缺乏的，也是為何政治情境應是必要條件。

　　原因在於，自然狀態雖然有絕對的立法者與絕對法權，但卻沒有一個中立的執法機構。自然狀態下的所有人，因為皆擁有絕對自然法權，故皆可以依據自己的理性，判斷任何侵犯絕對法權的行為（injury），並予以制裁。換句話說，自然狀態下人的絕對法權同時賦予了人絕對的執法權。這本身並不會構成問題。問題在於，自然法並沒有成文規範。這表示，「自然法權受侵犯」（injury）的判斷完全取之於個人，而個人對自然法權的理解，與個人對自然法的理解程度息息相關，但因為自然法不是成文法，且每個人對自然法的理解程度各異，導致自然狀態儘管有絕對的法秩序與絕對法權，卻缺乏確定性（certainty）與穩定性（stability）（Locke, 1988, II, §87）。而政治情境之所以必要，便在於政治情境能有效確立「法治」：有一套「標準的規範」（a standing rule）讓屬於同一個政治社會的人能「共同」（common）遵循（Locke, 1988, II, §22 & 87）。

　　在此必須強調，政治情境的必要性並不表示自然狀態下自然

4　值得一提的是，儘管這是當代分析哲學的概念，但 Waldron（2008）亦指出，這種概念的系譜可追溯回洛克的政治理論。

秩序的不完美或缺陷。事實上，在洛克看來，政治情境的必要性反而進一步體現自然法的絕對性。原因在於，人類會認識到政治情境的必要性，是因為人類認識的自然狀態下，執法層面的不確定與不穩定，進而透過理性得到「必須要另外透過政治情境，落實自然狀態下**應有**的秩序」的結論。他著名的契約論即是在這樣的結論中產生：為了確立這樣的政治情境，人類彼此締約，**同意**放棄絕對執法權（但不是放棄絕對自然法權），以確立法治，落實自然狀態**應有**的秩序（Locke, 1988, II, §87 & 95）。

　　政治情境的絕對性因此來自於人類對自然法規範的進一步追求，也因此，依據此絕對性發展而來的政治社會（political society）或國家（the political state），有幾個明確的規範內容。[5] 第一、因為政治情境（political condition）即是法治情境（a condition of the rule of law），這樣的國家必須要是一個法治的國家。第二、這樣的國家有明確的目的性。這樣的目的性與法治情境息息相關，法治的建立，內含兩種行為，其一是建制成文法（即政治法）以確認有可落實、清晰、公開、穩定的成文規範以保障自然法權，其二則是有程序清楚、穩定、公開的執法機制，以免除自然狀態下個人享有絕對執法權導致的不確定與不穩定。易言之，此一國家的目的性即是透過確立法治，確立（guarantee）自然法權的保障。洛克強調，唯有因此（there, and there only）才會需要國家的成立（Locke, 1998, II, §87）。要言之，政治情境有其

5　洛克對國家與政治社會的分別不大，有跡可循的是，政治社會（political society）更像是他在談規範理論時喜好的詞彙，國家（common wealth）則是具體指涉如英格蘭等政治實體時採用的敘述。

必要性，但依此必要性出現的國家，也必然要（necessarily）受其規範內容約束，而此規範內容則又可具體呈現在國家的目的性，即透過政治法保障自然法權（e.g. Stanton, 2017）。

這表示洛克所理解的政治情境是一個「具備法治（規範內容）以保障自然法權、落實自然法要求的秩序（目的性）」的規範狀態。這即是我所謂「政治法的原則」。洛克理論中，政治法的設立必須要具體落實這樣的原則。而政府的意義，則是這樣的規範狀態，為了其目的性的落實，必然要有的機構性建置（institutional settlements）。這是顯而易見地。政治情境這個狀態需要有超乎個人的成文法體系，表示這個狀態需要有立法機構。同樣的，這個狀態需要有實行執法權的非個人實體，表示這個狀態需要有執行機構。這是洛克政府理論裡，立法（legislature）與執行（executive）二權分立的基礎。值得一提的是，這構成了歐洲憲政理論的基本結構，也是如凱爾森（Hans Kelsen）等憲政理論學者，在比較歐美憲政體制異同時論證的基調（Kelsen, 1942）。

如此一來，政府在洛克政治理論裡面，只扮演了工具性（instrumental）的角色。政府的存在，除了是一種在符合政治社會規範內容時享有政治權力與權威的機構（officium）外，當特定的一群人身居這樣的機構並以這樣的機構之名行事，運用政治權力與權威以完成機構的工具性任務時，政府也同時成為一種具備「協和行動者」（concerted agency, Gardner, 2012, Ch. 3, also Gardner, 2002）能力的機構建置。所謂「協和行動者」，指的是一個群體有意識地（無關其成員是否也有意識地）完成某項唯有該行動者能完成，其任一成員皆無法獨立完成之任務。如我們會

說柏林愛樂演出了馬勒第六號交響曲，但柏林愛樂的任一成員皆無法獨立完成馬勒第六號交響曲的演出。[6] 政府作為協和行動者，所擁有立法與執行的政治權力與權威，完全來自於它為了完成政治社會的目的性所具有的工具性。也就是說，政府擁有政治權力與權威的正當性，唯有在其行為符合其工具性時成立。也因此，洛克強調當政府行為超過其工具性所賦予的權力時（即政府悖離政治社會的目的性時），政治社會的成員有依據「政治法的原則」撤換政府，以維繫政治社會這個規範狀態的權利（Locke, 1988, II, Ch. 19）。

洛克以「公民社會」（civil society）來指稱政府組織結構與政治法系統符合這種規範狀態的政治社會。這自然隱含（imply）了近代早期歐洲法哲學對羅馬法（或更準確地說，經西塞羅哲學化後的羅馬法）的挪用。在洛克的論述裡，符合這種規範狀態的政治社會中的成員，享有被政治法強化確立（guarantee）的自然法權，也享有各殊政治法系統中保障的政治法權（political rights），因此成員之間也必然是平等的。以公民社會稱之，自然挪用了這個社會的成員皆享有「公民法權」（ius civiliis）之意。也因此，當洛克強調，公民社會可以有各種不同的具體政府組織結構，惟絕對君主制（absolute monarchy）必然與公民社

6　加納根據成員是否有意是自己在參與完成任務，作了更細緻的分類。柏林愛樂的例子是，所有成員皆有意識到自己在完成一場演出，但很多時候協和行動者的行為並非如此。如我們會說政府做了某事，但其實並不是所有參與某事完成的相關政府部門中的所有官員、行政人員與庶務人員在執行日常公務時，皆有意識自己在促成某事完成。此為附加說明，與正文無立即相關。詳見氏著。

會相斥時，洛克實際上在說明，一個絕對君主制的政府並不符合政治社會的規範內容、一個有絕對君主制的國家也不是一個符合「政治法的原則」的政治社會、且這個國家的成員也不會是享有公民法權的公民。[7]原因無他，要讓一個政治社會的成員，成為享有公民法權的公民，表示所有成員（包含身居政府職務的成員），都享有平等的自然法權與政治法權，且政治社會的立法與執行的政治權力與權威也都獨立於這些個人的行為能力之外。易言之，政治情境的法權與法秩序受法治與「政治法的原則」保障。但絕對君主制中，政治權力與權威是集中在單一個人身上，並非屬於超脫個人的機構（officium），且表示這個社會中有（極大）部分的成員已經失去他們在自然情境享有的絕對執法權，但卻仍有一人享有絕對執法權。這樣的政治社會因此不會是一個符合政治情境應有的規範狀態的社會（Locke, 1988, II, §87-88 & 90）。

政治社會與規範情境

經過這樣的重構後，我們應當能得到本文標題般的結論。洛克的政治情境，若符合其應有的規範內容及目的性（即符合其規範狀態），是一個反奴隸的政治情境。這是因為一旦符合其規範狀態，則該政治情境可被稱之為公民社會，表示該社會的成員皆

7　在此的絕對君主制，固然是專指一種政治制度，但洛克於《政府論次講》中亦強調，但凡統治者具有絕對權威的政體（即統治者享有專制權力，despotic power），則這樣的政體並不屬於規範意義上的公民社會範疇（Locke, 1988, §90）。筆者感謝審查人對專制權力的提醒。

享有平等的公民法權，表示成員中不會有奴隸的存在。

但如此一來，我們要如何解釋本文第二節徵引的兩段引文？這個問題牽涉對第三組概念分野「政治社會（political society ／社群（community）」，與一個自中世紀起即困擾政治、法律與道德哲學家迄今的問題：「在什麼意義下我們可以說，人類在法律中是自由的？」在回答這個問題（我們要如何解釋本文第二節徵引的兩段引文？）時，無可避免地要討論奴隸一詞在政治神學脈絡下的涵義，以有效解釋前文注腳 2 的說明。

當然，我們可以有一種極為切實，但可能於哲學上容易令人不滿意的回覆。洛克理論中的政治情境，屬於他理論中規範的層次。從這個角度出發，我們可以說，殖民批判對洛克的不滿，本質上只是凸顯了規範政治理論與政治現實衝突的幾種可能。我們不應該因為洛克沒有在現實中貫徹他反對奴隸的規範理論（如參政倡議廢奴，或加入祕密社團暗殺所有奴隸主），作為批判或宣稱他在理論上捍衛奴隸制的理據。這是很根本的範疇錯誤，將第二階批判（second-order critique）的理由作為第一階批判（first-order critique）的基礎。我們也可以說，應該要考量到在政治現實上，洛克受雇於人，他對現實奴隸制的書寫，極有可能只是受人之命，尤其最常被引用的《憲章》，更是洛克受人所囑之作。持此觀之，則洛克在如此受限的情況下，仍保障了奴隸的宗教信仰自由，以及強調在神學場域上奴隸與奴隸主的平等狀態，不無可能是在無法改變現實制度的情況下，試圖給奴隸主加上道德責任（Waldron, 2002, Ch. 5 & 7）。

這樣的辯護固然可能，也顧及了洛克的歷史情境。但這未必能有效回應殖民批判對洛克的另一挑戰，即洛克的規範政治

理論，確實深受他參與殖民貿易影響。如學者指出，傳統自由主義政治論述最重視的《政府論次講》第五章〈論財產〉，極可能是洛克原本試圖為英格蘭殖民北美正當性辯護的獨立論文（Armitage, 2004）。

要有效回應這個挑戰，也許只能從理論上著手。我們能不能有一個從規範理論的角度，指出洛克規範理論確實有「符合規範意義的政治社會，也是一個反奴隸的社會情境」的理論空間？當然，這種單從理論上的回應，必然只是片面（partial）回應，畢竟事實如此，洛克確實有試圖以他的理論為英格蘭殖民辯護。但同樣的，這樣的事實，未必表示洛克的思想中，全無反奴隸的理論意涵。

在這裡同樣必須注意的，是幾組概念分野。首先是「奴隸」（slavery）一詞的涵義。眾所周知，在羅馬基督信仰神學（Roman Christian theology, vis-à-vis Greco Christian theology）裡，奴隸（slave）與僕從（servant）等詞彙共享一個拉丁詞彙：servus。這種混淆，構成近代早期歐洲自然法傳統的一個根本原則，也是此傳統對人作為能動者（human agency）及其應有法權的理解，與共和和帝國時期羅馬法定義最大的區隔之一：所有人都可以是servus，但也所有人都不應是servus。這句話的意義在於，所有人都可以是上帝的僕從，但沒有人應該成為另一個人的奴隸。這種區隔在近代早期歐洲方言，被以「自發成僕」（voluntary servitude）與「被迫成奴」（servitude, slavery）的形式分隔，而前者的意義也延伸涵蓋了「服務」（service）的特質（Luria, 2009）。有趣的是，這樣的語言表述，似乎於晚近對資本主義的批判中又見復甦（Rosen 1996; Miller 2010; Todeschini 2015）。

這可見諸於拉波埃西（Étienne de La Boétie）對時人誤認對上帝的「自發成僕」，反而自發使自己成為暴君（tyranny）的奴隸的批判（La Boétie, 1557）。

洛克亦分辨了此一區隔，指出《聖經》（即神聖法）言明，沒有人可以當任何人的奴僕（Locke, 1997, pp. 24-25）。但洛克同樣也指出，雖然人類可以自發地成為上帝的奴僕，但《聖經》（即神聖法）同時也指出，神不希望人只是成為奴僕而已。「因為奴僕並**不了解**（knoweth not）神的作為」（John VI 15, KJV）。洛克強調，耶穌明確希望，世人能成為他的友人，因為透過他的幫助，人類當能進一步運用理性掌握自然法的內容，得知神的作為、安排與律則（Locke, 2000, pp. 103-4）。換句話說，洛克強化了本文之前提及的論點，即從應然面看來，自然情境不僅不會有奴隸存在，自然情境也不應該有奴僕存在。但這是否也適用於政治情境？

就洛克的理論而言，對這個問題回應，同時也回應了另一個問題：「在什麼意義下我們可以說，人類在法律中是自由的？」在此，前述引文加粗的文字尤其值得注意。洛克對人類在法律情境（legal condition）下是否真的自由的看法，極度仰賴人類是否「了解」（know）自己的狀態與行為。必須指出的是，無論人類情境（the human condition）有多少場域，洛克顯然認為，人類永遠都會活在法律情境中。在自然狀態下，人類的法律情境是神聖場域的自然法體系，在政治狀態裡，則是政治法與約束政治法的原則。因此，他更進一步強化從《聖經》的詮釋發展出的想法，指出不了解神的作為與安排即是奴僕，與了解自然法即不再是奴僕的觀點，指出《福音書》的一大重點即是，基督（藉由讓

人們理解自然法）將信從他的人從奴僕狀態解放（Locke, 1997, 71-72）。

環繞此論述核心的，是洛克對「人在法律情境下如何有自由」的想法。如他自言，在法律情境下要維持自由，需要「了解法律」（know the law），包含其成文與未成文規範，方能理解如何行動不會侵犯（injure）法權（Locke, 1988, II, §59）。這個原則適用於所有法律情境（前段所述的自然情境即是依此原則發展），自然也可以延伸到政治情境中。但這同時也表示，在政治情境中，必然會存在因為「不了解」（knoweth not）法律而未能在法律情境中獲得自由的人。如此一來，即使這些人與那些了解政治法與自然法故在政治與自然情境皆免於奴僕擁有自由的人一樣，都身處在公民社會（即都享有被政治法確認的自然法權），這些人不如了解政治與自然法的人自由。例如，洛克最惡名昭彰的宣言之一，指出幼童與心智缺陷的人，是只能受制於法律的人（Locke, 1998, II, §60）。這會造成一個結果，即這些人無異於身處於奴僕狀態。洛克在此作了區分，「被迫成奴」的奴隸，因為無法享有受政治法保障的自然法權與政治法權，就邏輯上來說並不是公民社會的一員（Locke, 1998, II, §85）。而「自發成僕」的狀態，則是無法善盡理性，有效理解法律情境的人。前者當然也有可能使自己的理性受箝制，成為絕對奴隸（Locke, 1997, pp. 7-8）。這是最糟糕的狀況。

值得一提的是，洛克清楚地強調，「理解」必須要實踐於行動中，才能真的免除於奴僕，乃至於奴隸的狀態。此一觀點的根據在於洛克對「自由」概念的定義。洛克明確指出，自由是一種特殊的權力（power），指能動者（agent）根據自己的心性

或意志，決定採取或拒絕採取某個行動。只有在這種心智（the mind）上與行動（actions）上合一的情境下，一個人才能擁有自由。若沒有心智上的理解與自主性，必然沒有自由。而若只有心智上的理解與自主，也未必會擁有自由，原因在於，一個人可以享有心智上的理解與自主，卻可能無法享有以行動實踐心智上的理解與自主的能力（Locke, 1975, XXI, §12）。這裡有兩個重要的洛克式論點必須注意。首先，洛克在規範意義上強調，但凡政治社會確立（且政治社會必然是由法律構成的秩序狀態），則公民亦必須有自然法上的道德責任，確立自我的自由。其次，失去自由，未必等於成為奴隸。原因在於，在規範意義上不允許奴隸存在的公民社會，仍舊有可能有奴僕的狀態存在。[8]

　　要言之，反奴隸的政治情境未必會是反奴僕的狀態。這是因為人之所以為奴僕與否，取決於人自身是否有效使用理性理解法律情境，而這也是洛克之所以積極重視教育的原因。但除卻教育外，更令洛克感到棘手的，是教育仍舊只有「工具性」（instrumental），它可以提供不願自發成僕之人更好的理解法律情境的方式，但卻無法阻止人自發成僕，或更糟的，自願成奴。其中在 17 世紀，最有可能出現如此現象的，是公民社會中的人，自願加入某種社群（community），進而全面接受該社群的規範要求，受此要求不願運用理性了解法律情境，乃至捨棄自然法權或政治法權。例如，自願加入特定教會，自願接受「忠誠誓約」（oath of loyalty）的束縛，失去在公民社會中享有的私有財產權與實質的生命權。而更糟糕的是，甚至進一步試圖以此社群

8　筆者感謝其中一位審查人對洛克如何定義自由的提醒。

的規範要求，作為最高的法律位階，要求公民社會中未加入社群的人也不應擁有自然法權與政治法權。

在他看來，時人有此舉措，皆是混淆「政治社會／社群」概念的結果。這是另一組我們必須留意的概念分野。如前所述，政治社會是一個規範狀態，其規範原則（政治法）與落實此原則的「協和行動者」之所以享有權威與權力，來自於這樣的原則與行動者服膺此規範狀態的規範內容與目的性。

這裡尤其重要，也是通論慣常誤會的是，對洛克而言，必不是所有的人類「社群」，都是「政治社會」。「政治社會」中，人與人的關係是一種受政治法的原則規範的規範關係，但並不是所有的人類社群都存在這樣的關係。這種規範關係標示了政治與自然狀態的分野，但與霍布斯不同的是，洛克並未表示自然狀態中不會有類似國家之類的大型人類政治社群存在（Ward, 2005）。事實上，洛克曾多次用如 nations 等字來指涉北美原住民部落，表示這確實是一種政治社群，只是其中成員的關係，並不是與「政治社會」同一「類」（kind）的規範關係（e.g. Locke, 1998, II, §41）。洛克要強調的是，唯有「政治社會」這樣的情境，才會是一個反奴隸的法治情境，因為其中人與人的關係必然是依據政治法原則建立的規範與權利關係。

這也表示，在「政治社會」這樣的規範情境下，我們可以有不同的「社群」。在洛克看來，我們可以，甚或應該用同樣的邏輯結構來理解社群中的權威與規範原則。換句話說，我們要理解社群規範原則的權威邊界，必須要先釐清社群的目的性為何。再以教會為例，教會的目的性是讓有同樣信仰的人共同分享彼此的信仰。這表示教會的規範原則與權威的效力，只限於有同樣信

仰的人，以及這些人如何分享彼此的信仰（Locke, 2010, pp. 10-
12）。洛克在這樣的基礎上發展他的寬容理論，即教會的權威並無
法涉及與他們信仰相異的人。

　　但更重要的是，社群的權威無論如何無法抵消政治社會保
障的法權，且政治社會的權威也不應為特定社群「服務」（in
service）。這說明了為什麼洛克在本文第二節的第一則引文中強
調，教會身分的平等並無法干涉公民的法權。值此，我們終於可
以直接面對殖民批判對洛克政治思想是否為自由主義的挑戰。

　　我們已經得知，在規範意義上，能被稱之為公民社會的政治
情境，是反奴隸的。我們也知道，儘管有這樣的規範性，公民社
會在政治實踐上，很難阻止人自發成僕，甚至自願成奴。公民
社會能阻止的，似乎只有阻止已然自願成奴的人，使其他不願自
發成僕的被迫成奴。公民社會規範內容的局限，也具體顯示在第
二節的第一段引文中。讀者當記得，殖民批判指出，洛克在此並
未以教權平等出發，提倡在公民社會廢除奴隸制。但這並不必然
代表洛克在為奴隸制辯護。相反地，這更有可能表示，在洛克看
來，公民社會並不應該為了落實其反奴隸的規範意涵，侵犯既有
的政治法所保障的政治法權。尤其在這個案例上，如果洛克當
真根據教會的教權平等延伸議論奴隸的政治法權，無疑是違反洛
克自己的原則，使政治法權的規範基礎奠基在特定社群的規範需
求上。

　　依據本文重構的洛克法學理論，當既有的政治法權有違公民
社會的規範內容時，公民並不應該仰賴於期待既有的政府，以任
何形式改變既有的政治法進而造成侵犯既有政治法權的結果。
相反地，應該是公民必須意識到這種政府的行為，已然違背政治

情境的規範內容與目的性，故而構成要求政府作為或則更換政府的理據。但公民要有此意識的前提，則是公民必須要在除了享有政治法保障的自然與政治法權外，尚要理解政治場域中的法律情境。在此之前，政治現實的無奈之處便是，政治社會必須嚴守它與特定社群的規範性差異，不得因後者改變甚至侵犯其已然保障的政治法權。

本文第二節索引的兩條《憲章》引文，皆符合這樣的原則。而從這個角度觀之，無論批判洛克並未有效批判奴隸，或指責他為奴隸制辯護，皆無法有效體現洛克的規範理論對政治現實的無力與掙扎：落實政治情境規範內容的方式，並不是仰賴政府主動改變，也不是仰賴哲人與精英的喉舌，而是該情境中的成員必須先自己確立自己的自由（即了解其所處的法律情境），掌握政治情境的規範內容，並以此為據改變政治情境。

除此之外，《憲章》的寫作更進一步凸顯洛克試圖在政治現實中，盡可能落實規範理論的嘗試。《憲章》的寫作脈絡，是歐洲帝國擴張時常見的問題：殖民母國要如何確定殖民地的法權？最方便的答案，是依據羅馬法發展而來的義戰理論。即母國對殖民地的征服是一種義戰，故按照此理論，義戰發起人得將被征服者視為奴隸，殖民地的法權即是奴隸的法權。洛克也有這樣的理論思維。但這並不是他在論及殖民時的根本依據。他的問題更近似於，殖民是政治現實，但我們能不能在這樣的政治現實中盡可能落實他對政治情境的規範建構？這首先就必須要重新確認殖民地的法權。《憲章》的寫作緣起於此。《憲章》並未廢除既有的奴隸行為（the practice of slavery），並不必然表示洛克支持蓄奴。更有可能的是，《憲章》仍舊必須符合洛克政治情境的原

則，即不應該由少數人來取消已然實踐的法權。判斷既有法權的實踐不義因此取消之，是公民與協和行動者的責任。洛克受託書寫《憲章》，建構殖民地法權論述時，其任務最主要是讓殖民地得以享有與母國同樣的法權，而不是重新建構一個完美的理想政體。

結語

本文對從洛克參與帝國事務出發衍生的殖民批判的回應，並不是指殖民批判無效，而是強調從理論的角度來說，這樣的批判有「錯置」（misplacement）之虞。殖民批判對洛克的理論有一定程度的誤解，忽視了洛克對公民審議的高度要求，其批判的內容甚至在要求洛克做出他理論自身規範性駁斥的行為（以特定社群的狀態來塑造政治法、由已然有違政治情境規範內容的權威機構來改善政治情境……等等）。這當然不表示批判無效。事實上，這種批判可以在不同的脈絡皆極具效力，只是這樣的批判，在試圖反駁洛克與當代自由主義理論關聯時，未必是最好的批判形式。

當然，本文重構的洛克政治理論，也絕對不表示洛克式的理論可被歸納成一個當代自由主義的理論。最根本的原因在於，洛克的反奴隸政治情境及其法學思想，根植於他對政治神學議題的反思。政治情境的規範性與目的性，歸根究柢來自於神聖場域的自然法權的完善（perfection）。一旦「政治場域」為第二序（second-order）、「神聖場域」為第一序（first-order）的政治神學視野消失，洛克政治理論仰賴的法學規範也會失去基礎。這

種強調洛克的法哲學之於其政治思想切要意義的探討，也因此只限於在政治思想史重構的意義。

這讓我們回到本文伊始的討論。政治思想史的探討，能不能夠有當代政治理論的意涵（implication）？誠然，本文所呈現的洛克政治理論，受到他政治神學視域的限制，而這自然也是他的歷史脈絡的限制。但本文強調的理論內容所有的理論意涵（theoretical implications），卻未必必然受到歷史脈絡局限。這值得進一步說明。

本文勾勒的洛克政治理論，在觸及政策改革時，幾乎是個強調公民審議、對公民要求極高的理論，在此本文的立場較接近晚近強調洛克與公民審議傳統的論著（Tuckness, 2002）。這可見於他對政治社會的成員，當他們認為政府的特定作為或特定的法律不義時，要如何自處的討論。洛克強調，在此情境下，對抗不義法律的成員必須要先確立絕大多數其他成員也認為這個特定作為或法律不義，接著才能向政府提出改變的要求。在未能有效凝聚多數認同的情況下，這些成員只得將政府作為是否不義的問題，回歸到絕對的立法者作審判（Locke, 1997, pp. 63-68）。

這個論據看似對成員極其嚴苛，但卻符合洛克的理論規範。這首先是因為，並非所有成員皆能了解法律情境，進而構成有效判斷政府是否不義的標準。在這樣的情況下，成員是有可能因為對政府特定作為的不滿，轉化成認為政府不義進而要求政府不得如此作為。

若成員得以據此恣意對政府進行改變的要求（demand），且政府必須遵從，則成員實際上仍享有間接的，近乎是一種司法裁判權（judicial review）的執法權，即雖然成員不像自然情境中

有直接執法權，但成員仍舊可以隨時要求「協和能動者」撤銷其行動。這是違反洛克的政治情境的。他對此的防衛機制，幾乎是交由「共識」（common sense）來負責。儘管很可能只有少數成員能了解法律情境，但這並不表示多數人的判斷皆會無時無刻不出現錯誤。換言之少數判斷錯誤是有可能被多數人的共識制衡，正如（理想情境除外）少數人對法律情境的理解，並無法有效成為共識。在此洛克同時也共享啟蒙政治思想，在面對政治現實時對共識的悖論（paradox），一方面批判共識對規範原則的制約，另一方面也必須在一定程度上仰賴共識的這種制約特質（Rosenfeld, 2011）。

除此之外，儘管洛克強調在此情境下，成員只能仰賴絕對的立法者作審判。但我們必須指出的是，這樣的情境在一個理想的規範情境中不必然會發生。這是因為「政治社會」作為一種規範狀態，其政治運作的構成，除了政府的立法與司法端運作外，尚仰賴公民具備以「立法者視角思考公共議題」的能力（Tuckness, 2002）。這表示三者間的不和諧，不必然會導向公民與政府衝突的結果。更有可能的情境是，三者必須進一步對話，進而使政治運作（political operation）得以符合「政治社會」這個規範情境。

其次，多重情境只有對人類有效。即洛克提及神聖場域與政治場域的分野，是對人類才有意義。對上帝這樣的絕對立法者而言，人類的政治法無疑只是神聖場域的秩序延伸。人類之所以成立政治社會，也是為了更確切地保障自然法權、落實自然情境中的秩序。換句話說，作為落實此目的的工具性建置（即政府），是否有效完成此任務，除了要受公民社會外，也無時無刻不受絕對立法者的觀測。這有一個意涵（implication），倘若真的不幸

處於一個政治社會（非公民社會），其中多數人自願成奴，且政
府也強迫非自願成奴的極少數人成奴，則顯然極少數人無法有效
依循共識與政治法的原則，撤換政府。在這樣的狀態下，具有規
範意義的政治情境已然消失，極少數人在身為奴隸的現實下，最
終的寄託只能回歸神聖場域，訴諸神聖正義。畢竟神聖正義的根
本要求與裁判，是人的福祉以及人的生活是否依循此目的，或受
阻礙（Locke, 1999, Ch. XIV）。

　　這對沒有政治神學前提的當代人而言，確實是卑之無甚高
論。我們也許可以理解，上述洛克的理論意涵，確實有符合當
代政治理論的內容，如對公民審議（deliberation）的重視、以法
權為基礎的憲政國家論述（the right-based constitutional state）、
與依據政治法的原則使公民有反抗政治權威的權利（right against
political authority）……等等。討論這些內容是否可以不受其歷史
脈絡局限，就理論效果而言，等同於詢問這些內容，能不受政治
神學的基礎限制嗎？

　　本文的態度是傾向可能的，但對此過多著墨會過度脫離本
文論旨，故僅於此提供兩種可能的論證方向。這兩種論證方向
有個共同之處，即重新提出一個規範基礎取代神聖場域。首先
是當代新自然法試圖重現（reinvent）湯瑪斯派對道德規範的論
旨，以人性共同嚮往的幾種根本善（basic goods）取代神聖場域
對人提出的自然規範後，得以重新以湯瑪斯派強調人必須以理性
（reasonableness）參與（participate）根本善（自然規範）的論
點，重述人何以會有道德規範（Finnis, 2011）。其次則是憲政理
論中，以憲法作為根本法權規範（grundnorm）取代神聖場域之
於政治場域的規範基礎（Kelsen, 1945, I.x.c., II.i-ii; Kelsen, 1966;

Gardner 2002, Ch. 1），並以此為根本述及政府的政治權力與權威基礎，及在何種情況下政府作為協和行動者不再符合政府作為落實規範內容的工具性機構建置。

這兩種論述提供了兩種不同的方向，解釋具備政治神學視野發展的規範理論，如何得以在失去政治神學前提下，具備當代意義。本文尤感興趣的是後者。若將神聖場域的規範基礎，在理論上解釋成政治場域的根本原則，例如將「政治法的原則（國家是一個規範秩序，其規範內容確立人的基本權利且其目的性是要確切保障這些基本權利）」（principles of political law）理解成一系列獨立構成何謂反奴隸政治情境的定調原則（characterizing principles）（Waldron, 2019），不再是神學場域規範基礎的規範結果（normative consequences）；即要判斷一個國家是否符合反奴隸的政治情境，得以政治法的原則評估該國家的憲政秩序是否符合政治法的原則。那麼我們便得以依此定調原則判斷特定國家的憲政秩序是否於規範意義上嚴格地遵守反對自發成僕與被迫成奴的情境。值得一提的是，近期的憲政理論學者也開始有類似的理論嘗試（Barber, 2018）。當然，這就不再是一個洛克的政治理論，而僅是一種洛克式的思路。但這樣的思路發想確然來自閱讀與分析洛克後，與當代理論互相發明所有的啟發，則無庸置疑地，政治思想史的分析確實能對當代理論建構能有理論意涵（theoretical implications）的意義。[9]

9 作者感謝兩位匿名審查人的修改建議。本文研究，受科技部計畫《啟蒙憲政理論與國家目的：省思「政治性」的概念》（計畫編號：108-2410-H-001-100-MY3）支持。

04 亞當・斯密的帝國論述及其背景

陳正國（中央研究院歷史語言研究所研究員）

導言

　　亞當・斯密（Adam Smith, 1723-1790）在英國乃至西方思想史的地位無庸置疑。儘管如此，有關他對政治的態度，或是他的政治思想，則少有學者發覆。[1] 其中的原因之一，或許是傳統上學者多半認為斯密的（政治）經濟學強調不干涉，因此多少帶有去政治的意味。但是從 1980 年代開始，學者致力於從《道德情操論》（*Theory of Moral Sentiments*）闡述斯密對於德性的關注。相對於傳統的經濟學家，斯密的形象 ── 第一位現代經濟學家，自由經濟或資本主義經濟學的先驅等等 ── 已經經歷了深刻的改變。斯密不再是只注重個人福祉，倡議理性經濟人的社會科學家，而是深刻掌握人的同情共感，關注社會道德，具有溫度的思想家（Hanley, 2009; Phillipson, 1983; Rasmussen, 2014）。與此同時，學者們也開始企圖從《道德情操論》裡闡揚同情、理解、情愫之重要的道德哲學，重新詮釋斯密對於政治的看法（Forman-

---

1　已故 Donald Winch 是少數在此方面下過功夫的學者。參考 Winch（1976）。

Barzilai, 2001; Hont, 2015）與對帝國的態度（Forman-Barzilai, 2001; Muthu, 2003, 2012; Pitts, 2009; Rothschild, 2012）。

　　斯密的帝國觀其實早在 19 世紀晚期就受到政治界與學界的關注。19 世紀中期，帝國內部的自由主義者們圍繞在科布登（Richard Cobden, 1804-1865）的基進自由貿易理論下推動反對《穀物法》（Corn Laws），並獲得勝利。他們自承其理論源頭來自於《國富論》裡對於壟斷與專賣權的批判。循此，這些科布登信奉者們認為斯密有國際主義傾向，且支持不干涉主義，因此對帝國主義應該不會予以同情。但從 19 世紀末開始，許多英國、加拿大、澳洲出身的學者，包括格雷斯瓦（William Greswell）、文生（Howard Vincent）、史密斯（C. V. Smith）、卡尼漢（William Cunningham）、傑佛瑞斯（James Jefferis）等人則認為斯密更接近民族主義者，其政治經濟學可以證成帝國聯邦（Imperial federation）的可能。有關斯密政治經濟學的帝國聯邦觀念，可以尼可森（J. Shield Nicholson）為代表（Nicholson, 1909; Palen, 2014）。時序進入 21 世紀後，開始有相當比例的政治學者重新梳理《道德情操論》中的政治底蘊，尤其是有關（政治）德性、政治或文化多元主義、反帝國（主義）的理論旨趣。他們大抵認為，斯密代表啟蒙的批判精神，對於大英帝國壓抑殖民地，不顧在地聲音，忽略普世人性尊嚴的政治治理等等缺失提出深切批評（Forman-Barzilai, 2001; Muthu,2003, 2012; Pitts, 2009; Rothschild, 2012）。[2] 事實上，這些當代學者——本文將諸

2　羅斯柴爾德的文章強調斯密面臨了帝國興起的複雜背景與困境，而不涉入簡單評價斯密的帝國態度。

定義為修正派──雖說表面上致力闡述斯密的帝國觀念，但他們真正措意的課題其實是文化帝國主義。他們認為，從 18 世紀到 19 世紀，自由主義思想發生了根本性的改變，對於歐洲文明產生了前所未有的信心；這使得歐洲思想家採取了同化他者的立場來比較歐洲與其他世界（Pitts, 2009: 169）。相對於 19 世紀許多自我標榜的文明論者與道德論者，斯密顯得謙卑，不自矜於自身的文明。珍妮佛‧皮茲在修正派學者中是具代表性的學者；從表面上看，她的《帝國轉向》（*A Turn to Empire: The Rise of Imperial Liberalism in Britain and France*, 2005）應該是近年對斯密思想與帝國關係闡述相對詳盡的作品。她說，斯密並不排斥跨文化的法律與習俗的比較及批判，但同時提醒讀者在評價吾人不熟悉的行為方式時，必須謙卑與謹慎（2009: 54）。她以斯密對弒嬰習俗的看法為例加以說明。斯密在《道德情操論》中論道，雖說弒嬰習俗駭人聽聞，但若深一層思考，觀察者其實可以理解在極度原始的社會裡，貧窮的父母可能情願選擇自己親手殺死無法養育的小孩，也不願見到小孩餓死或曝屍荒野。皮茲結論道，斯密道德哲學中的「公正旁觀者」讓斯密避免以文明高低論來輕蔑施行駭人習俗的社會，反而是能提供「具彈性的道德想像，讓他（或西方人）能盡量考量與他自己不一樣的道德主體（moral agents）與觀察者的情境、情愫與判斷」（2009: 49）。皮茲認為，18 世紀末前，歐洲自由主義傳統，包括斯密、柏克、邊沁、康斯坦等人，都沒有帝國主義心態，但是到了 19 世紀，彌爾與托克維爾等人卻有清楚的文明等差觀念，並依此來合理化帝國統治（2009: 103-239）。

　　皮茲對於 18 至 19 世紀自由主義內涵的轉變的掌握，大抵

無誤。[3] 但以本文論文主題而言，皮茲的論點有個極深的弔詭或嚴重的不足。眾所周知，亞當‧斯密討論了許多英國對於印度與北美統治的不當。斯密的帝國批判的底蘊，其實是證實了帝國的存在，並強化了帝國統治的正當性——如果帝國不該存在，統治就無須批判。斯密的確不是文化帝國主義者，但他之所以不是文化帝國主義者，部分原因固然來自於他對異文化的敏感，但更重要的原因是他未從文明論觀點來證明統治正當性。而對文明或文化採取相對主義的觀點，其實是 18 世紀知識階層的普遍態度。對斯密而言，統治的正當性來自於統治當下的良窳，而非征服前的文明條件。[4] 質此而言，從 17、18 世紀到 19 世紀，有關帝國的歐洲思想的重大轉變，其實不是「帝國」轉向，而是「帝國主義」轉向。英國史學界普遍將 1583 至 1783 年的大英帝國稱為第一帝國（First British Empire）。第一帝國以美洲獨立告終。從此一角度講，斯密的著作其實是在回應第一帝國所產生的諸般困難。因此，修正派學者傾向將斯密描述成「非帝國的」或「反帝國的」思想家，值得詳加分疏與細究。

　　進一步言，試圖從《道德情操論》重構斯密帝國觀的嘗試，固然可佩，但成果恐怕不易顯現。筆者認為，「公正旁觀者」作為一個一般性的道德原則，其意是指，我們每位道德主體應該事先理解何謂道德原則，並依此行事。其目的不只在於為社會所接

3　關於自由主義與帝國之間的關係，近年頗受學者關注。可參考 Metha（1999）和 Satori（2006）。

4　斯密認為近代英國的殖民起於偶然因素。因此他未曾費心思討論帝國建立之初的正當性問題。斯密對帝國興起的偶然論觀點或許適用於美洲，但不完全適用於印度。以下本文將對此加以分析。

受，更在於體現真正的道德主體。作為經驗主義者，斯密的道德哲學的確可以結論道：不同的社會相信不同的一般性道德原則。但這恰恰會是帝國統治的難題——帝國的一般性道德原則如何對待、審理不同道德原則的行為與罪犯。換言之，《道德情操論》的道德相對論或懷疑論，反而會對帝國治理造成司法原則的困擾。帝國應該如何統治、立法管理不同的文化族群？從個人層次上，英國社會的確可以透過同情的理解，對印度的溺嬰習俗或寡婦自焚等習俗表示惋惜與遺憾。不過，情有可原固然是承認行為者具有道德意識，但情有可原絕非表示該行為本身在道德上與法律層面上可被接受。究竟帝國是否需要介入，還是任由該社群繼續該項習俗？帝國是否需要因此採取雙軌或雙元的法理統治？很遺憾，對於在文化傳統差異較大的大英印度統治，針對溺嬰或寡婦自焚等習俗，斯密都沒做出任何在帝國脈絡下的判斷。

　　英國統治印度之初，極力希望能盡量以印度（包括伊斯蘭教徒與印度教徒）的習慣與法律來管理當地人，而以英國法律管理在印度的英僑。伊斯蘭教徒有《可蘭經》作為行為與法律準繩，但是印度教徒的經典比較分散，且多數是梵文，不為英國殖民官所識。這就是當時首任印度總督哈斯汀（Warren Hastings, 1732-1818）於1772年正式鼓勵東印度公司翻譯印度法律文書的背景。例如 Halhed 於 1776 年翻譯《印度法彙編》（*A Code of Gentoo Laws*）；而瓊斯（William Jones, 1746-1794）在 1780 年代整理並翻譯梵文《摩奴法論》（*Laws of Manu or Manusmriti*）。因為英國採取不干涉原則來治理印度，同時要求英國的法官理解印度傳統法律，作為判案的原則，以避免被印度當地法院人員包括印度教（pandits, rajas）與伊斯蘭教律法經典學者（maulavis）

的欺騙（Cannon, 1990: 79, 349-350; Kopf, 1969）。[5] 斯密對英國統治印度的知識，仍是處於尊重當地傳統的背景。要等到柏克（Edmund Burke）批評印度總督哈斯汀的統治方式開始，英國才逐漸踩進異族統治之間，不同道德與司法原則該如何共處的深水區。從後見之明來看，從柏克以後，英國逐漸加強其同化政策，採取一元統治，取消印度傳統法律輔助判案的傳統，也對印度風俗積極管理。[6]

　　平情而論，無論是 1850 到 1880 年代的放任主義者，20 世紀之交的「大英國」（Greater Britain）論者，或 21 世紀的反帝國論者對於斯密的帝國態度的看法都有一定的道理。但是斯密畢竟與 19 世紀帝國主義、20 世紀的後殖民思考沒有絲毫關係。去爭論斯密會如何看待 19 世紀的（文化）帝國主義，正猶如臆測他會如何面對資本主義危機一樣的不切實際。此外，這些評論者似乎認為斯密所言及的市場自由、民族情感論、帝國安全、同情共感理論等等是具高度理論意義且可以單獨構築斯密帝國態度的原則。但事實可能剛好相反。斯密的帝國態度其實同時建立在市場自由、民族情感論、帝國安全、同情共感等理論之上；而這些理論或前提彼此有可能相互競爭或牴觸。在大多數的情況裡，斯密在闡述上述種種「理論」時，幾乎總是對應著具體且特定時空

5　瓊斯向當時首相小威廉・皮特（William Pitt the Younger）表明，很想有能力「防範印度（法律）專家（pandits）」（Cohen, 1996: 28）。

6　這些措施大抵在 1828 至 1835 年擔任印度總督的威廉・本廷克勳爵（Lord William Bentinck, 1774-1839）任內完成。柏克本人對於英國殖民政府如何面對印度文明與道德，以及政治統治原則有多次的態度轉變。此點固然非本文重點，但似乎說明柏克是從 18 世紀的英國對印度實行雙元統治邁入一元統治的轉型期人物。參見 Bourke（2015）。

與政治條件下的對象進行闡述。如果把上述那些理論性的概念從既定條件以及語境中抽離，讀者就容易將斯密描寫成一位某種價值的原教旨主義者。

與當代多數企圖援引《道德情操論》來重構斯密的帝國態度的政治思想學者不同，本文認為，斯密實際論及帝國的言論，幾乎都與他討論殖民地有關，而且絕大多數見於《國富論》（*An Inquiry into the Nature and Causes of the Wealth of Nations*, 1776）。易言之，斯密的帝國觀與他的政治經濟學的開展密切相關。《國富論》的寫作始於 1765 年左右，成書於 1775 年。斯密之所以投注十年光陰於撰寫《國富論》，原因固然可以有許多層次，但其中關鍵（之一）應該與大英帝國的現況有關。斯密在 1763 年辭去格拉斯哥大學道德哲學教授席。並於 1764 到 1766 年間偕伴巴克盧公爵（2nd Duke of Buccleuch, 1695-1751）的兒子到法國遊歷。此時，英法七年戰爭（The Seven Years' War, 1756-1763）剛剛結束，英法之間又恢復了正常外交與通行。歌德曾經說，七年戰爭是他生命中經歷的四大歷史事件之一。七年戰爭的結果是英國獲勝，法國退出北美殖民以及南亞（印度）貿易的行列，英國成為當時世界最強大的海權國家與帝國。1765 年，英屬東印度公司擊敗莫臥爾帝國（Mughal Empire，又譯蒙兀兒）的軍隊，簽署《阿拉哈巴德條約》（Treaty of Allahabad）。根據此約，東印度公司可以直接向孟加拉（Bengal）、比哈爾（Bihar）以及奧里薩（Orisa，今稱 Odisha）三地的人民徵稅，同時向當時的莫臥爾皇帝沙阿拉姆二世（Shah Allam II）上繳約二十六萬英鎊的貢金。1766 年，斯密返回蘇格蘭故鄉科卡底的小鎮（Kirkcaldy）與母親同住；並每年從巴克盧公爵處支領兩百鎊的

退撫金（pension）。這數目是他擔任教授時的兩倍。短短不到四年，斯密個人從大學的道德哲學教授變成生活優渥的鄉紳，而英國則從命運未卜的英法戰爭中，一躍成為世界上最強大的殖民帝國。斯密回國後幾乎立即著手進行《國富論》的書寫。揆諸書中對於北美以及東印度公司的批評，我們不難得知，1765 年前後的大英帝國形象是《國富論》的重要寫作背景。

　　斯密主要是從政治經濟學，而不是道德哲學的角度來剖析（大英）帝國的來龍去脈並說明統治原則。在斯密之前的英格蘭，以政治經濟學[7]談論帝國與殖民地已有一定的成果，甚至已形成傳統。斯密早年醉心於文學與道德哲學，但在這領域所投入的書寫時間似乎相對有限。[8] 1763 年，斯密訪問法國，此時的法國重農學派思想家討論了許多帝國如何管理殖民地的著作。伯尼・羅傑（Pernille Røge）在一篇新近發表的文章中指出，1763年之後，以奎內（Francois Quesnay, 1694-1774）為首的重農學派論者，尤其是米埃波（Marquise de Mirabeau, 1715-1789）與勒摩

7　此處「政治經濟學」一詞是個泛稱。此詞最早見諸孟科里羌（Antoine de Montchrestien）於1615年出版的《政治經濟闡述》（*Traicté de l'Œconomie Politique*）一書的標題，雖然早在泛希臘時期，亞里斯多德就已經討論許多現代政治經濟學的知識內容。在英國，政治經濟學成為一個慣用的語詞來指涉一種特殊的寫作與議論，則要等到 18 世紀上半葉。

8　這從當代所蒐集並出版的「斯密全集」可以證明這樣的印象。斯密在1740年代的出版是有關文學與修辭的課題。1750 年開始執教道德哲學，1759年出版《道德情操論》。學界常說，《國富論》的一些論斷與看法早已見諸他在格拉斯哥的上課講義。這指的是後來依據其上課學生的筆記所出版的《法理學講義》（*Lectures on Jurisprudence*）。但《法理學講義》中與現行《國富論》共通的地方是「勞力分工」等一般或哲學性的政府統治原則。

席爾（Le Mecier de la Riviére, 1719-1801）等人批評了路易十四以來，由財務大臣柯爾貝（Colbert）建立的特許的國際貿易政策（*Exclusif*）。米埃波與勒摩席爾強調，一國之本在於農業；至於貿易則應該任其自然。[9] 羅傑精準地指出，這是針對七年戰爭失利的國家情勢與財政困境所做的研究與建言（Røge, 2013）。只是羅傑忘了提醒讀者，七年戰爭不只觸發了法國重農學派一波論述高峰，同時也直接影響了斯密對政治經濟學、帝國與殖民地三者之間關係的關注與看法。斯密的《國富論》，或者說，他的政治經濟學精巧的分析了農業與商業的連續發展與辯證關係。而其帝國與殖民地的論述，則是架構在農業與商業兩種不同性質的經濟發展模式與社會型態。斯密在《國富論》中批評重商主義的言論已經是學界的常識；但是比較少學者關注到的問題是，斯密的帝國觀其實是建立在「重商主義帝國」的遺緒之上（Hopkins, 2013）。本文的主要工作，在於建構英國重商以及海洋帝國的論述，說明斯密如何在此基礎上，建立一套政治經濟學的帝國語彙，一則拒斥共和主義的反帝國語言，一則面對現代帝國的政治經濟學挑戰。

斯密論現代歐洲帝國的發生

在斯密的著作中，帝國與殖民地是同一錢幣的兩面，它們甚

9　值得中文世界注意的是，此處所謂任其自然，是指若有貿易之需求，則行之，若無，則藏之，不必利誘或強推。重點不在所謂自由貿易，而是政府無需強行推動。

至可以彼此相互定義。[10] 1775 年，當斯密決定殺青《國富論》的時候，北美十三州的抗英運動正如火如荼的進行著；北美殖民者對於倫敦政權通過一系列徵稅法案的作為，深表不滿。這個事件代表大英帝國統治的危機，也讓斯密進一步思考殖民與帝國的意義——正義而受歡迎的帝國有無可能？北美的獨立運動本身是個複雜的歷史課題，原因當然遠遠不只是稅收，以及倫敦國會中沒有北美的議會代表等等這些政治語言與政治因素（Greene, 1988）。本文固無法討論北美殖民地的社會與政治發展，但卻必須提醒，北美因素是斯密面對殖民地與帝國難題的核心。從 1765 到 1775 十年之間，在巔峰上劇烈晃動的大英帝國命運成了《國富論》中的警世劇。

　　不過，事實是，《國富論》的終極關懷畢竟是世界各國何以能增進富庶程度，而不是帝國研究。這意思是說，斯密在很大程度上有意識的以政治經濟學的角度來理解帝國與殖民的關係。在斯密之前，已經有相當多的政治經濟學家與評論家如托馬斯・孟（Thomas Mun, 1571-1641）、戚爾德（Josiah Child, 1630-1699）、戴夫儂（Charles Davenant, 1656-1714）、巴本（Nicholas Barbon, 1640-1698）、貝悌（William Petty, 1623-1687）、塔克（Josiah Tucker, 1713-1799），甚至休謨（David Hume, 1711-1776）等人談論過現代商業與國家或帝國的關係。本文認為，17 世紀開始發展的現代政治經濟學構築了斯密討論帝國的脈絡。其中又以巴本最為

10　根據山謬・詹森博士（Dr. Samuel Johnson）的《詹森字典》（*Johnson's Dictionary*），「帝國」一字指涉「主權之力量」（the power of sovereign）或者此一力量所管轄之地。用當時的話來講，就是包括了母國與殖民地——它們都可能會被稱為帝國。

關鍵。在許多方面，斯密的討論與思考都以巴本所構想的商業帝國理念為標的。巴本很清楚的討論商業帝國的可能，並信誓旦旦指出，此種現代帝國的實踐，將與古代的帝國型態有極大的差異。斯密的《國富論》可以視為此種商業帝國論述的檢驗與反省。

　　首先，斯密給予現代（商業）帝國一個極為特殊的出生證明——偶然、無計畫、無目標。斯密依據殖民的動機與情境，將西歐的殖民史分為古代與現代兩種殖民。他說，古希臘與羅馬的殖民都出於明顯的動機，例如為了紓解母國的人口壓力等等。在多數情況下，這些以移民為主因的殖民地都獨立於母國之外，自成政治社會。而1492年之後的歐洲殖民卻是起於偶然與意外。哥倫布發現美洲並非為了移民或殖民。從1492年到1770年代，不到三百年的時間，歐洲人卻已經殖民並統治了整個美洲。歐美初逢的偶然性造成了因果關係上的失敗與不可理解，更造成現實上，歐洲殖民的偶然與「非計畫」性格，也因此造成現代帝國具有多樣、具個人或私人特質的殖民樣態。此外，歐洲國家與殖民地的關係也各有殊異。在現代殖民樣態中，斯密特別標舉西班牙的殖民統治作為一種代表類型。雖然從哥倫布發現美洲之後，西班牙與葡萄牙人在美洲建立了幾處墾殖區，但真正觸發西班牙人橫跨大西洋的動機其實不是農業墾殖，而是貴金屬開採。也是因為這項現代的殖民樣態，使得西班牙人在美洲進行軍事征服（conquests）。在很長一段時間裡，歐洲社會認為征服本是帝國正當性的來源之一。但是斯密很直截的評論道，西班牙人在南美征服墨西哥與秘魯（阿茲提克與印加古文明）的行動明顯違反正義。而西班牙所以發動非正義戰爭侵犯原住民，原因正是受到貴

金屬的誘惑，而非情勢所迫。非正義的帝國擴張與非自然的殖民手段在西班牙帝國相結合。誠如前述，斯密認為，古代殖民也經常受到經濟因素的驅動。但那是受到環境擠迫，生活困苦而「不得不然」（necessity）的殖民。古希臘殖民者移到新地之後的經濟行為既是為了自我存活，也會延續原本的農耕技術與生活。反之，西班牙征服者所汲汲營營者不是發展農業，開墾荒地，而是開採礦產與砍伐森林，屬於掠奪式的殖民，西班牙也就成了非正義的掠奪式的帝國。

斯密特別強調，雖然北美殖民以墾殖、開荒為主，但英格蘭人當初（1580 年代）也是受到黃金貴金屬的誘惑而開啟中美洲與北美的探險與移民。北美最終固然發展出以農業墾殖為主的殖民形式，而且在 1776 年之前人口已經大幅增加到三百萬人，成為最有潛力的富庶之區，但是北美殖民地建立不是來自英格蘭的計畫，因此北美殖民地與其母國之間的關係其實非常不確定。舊英格蘭與新英格蘭之間的關係逐漸緊密，與新英格蘭的逐漸繁榮有絕對的關係。斯密因此半嘲諷評論道，英國對於北美事務的涉入與關心，是種搭便車的做法。

斯密對於現代殖民與帝國的「意外發生」論斷的確敏銳。他同時知道，這個意外與偶然在歐洲帶引出跨洲貿易以及相關的政治經濟學；他也很清楚知道，在英格蘭與蘇格蘭，新殖民與新帝國思想已經透過政治經濟學如湧泉冒出。現代跨洲貿易正好發生在西方現代國家的形塑期，也是前《西發里亞條約》的諸國戰爭期。因為這個背景，早期的政治經濟學相當強調國家的角色。一方面，長程貿易需要政府的介入以求取資金及保護。斯密固然是反對壟斷政策的大將，但是他也承認，在長程或跨洲貿易之初，

政府的特別挹注與立法上的支援，其實可以理解。另一方面，政
府樂於支持海外探險與貿易，當然是為了增加稅入與統治人口。
但更重要的是，這一波的政治經濟學不約而同地強調中央的統治
能力。在行政上，現代政治經濟學強調理解一國基本經濟事實，
諸如人口、戶數、各類稅收、支出等統計事實。在司法上，現代
政治經濟學需要政府有效的執行司法。換言之，在國家與政府力
量逐漸加強之時，政府也逐漸被要求其可課責性。現代銀行體系
的出現，非常能夠代表現代經濟（尤其是長程貿易）與現代國家
發展之間的關係。英格蘭銀行創立於 1694 年，完全不是偶然，
而是與現代國家的出現與海外殖民及貿易密切相關。因為只有
在政府相對穩固的前提下，銀行才有足夠的信用為支撐。斯密在
《國富論》中強調：

> 簡言之，在一個對政府的司法缺乏信心的國家，商業與手
> 工業很難繁榮。……
>
> 基於國家的需要，政府很容易就以對債權人極為有利的條
> 件向債權人借錢。政府對於原始債權人所擔保的保證，可以
> 轉移給任何〔接手的〕債權人，在普遍對政府執行正義的
> 信心中，這些債務可以在市場中獲得更高的價格。[11]（Smith,
> 1981a: [V.iii.7], 910）

11　"Commerce and manufactures, in short, can seldom flourish in any state
　　in which there is not a certain degree of confidence in the justice of
　　government...The necessities of the state render government upon most
　　occasion willing to borrow upon terms extremely advantageous to the lender.
　　The security which it grants to the original creditors, is made transferable to
　　any other creditor, and, from the universal confidence in the justice of the state,
　　generally sells in the market for more than was originally paid for it." 這段引文
　　顯示政府會利用自身這種優勢來破壞金融規律。對此下文將加以分析。

　　尤其重要者，英格蘭或英國現代早期政治經濟學也開始對帝國重新定義。光榮革命之後，英格蘭的政教衝突、行政與立法權之爭已不再是政商界的最大隱憂。在穩定的政權下，仔細檢查、計算國家的人口、財務成為可能，以及必要。18 世紀初，威廉・佩第（William Petty, 1623-1687）創了一個新詞，叫政治算術（political arithmetic）。內容主要是指以圖表、統計，亦即是「科學的」表述方式來構畫國家經濟的圖像與未來的發展趨勢。他曾以這個新科學討論人口增長的問題，包括統計全國可生育的男女人數，統計已婚、未婚的人口數，推測英格蘭、愛爾蘭、北美十三州布滿人群需要幾年時光，而整個地球何時將為人類所完全覆蓋等等。佩第的人口管理學固然方便中央政府的統治，例如徵稅、了解各地潛在兵力等等經營方略，卻也帶有明顯的宗教意涵，例如要覆核《聖經》中對於人口的描述（Petty, 1682: 4-5）。更值得注意的是，他同時將人口學與海外貿易連結在一起的企圖，尋找「地球上最適合全球的貿易港口，讓所有人可以盡可能享受彼此的勞動成果與商品」[12]（1682: 5）。此後兩百多年，大英帝國就環繞著「海外貿易」這個母題而漸次發展。當然，英格蘭現代政治經濟學的濫觴，至少可以追溯到 17 世紀初托馬斯・孟等倡議海外貿易增加財政稅收的著作。[13] 托馬斯・孟等人延續了一百年的長程貿易政治經濟學為海權帝國提供了認識

12　"What spot of the Earth's globe were fittest for a general and universal emporium, whereby all the people thereof may best enjoy one anothers labours and commodities."

13　例如 Malynes（1622）、Misselden（1623）、Mun（1664），參見 Finkelstein（2000）、Poovey（1998: 66-91）。

論與經驗統計的基礎。

英格蘭銀行的催生者，同時也是達恩計畫的構思者，巴特森（William Paterson, 1658-1719）曾經言簡意賅地將現代海洋貿易的富庶與古代帝國的光榮連結在一起。巴特森指出，只要施以「合理的管理」，「物主們就可以為海洋與商業世界訂出法律，卻無須筋疲力竭、勞民傷財、歷險犯難」，也無須「像亞歷山大大帝與凱撒大帝那樣沾血犯罪」。所謂「合理的管理」，就是統治權威，而有關亞歷山大與凱撒的修辭，其所指自然是帝國。現代帝國與經濟型態、動能有極為密切的連動關係，它們之間彼此依賴，互為因果。也因此，現代帝國無須處處依賴鐵與血。

〔如此〕，航行到中國、日本與東印度最富裕的地區，其所需的時間與金錢將會減少一半，而他們對歐洲商品的消費將會倍增，並且逐年增加。……因此，海洋之門與世界（universe）之鑰將讓這些貨物的擁有者為大洋立法，成為商業世界的立法者（arbitrators），卻能同時免於危險、高昂代價與勞困，或無須仰賴亞歷山大大帝與凱撒所犯下的罪孽與鮮血……。[14]（Paterson, 1968: 159）

14　"The time and expense of voyage to China, Japan, and the richest part of the east Indies, will be lessened more than a half, and the consumption of European commodities soon be more than doubled, and afterwards yearly increased...Thus these doors of the seas and the keys of the universe would of course be capable of enabling their possessors to give laws to both oceans, and to become the arbitrators of the commercial world, without being liable to the fatigues, expenses, and dangers, or of contracting such guilt and blood, as Alexander and Caesar..."

　　從政治經濟學，尤其是海外貿易角度理解現代帝國，是 17
世紀晚期以來，英語世界作家、理論家的基本方法。巴特森看似
輕描淡寫的意見，其實正反映了當時的重要課題以及新興主流論
述。而這條新帝國論述的代表人物之一，可以尼古拉斯・巴本為
代表。在相當程度上，巴本的論述幫助了英格蘭與大不列顛帝國
的興起';而在極大程度上，巴本的相關論述是斯密論殖民與帝國
的重要背景，也是本文所要強調的重點。

巴本的帝國論：貿易、人民與國家

　　巴本是具備一流生意頭腦的醫生。[15] 1666 年倫敦城發生大
火，許多房舍為祝融所噬。巴本趁此積極從事營造業，成為殷富
之家。由於對經濟活動有切身而親近的體察，加上卓越的分析能
力，巴本因而寫下幾篇重要的政治經濟論文，包括認為營造業是
經濟的火車頭的論點。後世學者多將巴本歸於「重商主義」「學
派」牆內。其實，「重商主義」的涵義相當不明確。它大抵指的
是亞當・斯密《國富論》之前一百多年來強調貿易的絕對重要、
金錢等於財富等理論的相關著作。因為格於當時的形勢，長程貿
易需要集資與武力的護航，所以與國家利益糾葛纏繞，並發展出
壟斷與專屬特權的制度。換言之，「重商主義」概念的出現，一
開始就是以既定的，與斯密的「自由貿易」為對立面而出現的概
念。在後斯密時代，文獻傾向於強調此一「學派」支持政府的保

---

15 許多活躍於英格蘭的作家思想家都有醫學背景。其中包括赫赫有名的霍布
　　斯、洛克、曼德維爾。我想這或許是因為當時的思想氣候與強調觀察、實
　　驗、解剖的現代醫學有種內在的親近性。

護，甚至授權壟斷的特點。其實，從 1620 年代至 1760 年代，這些政治經濟論文作者們的觀點不無互斥扞格之處，絕對難以「學派」名之。

不過，從長時期的輿論或世界觀的轉變來看，《國富論》出版之前的貿易論多數都以「國家利益」為核心，的確是事實。巴本認為貿易的結果（但不是目的）會增加國家的稅收、國防能力。但他也同時強調，貿易的結果可以滿足人的奢華需求（the pomp of life）。對巴本而言，既然貿易的結果是創造財富，其效用自然就不會僅限於國家或集體社會。巴本肯認個人的享樂，等於在為 18 世紀兩位重要的「伊比鳩魯」作家，曼德維爾（Bernard Mandeville, 1670-1733）與休謨的驚世駭俗之論導其先河。[16] 同樣的，巴本認為貿易會幫助帝國的擴建，這點也與所謂「重商主義」作家大有不同。在巴本之前，國際貿易與帝國的關係，相對少有人措意。托馬斯‧孟的貿易論是 17 世紀上半葉相關主題中極為重要且出色的論述。他所著《論英格蘭與東印度的貿易》（*A Discourse of Trade from England unto East Indies*）（1621）以及《英格蘭的海外貿易財富》（*England's Treasure by Foreign Trade* [1630s?]）被認為是「重商主義」的早期經典。作

---

16 克里斯托弗‧貝里（Christopher Berry）在其名著《奢侈的概念》（*The Idea of Luxury*）中特別強調巴本在將奢侈去道德化的過程中的地位（Berry, 1994: 108-125）。但我們其實不能過分強調巴本的「革命性」觀點。其實托馬斯‧孟在 1620 年出版的《論英格蘭與東印度的貿易》（*A Discourse of Trade from England unto East Indies*）也提到了貿易貨物可以增加人民的健康、快樂，所以不是完全不涉個人幸福。問題是《從海外貿易來的英格蘭稅入》一書才是巴本作論的對話對象。托馬斯‧孟此書可以視為國家（主義）觀點的海外貿易經典。

為英屬東印度公司的高級職員，托馬斯‧孟主要預設的讀者是英
國國會議員與英格蘭商人，他希望以自己的經濟分析，例如白銀
輸出的必要與對經濟的衝擊，來捍衛東印度公司存在的必要。綜
觀托馬斯‧孟的貿易論述，幾乎完全環繞在國家以及公眾的利益
之上，而少涉及個別家戶與個人利益、物質享受。此點絕不該以
矯情或虛偽視之。其中關鍵原因應該是托馬斯‧孟作論目的在於
請求國家的法律支援，因此必須強調公眾利益。其次，他的貿易
觀本有強烈的順差概念，相信貿易是種零和的利益之爭。而順
差概念很容易與賺錢或「利潤」（profits）等觀念等量齊觀。是
以，所謂重商主義，其實有強固的低消費（奢侈品或外國商品）
與高外銷概念，從而使得早期重商主義者傾向表示，貿易發展的
終極目的不在於消費或享受，而在於稅入與富國（state）。

　　巴本的貿易論顯然是針對托馬斯‧孟而來。他認為托馬斯‧
孟與許多其他商貿論者都未能真正深刻理解貿易的好處。他認
為，貿易一方面可以提供個人更好的物質享受，另一方面則增強
國家的軍事。軍事與現代貿易攜手並進，結果是現代商業帝國得
以興起。相較於托馬斯‧孟的作論只針對東印度公司與國家之間
的利益關係，巴本則在《論貿易》（*A Discourse of Trade*, 1690）
中開宗明義指出，現代的長程與全球貿易讓古代羅馬帝國與貿易
城邦的歷史完全翻轉。巴本以古代史家李維（Livy, 64 or 59 BC-
AD12 or 17）的古代帝國史書寫為對比，襯托現代帝國與貿易的
緊密關係。[17] 他說，古代貿易不涉及軍事物資的買賣，因此，貿

17　法國與英國在 17、18 世紀有長達一百年，有所謂「古代人與現代人之爭」
　　的課題，意思是指究竟是希臘羅馬文明比較高明，還是現代社會比較進

易興盛之邦，不一定是軍事強國。這使得古代史家，例如李維未能清楚貿易在軍事與帝國建立上所扮演的分量。即使是現代作家如馬基維利（Niccolò Machiavelli, 1469-1527）與托馬斯‧孟，在國家、貿易、帝國關係的理解上也未達一間。他們都未能清楚認知到，現代帝國的典型，應該是擅長海外貿易的海權帝國。

> 李維以及那些古代作家們，他們拔秀的天分讓他們對於政府的興衰進行探究，他們對於軍事制度的描述極為精確，但是對貿易則一概無視。馬基維利，一位最傑出的現代作家，雖然他身處於依靠做生意致富，依靠財富而登上統治權力頂峰的麥第奇家族，也沒有在任何國家事務中提到貿易。在貿易可以提供戰爭武器而變得不可或缺之前，貿易總是被認為有害於帝國，因為貿易會讓人民過度享樂而懦化，使得其身體不適應戰爭所需忍受的困苦與勞力。……托馬斯‧孟，作為一名商人，在他的《貿易論》中替成功商人定下了規矩，但對於如何有利於國家（the Nation）的論述則相對單薄。[18]（Barbon, 1690: preface）

續

步。顯然巴本的論斷也可以放在這個脈絡來理解。見 Jones (1982)、Levine (1991)。

18　"Livy, and those ancient writers, whose elevated genius set them upon the inquiries into the causes of the rise and fall of governments, have been very exact in describing the several forms of military discipline, but take no notice of trade; and Machiavel [sic] a modern writer, and the best, though he lived in a government, where the family of Medicis [sic] had advanced themselves to the sovereignty by their riches, acquired by merchandizing, does not mention trade, as any way interested in the affairs of state; for until trade became necessary

　　古代帝國由征服領土而建立。由於古代貿易不涉及軍事（物資），因此，即便是像迦太基這樣輝煌的貿易城邦，依舊要臣服於羅馬鐵騎的腳下（Barbon, 1690: preface）。但是自從海權興起與國際貿易普及，貿易大國的命運開始了革命性的改變，駸駸然可以與古代的陸地帝國爭輝。巴本認為貿易對國家有六大好處：（1）提供生活必需品，讓生活變得簡單、舒適、安全。他特別提出藥品以及軍火貿易的用處；（2）提高國內租稅，也就是土地價值；（3）創造和平；（4）增加稅收並提供政府強化職能所需的預算；（5）增強政府的自我防衛；（6）擴大帝國（Barbon, 1690: 34-40）。[19] 對巴本而言，要求貿易或經濟自由化與帝國建立兩者之間非但無扞格之處，甚至可以相輔相成。[20] 巴本提醒讀者，現代國家複製羅馬帝國的可能性已絕無僅有。法王

續

　　to provide weapons of war, it was always thought prejudicial to the growth of empire, as too much softening the people by ease and luxury, which made their bodies unfit to endure the labour and hardships of war. And therefore the Romans who made war, (the only way to raise & enlarge their dominion) did in the almost infancy of their state, conquer that rich and trading city of Carthage...Mr. Mun a merchant, in his Treatise of Trade, does better set forth the rule to make a accomplished merchant, than how it may be most profitable to the Nation..."

19　關於政府的自我防衛，與第一項益處有所重複。巴本此處所要強調的應該是國防。只是他沒有使用 state 這個字，而是用 government 來表示。但從文脈中可以清楚知道，此處 government 就是指 state：「Another Benefit of Trade is, It is Useful for the Defence of the Government: It Provides the Magazines of Warr. The Guns Powder, and Bulets, are all of Minerals, and are wrought by Traders.」（Barbon, 1690: preface）。

20　19 世紀許多英國自由主義者支持大英帝國的文明化或開化概念，我們可以在巴本的帝國論找到部分根源。當然，我們要注意，巴本此時尚無後世，也就是 18 世紀的文明概念。

路易十四即位後頗有建立普世王朝或帝國的雄圖壯志。這對英國而言，不啻重大威脅。共和主義者們紛紛從王權、民權、自由的角度提筆批判。巴本則出人意表的評論道，人們無須對法國的舉動太過操心，因為與其憂心法國要成為像羅馬帝國那樣的征服王朝，不如期待英國自身成為現代海上帝國。

〔貿易的〕最後一項好處是貿易可以幫助帝國擴大。如果普遍帝國（an Universal Empire）或統領廣袤土地的權威能夠重現於世，這樣的帝國應該更容易透過貿易的幫助，透過海上船隻的增加，而非陸上軍隊的增加而實現。這樣的宏大主題，此處固然無法處理；但是法國國王意欲在歐洲建立帝國的企圖昭然若揭，眾人議論，已有人對此稍有反思，比較其一〔指陸軍〕之困難與令其一之可能〔指海軍〕。[21]（Barbon, 1690: 40-41）

巴本對舊羅馬帝國的明日黃花與新羅馬帝國的預言，完全建立在「現代」政治經濟學的觀察分析之上。巴本認為，現代各國因為人口增加、經濟成長、武器進步，彼此國力差距並不懸殊，

21　"The last Benefit is, That Trade may be Assistant to the Inlarging of Empire; and if an Universal Empire, or Dominion of very Large Extent, can again be raised in the World, It seems more probable to be done by the Help of Trade; By the Increase of Ships at Sea, than by Arms at Land: This is too large a Subject to be here Treated of; but the French King's seeming Attempt to Raise Empire in Europe, being that Common Theam of Mens Discourse, has caused some short Reflections, which will appear by Comparing the Difficulty of the one, with the Probability of the other."

因此若想要「征服」對方，代價勢必極大。再說，如果征服卻不
占領，等於沒有征服。然而現代國家的經濟規模、人口數都在一
定強度之上，想要維持占領，負擔必然極為繁重。相對於「征
服」型帝國，現代帝國而言依賴的是貿易經濟，帝國的擴展與現
代經濟的發展相輔相成（Barbon, 1690: 57）。[22] 古代征服者為了
保有征服來的領土，常常「燒毀城市、鄉鎮、村莊，以減少敵人
人口，便於控制」（1690: 58）。但是海洋帝國則會「擴建，甚
至增建新城市」。貿易帝國也不會「撤銷居民，它會讓他們在原
居地」。總之，現代經濟模式預言了海權帝國的興起，以及陸地
帝國的沒落。這正是阿姆斯特丹所以從破落漁村變成繁華商港，
荷蘭從苦難小國成為強權的原因，也是波旁王朝的普世王朝野心
之所以不足懼的原因。

> 總而言之，無須贅言，海上建立帝國會比陸地快。只消觀
> 察過去一百年低地聯合省分的成長，從貧窮困苦變成強大的
> 聯合省分國家。阿姆斯特丹從一個破落漁村，快速成為歐洲
> 主要的城市。[23]（Barbon, 1690: 59-60）

---

22 "These are the Difficulties of inlarging Dominion at Land, but are not
Impediments to its Rise at Sea: For those Things that Obstruct the Growth of
Empire at Land, do rather Promote its Growth at Sea."

23 "To Conclude, there needs no other Argument, That Empire may be raised
sooner at Sea, than at Land; than by observing the Growth of the United
Provinces, within One Hundred Years last past, who have Changed their
Style, from Poor Distressed, into that of High and Mighty States of the United
Provinces: And Amsterdam, that was not long since, a poor Fisher-Town, is now
one of the Chief Cities in Europe."

　　對巴本而言，荷蘭的成功，說明了商業，尤其是國際貿易對於國家興衰的重要性。而英格蘭理應在荷蘭典範與貿易原則上，建立現代帝國 —— 她的人民勇敢，港口眾多，其混合政體既適合貿易，也適合帝國，她的法律允許歸化，這些條件都有利於海權帝國。總之，英格蘭將透過貿易連結眾多地區的人民，使他們都可能成為英格蘭子民。

　　　　既然英格蘭人民擁有世界上最大的自由，最好的政府，再
　　加上透過航運與書寫，人類之間已有大量的商貿往來與普遍
　　認識，所有民族的法律與自由也因此為其他民族所知曉，
　　那些被壓迫以及被奴役的人可能會移出而成為英格蘭的子
　　民。[24]（Barbon, 1690: 62）

　　巴本以政治經濟學的語言，諸如貿易、交換與人口，構建一套與共和主義相當不同的反帝國語彙。但必須注意的是，這套政治經濟學語彙所反對的其實只是征服型帝國，它的另一面則是帝國的 —— 海權帝國語彙。亞當‧斯密在極大程度上沿著這條政治經濟學的思考，發展他的反／帝國論。巴本的文字是一份現代英格蘭海權帝國的宣（預）言。但是，從宣言到實現有一段非常遙遠的距離。巴特森與巴本都認為海權帝國不必像征服帝國一樣，

24　"Since the People of England enjoy the Largest Freedoms, and Best Government
　　in the World; and since by Navigation and Letters, there is a great Commerce,
　　and a General Acquaintance among Mankind, by which the Laws and the
　　Liberties of all Nations, are known; those that are oppressed and inslaved, may
　　probably Remove, and become the Subjects of England."

以鮮血來澆灌，顯然也是一廂情願的說法。即便是海權帝國，也必須靠具體的行政管理與刀光劍影的廝殺，才能縮小意識形態宣言與現實政治之間的距離。在斯密動手書寫《國富論》的那年，1766 年，巴本的預言已經實現。大英帝國已經成為了強大的海權帝國，但卻是經歷了代價不菲的英法七年戰爭才完成。

　　大英帝國建立的過程有個關鍵環節，就是貿易、殖民、國家財政與戰爭之間彼此相互效力。歐洲現代國家興起都有一共同特徵，就是國家（state）成為財政與軍事互補的存在（Brewer, 1989: 27）。雖然成為「財政—軍事國家」是現代歐洲國家的共同特質，但英格蘭與法國、西班牙、普魯士等國之間依然存在極大差異。其中最重要的關鍵當然是貿易對英格蘭的稅收占有舉足輕重的地位。舉凡購買軍需、造船、薪餉都需要金錢支應，為了方便海外貿易的進行，以及支持軍事活動，因此在國家機器快速膨脹的時期，白銀的需求也快速增加。然而英格蘭的白銀相對短缺。1694 年，英格蘭銀行成立，其中一個重要功能就是替國家徵集白銀或金錢。但是，銀荒窘況依舊存在。過兩年，英格蘭公眾就討論白銀是否應該貶值，減少含銀量。在此一辯論中，巴本屬於貶值派（Barbon, 1696: 15）。[25] 他的論據是，貨幣本身沒有內在價值，只有交換價值，而且其價值是由法律與政府規定，而非市場。換言之，貨幣是純粹的交易工具，也是純粹的人為造物，因此也可以是純粹的任意，只是此一任意性必須受到法律的認可以及政府的監督。巴本曾經鑄造一句雋永的政治經濟學名言：「貨幣的價值來自法律」，「債券（務）的價值來自公共意

25　有關巴本與增值派約翰・洛克之爭論，見 Carey（2013）。

見」（Barbon, 1690: 16, 18）。[26] 貨幣的功能與穩定，來自於政府
的效能與穩定。人為與虛構的實證法律是貨幣價值的唯一基礎。
是故，貨幣是人為的、虛構的、不穩定的，但同時也是政治的、
必要的，以及可預期的。貨幣與債券反映了政府的信用與司法效
能的良窳。換個角度講，政府與司法職能愈彰顯，貨幣與債券價
值就愈高且愈穩定，流通速度也就愈快，所及之幅員就愈廣。貨
幣與債券成了國力的承載者。透過它們，本土帝國──中央政
府，與海外帝國──貿易據點與殖民地，得以更有效的連結在一
起。紙鈔的出現以及日後的普及，是海權帝國的邏輯發展。巴本
本人支持紙鈔取代白銀成為主要貨幣。無論是從他的貨幣理論或
海權帝國的角度而論，都極為合理。

巴本、戴夫儂與政治經濟學帝國論

　　18 世紀是共和主義的時代，也是政治經濟學擅場的時代。
共和主義傾向於分析或支持共和國（政體）的興衰，因此多半
直接對抗帝國發展──因為它勢必造成權力的集中以及後續的腐
敗，而政治經濟學傾向於分析或支持帝國的興衰軌跡。這兩套
政治原則與政治理論同時深刻地影響了斯密對於政治世界的理
解。但顯然的，斯密壯年之後，愈來愈傾向以政治經濟學的角
度理解政治議題。18 世紀的共和理論容或有多元並存的現象，
但其歷史作用則無可置疑。孟德斯鳩（Baron de Montesquieu,
1689-1755）於 1748 年出版《論法的精神》（*The Spirit of Laws,*

26　"Money is a Value made by a Law..."、"Credit is a Value raised by Opinion..."。

1748），開創近代共和主義理論與三權分立的憲政原理。盧梭
於 1761 年出版《社會契約論》（*The Social Contract*, 1762），揭
示激進的政治自由與平等原則。1774 至 1776 年，美國獨立運動
高唱共和，最終推翻英國國王的統治，建立美利堅「共和國」。
1789 至 1792 年法國大革命，推翻波旁王朝統治，意欲終結「舊
體制」（the ancient regime），並建立後世所稱的法蘭西第一共
和。共和主義至少有三個層次的意涵。第一、它是指一種政體
──由多人或多數統治的政府；第二、指相對應於此種政體的政
治價值原則──強調公民的政治道德或德行，例如反壓迫、獨立
自主、尚武勇敢；第三、指一種政治意識形態──強調公民參
政，拒絕君主或貴族壟斷政治權力。共和主義首認的政治之惡
應為專制與暴君，其次則是帝國。在 18 世紀，最雋永的「共和
抵抗暴君」、「共和對抗帝國」的羅曼史，應該就是羅馬共和的
故事。許多重要文人、作家、思想家，其中包括孟德斯鳩與吉朋
（Edward Gibbon, 1737-1794），都向羅馬共和致意，為它在羅馬
帝國面前消失而感喟（Gibbon, 1776; Montesquieu, 1734b）。斯密
的好友，亞當・佛格森（Adam Ferguson, 1723-1816）認為，共和
與帝國是兩個完全牴觸的政治制度與文化；前者強調獨立，後者
強調奴役（Ferguson, 1996）。

但如果說 18 世紀的法國與北美是共和主義的溫床與獵場，
1707 年之後的英國歷史卻與當時歐美的政治革命，也就是共和
主義政治實踐大相逕庭。[27] 17 世紀的英格蘭固然不乏共和主義

27　我這裡所側重的英國政治史發展與波考克（J. G. A. Pocock）著名的歷史
　　書寫有一定程度的差異。簡言之，我認為共和主義在 18 世紀中期的英國
　　不是主流。詳細的說明請見以下論述。

思想。英國內戰的政治意識形態支援，就是共和主義。光榮革命建立混和政體之後，共和思想反而有衰退之勢；原因是英格蘭人普遍認為君主與議會共治的原則是最為平衡的憲政體制，英格蘭以及後來的英國人享受了前所未有的自由——一如前引巴本的意見。雖然古典共和的理想未曾在公共論壇完全消失，一如西塞羅（Marcus Tullius Cicero, 106BC-43BC）的政論也一直是大學人文學的基本讀物，但除了激進輝格黨人圈內，共和主義已不再是英國本土意識形態或政治論述的主流。在光榮革命之後的政治秩序中，共和主義以更激進的樣貌出現在潘恩（Tom Paine, 1737-1809）、約翰‧威爾克（John Wilkes, 1725-1797）等人身上。斯密曾在《國富論》中評論道，北美社會的政治結構較諸英國母國更為「共和」（republican）。斯密所指，應該更接近我們今天所說的「民主」。對潘恩與 John Wilkes 來說，英國當時的問題不是沒有議會，而是議會被貴族壟斷。而他們的聲音在北美受到更大的注重與回響，絕非偶然。

　　前述巴本，以及戴夫儂（Charles Davenant, 1656-1714）也可以視為從共和主義語言轉向政治經濟學語言討論現代政治的代表性人物。[28] 對巴本以及其他英格蘭公民而言，既然〈權利法案〉的簽署代表共和主義的公民自由命題已得到回應甚至解決，那麼共和主義之所以強調公民與城邦的自由，其最終目的則是追求國家的安全、穩定與強大。而古典共和主義並不能完善地解釋現代城邦與國家如何持續繁榮，持盈不墜。他在前述《論貿易》（*A Discourse of Trade*）中提到李維與馬基維利對貿易與國家興衰關

28　有關戴夫儂生平與經濟思想可參考 Finkelstein（2000: 219-246）；有關戴夫儂最新研究可參考 Deringer（2018: 43-78）。

係之論述不足，其實就是指涉羅馬共和衰落的故事。馬基維利在
《論李維》（*Discourses on Livy*）中批評羅馬共和在擊敗迦太基
人後，反而習染迦太基城邦的貿易豐饒之樂，也就是「東方」
的奢侈（luxury）。羅馬人從此沉溺於奢侈，公民們因此公共精
神委靡，德性（virtue）不彰，個人私欲則受到鼓舞。此一「李
維－馬基維利」的「奢侈 vs. 德性」共和命題成為貫穿在西歐近
代史中的政治思想論述（Pocock, 1975）。但是誠如前述，巴本
認為李維與馬基維利都忽略了貿易在（現代）國家相互傾軋中可
以扮演重要的培力角色。

　　對 17 世紀末的英格蘭政治經濟學者而言，馬基維利式的共
和主義國家命運論述在現代海權與貿易時代，解釋力已經顯得不
足。與巴本同時期的戴夫儂在評論威廉三世與法國之間的九年戰
爭（The Nine Years' War of William III, 1688-1697）時就直截說，
與法國這樣野心勃勃並且國勢強盛的國家作戰，最佳的戰略就是
讓他願意坐下來簽訂和平協定。但是，現代戰爭的形式已經與我
們祖輩時代不同，所以古代，歌德式的美德與勇氣已經不是止
戰、得勝的關鍵。古代戰事多起於臨時，且發生於營地之間，因
此戰事勝負常常取決於勇氣。但是「今日之戰事歸根結柢，關乎
金錢；有把握得勝與征服對方者，不是擁有驍勇軍隊的君主，而
是有能力找錢支付軍隊衣食、薪餉的君主」[29]（Davenant, 1701: 26-

29　"For War is quite changed from what it was in the time of our Forefather; when
　　in a hasty Expedition, and a pitched Field, the Matter was decided by Courage;
　　but now the whole Art of War is in a manner reduced to Money; and now-a-
　　days, that Prince, who can best find Money to feed, cloath, and pay his Army,
　　not he that has the most Valiant Troops, is surest of Success and Conquest."

27）。總之，國家財政管理的優劣，直接關乎戰爭的勝負（1701：23）。[30]

戴夫儂進一步分析，儘管稅收對於現代戰爭極為重要，但一味加徵民生貨物稅、消費稅對於經濟與人民生活顯然不利。若是透過商貿，一則可以增加奢侈稅，二則貿易的結果會增加土地價值，因此土地稅收也會增加。換言之，貿易是增加稅入，支持長期戰爭的最佳經濟策略。貿易所進之物，固然是以異國為尚。這些異國商品，在當時被冠以奢侈品之名，相對於當地產品與民生必需之用。透過奢侈品（luxuries）一詞，海外貿易因此與共和主義語彙中的奢侈（luxury）產生了語意學以及政治經濟學的密切關聯。誠如前述，在馬基維利的共和主義中，奢侈與共和主義所標榜的德性（virtue）是對峙的兩端。奢侈被認為會消蝕德性，也就是對於公共事務的關注與參與能力。但在現代政治經濟學的政治理論中，有關奢侈 vs. 德性的疑慮，也正慢慢被邊緣化。戴夫儂認為，奢侈（品）充斥於世界是現代政治治理的前

---

30 "But the most proper season to conclude a peace with the French, in all appearance, will be when they are impoverish'd, and exhausted of that money by which they have so much prevailed, and when that sinue of war begins to slacken. For there is a degree of expence, which no Nation can exceed without utter ruin, and the publick may become a bankrupt as well as a private person." 同時代的笛福對於金錢與戰爭也有相同的看法，他寫道：「金錢是戰爭的命脈；現在能夠征服得勝的是那些荷包最深的人，如果法國將他們最寶貴的財富用完了，那麼他們所有的軍隊都不再有用處了。沒有金錢，他們的劍就不能出鞘，他們的毛瑟槍就不能射擊，他們的火藥就不能發射……沒有金錢，他們的船就不能航行，他們的軍隊就無法用船運送……錢，錢！妳究竟是如何支配世界上一切偉大的活動？讓軍隊有勇氣，讓將軍有所作為，讓政府官員得以管理，讓君王得以統治！」（Defoe, 2003: 25）。

提。英格蘭不可能外在於、更遑論逆轉此一現實。正好相反，在現代世界沒有國家可以外在於國際貿易而獨存，因此只能在交換奢侈品中尋求對國家經濟最佳的策略（Davenant, 1701: 22-23）。[31]顯然是受到共和主義的影響，戴夫儂認為，正如戰爭之為惡，享受奢侈品本身也是件惡事，但他以政治現實主義的觀點提出，克服惡的方式不是逃避，而是正面迎戰。

> 貿易或許於人類有害，因其引入奢侈與貪婪；吾人若依舊處於吾祖的純潔與純樸生活情境，或許會更好。
>
> 但處今日時勢，他族侵逼之局，使得本身不佳之事，卻成了必要之事。戰爭帶來殘酷、邪惡、不義。然而不好戰的民族難享安全。
>
> 既然法國、西班牙、義大利、荷蘭已經深深浸迷於貿易多年，如果我們沒有因為貿易而建立的海軍力量，我們只會不停地將自己暴露於鄰國的欺侮與侵犯。
>
> 因此，鼓勵海外商業成為了我們不可或缺的利益之所在，當盡一切力量擴大之。[32]（Davenant, 1701: 54-55）

31　"And since war is grown so expensive, and trade is become so extended; and since luxury has so much obtain'd in the World, no nation can subsist of it self without helps and aids from other places; so that the wealth of a country now is the ballance, which arises from the exchange with other places, of its natural or artificial product."

32　"Perhaps Trade in General may have been hurtful to Mankind, because it has introduced Luxury and Avarice; and it might be better with us, if we still liv'd in the Innocence and plainness of our forefathers. But the circumstance of Time, and the Posture other Nations are in, may make things absolutely necessary,

在英格蘭現代政治經濟學中，奢侈、戰爭與貿易就如同三位一體一般，必須放在同一架構中作連動分析。《西發里亞條約》之後，各民族國家間彼此結盟是國際局勢的常態，而結盟與自身的強盛其實是國勢的雙塔，是一體的兩面。戴夫儂認為，英格蘭想要在國際平衡中占一席地位，甚至免於受到侵略，國際貿易的無限擴張可能是唯一的出路。在此前提下，惡如戰爭與奢侈，都必須正面接受。[33] 從巴本到戴夫儂，英格蘭與英國知識界已經形成一套與共和理念相當不同的國家與帝國論述。逐漸以新的語言、認識論、乃至世界觀來「解釋掉」傳統共和主義的憂慮與意識形態，是巴本與戴夫儂等 17 世紀政治經濟學家希望為後西發里亞時代的諸國鬥爭所做的努力與野心（Armitage, 2002）。

續

which are not good in their own Nature. War is the occasion of Cruelty, Wickedness, and Injustice, yet an unwarlike Nation can enjoy no safety. Since France, Spain, Italy, and Holland have addicted themselves so much of late years to Trade, without that Naval Force which Trade produces, we should be continually exposed to the Insults and Invasions of our Neighbours. So that 'tis now become indispensably our Interest, to encourage Foreign Commerce, and inlarge it as much as possible."

33 波考克論道，政治經濟學興起於（證成）「土地、貿易、債券的多重關係不只可以作為家國富裕的來源，也可以是政治穩定與政治德性的來源」。波考克的論斷強調共和主義與政治經濟學之間的正面關係或互補，本文則強調其衝突與平行（Pocock, 1975: 426）。與本文觀點相近，洪特則指出戴夫儂認為若要保持英格蘭的自由與美德，以及要讓英格蘭在此存亡之際存活下去（raison d'etat），對於貿易任何不合時宜的限制都會對英格蘭之國力造成直接損害；奢侈雖惡亦必須要接受，戴夫儂強調全面性的禁奢法不應該被重新執行，因為那會讓英格蘭喪國成為外國之奴隸，所應該做的則是設法保持警惕，控制英格蘭國民的欲望，設法與這樣子的新經濟局面共存，見 Hont（2005: 211）。

斯密的帝國論述

（一）斯密的政治經濟學

斯密是 18 世紀政治經濟學新傳統中最雄辯的聲音，但他也同時以財政、經濟治理的角度思考如何對既有的帝國體制進行反思與批判。[34] 1707 年之後的蘇格蘭在危機意識之上，又加上渴望與英格蘭有平等的政治地位，甚至具有獨立身分，所以對共和主義中的「獨立」、「自由」、「德性」等理念特別感到親近，而對其對立的「奴隸」、「專制」、「腐敗」等境況特別警覺。從威廉三世與法國開戰以後，民兵倡議（militia issue）時有所聞（Pocock, 1975; Schwoerer, 1974）。在蘇格蘭，安德魯‧伏萊則（Andrew Fletcher of Saltoun, 1655-1716）或許是民兵運動中最為宏亮的倡議者。早在 1698 年的民兵與常備軍爭議中，伏萊則就已經加入策論戰局，支持民兵制度。1715 年一群擁護斯圖亞特天主教君主詹姆士二世之子的蘇格蘭貴族發兵起義。英國議會通過民兵法，人民得以擁有武器自保，但是蘇格蘭居民則被排除在外。激起許多蘇格蘭精英的不滿。1745 年，高地再次起

---

34 湯瑪斯‧霍普金斯（Thomas Hopkins）有類似的觀察。他正確地指出，以往史家如唐納‧溫奇（Donald Winch）從公民人文主義（civic humanism）的角度來理解斯密對美洲問題的剖析，有其不足（Hopkins, 2013）。不過霍普金斯將斯密的殖民地論述與法國作家，包括傅布內斯（Forbonnais）、孟德斯鳩、密朗（Melon）等人作對照，而本文則認為英格蘭的政治經濟學作家才是斯密的直接對話者。此外霍普金斯強調，斯密認為歐洲商業社會加上地廣人稀的美洲，將為未來（歐洲）創造人類前所未有的發展（2013: 62）。關於這點，筆者相當保留。但因為與本文並無直接關係，暫不申論。

兵反對英格蘭政權，驚動首府愛丁堡。事後，以佛格森（Adam Ferguson, 1723-1816）為首的青年仕紳再度呼籲蘇格蘭民兵制度與權利的重要。民兵作為一種軍事身分，不只強調個人的美德與勇武，更重要的是暗示政治參與的權利或共和的價值：政治不是制度的安排而已。即便是最能保障人民安全與自由的英國平衡政體，也不能凡事交由國會議員與國王的行政官僚來決定。相反的，議會之外的政治社會的一員，必須時時以公眾之事（res publica）為念，參與其中，以為己任（Pocock, 1975; Robertson, 1985; Scott, 1992; Sher, 1985）。

　　18 世紀的英國，尤其是蘇格蘭的民兵倡議運動固然援引了共和主義價值，但是重點則放在公民德性與公民精神，而不是憲政平衡（Sher, 1985: 219-220; 1989: 242-243）。前述巴本與戴夫儂的政治經濟學已經透露公民德性在今日的戰爭（亦即國家興衰）中已不再扮演關鍵性角色。但是佛格森於 1767 年出版的《文明社會史論》（*An Essay on the History of Civil Society,* 1767）卻異常嘹亮地鼓吹公民德性與尚武精神，甚至斷言：一場軍事的成敗，不在於人數，而在於團結、勇敢、犧牲的公民精神。佛格森同時也是 18 世紀下半葉，蘇格蘭民兵運動的掌旗者，長年擔任民兵倡議團體，火鉗俱樂部（The Poker Club）的負責人。斯密對於民兵議題的態度與佛格森南轅北轍，正可以視為共和主義觀點與經濟政治學觀點的對立展示。

　　斯密將民兵放在人類大歷史的發展中來考察。他說，在漁獵社會與游牧社會這兩個階段，男子都是士兵。他們的生活方式與軍事技巧息息相關。而且，此種社會的生產活動是間歇性的，因此「閒暇」（leisure）時間多，而其娛樂也多半是軍事技巧本身

或其擬似。換句話說，人人從軍，人人驍勇善戰不是德性問題，
而是社會結構之所以然。但近代世界緣於兩大變因而使得民兵不
得不退出歷史舞臺：一是手工業的出現與發達，二是戰爭技術的
改變（Smith, 1981a: [V.i.a.8], 694）。手工業讓公民的閒暇變少，
而從軍則嚴重耽誤養家的責任與機會。只有在希臘、羅馬共和、
中世紀封建社會這種純農業社會，國家才有機會將軍事教育普遍
施行於人民身上，因為農業生產畢竟有週期，有季節性。更重要
的是戰爭技術的改變。每周或每月一次團練，已經無法滿足以火
槍、航海知識、地理知識、幾何學等為基礎的現代軍事（的體能
與智能）需求。現代戰爭是陣列式的規模戰，火槍、加農砲的出
現，讓戰爭的恐怖（聲音）來到前所未有的張力，因此維持紀
律，遵守指揮變得無比重要，卻又極為困難，遠非一般民兵可達
——「規律、秩序、隨時遵守紀律與權威是現代戰爭中最重要的
品質；是它們決定了戰爭的命運，而不是士兵如何純熟、有技巧
地使用武器」[35]（1981a: [V.i.a.22], 699）。在馬基維利的眼中，君
主應該仰賴公民起而捍衛自己的城邦或共和國，而非傭兵，因為
後者是為金錢打仗，不會將犧牲生命視為榮譽。斯密同樣認為欲
理解人類的行為與制度，首要考量是行為者必然出於自己的利益
與自愛。但在軍事問題上，分工與專業化的重要性將遠遠超出公
民精神。雖然不是直接指涉傭兵問題，斯密要人們注意，漢尼拔
之所以能在第二次布匿（Punic）戰爭中獲勝，正如北美的民兵

---

35 "Regularity, order and prompt obedience to command, are qualities which, in
    modern armies, are of more importance towards determining the fate of battles,
    than the dexterities and skill of the soldiers in the use of their arms,"

之所以能在七年戰爭中表現地不比法國人與西班牙人遜色，原因是這些士兵已經習慣於實際戰事。換言之，他們已是實質上的常備軍。斯密強調，明白這點差異，不以名害意，非常重要；因為唯有如此，才能看清楚，事實上在人類歷史中，常備軍總是戰勝民兵。斯密結論道：「一旦我們了解了這中間的差別就能發現，相對於民兵，紀律良好的常備軍有無可阻擋的優勢；關於此，史實昭昭自明。」[36]（1981a: [V.i.a.28], 701）

斯密甚至從戰爭方式與軍事能力的論斷，衍生到文明高低與國力盛衰的絕對關係。但在古代，農業國家因為比較文明，容易遭受游牧社會的覬覦與侵擾卻常常無法抵擋全民皆兵的游牧部族的鐵蹄。只有在財政革命之後與科技進展之後，現代「文明」國家最終可以阻擋游牧民族。富國必勝，窮國必敗的對戰關係終於在歷史上被確立。

現代戰爭中的火器耗費龐大，因此足以資應此費用的國家乃占得了利基，因此富國與文明之國相對於窮國與野蠻之國具有優勢。在古代，富國與文明之國很難抵抗窮國與野蠻之國，在現代，窮國與野蠻之國很難抵禦富國與文明之國。火器槍砲的發明看似有害於人類，其實對於文明的長存與拓展

36　"This distinction being well understood, the history of all ages, it will be found, bears testimony to the irresistible superiority which a well-regulated standing army have over a militia"。斯密從另一個角度重申此一斷言，說道：「A militia, however, in whatever manner it may be either disciplined or exercised, must always be much inferior to a well disciplined and well exercised standing army.」（1981a: [V.i.a.23], 699-700）。

絕對有利。[37]（Smith, 1981a: V.i.a-b.44, 708）

　　斯密並未明言所謂「文明的長存與拓展」究竟所指為何。雖然他是在戰爭這個脈絡下言及「文明的拓展」，但是質之斯密對於西班牙帝國的批判，他應該不會支持以戰爭或征服的方式拓展文明與帝國。不過，斯密此一文明論與當時思想界的羅馬命題顯然有極為密切的內在關聯。孟德斯鳩與佛格森等共和精神的倡議者都擔心羅馬帝國衰亡的故事會於現代歐洲再次重演。[38] 這些共和主義者固然著重於勇敢與德性等文化因素的重要，但對斯密來說，羅馬帝國所以亡，或許真有內部因素，但其實真正摧毀羅馬帝國者，畢竟是蠻族。質之當時的語境，從現實的帝國政治而言，斯密的文明論不只可以說明大英帝國在印度與北美的戰爭與殖民，也同時說明了鄂圖曼帝國對歐洲（游牧對於定居農業社會）不再具有致命的威脅。《國富論》批判商業體系的殖民政策，但同時確信商業文明將現代國家與帝國推向富強的高峰，而讓人類的文明史脫離了游牧社會與農業社會不穩定競爭的循環。

37　"In modern war the great expense of fire-arms gives an evident advantage to the nation which can best afford that expence, and consequently, to an opulent and civilized, over a poor and barbarous nation. In antient times the opulent and civilized found it difficult to defend themselves against the poor and barbarous nations. In modern times the poor and barbarous find it difficult to defend themselves against the opulent and civilized. The invention of fire-arms, an invention which at first sight appears to be so pernicious, is certainly favourable both to the permanency and to the extension of civilization."

38　孟德斯鳩（1734a）。18 世紀最著名的羅馬帝國興亡論，當然是吉朋（Edward Gibbon）的《羅馬帝國衰亡史》。相關著作可參考波考克（1999）。中文世界對此最新近的理解與介紹可參考楊肅獻（2013）。

因此，斯密衍生文明高低與國力盛衰的絕對關係，其實不只在於衍生先前有關民兵與常備軍的爭論，其實也等於是強化了巴本對現代帝國的信心。

（二）斯密的帝國批判

巴本預言了帝國；但對斯密而言，既然帝國已成，如何在帝國脈絡下治理各地，則至關重要。巴本的政治經濟學尋求帝國擴展的邏輯，但斯密的政治經濟學則著重在如何成就一個正義的帝國；對他而言，這遠比如何擴張帝國更為要緊。斯密承認大英帝國是個海權帝國，但是他反對海權邏輯，更反對依附在海權的貿易商團體的特殊利益，因為這會嚴重削弱一個正義的政府或統治者對自身義務的堅持。在斯密看來，強調貿易為海權帝國之母，本是重商體系的邏輯，也與人類的歷史發展不符。殖民的目的與結果，是建立定居社會（settlements）。而人類最早的定居社會應該是以農耕為生產方式的社會。雖然商業緊隨著農業的發展而生，但從農耕社會到所謂商業社會之間必然存有時間差距（Chen, 2010）。人類歷史中的殖民故事各有殊異。尤其是 1500年之後，歐洲殖民「西印度」與「東印度」的故事，更起於偶然，其中包括地理大發現與宗教迫害等非必然因素。法國、西班牙、葡萄牙、英格蘭的農耕族群移民到美洲之後，漸漸開始了簡單的商業活動，並在歷史演化與各自條件下形成不同的政治社會。就在殖民地開始欣欣向榮之際，「母國」突然出現，並自認可以管理這些海外省分。斯密對於「母國」自認可以管理殖民地的心理似乎不無嘲諷的意思。應該與大英帝國的海外殖民地的開創肇始於偶然有關（Phillipson, 1997）。

　　前述已詳論斯密係以政治經濟學來理解帝國與殖民。粗略而言，政治經濟學應該包含兩層原則，一為政治原則，一為經濟原則。在政治上，斯密認為，政府應該平等地對待每個公民以及各公民團體；任何偏私都是不義。在經濟上，斯密認為人類社會的發展應該依照必然的階段，也就是從畜牧進展到農業，最後才是商業──商業是農業的剩餘或溢出的結果。此外，斯密暗示，政府應該執行收支平衡。從斯密的政治經濟學來考察，大英帝國統治的最大問題在於貿易商人階級的團體利益過度龐大，乃至於破壞了各團體間的利益平衡。從立法者，也是公正旁觀者的角度看，這等於是破壞了公平與正義原則。斯密在《國富論》中稱此種以商人利益為中心的統治原則為「重商體系」（the mercantile system）（Smith, 1981a: [IV.vii.b], 583）。重商體系之所以有害帝國，起因於貿易商人的遊說能力與經濟影響力較諸其他團體為大，因而使得海外貿易成為特許與壟斷事業。斯密對「重商體系」最膾炙人口的批判當然是「專營」（monopoly）。他說，專營的結果是以犧牲殖民地利益的方式，增加母國商人的利益。但重商不只專營一節，還包括其他立法，如允許商人將歐洲進口的貨物轉銷至殖民地時可以獲得政府的補助金。政府此舉的目的在於將殖民地與歐洲其他各國的商貿互動降至最低，但其結果是英國政府減少了稅收，而英國（手）工業減少出口至北美市場的機會而受害（Smith, 1981a: [IV.vii.b], 584）。一個立法同時造成三方面的（機會與潛在）損失，完全是拜某個團體的利益壓倒了社會其他團體或共同利益所賜。如此傾斜的立法損及了政治的基本目的──保障人身財產之安全。

限制人民以最適切、有效、有益的方式使用、處置他們自己的勞力與生產品，是對人類最神聖的權利的公然破壞。[39]（1981a: [IV.vii.b], 582）

斯密從現實主義的觀點論道，商人在航向外之而遙遠的世界追求利潤，需要國家在許多方面的保護，因此希望得到特許，是極為自然的事。但這個特許應該隨時間與事物的發展而減緩。[40]然而揆諸英國歷史，尤其是英屬東印度公司的歷史，情況卻是反其道而行。最終，東印度公司一方面透過政府舉了許多公債，另一方面卻依賴特殊的舉措，諸如與印度當地政權發生軍事衝突，獲取土地，徵稅等等來獲得挹注。

國家政策過度向商人傾斜固然不義，商貿公司成為政府的代理，也違背政治的原則。對斯密來講，與印度當地政府締約，應該是英國中央政府或英國派駐印度政府的職權，但這些主權權力如今卻被東印度公司所僭越。斯密強調東印度公司的印度統治與管理嚴重失能，以至於成為大英帝國的財政負擔。這等於是說，重商邏輯的帝國論非但不能保證國家富裕，甚至常常適得其反。

39　"To prohibit a great people, however, from making all that they can of every part of their own produce, or from employing their stock and industry in the way that they judge most advantageous to themselves, is a manifest violation of the most sacred rights of mankind."

40　斯密本人似乎沒有明確指出這特許應該在何時中斷。筆者認為這減緩的時程與力道，應該是在與其他族群的利益相權衡之下做出的判斷。

　　如何更好的處理〔印度〕事務，國會裡不同的黨派提出了
不同的方案。而所有的方案似乎都在假設，過往已經許多證
據顯示，〔東印度公司〕並不適合統治它所獲得的領土。

　　……因為被賦予可以在蠻荒國家建立城堡與游擊軍力，所
以好像擁有與這些國家宣戰與媾和的權力。這個合股公司
有了那個〔建城守備〕的權力，就不斷地展現另一個〔結盟
與宣戰的〕權力，而且經常地在這些國家土地上施行。他們
是如何不正義地，貪婪地，殘酷地施行這些權力，我們已經
從最近的經驗裡知道得很詳細了。[41]（Smith, 1981a: V.i.e. 28-
29, 753-754）

　　柏克（Edmund Burke, 1729-1797）與義律（Gilbert Elliot, 1751-
1814）等人在 1780 年代於英國議會對東印度公司的質詢，尤其
是柏克戲劇性的彈劾印度總督哈斯汀（Warren Hastings）一節，
其實是呼應了斯密在《國富論》中的立場與論據（Bourke, 2015:
524; Burke, 1991: 233）。商人之所以不適合統治，除了商人個性
因素之外，更重要的是，商人利益不必然是公眾利益。前述中曾

41　"Different plans have proposed by the different parties in parliament, for the
better management of its affairs. And all those plans seem to agree in supposing,
what was indeed always abundantly evident, that it is altogether unfit to govern
its territorial possessions……With the right of possessing forts and garrisons,
in distant and barbarous countries, is necessarily connected the right of making
peace and war in those countries. The joint stock companies which have had
the one right, have constantly exercised the other, and have frequently had it
expressly conferred upon them. How unjustly, how capriciously, how cruelly
they have commonly exercised it, is too well known from recent experience."

言及斯密認為，政府有可能藉由人民對於政府的信賴而「願意在一些特殊狀況下借錢給政府」，讓政府得以高售、過售公債以求資金。根據斯密的經濟觀點，政府必須量入為出，不應該有財政赤字。所謂「願意在一些特殊狀況下借錢給政府」不單只是在戰爭期間，也包括英國議會決議將公債拿去支應東印度公司的虧損。以公眾之利優惠特定族群，讓他們免於負起自己過失的責任，是政治與法律上的不義，以及經濟措施上的不智：「這樣的政府很容易依賴它的人民在特殊情況下借錢給政府。它可以預見借錢的方便，因此容易忽略儲蓄的責任」[42]（Smith, 1981a: [V.iii.8], 911）。

　　斯密批評西班牙帝國在美洲的殖民為暴力與剝削，其所依據的理由也是基於政治經濟學的原則。斯密認為，國際貿易的真正基礎依舊是本國的農業，貿易作為商業的一環其實是農業的消費剩餘及其衍生，例如無土地的工匠所從事的手工業產品。準此，貨幣與投資的第一目的，應該是發展農業。根據他的評斷，無論是西班牙或北美殖民地都有過多資本未被恰當的利用。儘管如此，這些殖民地依舊創造了一定的經濟成長。相較之下，北美的發展更加應順這個農業優先的發展理路，他也（因此）預言，大英帝國的北美各州很可能成為世界上發展最為快速，最為富裕的地區。但要親睹此一繁榮景象，首先大英帝國的統治方式必須改弦更張，與航海法相關的保護政策應該鬆綁（Smith, 1981a: [IV.

42　"The government of such a state is very apt to repose itself upon this ability and willingness of its subjects to lend it their money on extraordinary occasions. It foresees the facility of borrowing, and therefore dispenses itself from the duty of saving."

vii.e.47], 607）。[43] 總之，對斯密而言，重商原則的政治經濟學帝國論固然掌握到了歷史的動脈，但它所提出的願景卻可能是海市蜃樓。非征服與非占領的帝國擴展、開放的族群關係、和平的融合關係，平等的公民身分等等，其實沒有在重商邏輯的帝國中出現。

這裡值得對歷史脈動與歷史現象做更進一步的說明。斯密對帝國的批判實乃基於他對人類物質與社會發展的「應然」秩序的理解。所謂自然秩序是指人類必然由人口稀少而逐漸增加；於此同時，生產的方式會依人口增加的需要而改變，由自然採集、畜牧、農耕、手工業與商業貿易遞次演化，在生產量能有絕對的增加，以應付人口增長的需求。其中，農耕與手工業生產型態的最大差異在於分工的程度，以及與分工概念相配合的市場概念。農業社會固然也有商業行為與分工，但只有在商業社會中，每個人才都需要進入到市場來完成自己一日之所需。而不同的社會型態，就需要相應的制度與法律來協助生產活動。歷史的弔詭在於大英帝國建立之初，也就是 16 世紀晚期，英國尚非屬於商業社會。在亟待資本投入農業發展的時期，英國上層社會與投機客就已經通過立法來獎掖國際貿易。到了 18 世紀中期，英國已經自然的需要國際貿易。[44]《國富論》的主要工作之一，就是點出過

43　"We must carefully distinguish between the effect of the colony trade and those of monopoly trade. The former are always and necessarily beneficial; the latter always and necessarily hurtful."

44　斯密在《國富論》中認為，中國如果願意進行海外貿易，它的經濟發展會更上一層。這也說明他認為中國的經濟發展已經到了需要或可以更全面發展貿易的階段。

早發展商貿所造成的「政策錯置」，尤其是在倫敦的立法與印度殖民地的統治原則兩方面所造成的不良後果。

　　斯密對奴隸制度的批判方式也清楚顯露他執意以科學的或政治經濟學的方法暴露帝國制度缺陷的企圖。在 1770 年代，因為「薩默塞特案」（Somerset's Case, 1772）許多人道主義或具宗教情操者積極推動反奴隸制度，其中包括美以美教派（Methodists）的領導人物衛斯理（John Wesley）（van Cleve, 2006）。雖然英國要到 1807 年明文禁止奴隸買賣，1833 年才完全廢止買賣與雇用奴隸，但從 1770 年代之後，反奴隸買賣的呼聲就與日俱增。斯密在《國富論》中直接呼應了當時甚囂塵上的議題。斯密的觀察相當「冷靜」甚至冷酷。他不無諷刺地直述人性的陰暗道，「人類因為驕傲而喜歡宰制，對他來說，降格地去說服他的下位者是很難堪的事。因此，只要法律允許，只要工作的性質付得起，他一般會傾向使用奴隸，而非自由人的服務」（Smith, 1981b: [III. ii.10], 388）。這是英國殖民者在西印度群島種植甘蔗、菸草之所以大量使用奴隸勞力的人性因素。事理不難理解。但是，這個結果，卻造成了農業文明的阻礙，根本的原因是奴隸的生產與奴隸本身的利益沒有直接關係，他不會盡一切努力以求產量的擴大。斯密至少在兩個不同的地方討論希臘與羅馬時期的奴隸與生產的關係。他觀察道，希臘人不鼓勵海外貿易，亦不鼓勵貴族從事手工，反而是依賴奴隸進行手工業。因為奴隸並不善於創新，結果只是造成工業的萎縮（Smith, 1981a: [IV. ix.47], 684）。同理，而羅馬人利用奴隸進行農業生產，造成農業生產的衰落（Smith, 1981b: [III.ii.10], 388）。雖然斯密未明言反對奴隸制度，但他的政治經濟學的邏輯顯然排斥以奴隸為勞動

力。相對於奴隸，自由人的個人勞動與自利之間才有絕對同一關係，也因此，其勞動與生產利潤之間才有絕對的正向關係。

> 被佃農適當耕作的土地，其費用出自地主，正如同奴隸耕作的土地也出自地主。但此兩種生產者之間有本質上的差異。佃農因為是自由人，所以他可以購買土地，對於土地上的生產作物也有部分的擁有權，盡量擴大生產，對他們而言有不言而喻的好處，以便增大自己的權份。相反的，除了維持生存所必須，奴隸不能擁有任何東西，因此他會為了讓自己輕鬆，而盡量降低產量，只要能夠過活便可。（Smith, 1981b: [III.ii.10], 389）

相對於訴諸宗教情操與人性普遍價值等理據，斯密從效用以及政治經濟學的角度來描述奴隸制度的不宜，表面上顯得特立獨行，其實是因為他希望以人性「科學」解釋人類行為的合理與否（Forbes, 1954; Phillipson, 2012: 214-238; Rothschild, 2011: 1-10）。

帝國正義與大英帝國的十字路口

帝國必須以符合正義原則的法律來治理，以自由的原則來滋育它的經濟發展，是斯密帝國觀的兩大主軸。1776 年，斯密同他的大英帝國同胞共同面臨一個帝國困境：究竟大英帝國與殖民地的統治關係終該如何？（Dickinson ed., 1998; Stanlis, 1976; Fagerstrom, 1954）就像他是以偶然的、歷史的角度來理解現代歐洲殖民帝國的出現，斯密同樣將大英帝國與其殖民地的關係放在

動態的歷史情境中來思考。誠如前述，斯密在考察了各國殖民與
國際貿易歷史之後，認為北美將是未來世界經濟的重心。因為北
美社會的特殊性，例如居民的意見比較容易表達，達成公共事務
協議，再加上長距離因素，都使得北美逐漸形成一個獨特且獨自
的政治社會。問題就是，大英帝國如何看待北美自身成為一個政
治社會？在此，「公正旁觀者」這樣以個人為行動者的正義或良
心理論，幾乎完全幫不上忙——這裡沒有客觀第三國的客觀視角
可以讓兩造進入。這也是抗英運動之所以會愈演愈烈，而大英帝
國的帝國意志也愈形剛強的原因。帝國與殖民地的關係混雜著榮
譽、責任、虛榮、正義、壓迫等等複雜的情緒，同時也纏繞著雙
方，甚至國際政治間複雜的經濟、政治、軍事各種利益。斯密在
《國富論》中寫下一段相當耐人尋味的話，表示了身為大英帝國
的子民與政治人物，如何處理北美的獨立運動，很容易進退失據
的窘困之局。他說：

> 提請大不列顛自動放棄他對殖民地的所有權威，讓他們自
> 己選出行政官員，自己制定法律，自己決定向誰媾和或宣戰，
> 等於是提出一種未曾被接受也永遠不會被接受的建議。不曾
> 有過哪個民族自動放棄對轄區（province）的控制，無論在管
> 理上多麼困擾麻煩，無論這地方所貢獻的稅入相對於它的花
> 費是多微不足道。 [45]（Smith, 1981a: [IV. vii.c.66], 616-617）

45　"To propose that Great Britain should voluntarily give up all authority over her
colonies, and leave them to elect their own magistrates, to enact their own laws,
and make peace and war as they might think proper, would be to propose such
a measure as never will be adopted, by any nation in the world. No nation ever

　　斯密緊接著評論道，如果英國願意即刻與北美脫離政治關係，而進入純粹的經濟夥伴關係，兩造都將因此受惠。但這樣的理論或理想並不會在人類的歷史中出現。因為

　　〔即便是〕最富高瞻遠矚的理想主義者，也極難提出這樣的建議，希望此法可以被接受。然而，一旦此提議被接受，大不列顛將立即免除殖民地每年維安的支出，而且可能與他們簽署商業協定，以保自由貿易；結果會減少壟斷制度下的商人的利益，但是對大多數人則更為有利。藉由這樣的好友分手，〔以及〕殖民地對母國的自然情愫，我們的衝突將一夕間消弭於無形，並快速復原。[46]（Smith, 1981a: [IV.vii.c.66], 617）

　　從政治經濟學的角度看，帝國與殖民地的關係在很大程度上表現在稅收的方式與稅入的使用。斯密清楚表示，任何一個社會

<hr>

續

voluntarily gave up the domination of any province, how troublesome soever it might be to govern it, and how small soever the revenue which it afforded might be in proportion to the expence which it occasioned'. '

46　"The most visionary enthusiast would scarce be capable of proposing such a measure, with any serious hopes of its ever being adopted. If it was adopted, however, Great Britain would not only be immediately freed from the whole annual expence of the peace establishment of the colonies, but might settle with them such a treaty of commerce as would effectually secure to her a free trade, more advantageous to the great body of the people, though less so to the merchants, than the monopoly which she at present enjoys. By thus parting good friends, the natural affection of the colonies to the mother country, which perhaps, our late dissentions have well nigh extinguished, would quickly revive."

出錢支付自身所需的行政與防衛開銷，天經地義。英國從 1765
年，也就是英法七年戰爭不久之後通過一連串的徵稅法案，包括
糖稅、茶稅以及有名的印花稅等等。斯密個人應該不會特別反對
這些稅收法案。事實上，斯密就曾向當時的財相湯森（Charles
Townshend）的北美徵稅案提供建議。斯密顯然在湯森法案
（Townshend Acts, 1767-1768），也就是茶稅與印花稅的法案制
定過程扮演了一定的角色，因此有史家認為，斯密與北美的失去
有直接的關係（Fay, 1956: 116，轉引自 Winch, 1978: 147）。但
是斯密似乎也暗示，該社會也有權利要求重新定義殖民地與母國
或帝國中心的關係，因為現代帝國不是建立在征服原則，而是移
民原則上──無論是農業移民或貿易移民。斯密明白表示，依據
憲政精神，人民繳稅就必須有政治代表。但這是同一國，同一憲
政傳統的居民之間的默契與相互肯認，而非帝國與殖民地的關
係。假使殖民地希望脫離帝國，帝國的解決方法似乎只有放手與
合併兩種。所謂合併，就是帝國與殖民地遵守同一憲法原則，同
時受同一憲法的保護與權利義務的規範。但是他很清楚，在諾斯
（Lord North, 1732-1792）主政下，這個想法無實現的可能。

　　以英國的稅制，對所有英國帝國的屬省內的英國或歐洲裔
居民徵稅，可以期待國庫稅入大大增加。但是實際施行上，
沒有允許他們在國會，或者（若你願意）大英帝國的聯邦
（states-general of the British Empire）裡有各省洽當且公平
的代表，就很難與英國的憲政原則完全相符。……現階段，
因為許多有力人士的私利以及許多百姓根深柢固的成見似乎
反對如此重大的改變，使得跨越這障礙變得幾乎不可能。

〔我〕在此無意宣稱這樣的〔大英帝國邦國〕聯盟是可行或
不可行，但此書既然是本蠡測之書，想想英國稅制可以通行
於帝國不同省分到何種程度，何種方式的〔帝國〕聯合可以
被認同，應該無不當之處。這樣的玄想在最壞的情況就是被
當作新的烏托邦；比起舊烏托邦〔筆者按：指湯瑪斯・摩爾
的《烏托邦》〕，本書肯定比較無趣，但不會比較無益或更
異想天開。[47]（Smith, 1981a: [V.iii.68], 933-934）

眾所周知，從 1776 年，也就是《國富論》出版那年之後，
北美情勢就急遽白熱化，獨立情勢一去不返，直到 1784 年美利
堅合眾國成立。斯密的「帝國玄想」飛行的時間並不長，就遇到
重著陸。大英帝國遭此重挫，快速將注意力轉移到東方的印度。
誠如前述，斯密並無任何專論帝國的著作。他對北美殖民地的
統治有相對長篇的討論，但幾乎局限在稅制一隅。而他對後來
在大英帝國歷史中占據重要地位的印度，則著墨更少，並且同
樣局限於稅制一環。有關英國在印度的徵稅，斯密只強調在印度
徵稅的原則應該是減稅，而非加稅（Smith, 1981a: [V.iii.91], 945-

---

47 "The private interest of many powerful individuals, the confirmed prejudices of
great bodies of people seem, indeed, at present to oppose to so great a change such
obstacles as it may be very difficult, perhaps altogether impossible to surmount.
Without, however, pretending to determine whether such a union be practical or
impractical, it may not, perhaps, be improper, in a speculative work of this kind,
to consider how far the British system of taxation might be applicable to all the
different provinces of the empire; what revenue might be expected from it if so
applied, and in what manner a general union of this kind might be comprehended
within it. Such a speculation can at worst be regarded but as a new Utopia, less
amusing certainly, but not more useless and chimerical than the old one."

946）。這應該與當時英國所轄的孟加拉區發生嚴重災荒有關。1776 年之後到 1832 年的一次憲政改革期間，大英帝國事務與印度統治有極為高度的重疊。但是斯密對此其實沒有發表任何具代表性的言論。

結語

　　與修正派史家或政治理論研究者不同，本文認為研究斯密帝國觀，重點不該置於時代錯置的多元文化的理論性假設，而是他所處時代的帝國困境。誠如本文的重點所述，斯密所繼承的帝國論是由巴特森、巴本、戴夫儂等人所建構的海權或貿易帝國，也就是非征服型的帝國。他的主要工作在於梳理自 1500 年左右至 1776 年超過兩百五十年的現代歐洲帝國統治。而且這些帝國統治的討論是在揭露民族國家「富裕的自然發展」的脈絡下展開的。換言之，斯密將帝國論述從屬於政治經濟學原則，並依後者評議其統治是否符合正義原則。

　　論者指出，正義是連結斯密的《道德情操論》與《國富論》的橋樑（Winch, 1978: 11；陳正國，2012）。此固然為事實，但這並不表示《道德情操論》可以成為帝國統治的道德理據或實務操作手冊。恰恰相反，這兩本著作之間反而暴露了斯密對於帝國統治的討論過於傾向依據政治經濟學科學性與理性的分析方法，而忽略了道德情感層面的問題。首先，《道德情操論》的德行至少可以區分成幾種不同的道德層級，包括符合正義的（just），合宜的（proper），有德的（virtuous），慷慨的（magnificent），仁慈的（benevolent）等等。這些層級可以簡略分為三類：一

是人之所當為層次的正義；若不為之或反之，則為人所憎恨
（resent）；二為社會上普遍認為當為的行為；若不為或反之，
則為人所厭惡（dislike）；三為可為卻難達至的美德；若不為或
反之，完全不受訾議。作為一名情感論者，斯密認為道德判斷，
取決於人們對行為的嫌惡或讚美。本文固然無法在此分析斯密的
道德哲學，但必須指出的是，這種情感主義的道德論述必然隱含
地方主義，因為對某種，甚至某類行為的情感表達，極有可能因
地方（風俗與物質條件）不同而不同。這就是前面所言，斯密之
所以可以「同情理解」溺嬰行為的理據。但是除了理性或冰冷的
效益以及政治經濟學，我們應該如何從情感主義的原則理解帝國
統治殖民地之間的正義與否？北美的反英情緒可以理解成帝國統
治不得民心（dislike?），或失去民心（resent?）。如果是前者，
政策的改弦易張就有了著落；如係後者，革命就有了道德的基
礎。不過，斯密畢竟沒有採取情感主義的角度談論帝國統治的正
義原則。

　　1776 年之後大英帝國持續在印度半島擴大統治範圍並加深
統治力道，最終成為英國女皇皇冠上的奪目珍珠。從印度總督的
設立（1773）到東印度公司的廢除（1857）長達一百多年期間，
如何以（普遍的）正義原則來匡正東印度公司的統治方式，以及
普遍性的文明原則如何與當地的民情共存，逐漸成為北美十三州
獨立（1784）之後，英國政治人物與公共知識分子關心的課題，
其中尤以柏克（Edmund Burke），班廷克（Lord Bentinck, 1774-
1839），詹姆士・彌爾（James Mill, 1773-1836），馬考萊（Thomas
Macaulay, 1800-1859），約翰・彌爾等人最廣為後世所知曉。他
們對於東印度公司統治的批判，顯然繼承了斯密的思想資源。

05 文明帝國 vs. 野蠻帝國：從社會情感觀點重建柏克的全球政治思想

曾國祥（中央研究院人文社會科學研究中心研究員）

導言

本文的寫作靈感，主要來自晚近興起於英美政治理論學界的兩股風潮：首先，呼應政治思想史研究的「全球轉向」，本文試圖立足於 18 世紀帝國政治的視野，來重建柏克（Edmund Burke, 1729-1797）的全球政治思想。[1] 從創作環境來看，柏克政治思想的整體關懷，涉及啟蒙時期圍繞著歐洲文明所引發的時代性辯論，就此而言，本文首要的研究目標，可以說是在探索柏克政治

---

1 承襲劍橋學派的脈絡主義方法學，不少學者紛紛投入「帝國與帝國主義」的探索，從而啟動政治思想史研究的「全球轉向」，其中又以劍橋大學政治思想史講座教授理查・博克（Richard Bourke, 2015）探索柏克政治人生的皇皇巨著，以及珍妮佛・皮茲（Jennifer Pitts, 2005）對於自由主義如何在亞當・斯密與柏克之後，經過效益主義的轉折，而逐漸在 1830 年代蛻變成「自由帝國主義」（liberal imperialism）的思想史敘事，最受學界矚目。關於理查・博克的專書，作者（曾國祥，2017）曾撰寫過一篇中文長篇書評發表於《思想史》。

思想中的文明論述，進而依循柏克有關歐洲文明發展進程的哲學省思，來彰顯他對帝國治理之正當性所提出的評斷標準，此即：「文明帝國」vs.「野蠻帝國」，或「正義帝國」vs.「不義帝國」。順著這層意義來說，構成柏克全球政治思想的兩個相互對應的主題，包含柏克以「至高之法」為基礎的全球正義理念，以及他對帝國暴政發出的猛烈批判。

其次，柏克之所以會成為晚近帝國研究爭相討論的代表性人物，其部分理由恰恰在於，作為一位「參與時事的論戰者」（Bourke, 2015: 18），柏克不僅親身經歷了當時英國政府所面對的時代課題，包括：國會與憲政改革、愛爾蘭的宗教壓迫和不平等貿易、美國獨立革命、印度殖民，以及法國大革命；而且，他總能秉持調解精神，對騷動不安的政治世界，提出帶有道德關懷的政治判斷。就這點來說，本文的思維路徑也和力圖還原政治概念之歷史性與現實感的「新政治現實主義」不謀而合。依作者之見，柏克對於政治現實的觀察與洞悉，基本上是定錨在他所謂的社會情感（social affections）或公共情感（public affections）的議論範圍之內，就此而言，本文力求新意之處，即是轉從「社會情感論」的角度，來重塑柏克的全球政治思想與帝國理念。

更具體地說，恰恰由於柏克的政治論述是緊貼歷史脈動的，並散見於他的信件、國會演說、評論、雜文與小冊子，柏克是否堪稱為一位系統性的思想家，經常引發爭議。在作者看來，不同時期的柏克在面對型態殊異的現實論爭時，其切入問題的視角與面向容有不同，但他捍衛自由、批判暴政的政治立場實則從未動搖。不僅如此，在哲學方法上，柏克的思辨模式亦不曾完

全偏離他在年少時期即已表露無遺的兩大信念：[2] 其一是沿著某種類似於休謨（David Hume, 1711-1776）所稱的「溫和懷疑論」（mitigated skepticism）路線來探索人性原理，其二則是依據他在《我們崇高與美的觀念之起源的哲學探索》（*A Philosophical Enquiry into the Origins of Our Ideas of the Sublime and Beautiful*, 1757；以下簡稱《探索》）一書中所提出的品味原則，逐漸發展出一套以社會情感為分析焦點的道德與政治思想架構。

　　換句話說，在柏克的人性觀點、美學理論與道德和政治思想之間存在著一條清晰且連貫的哲學理路：柏克有關道德特質、政治判斷、憲政傳統、文明社會、全球正義與帝國暴政等重要議題的探討，大致不脫人性原理的研究範圍，並且可以借助「崇高與美」兩項情感原則予以闡發。縱使在晚年的《法國大革命的反思》（*Reflections on the Revolution in France*, 1790；以下簡稱《反思》）中，柏克依然堅信，一個穩定的社會與政治秩序必須滿足以下兩項原則：個人對於上帝、傳統與權威之「崇高性」（sublimity）的敬畏，以及社群成員藉著「美」、「愛」與「同

2　除了本文關注的《我們崇高與美的觀念之起源的哲學探索》（*A Philosophical Enquiry into the Origins of Our Ideas of the Sublime and Beautiful*, 1757）之外，踏入政壇之前的青年柏克另有兩本重要著作對他後來的政治思想產生影響：首先，《自然社會的辯護》（*A Vindication of Natural Society*, 1756）一書中對於「自然理性」與「人為理性」所做的分辨，不僅有助於我們理解「溫和懷疑論」批判理性越界的要點，同時有助於掌握柏克論證自由與權利的獨特方式。其次，如果說柏克政治思想的議論重心聚焦於自由與秩序的相容，那麼此一命題其實早已清楚地呈現在《英格蘭簡史論文》（*An Essay towards an Abridgement of English History*, 1757）的敘述脈絡之中。

情共感」（sympathy）等情感表達而形成的具有相互理解意涵的
「社會性」（sociality）。

依作者之見，「崇高性」與「社會性」不但有助於我們改
循社會情感的詮釋方向，來重新解讀柏克尊崇混合憲法與個
人權利的政治思想立場，[3] 並且提供了我們**一個平衡普遍主義
與特殊主義的跨文明理解框架**，來重建柏克致力於追求全球正
義的「文明帝國」理想，以及他對可能走向帝國暴政的「野
蠻帝國」的抨擊。在此，值得注意的是，與其說柏克筆下的
「帝國」（empire）是指 19 世紀以後一般通稱的「帝國主義」
（imperialism），不如說是對 18 世紀當時實際存在的英國政府
統治狀態的一種客觀描述；以柏克的年代而言，大英帝國的統治
範圍大致涵蓋英國本土（英格蘭與蘇格蘭）、愛爾蘭與北美殖民
地，以及非基督教文明的政治社群如印度殖民地。再者，此際的
大英帝國雖然堪稱強大，卻始終面臨其他歐洲強權（尤其是法
國）的嚴重威脅，因此柏克的帝國政治思想，正如他的憲政自由
思想，時常是針對「雅各賓主義」之危害而發的。事實上，在柏
克的寫作語境中，「印度主義」恰恰代表著「雅各賓主義」在帝
國政治場域中的翻版。以此言之，本文有關柏克帝國政治思想的
分析，將同時觸及大英帝國內部的**層級關係**（英國本土、北美殖
民地與印度殖民地）以及外部的**對抗關係**（尤其是英法兩國有關
歐洲文明的話語權之爭）。

以下文分四節。首先，作者準備先概略介紹柏克的「社會情
感論」的基本觀點（第一節），進而通過文本證據揭示社會情感

3　因篇幅所限，有關柏克的自由與權利理論，必須另待他文處理。

如何提供了一個新視點，引領我們綜覽柏克政治思想連貫一致的論說特性（第二節）；接著作者將扣住「崇高性」與「社會性」的情感原則，來爬梳柏克以全球正義為念的「文明帝國」理想（第三節），以及他批判「野蠻帝國」之結構性邪惡的政治邏輯（第四節）。如前所述，柏克的帝國理念，一如他以批判法國大革命聞名的政治思想，實質上都與 18 世紀的啟蒙敘述有關，因此，在後文中作者將盡可能地把柏克的全球政治思想，放在有關歐洲文明的時代性辯論中來作理解。依此，作者認為，柏克在著名的海斯汀斯彈劾案（the Hastings Impeachment, 1786-1795）中對於「印度主義」的批駁，不但可以被看成是他對法國大革命點燃的歐洲文明危機進行自我反省的理論延伸，甚至因而開啟了從「政治邪惡全球化／普遍化」（the globalization/universalization of political evils）的觀點來討論「全球不正義」（global injustice）的歷史先河。最後，基於以上的討論，作者將試著在結論中扼要回應當前「帝國與帝國主義」研究所涉及的三項重要議題：（1）啟蒙運動、自由主義與帝國主義的糾葛；（2）文明與野蠻的對立；以及（3）全球視野下的現代政治隱憂：政治邪惡的普遍化。

社會情感：基本觀點

　　在許多方面，柏克有關社會情感的討論，可以被看成是休謨、佛格森（Adam Ferguson, 1723-1816）和亞當·斯密（Adam Smith, 1723-1790）等蘇格蘭啟蒙導師講述的「道德情感論」（a theory of moral sentiments）的一個支流。[4]而柏克著手批判理性越界、開展人性科學、追求經驗法則、反對契約論與自然狀態、探求德行與財富之間的關係、強調社會的人為特質、著重歷史發展、揭櫫道德進步等思維特質，基本上也和蘇格蘭啟蒙運動的主要精神相契合。大致說來，柏克保留了休謨主義的兩大核心要素：（1）道德原則與社會秩序不是理性演繹的結果，「義務與正義規範源自於在地實踐和習俗」；（2）「社會秩序觀念具有深刻的心理特質」（Mehta, 1999: 176）。故此，柏克的政治思想格外著重於對社會情感與公眾意見（common opinions）之經驗法則的綜整與分析，而與一味追索形上學原則和抽象論證的理性主義分道揚鑣。

理性、人性與判斷

　　更清楚地說，一如休謨，柏克的「溫和懷疑論」立場，基本上「傾向於西塞羅的『學院派懷疑論』（academic skepticism）；

4　在道德哲學上，哈奇森、休謨、佛格森與亞當・斯密等人之間固然存在著爭辯，但他們所代表的「道德情感論」的主要看法，包括：道德概念或道德意識來自情感（sentiments or feelings），而非理性原則，就此而言，道德哲學研究不僅具有經驗內涵並可提供歸納法則；有關道德行為動機的適當解釋，既不能仰賴曼德維爾（Bernard Mandeville, 1670-1733）的唯我主義（egoism），也不能訴諸克拉克（Samuel Clarke, 1675-1729）的倫理理性主義（ethical rationalism），而必須扣住仁慈（benevolence）、正義（justice）、謹慎（prudence）、效益（utility）等德行（virtue）加以闡明；所謂的道德判斷，因而涉及對合宜（propriety）、功績或優點（merit）、責任（duty）等人格品質（character）的嘉許（approbation）與評判（approval），而且，就和審美一樣，「旁觀者理論」（the theory of spectator）是我們從事道德判斷最佳的思想利器，在這點上，當時主流的見解咸信，倫理學與美學關係密切。

其要點並不在於全盤否決理性與知識的可能性，而在於強調我們必須『學習懷疑』（learn to doubt）各種積非成是的盛行信念，特別是必須『謙卑看待理解力』本身，因為人類的理性時常會有自負的偽裝，獨斷宣稱可以揭露絕對真理或事物的終極基礎」（Bourke, 2015: 669）。換言之，柏克的懷疑論是「溫和的」，因為他的批判重點，主要指向理性的自我越界與自我神欲，而非否認從事人性原理研究的可能性。持平而論，柏克終身追索的學術志業，恰恰是想要藉著對以情感為主導動力的人性開展全面探索，來幫助英國人理解其自身的文明、歷史、政治成就與社會基礎。[5]

　　事實上，早在從政之初，柏克便已明確表示，公共政策的形成「不應該由人類推理，而應該由人性，予以調解」；在政治活動中「理性只不過是其中的一部分，而且絕對不是最大的部分」（WS2: 196）。終其一生，柏克政治著述的主題，從來都不是「政府的抽象原則」（WS2: 193），而是與人性息息相關的「社會情感與公共信任」、「公共想像」、「公共事務的一般處境與人類心靈的癖性」、「公共道德的狀態」、「人民的性情」、「人民的情感與意見」等等（WS2: 111, 137, 184, 205, 252, 280）。延續懷疑論的思想傳統，柏克經常援引安寧（tranquility）與失序（disorder）及其相關詞彙，作為評價政治秩序的圭臬。正如柏克在《反思》中反覆指陳的，「由於人性錯

5　相較於理性，人性在柏克的著述中代表著與「人」相關的一切才具與活動，舉凡禮儀、美學品味、社會情感、生活方式、行為樣態、言說範式、道德實踐、德行、習俗、定見、宗教、推理（理性）等等構成文明的具體內容，莫不隸屬於人性的討論範圍。

綜複雜，而社會目標又具有最大可能的複雜性」，如果我們輕率接受「錯誤且沒有情感的哲學」，誤以為「法律、風俗、習慣、政策與理性都是『從形上學原則產生的』」，而渾然不知這些形上學原則本身充其量只是理性論哲學家「依據他們自己的喜好形成的」（R: 54, 153, 214; WS8: 112-113, 222, 289），那麼其後果便是引發一場道德真空、社會失序的文明風暴。

既然理性的使用有其界限，而人性內容又極其複雜難解，因此，在人類真實的生活處境中，總是難以避免地存在各種對立的觀點，也因此，如何做出正確的「判斷」（judgement），實為人類行動的關鍵。觀諸柏克的書寫脈絡，判斷雖然在性質上屬於合理的推論，但與形上學原理和抽象理性之使用不同，判斷的訣竅在於緊扣具體脈絡做出合宜的行為處置。以此言之，柏克筆下的判斷和古典的審慎美德（prudence）密不可分，在後文的討論中，我們因而不妨將 prudence 譯為「審慎判斷」。誠如柏克所言，面對偶然流變的人類處境，一位好的判斷者必須擁有「比較各種不同與不和諧事物的注意力、關注力與能力，進而加以調解（to reconcile them）」（WS1: 55）；「審慎判斷的事務為情境所支配，而非邏輯的類比」（WS9: 259）。

隨著政治議題逐漸成為其著書立論的焦點，柏克重視判斷的程度與日俱增。例如，他曾說：「作為行動中的哲學家、政治家的職志，是去發現迎合〔政府〕目的的適當做法，並且有效地運用它們」（WS2：317-318）。而在《反思》中他則直言：執兩用中的「審慎判斷」既是一種智慧，更是政治的「首要之德」（the first virtue of all virtues）或「主導性原則」（R: 54, 218; WS8: 113, 292）。於垂暮之作《新輝格黨人對老輝格黨人的訴

請》（*An Appeal from the New to the Old Whigs*, 1791；以下簡稱《訴請》）中，他再度重申：「審慎判斷不僅在政治與道德德行中居於首位，而且也是所有德行的指導者、調節者和最高標準」（A: 19; WS4: 383）。

　　換個角度來看，判斷與自由實為一體的兩面：在一方面，我們最好是把「對德行與人性的珍惜留給自由意志」，因為世界若要變得更好，除了自由之外，我們還能依靠什麼，畢竟「沒有自由，德行也就不能存在」（R: 91; WS8: 153）。然而，在另一方面，喜愛「自由思考的人們，在特定的情況裡，勢將形成各種不同的思考樣式」，從而產生意見的分歧，促使我們必須正視判斷在實踐活動中的首要地位。從歷史條件來看，柏克所面臨的，是一個正在蓬勃發展當中的商業社會，隨著海外貿易、社會分工、人口流動、交換關係的變化，人與人之間的利益衝突與意見分歧急速擴大，儼然具備一個多元社會的雛形。就此而言，柏克對於判斷的重視，也可以被看成是他對個體在商業社會中自由活動範圍日益擴大現象的具體回應。因此，就和休謨、亞當·斯密、佛格森等同時代作家一樣，柏克在尊崇傳統道德規範的同時，亦竭力捍衛自由、利益與財產等商業社會的主要價值。

　　所以，延續古典自由主義的基調，柏克一再強調，我們必須以自由精神作為「主導性的一般政府原則」（WS2: 319）。然而，和洛克截然不同，柏克咸信「政府不是依照自然權利而被塑造的」，「政府是人類智慧為了人類需求所提供的一種創設」（R: 52; WS8: 110）。因此，柏克以更接近休謨的口吻說道：政府的統治基礎在於人民情感、公共道德與公眾意見，因為「公民的心（the heart of the citizen）才是國家能量的永恆泉源」，「人

民的感受與利益」才是政治判斷的最高準則（WS9: 192, 204）。
引述柏克的話來說，「政府是為了人類幸福所建立的一種實踐性
事務，而不是提供一幅整齊畫一的景象，來迎合不切實際的政治
家的計畫。我們的任務是治理，而不是爭吵」；「如果有人問我
什麼是自由政府，我會回答說，就實踐目的而言，其取決於人民
的看法；是他們，而非我，才是這件事自然的、合法的、和合格
的裁判者」（WS3: 317）。[6]

美學品味

　　柏克傾向於視「人民的情感與意見」為政治判斷的主軸，這
並不讓人感到意外，因為在早年的《探索》中他即已嘗試從社會
情感的向度討論過藝術品味（taste）的問題。對柏克而言，政治
判斷和審美判斷實質上都屬於人性原理的研究範圍，皆可訴諸情
感原則加以解釋，尤其是喜懼交雜的「崇高性」以及快樂愉悅的
「美」或「社會性」。[7]事實上，柏克在《探索》中開宗明義地
指出，「人通常是依循情感而活動，然後才依據原則對它們施予

6　在柏克的時代人民的知識能力尚且不足，正確的政治判斷之形成，還需依
　　賴博雅人士的啟蒙與開化。事實上，柏克有關代議士之社會責任的許多精
　　闢討論，都可以從這個角度來作理解。

7　藝術品味原本就是 18 世紀知識界經常討論的一項問題，許多大名鼎鼎的
　　作家都曾寫過相關論著。不過，當時影響力最為深遠的一本美學著作，首
　　推杜柏（L'abbé Du Bos）的《對詩歌與繪畫的批判性反思》。柏克基本上
　　同意杜柏的主要論點（蓋伊，2019：359-362），包括：藝術鑑賞的標準
　　不在於理性規則，而在於個人的審美經驗；審美經驗或美感是一種人性本
　　能、一種快感，並先於理性存在；雖然美感因人因時因地而異，但有關品
　　味的一般規則依然有跡可循。

理性、但卻不健全的思辨」（WS1: 232）。根據柏克的定義，人類具有三種認識外在事物的自然力量，其先後順序為：感受力（senses）、想像力（imaginations）與判斷力（judgements）（WS1: 198）。簡言之，感受力是外在對象加諸在心靈之上所產生的程度有別的快樂或痛苦；通過感受力，心靈於是形成了映像（images），亦即觀念（ideas）。想像力主要是指心靈所擁有的、重現觀念或將不同觀念予以連結的創造能力（creative power）（WS1: 202）；藉著想像力的發揮，心靈乃得以在不同的觀念之間形成關係。而判斷力，則無非是心靈對於「人的禮儀、個性、行為和計畫，他們的關係，他們的德行與惡行」所施展的「推理能力」（reasoning faculty）（WS1: 206）。在柏克筆下，美學品味之所以因人而異，正如道德概念與政治意見的分歧，終究肇因於個人判斷力的差別。

雖然如此，《探索》深一層的寫作目標，其實是要論證美學品味的自然屬性（natural dispositions），也就是有關自然的快樂與痛苦之普遍有效的知識。[8] 對柏克而言，人們的情感無可避免地受到普遍的**自然法則**的支配，從而表現出具有因果關係的心理機制。然而，人類的理性卻無法像全知全能的上帝那樣，完整掌握自然法則的**存在基礎**與**終極意義**，因為唯有上帝才是人類目的與自然法則的創造者。所以，推至其極，影響人類情感的真正原因，非上帝的自然力量莫屬。而在此前提下，誠如柏克所進一步

8　乍看之下，這樣的說法可能會讓讀者感到費解，因為這意味著柏克的人性原理具有**自然主義**的傾向。持平而論，就和休謨一樣，柏克的「溫和懷疑論」也是和自然主義相輔相成的。請參見：曾國祥（2017：201-203）。

指出的，影響心靈活動的客觀規則，基本上可以被歸納成兩種相互對立的激情（passions）：源自於痛苦的「崇高性」以及源自於快樂的「美」。從這個角度來說，柏克的美學理論的最大貢獻，就是以情感取代理性作為品味的**基本規則**，讓藝術的卓越性在回歸人類激情的同時，不至於各說各話、漫無標準。依作者之見，此二原則同時也是支撐起柏克道德與政治思想體系的兩根支柱。事實上，在面對跨文明理解的挑戰時，柏克同樣是以傳統的「崇高性」和以「美」、「愛」和「同情共感」為基礎的「社會性」取代抽象理性，作為我們在文化差異中尋求人類**共同關懷**的基點。

柏克如何調解普遍主義與特殊主義，是本文的一項重點，稍後另有闡釋。現在，作者必須先行說明的是：在柏克的分析中，「崇高性」與人類的自保本能（self-preservation）有關，而「美」則涉及人類的社會本能（society）（WS1: 216, 254）。換句話說，雖然產生「崇高性」的激情是痛苦與危險：「只要是足以引起恐怖的東西，都能夠成為崇高性的基礎」，「害怕或痛苦的狀態經常是崇高性的原因」（WS1: 284, 289），但在柏克的道德與政治思想著述中，「崇高性」的社會作用，主要是在滿足人性對於自我保全的渴望，以免恐懼流竄，危害人心。關於恐懼與自保的關係，柏克曾舉一個例子說明：當人們直接面對諸如洪水猛獸等自然現象所帶來的巨大威脅時，心靈將因恐懼與害怕而產生痛苦之感，但倘若人們並非真的親臨此一險境，而只是在某種距離之外透過想像力來重現各種驚嚇的場面時，則心靈反倒將產生一種自保的喜悅（delight）。柏克認為這種讓人覺得身家性命得以獲得保存的情緒，雖然在起源上與本質上都和痛苦有關，而

與「美」帶給人們的「實際且積極的快樂」（actual and positive pleasure）（WS1: 287）有所不同，但對社會與政治生活秩序的維持而言，自保的「喜悅」卻是不可或缺的。

進一步看，「這些屬於自保本能的激情是所有激情中程度最強的」（WS1: 226）。更確切地說，「崇高性」的巨大力量所引起的最狂烈激情是驚愕（astonishment），其較低程度的表現，則包括欽敬（admiration）、崇敬（reverence）與敬重（respect）等「先於推理發生」的不可抗拒之力（WS1: 230）。依柏克之見，諸如恐怖、模糊、無限、廣闊、宏偉、艱巨等等足以給心靈添加苦惱（distress）的情感均屬「崇高性」的範圍（WS1: 254），更不要說造成死亡威脅的權力：從自然界的凶禽猛獸對於弱小動物的鯨吞殘殺，政治社會中國王、主權者與憲法的至高支配，到造物主的神聖權威，皆具備讓人心生恐懼的「崇高性」（WS1: 236-241），從而激發出自保的自然傾向。換言之，和親身經歷災難的威嚇比起來，人們寧可選擇敬畏自然、景仰權威、敬愛上帝，以自求多福。由此可見，柏克之所以堅持「崇高性」是社會與政治秩序所必須仰賴的情感基礎，並不是因為他鼓吹以暴力鎮制人民，使其心生恐懼，而是因為：基於人性中的自保本能，人們總是期盼「有秩序的自由」，並設法避免讓自己生活在權力裸露、朝不保夕的驚濤駭浪中。要之，依據人性原理，「人民的情感與意見」自然將傾向於對維持秩序所需的合理權威，表達真誠的崇敬之意。

「美」是「崇高性」的反面。如果說「崇高性」的特徵是陽剛的、疏遠的、驚人的，那麼「美」的特質就是陰柔的、親近的、迷人的，並因而為社會生活帶來了「積極快樂」。也就

是，在柏克的對比中，「崇高性」是自然力量最強烈的展現，而「美」的事物則永遠帶著**社會品質**，包括男歡女愛，尤其是婦女美貌所引起的快樂，以及社會生活賜予人們的「愛意與柔情」（affection and tenderness）（WS1: 226），例如友情、愛情、親情、優美的詩句、悅耳的音樂，或動人的畫作。總結地說，有別於「崇高性」，「美」就是社會中引人入勝的東西。[9]和「崇高性」所體現的欽敬、崇敬與敬重比較起來，「美」所激起的情感因而是「愛」、「同情共感」、模仿與愛慕等快樂之情思。由於快樂在本質上是因社會生活而產生的，所以與其相關的情感，不妨通稱為「社會性」。綜觀柏克的文本，如果說在政治社會中「崇高性」是指對傳統、憲政與合理權威的崇敬，那麼「美」、「愛」和「同情共感」所產生的快樂，便是使得人際之間的情感交流、意見溝通與相互理解成為可能的「社會性」。就「人民的情感與意見」的真切表達而言，「社會性」和「崇高性」一樣，具有舉足輕重的地位。

社會情感：政治論述

作為一位 18 世紀的作家，柏克有關「崇高與美」的區別，難免留給人男尊女卑、公私二元的性別刻板印象。[10]基於本文的

9　依柏克之見，「美」並非是心靈固有的內在感覺，而是「身體或物體的某種特質（some quality in bodies）」（如平滑、精緻、剔透、明亮等），「經由感受力的中介，而機制性地作用在心靈上」（WS1: 272, 276）。

10　柏克明白地說，**政治社會**的偉大德行（great virtues）或剛性德行（strong virtues），諸如：堅毅、正義與智慧，基本上是和危險、懲戒與困境有

題旨，作者在此只能繞過女性主義的批評，而將重點放在柏克如何援引「崇高性」與「社會性」的情感原則於其政治著述之中。

崇高性

　　如前所述，上帝、傳統與權威的「崇高性」是柏克討論社會與政治秩序的重要基礎。理查・博克（Richard Bourke）指出：[11] 柏克似乎早在 1750 年中期即已形成此一定見：啟蒙精神實為「理性討論和習慣依存」的相互結合，因為唯有同時包含「確信與崇敬」（conviction and veneration）的公開意見，才足以成為社會生活的共同準則（Bourke, 2015: 221）。引用柏克自己的話來說，崇敬其實「隱含在」人們對於歷經社會適應的長期確認的「讚賞」（an implicit admiration）之中，也因此是「禁得起時間考驗的穩固定見」（the stable prejudice of time），例如：歐洲文明與英國憲政傳統。對柏克而言，歐洲文明與英國憲政傳統互為表裡。於此，我們不妨先扣住英國憲政傳統，略加說明。

　　對於英國憲政傳統的崇敬，可以說是柏克終生信守的最高政

續

關，並因而足以讓人產生崇高的敬畏；相反，**與私人和家庭生活**有所關聯的柔性德行（soft virtues），則包含平易近人、同情心（compassion）、和善與自由（WS1: 271）等，就此而言，其所牽涉的社會情感，主要是溫和可親的愛意。雖然《探索》讓柏克嶄露頭角，但從沃斯通克拉夫特（Mary Wollstonecraft, 1975）在 1790 發表《男權的辯護》（*A Vindication of the Rights of Men*）以來，許多論者都注意到了柏克有關崇高性與美的二元區分，基本上迎合男尊女卑的刻板印象；對後來的女性主義學者而言，此一區分更是清楚地彰顯出古典政治理論有關權力與倫理論述的性別偏差：充滿陽性特質的公共領域 vs. 裝載陰性特質的私人領域。

11　本段敘述的部分文字改寫自曾國祥（2017: 204）。

治原則：唯有遵循英國混合憲法的偉大傳統，才能避免暴政對於個人自由、生命與財產所帶來的嚴重威脅。換言之，憲政主義的主要目的，是藉著限制權力的合法使用範圍，將「國家的脅迫權威局限在其存在所需的範圍之內」（quoted in Bourke, 2015: 222），並透過法律權利長期的歷史實踐成果，促使人們珍視自由的生活傳統。反過來說，倘若一個社會喪失了對上帝、文明、傳統與權威的「崇高性」，那麼這樣的社會就只能以赤裸裸的權力來壓制人們內心的驚慌與不安，如此，「政治就只能建立在征服精神之上，而所有的征服則是建立在永恆的暴力與恐懼之上」（Bourke, 2015: 150）。

　　因此，在《反思》中，柏克直言，「歷史對於我們所有的行為都留下了持久的紀錄，並且將其令人敬畏的審判（her awful censure）運用在各種形式的最高治權的發展程序上，歷史不會遺忘過去那些事件或這個自由優雅年代在人類互動過程中的意義」（R: 62; WS8: 121）。也因此，相對於革命分子的暴力相向，柏克堅信人們對於歷史以及一個「已經建立並受到承認的權威」（a settled and recognized authority）一定會給予更多的「敬畏與尊崇」（R: 145; WS8: 214）。因為來自歷史實踐的「公共德行（public virtue），具有宏偉與光輝（magnificent and splendid）的性質，是為了偉大事物（great things）而立並與偉大關懷（great concerns）相連」（R: 200; WS8: 274）。基於此一理解，柏克於是將「道德想像」的理解力形容成人類心靈擁有的一座「衣櫥」（the wardrobe of a moral imagination），可以藉著「一切添加的觀念」來掩蓋我們「赤裸顫抖的本性缺陷」，並將其提升為「我們自己所敬重的尊嚴」（R: 68; WS8: 128）。

從社會情感的觀點來看，法國大革命在道德上的根本禍害，即是根除了法國社會長期依存的「崇高性」，從而造成一個文明崩壞、憲政失序，令人驚恐不安的混亂世界。在晚年反對威廉‧皮特（William Pitts, 1759-1806）與法國總督謀求和平的四封系列信函中（*Letters on a Regicide Peace*, 1795-1797；以下簡稱《和平信函》），柏克仍不忘初衷地寫道：

> 法蘭西政治體（The body politick of France）存在於它的王座的崇高權威，存在於它的貴族的尊嚴，存在於它的仕紳的榮譽，存在於它的教士的聖潔，存在於它的官員的威望，存在於對它的不同管轄區域內的土地財產權的重視與關注…。所有這些個別分子（*muleculae*）集合起來，才真正構成了所有國家的政治體之偉大整體。它們是正義之眾多的沉澱與貯藏，因為它們只能依據正義而存活下來。國家為一道德實體（a moral essence），而非一種地理上的設置或定名者的命名。（WS9: 253）

柏克的這段重要陳述，除了清楚表明國家的道德屬性並再次重申道德的根源在於日常習慣之外，也蘊藏著他對英國在當時帝國政治場域中應當爭奪文明話語權的警覺。關於這點，容後再述。現在，必須緊接著指出的是：在柏克的年代，帝國主要指涉一個跨文明、跨國族、跨地域的全球政治建置或全球政治體系，雖然其所牽涉的主要問題包括自由、基督教、海洋與商業（Armitage, 2013），但柏克筆下帝國的內涵，仍與我們今天理解的帝國主義有所落差。事實上，柏克本人並未使用過帝國

主義的字眼，他更常提及的用法是「帝國的狀態」（the state of the empire）（e.g. WS9: 230）。在〈論與美洲和解〉（*Speech on Conciliation with America*, 1775；以下簡稱〈和解〉）中，柏克明確地說：帝國「與單一國家或王國不同」，帝國是「許多國家在一個共同的〔政治〕中樞（one common head）統治下的集合體，不論這個中樞是一位君主或一個統轄的共和國」；換言之，帝國的政治中樞具有「共同權威」或「最高權威」，而諸如北美這樣的殖民地則可以被視為「包含眾多社群的一個大型政治聯盟（a great political union of communities）的組成部分」（WS3: 132-133）。

而在對布里斯托（Bristol）選民發表的一段演講中，柏克則是進一步指出：

> 我們現在是一座富裕商業城市（a rich commercial city）的成員；然而，這座城市只不過是一個富裕商業民族（a rich commercial nation）的一部分，其利益是差異的、多樣的、複雜的。然而，我們身為成員的這個民族本身，又只不過是一個偉大帝國（a great empire）的一部分，藉著我們的德行與運氣而擴展到東方與西方最遠的界線。所有這些廣泛分布的利益都必須被考量——必須被比較——必須被調和，如果可能的話。我們現在是一個自由國家（a free country）的成員，而且毫無疑問地，我們都知道一部自由憲法（a free constitution）的組織構造並非一件簡單的事。⋯⋯我們是一個偉大且古老的君主政體中的成員，我們必須虔誠地維護主權者的真實的法律權利，這形塑了一座基石，將〔象徵〕我

　　們憲法和我們帝國的崇高且構造完善的拱門連結起來。（A:
35-36; WS4: 394-395）

　　以上引文清楚顯示：對柏克而言，身為一位代議士，若要形
成明智的政治判斷，就必須同時權衡選區利益、國家利益與帝國
利益，因為在憲法的「最高權威」的管轄底下，大英帝國實質上
是一個統治範圍涵蓋著地方城市、英國本土、愛爾蘭與北美殖民
地，乃至於遠在東方的印度殖民地等不同層級的海洋帝國。從這
個角度切入，經營大英帝國和維護英國自身作為一個自由國家的
權威基礎並無二致，亦即，遵循憲法的「崇高性」。故此，柏克
在〈和解〉中反覆指出，他之所以主張對北美殖民地採取和解讓
步的提案，並不是基於權力競逐的觀點，而是出自於對美洲子民
與英國人民共同承繼的先輩智慧的深厚敬重。而在面對印度殖民
地時，誠如後文將進一步闡釋的，柏克則是聲嘶力竭地勸告他的
英國同胞，應該學習以尊重自己文明成就的戒慎恐懼之心，來尊
重非歐洲世界的文明、宗教、歷史與傳統的崇隆地位。

愛與同情共感

　　在另一方面，隨著其政治人生的啟航，柏克漸漸意識到
「愛」與「同情共感」流露的「社會性」，對於維持一個穩健的
正義社會的重要性。關於「愛」與公共情感的養成，在《反思》
裡有一段話是這麼說的：

　　　　我們在我們的家庭中開始〔培養〕我們的公共情感。冷淡
　　的關係不可能有熱誠的公民。我們與我們的鄰居交流傳遞並

形成我們習慣性的地方聯繫。這些地方通常是酒吧旅館和休憩場所。這些由習慣而非突如其來的權威所形成的我們國家的部門，就像是偉大國家許多不同的微小形象，在這裡心靈找到了它可以充實的東西。對於〔國家〕整體的愛（the love to the whole）並不會因為這種次級層次的偏愛而消失。（R: 173; WS8: 244）

　　事實上，除了家庭、里鄰、社區與國家之外，柏克認為以「愛」為基礎的公共情感，也應該被拓展到北美殖民地。例如，在〈和解〉中，柏克問道（WS3: 164）：美洲殖民地對於英國政府在歲收、貿易或帝國經營方面究竟有何益處？對此，他自己的回答是：「我所信靠的是她在英國憲法中的利益」，也就是我們彼此「源自共同姓名，親屬血緣，類似特權，以及平等保障的「親近情感」（close affection）」；這些情感的紐帶（ties），雖然看似空氣般輕盈，卻又宛如「鐵鍊」那樣堅固地將北美子民與英國人民網綁在一起，形成休戚與共的「相互關係」（mutual relation）。這再次印證，在柏克心中，基於「愛」的親近性，英國政府對於同文同種的美洲殖民地的統治正當性基礎不在於武力，而在於英國憲法提倡的自由精神。因此，他緊接著說：

　　讓殖民地時時保有他們的公民權利（civil rights）是與你的〔英國〕政府相連結的觀念，他們便會依附並緊緊捉住你，再也沒有任何世間的力量具有裂解他們忠誠的權力。……只要你有智慧讓這個國家的最高權威（the sovereign authority）成為自由的聖殿，獻身於我們共同信念的神廟，不論上帝遣

選的、敬重自由的英國族群與子民居住何方，他們將會正面
迎向你。（WS3: 164）

沿此思路，柏克還經常使用「同情共感」，作為其政治修辭
的情感依託。按照《探索》的定義，「同情共感」是一種帶有
「社會性」的激情，藉此本能「我們進入他人的關懷」、「把自
己放在他人所處的任何環境中」（WS1: 220, 227）。就此而言，
有關「同情共感」的一個較寬廣的用法，主要是指藉著道德想像
來達成心靈的交流與共同的感受，所以柏克有時也稱之為「同情
的道德想像」（sympathetic imagination）。在此脈絡中，不但面
對移民北美的英國子民必須懷抱著「同情共感」的心胸，就連看
待同樣受到歐洲文明洗禮的法國，柏克也強調「禮儀比法律〔形
式條約〕重要」（WS9: 242），因為：

> 人與人之間不是藉著紙張和印信而連結在一起的。他們是
> 藉著相似性、藉著一致性、藉著同情共感而產生交往關係。
> 這種情形在國家和在個人都是一樣的。就國家與國家之間的
> 友好關係而言，再也沒有什麼紐帶可以強過彼此在法律、風
> 俗、禮儀和生活習慣方面的類似。它們本身比條約的力量還
> 大。它們是書寫在心中的義務。（WS9: 247）

不僅如此，根據上蒼的設計，「同情共感」最常發揮作用
的時刻，是當我們遇見「他人面臨苦難之際」（in the distresses
of others）（WS1: 222）。就此而言，「同情共感」或「同情理
解」的另一深層意涵，是指行為者設身處地感同身受他人不幸遭

遇的能力。故此，在面對印度這類異族文化時，柏克不僅堅持自由精神與征服精神之間的範疇差異，其於字裡行間更經常流露出「人飢己飢、人溺己溺」的關懷，懇切希望他的國人可以通過「同情共感」，用心感受印度人民所承受的「不正義對待」。

這再次顯示，沿著「溫和懷疑論」的路標，柏克並未天真地以為單憑抽象理性的運用，人類就可以落實正義與美德。究其實，人性雖有追求正義與美德的傾向，但卻也隨時面臨著墮落與腐敗的挑戰。因此，我們如果想要在政治生活中追求正義與美德，那麼除了遵循普遍的正義原則或「至高之法」，我們還需認真看待那些受到「不正義對待」的人群的現實處境。[12] 也因此，在〈論福克斯印度法案〉（*Speech on Fox's "India Bill"*, 1783）中，柏克說道：假使大家可以把大英帝國與印度的關係類比成日耳曼帝國對奧地利的統治，那麼這就可以提供一個適當的中介（medium），讓印度能夠「接近我們的理解，甚至可能的話，貼近我們的情感，以便喚起對於不幸的當地居民形成同情共感的情愫，然而，如果我們是透過一個錯誤與模糊的中介來凝視這個遠在他方的對象，那麼我擔心我們就無法如此充分地感受到」印度人民的苦難（WS5: 390）。

有此說明，在接下來的兩節中，作者將試著從普遍正義與政治邪惡的對立性，進一步烘托柏克全球政治思想中的「文明帝國」理想及其對「野蠻帝國」的批判。

---

12 換言之，「同情共感」孕育著一種類似於「惻隱之心」或「恕」的精神，既對不公不義流露出「人飢己飢，人溺己溺」的同理心，同時表現出「己所不欲，勿施於人」的待人之道。

文明帝國：追索全球正義

本節的重點在於指出：正如美學品味和政治判斷固然因人而異，但其中仍有恆常不變的**自然規則**可循，在跨文明理解的問題上，柏克同樣認為，雖然人類的道德理念、政治制度與法律體系，總是隨著環境、風俗與文化的不同而出現差異，但這並不意味著我們無法從這些差異中尋獲普遍的「最高之法」（"Law which governs all Law"）（WS7: 280）。[13] 要之，貫穿柏克帝國政治思想的一項特點，就是嘗試調和普遍主義與特殊主義。

最高之法

在一開始，必須先予澄清的是：雖然柏克從青年時期起便嚴詞批評「人的權利」的形上學論證，認為此舉無異於是要英國人民放棄受到憲法保障的自由與權利，而去盲目追求空泛的「人類自然權利」（the Natural Rights of Mankind）與抽象的「完美自由」（perfect Freedom）（CF. WS1: 131）。但從「溫和懷疑論」的論述旨趣來看，這並不等於說柏克徹底質疑自然法與自然權利的普遍效力。持平而論，正因為柏克的「溫和懷疑論」既非全面質疑理性的認知與批判功能，亦未全盤否定自然法與自然權利的

13　在這點上，除了休謨之外，影響柏克最深的啟蒙作家應該就是孟德斯鳩（Charles de Secondat Montesquieu, 1689-1755）了。如一般所知，《論法的精神》一方面詳實說明了政體如何因環境的影響而產生變化，二方面則是為三大政體立下恆常不變的原理：君主政體的原理是榮譽，專制政體的原理是恐懼，共和政體的原理則分別是民主制的公共精神與貴族制的德行。

社會意義，更不反對從人性原理的寬廣視野，提出一套符合正義標準的道德與政治判斷原則。所以，在價值判斷的問題上，柏克並未走上極端的相對主義或特殊主義的立場，他真正反對的，毋寧只是空有形上學論證卻不顧及人性、情感、意見、歷史與傳統之抽象法則的無限上綱。

關於此，我們不妨再次引用理查·博克的觀點加以佐證：[14] 早年的柏克廣泛接觸盧梭（Jean-Jacques Rousseau, 1712-1778）的著作，並為盧梭的原創性所著迷，尤其是對他以激情作為通往「博愛倫理」（a philanthropic ethics）的甬道，以「普遍仁慈」（universal benevolence）作為邁向「世界主義」（cosmopolitanism）的橋樑，深有同感（Bourke, 2015: 633, 754, 757）。雖然如此，柏克對於盧梭在道德立場上的搖擺不定，頗為困惑；他曾形容盧梭為一位「道德觀念混雜或含混」的作家（an author of "mixed or ambiguous morality"），一位「自相矛盾的天才」（a "paradoxical genius"）（quoted in Bourke, 2015: 754, 756）。在柏克看來，盧梭及其追隨者所犯下的最大錯誤，就是未能認清理性的限制與人性的基礎，便急切地想要顛覆整個歐洲的文明秩序；其結果，反倒是留下了一個模糊的道德空間，讓有心人士可以利用「人類自然權利」與仁慈正義的美名，來破壞已經存在的憲政傳統、公民權利與社會規範。

循此思緒，在帝國政治的脈絡中，柏克指謫擁護「人類自然權利」的抽象人權作家，經常犯下自相矛盾的謬誤。以法國國民會議為受眾，柏克問道：你們一手高舉人權的標語，但是當殖

14　本段敘述的部分文字引自曾國祥（2017: 208）。

民地確立了他們自己的獨立憲法與自由貿易時，你們為何就派出軍隊制止。「在你們人權法典的哪一章節中，他們可以讀到，為了別人的利益而讓他們自己的商業受到壟斷與限制是人權的一部分？」（R: 195; WS8: 269）相較於此，柏克認為，真正的「最高之法」必須透過跨文明的相互理解始能漸次達成。換句話說，我們唯有將自然法的基本原則運用到其他社會中，並對不同民族的文化傳統、生活方式、政治制度與法律體系進行豐富的認識，才能從交往互動的過程中，逐步體現出自然法的普遍意涵。

　　這即是說：生於啟蒙年代，柏克的哲學思想實際上帶有道德進步的信念，並致力於追求自由精神與全球正義的落實。只是秉持「溫和懷疑論」的立場，他的全球正義理念，一如他的憲政自由思想，極為重視調解的中道精神，試圖兼容普遍道德原則與特殊在地文化。基本上，柏克思想中的普遍主義思維具體表現在他對「最高之法」的積極肯定。一個有趣的例證是：即便是在攻擊盧梭新道德與「完美自由」最嚴厲的《反思》中，柏克仍不忘指出，權力若要完全合法，「就必須遵循永恆不變的法律（eternal, immutable law），在那裡意志與理性是同一的」（R: 83; WS8: 145）。而在著名的〈論經濟改革〉（*Speech on Economical Reform*, 1780）中，柏克再次強調，沒有個別法律可以違背「所有法律的原因與理性」，也就是公共利益與共同福祉；反過來說，人民的情感、欲望與需求只要不違背「正義與理性的穩定與永恆法則」（the stable and eternal rules of justice and reason）（這些法則既高於我們也高於人民的〔欲望〕），就應該成為下議院的法律（CW3: 486, 527）。

　　不僅如此，柏克筆下的「最高之法」亦適用於英國境外，其

內容包括：創造者之法、人道、正義、平等、自然法與國際法等等。[15] 也因此，柏克強力反擊狹隘的相對主義與排他性的民族主義，認為這種畫地自限的「地理道德」（geographical morality）或「城市道德」（municipal morality），無法體現人類的整體福祉，帶動歷史的進步發展。換句話說，雖然正義的形成與社會脈絡息息相關，但這並不意味著正義應該由「地理界線或距離加以衡量」（quoted in Pitts, 2005: 77），因為具備正義條件者應該是一套放諸四海皆準的行為準則。從這點來說，柏克哲學思維中的「保守主義」特質，尤其是對歐洲文明與英國憲政傳統的全力維護，並無礙於他在思索全球政治問題時，體現啟蒙的進步價值並彰顯「自由主義」的中心精神，也就是宣揚一套承載著以自由與權利為基底的普世價值的全球正義理想。

　　這同時表明，在道德規範的意義上，柏克對於帝國統治是否正當的判定，一如他對國家的看法，實際上也存在著正義與不義、文明與野蠻，或自由精神與征服精神的對立範疇。如果說「野蠻帝國」（或 19 世紀以後的「帝國主義」）是指以武力征服他者，繼而施以高壓統治、政治支配、財富掠奪與文化移植，那麼，在柏克心中，英國人應該引以為戒的「不義帝國」，便是那充斥著暴政與專制之征服精神的西班牙帝國。[16] 反過來說，如

15　柏克的原文如下：「The law is the security of every person that governs; the security of every person that is governed. It is the security of the people of India. It is the security of the people of England. There is but one Law in the world, namely, that Law which governs all Law: the Law of our Creator, the law of humanity, justice, Equality, the law of nature and of Nations...」（WS7: 280）。

16　早在與威廉‧柏克（William Burke）合著的《論在美洲的歐洲殖民地》（*An Account of the European Settlements in America*, 1757）中，柏克便對

果英國想要成為一個「文明帝國」，那麼從英國憲政傳統發展出來的自由精神，就不應該僅被運用於英國本土，而應該被擴展成為一套「世界性規範」（cosmopolitan norms）（Bourke, 2015: 573）。就此而言，柏克心所嚮往的帝國政治形態，充分顯露出啟蒙時代的歐洲心靈有關全球政治秩序的一個根本想像，也就是追求某種「基於普遍正義的世界帝國圖像」（Marshall, 1998: 298）。

文化差異

　　然而，在跨越「地理道德」追索全球正義的過程中，柏克並未忽視文化差異的存在。延續本文的詮釋主線，作者認為柏克用以調解普遍正義與文化差異的利器，再次指向貫穿其思想體系的兩項社會情感原則：「崇高性」與「社會性」（尤其是設身處地感受他人不幸遭遇的「同情共感」）。

　　首先，必須特別強調的是：在帝國政治的脈絡中，柏克對於傳統的「崇高性」的堅持，非但沒有淪為道德進步的阻礙，反倒成為他批判帝國強權傲然輕視他者文明的理據。一個顯著的重要例證是：柏克並未依據抽象理性的標準，藐視印度人為野蠻人；相反，柏克反覆重申，作為一個道德社群，印度有其特殊的風俗民情與法律制度。因此，雖然柏克認為當時的印度人民欠缺自我治理的能力，但他並不贊成將英國法律直接移植到當地，因為這勢將破壞他們行之有年的古老建制（ancient establishments）與常態秩序下的生活傳統（Bourke, 2015: 522），無異於以歐洲文明

續

　　「良好的」與「殘暴的」殖民治理作出區分，並以荷蘭和西班牙對於殖民地的壓榨和對他者文化的破壞，作為「殘暴的」殖民治理的範例。

踐踏他者文明。柏克此一洞察，深具啟發意義，因為在當前「帝國與帝國主義」的討論中，文明與野蠻的對立之所以會引起學者激烈的反擊，無非是因為其預設了歐洲文明擁有遠遠超越其他文明的輝煌成就。然而，在柏克筆下，文明與野蠻的對立主要是就歐洲文明的發展及其危機而論，並未掉進後來的自由主義者如約翰・彌爾（John S. Mill, 1806-1873）所標榜的**西方文明優越論**的陷阱之中。[17]

在柏克的論著中，真正和文明相對立的，並非是歐洲以外的他者文明，例如印度文明，而是柏克稱之為「野蠻哲學」（barbarous philosophy）的「雅各賓主義」。引述柏克的話來說：「他們的自由並不自由；他們的科學是自大狂妄的無知；他們的人性是野蠻和粗暴」；他們以推翻封建制度的野蠻為名，卻帶來了另一種「野蠻的暴政」（barbarous tyranny）（R：68, 70, 195; WS8: 128, 131, 269）。再一次地，從社會情感的角度來說，「雅各賓主義」的殘酷暴政帶給歐洲的，是一個徹底顛覆既有秩序的文明災難，因為其所衝擊的，正是「所有德行的和嚴肅的心靈的道德情操」（R: 108; WS8: 172-173）。這清楚表示，柏克深具古典自由主義底蘊的政治思想立場，意在維護英國憲政的自由精神，而其主要敵人，則是恣意侵犯自由與權利的暴政，也就是「野蠻政治」。在此理解下，「野蠻」一詞，誠如柏克在《英格蘭簡史論文》（*An Essay towards an Abridgement of English*

17　有關彌爾的文明優越論引發的爭端，請參見本書導論以及葉浩教授在本書第十篇〈自由主義式帝國主義作為提升人類文明的政治工程 —— 彌爾的國際政治思想及其當代意涵〉的精闢分析。

History, 1757；以下簡稱《簡史》）中界定的，實質上是指法治與秩序的反面，而不涉及對他者文明的貶抑。

有趣的是：晚年的柏克時而將東印度公司的暴行稱作「印度主義」，並與「雅各賓主義」並列為「我們時代的兩大政治邪惡」（quoted in White, 1994: 16）。這再次提醒我們：對柏克而言，帝國的內部治理與外部挑戰是環環相扣的，所以正如自由精神是英國政府在思索國內政治、北美政策、印度殖民與對外關係時應該遵循的基本價值與原則，阻擾大英帝國邁向「文明帝國」之林的野蠻勢力，既可能來自不當的政治決策（如印度法案）與錯誤的帝國治理原則（如「印度主義」），也可能來自其他強權所散布的、足以危及歐洲文明的思想撞擊（如「雅各賓主義」）。

綜上所述，如果說政治思想是時代的產物，那麼柏克的帝國政治思想所反映的歷史經驗，正是 18 世紀之際隨著征服、殖民、貿易、傳教而來的一個跨國族、跨文明的全球政治體系的形成與發展過程。作為一位溫和的懷疑論者，柏克總是不厭其煩地對他的讀者發出警訊：雖然正義永遠是值得人類追求的偉大理想，但生活在現實世界中的人們卻是理智有限、欲望無窮，隨時可能受到權力與財富的引誘而自甘墮落。事實上，就在歐洲價值的全球傳布成為 18 世紀主流哲學心靈所想望的歷史願景的同時，因為權力的濫用與集中而造成的「野蠻政治」，也開始產生了一個前所未見的巨變，此即**政治邪惡的普遍化**：在法國大革命的激發下，「雅各賓主義」不但嚴重危及英國憲政傳統，甚至和「印度主義」同流合汙，導致帝國暴政成為侵蝕人性與美德之萬劫不復的深淵。就此而言，柏克批判帝國暴政的哲學深意，即是立足於帝國發展的歷史視野，來揭露現代政治的深層危機：更緊

密的全球互動，不僅帶給人們有關普世價值的渴望，同時也激化
了政治邪惡在全球政治場域的蔓延。

野蠻帝國：對帝國暴政的批判

　　如前所述，柏克批判帝國暴政的恢弘意圖，必須被放在當時
有關歐洲文明之自我反省的歷史語境中來作考察。據此，以下將
從「文明危機」、「雅各賓主義」和「印度主義」這三項緊密扣
連的議題，來析論柏克對於「野蠻帝國」以及政治邪惡的普遍化
問題，所提出的深刻反省。延續本文的解釋架構，在以下的討論
中，讀者將有機會進一步看到，「崇高性」與「同情共感」在柏
克全球政治思想中扮演的重要角色。

文明危機

　　依作者之見，柏克有關文明論述的主要關懷，基本上分享著
「蘇格蘭哲學的中心問題」，也就是嘗試基於一個「可傳授的
文明哲學」架構，來調解（reconcile）商業社會的進步與傳統的
道德規範（Davie, 1979）。換言之，對柏克和蘇格蘭啟蒙作家來
說，文明實質上是現代與傳統、商業與德行、自由與秩序、權力
與制度等因素相互調和而成的歷史產物。

　　在這種情況下，誠如波考克（J. G. A. Pocock）（1985: 199;
2003: 414）指出的：「英國憲法，現代作風，以及自由，在柏克
眼中，絕非只是隨著商業成長散發出來的成就而已，它們早已根
植於中世紀的貴族體制以及教會文化之中」；換言之，「18 世
紀的商業社會受到貴族精神的控制並分享著貴族價值」。在柏克

心中，和法國大革命比較起來，「1688 年的光榮革命在本質上是一場貴族式革命，其結果是鞏固了混合憲法以及英國和大英帝國的貴族特質」（Israel, 2016: 113）。用柏克自己的話來講：「在我們的這個歐洲世界上，我們的禮儀、我們的文明，以及與禮儀和文明相互連結的一切美好事物，長久以來都是建立在兩個原則之上，而且實際上是此二原則共同作用的結果：我指的是紳士精神（the spirit of a gentleman）與宗教精神（the spirit of religion）」（R: 69; WS8: 130）。

在柏克有關憲政傳統的闡述中，處處流露出他對貴族品格與騎士精神的緬懷。例如，他曾在《反思》中坦言：「騎士的時代已往矣。繼之而起的是詭辯家、經濟人（economists）和計算者（calculators）的時代。歐洲的光榮不復存在」；換言之，法國大革命衝撞的，不僅是法國的政治體制，更是「紳士精神」體現的歐洲文明：存在於「意見與情感之混合體系」中的「崇高自由的精神」（the spirit of an exalted freedom）（R: 66-67; WS8: 126-127）。於柏克而言，足以彰顯出「紳士精神」的貴族，並非是指世襲的階層與封號，而是指「自然貴族」（natural aristocracy），也就是「公正建立起來的社會大團體中」一個重視德行、榮譽、勇氣、愛國心、忠誠、責任、尊嚴、法律、正義的階層；其成員可以是皇親貴族，也可以是目光遠大的飽學之士、履行職責的軍旅人士、嚴以律己的神職人員，或是關注商業正義的有產人士。至於宗教，在柏克看來，則是「文明的首要開端」（quoted in Bourke, 2015: 181），因為「人在本質上是一種宗教動物」（R: 80; WS8: 142-143），藉著宗教增進人類與上帝之間的「理性與自然聯繫」（the rational and natural ties），人們

在心態上才會更傾向於把那些行之有年的道德、制度與智慧看成是上帝所賜的恩惠，不敢貿然丟棄毀壞。

　　討論至此，我們再度折回到了柏克在近代政治思想史上最負盛名的論點：以法國大革命為引爆點所燃起的現代政治危機，其癥結並不在於人們沒有使用理性來改造社會、帶動道德進步的能力，而是因為人們曲解了理性的功能、錯估了人性的內容，反倒導致現存的文明遭受史無前例的嚴峻破壞。準此，《反思》可以被視為一本反省歐洲文明如何面對價值轉化危機的經典之作：正因為目睹法國大革命對於重視德行與上帝的既有傳統造成空前浩劫，所以，在《反思》中，柏克以更醒目的方式、更激越的詞藻，一再引用傳統的崇高意象來辯護歐洲文明與英國憲政傳統。

　　概而言之，柏克心中理想的政治秩序，是一個融合傳統與現代、秩序與進步的自由社會，或也不妨說，柏克追求的自由，是一種「具有秩序與社會性的自由」（an orderly and social freedom）。誠如柏克所言，雖然自由、權利、財產與利益是商業社會的主要價值，但「自由，唯一的自由，是與秩序連結的一種自由，其不僅與秩序和德行同時存在，而且沒有了它們自由根本就無法存在。自由在本質上即屬於良善與穩健的政府，就像其基礎與根本原則那般的存在著」（A: 10-11, 35; WS4: 376, 394）。換句話說，真正的自由「是與政府、與公共力量、與軍隊的秩序和服從、與有效且分配妥善的稅收、與道德和宗教、與財產的穩定、與和平和秩序、與公民和社會禮儀密不可分的自由」；「自由的樣態如果沒有智慧與正義相伴看起來是曖昧的，這種自由的列車也不會駛向繁榮與富足」；偉大的自由「溫暖人心；它們可以宏大與開啟我們的心靈；它們可以在衝突的時刻激

發我們的勇氣」（R: 8, 118, 216; WS8: 58-59, 183, 290-291）。

雅各賓主義

　　誠然從社會情感的面向來看，柏克的前後期思想具有高度連貫性，但大約從 1780 年起，由於政治局勢丕變，尤其是受到高登暴亂（Gordon Riot）的影響，[18] 加上目睹東印度公司的濫權以及法國大革命的爆發，柏克的寫作重心更明確地聚焦於「雅各賓主義」訴求的「現代道德與政策體系」（quoted in White, 1994: 15）以及隨之興起的「現代情感」（the sentiments of the modern）（A: 85; WS4: 432）。誠如柏克在《和解信函》中所言，主張訴諸暴力消除財產制並因而不惜「摧毀先前存在的法律與制度」的「雅各賓主義」，其所展示的暴力氛圍與弒君論和無神論沆瀣一氣，已然成為與「所有歐洲社群賴以建立的基礎根本相反」的三大邪惡力量，若不善加化解，極有可能導致基督教世界與歐洲文明的全面崩解（WS9: 240-241）。換言之，「每場革命本身都包含著某種邪惡」（A: 20; WS4: 383），而法國大革命造成的人性腐敗與政治邪惡更是令人憂心忡忡，因為其做法形同於是在創造一套全新的社會情感來扭轉人們對於文明偉大成就的心靈寄託，進而開啟一套嶄新的權威論述來取代既存的傳統與權威的「崇高性」。

　　如此看來，雖然權威的「崇高性」是政治社會的基石，但權

18　1780 年 6 月 2 日高登（Lord George Gordon）帶領反天主教的暴徒攻擊議會大樓，並在倫敦引發了六天之久的暴動，為此，政府還替柏克準備了一支護衛隊，雖然柏克謝絕了政府的好意。此一劃分主要受惠於史蒂芬·懷特（Stephen White）（1994: esp. chapter 3）的啟發。

威卻有可能是「令人敬畏的」，也有可能是「備受譴責的」（Cf. WS2: 253），就此而言，《反思》的寫作重點，也可以說是在捍衛「令人敬畏」的憲政權威，並抵抗「備受譴責」的盧梭新道德。事實上，正因為擔心昔日盟友、時任輝格黨領袖的福克斯在法國大革命的影響下誤入歧途，走向「新共和法式輝格主義」（new republican Frenchified Whiggism）（諾曼，2015：158），柏克在《訴請》中指出：與其說法國新憲法是嶄新型態的政治權威，還不如說它是一種前所罕見的殘酷暴政，其邪惡程度「遠遠超過在我們這個時代的文明歐洲世界中（the civilized European world of our age）可以尋找到的範例」；就此而言，「其熱愛者稱不上是自由的熱愛者，而毋寧是，（如果他們真正認識其本質的話，）最低下和底層的一切奴役的熱愛者」；尤有甚者，這樣的禍患並不只是「一種短暫的罪惡」，而是一種後患無窮的永恆邪惡（A: 10-11; WS4: 376）。

　　總而言之，和傳統的暴政比較起來，「雅各賓主義」的猖獗盛行，讓柏克備感跼蹐不安，因為「雅各賓主義」的最高目標是重建一種「虛假的崇高性」（the false sublime），來替換支持一個文明社會不可或缺的「真正的崇高性」（the authentic sublime）（see White, 1994）。在柏克看來，合理的權威所須具備的「崇高性」，最終必然指向上帝及其目的：人的幸福、文明秩序與普遍正義。然而，「雅各賓主義」的奉行者卻「決意摧毀這個世界之舊社會的整個架構與組織，並依照他們的模式再造社會」；為此，他們不惜弒君、不惜成為無神論者，並轉而訴諸空泛的形上學，建立一個全新的共和國。

印度主義：海斯汀斯彈劾案

有此說明，我們現在可以轉進討論柏克筆下的「印度主義」。柏克對於印度事務的興趣始於 1767 年。在一開始，他看待東印度公司的方式，與其所屬政黨（the Rockingham Whigs）的基本路線並無二致，也就是主張盡量維持東印度公司的自主權，以避免王權過度擴張。誠然限縮王權的立場大致不變，但到了 1783 年時，柏克處理東印度公司的態度出現了一些轉化，他傾向支持福克斯的《印度法案》，設置倫敦辦公室，由國會任命七位代表成員，並向國會負責。誠如柏克所言，既然「他們的信託權源自國會，只有國會有能力理解他們宏大的目標與權力濫用，也只有國會有能力〔對其不當行為〕做出有效的立法補救」（CW3: 385）。雖然如此，柏克依然認為，國會的主要職權是監督東印度公司，防止其濫用權力與擅自擴權，而非直接涉入印度在地事務。柏克在演講中甚至指出，該法案的歷史地位，宛如「印度斯坦的大憲章」（諾曼，2015：134）。

在〈論福克斯印度法案〉中，柏克區別了兩種特許權利（the chartered rights of men），第一種是像《大憲章》那樣透過限制權力與解消壟斷來賦予人民特定的社會權利，另一種則是諸如東印度公司的特許權狀，[19] 其目的反而是要求國會賦予該公司更多的權力與壟斷。由於後者在實質上是對人民權利的侵犯，所以柏克再三告誡其同仁，英國議會絕不能成為東印度公司濫權

19　東印度公司於 1600 年基於伊莉莎白女王的王室憲章成立。該公司由商人與貴族持股，不受政府控制與議會監督。關於東印度公司與近代英國政治發展之關係，請參見諾曼（2015：chapter 4）。

的幫兇：「我們沒有權利利用我們的責任來坐擁〔股票〕利益」
（CW3: 384-386）。不過，該法案最終在上議院被否決，而且出
人意表之外的是，幾天後威廉‧皮特就接替福克斯擔任新首相，
並於 1784 年提出他自己屬意的《印度法案》。此一版本雖仍賦予
倫敦一定的控制權力，卻大大簡化了國會對東印度公司的管理。
柏克反對皮特的《印度法案》，並呼籲召回與起訴海斯汀斯。

　　著名的海斯汀斯彈劾案始於 1786 年；當年，下議院通過了
柏克針對時任孟加拉總督海斯汀斯之腐敗與濫權行為所提出的二
十二項指控，並將全案送往上議院審理。如一般所知，在漫長的
彈劾審判過程中，倫敦媒體與輿論界從剛開始支持柏克，逐漸轉
向認為柏克冗長、瑣碎的指控，只是因為派系之私與宗教之爭而
挾怨報復。最後，上議院於 1795 年宣告海斯汀斯無罪。於此，
暫且不論柏克在海斯汀斯彈劾案中是否有公報私仇之嫌、是否只
是為了重振自己江河日下的公共形象與聲譽而刻意小題大作，誠
如珍妮佛‧皮茲（Jennifer Pitts, 2005: esp. 64）指出的，柏克在彈
劾案中提出的指控理由，至少具有三層重要的政治思想意義：首
先，海斯汀斯必須對其罪行負責，因為他確實利用了存在東印度
公司的各種濫權、腐敗與漁利的機會，對印度進行高壓專斷的暴
政統治；其次，這同時意味著英國當時的殖民統治與帝國政策是
失敗的，因為相對於英國引以為傲的自由精神與憲政傳統，整個
東印度公司存在著「結構性罪惡」與「系統性壓迫」；最後，從
全球正義的視角來看，東印度公司的失敗實際上代表英國作為一
個文明國家在道德與政治判斷上的缺陷，亦即，無法真正肩負一
個文明國家所應該承擔的道德與政治責任。

　　在作者看來，皮茲提及的第一層意義，可以藉著柏克著名的

「代表」（representation）觀念加以延伸討論。在柏克偏重社會情感的寫作脈絡中，「代表」一詞不僅指稱代議士和選民之間的關係，同時表示代議政府必須取得公眾的信任與民意的調解；因此，縱使是在缺乏選舉程序與代議士的情況下，柏克嚴正聲明，代表政府的印度行政官員仍具有「實質代表」的責任（the duty of "virtual" representation）（Bourke, 2015: 371; cf. 295-297），應當以「同情共感」的同理心來體驗感受在地風俗，並合情合理地理解當地居民的需求。然而，海斯汀斯治理印度的囂張行徑，在柏克眼中，卻宛如西班牙的武力征服者、在印度的英國暴發戶（a conquistador-nabob），完全未能善盡英國政府交付給他的職責，只顧著追求東印度公司的商業利益，而不理會當地人民的聲音。故此，在對海斯汀斯彈劾案的陳述中，柏克清楚表明，英國國會基於最高主權者的地位，有義務捍衛憲法基本價值，防止破壞自由精神的「印度主義」急速攀升。[20]

　　在此，值得一提的是：柏克有時也將東印度公司的高壓宰制和凌厲欺壓天主教徒的愛爾蘭新教優越性（Protestant Ascendancy）相比擬，認為其都是征服精神的表現，導致危及英國憲政傳統的「虛假的崇高性」四處擴散。而隨著法國大革命的爆發以及與海斯汀斯的長期交戰，「印度主義」逐漸被柏克視為「雅各賓主義」在帝國政治中的翻版。從該角度來看，晚年的柏克之所以會等同對待「印度主義」和「雅各賓主義」，主要是因為在他心中海斯汀斯的罪刑不再只是一個個案，而是一個「時代性的危險」（an epochal danger），也就是政治邪惡的勢力會合與全球擴散。

20　本段敘述的部分文字改寫自曾國祥（2017：211）。

所以，柏克一再強調，海斯汀斯捲入其中的其實是一套「充滿罪惡淵藪」（a thousand evils and a thousand mischiefs）且將導致「邪惡後果」（evil consequences）的「惡毒體系」（a vicious system）；換言之，一個濫用權力的「擅權體系必然永遠是一個腐敗的體系」（WS6: 375），進而導致自由精神受嚴重危害。此即皮茲提及的，柏克在海斯汀斯彈劾案中所傳達的第二層意義。

因此，柏克再三重申，透過彈劾案改變英國的對印政策是必要的，因為「每一種可以有效維護印度免受壓迫的手段，都是可以維護英國憲法免於最惡劣之腐敗的一種指引」（WS5: 383）；換言之，解決印度問題的真正關鍵是去「矯正一個壓迫與暴政的系統」（a system of oppression and tyranny）（WS5: 442）。也因此，當上議院於 1788 年開始審理此案時，柏克再度聲明印度人民有反抗不當管理的權利。柏克對於「印度主義」的深惡痛絕，啟發後人良多：終究不是英國的海外貿易本身，而是「印度主義」夾帶的政治邪惡的蔓延，造就了 19 世紀中葉以後崛起的帝國主義。允讓再次強調，對柏克這樣的溫和懷疑論者而言，自由精神固然是人類歷史發展與道德進步的指引，但因人性使然，自由精神勢將面臨征服精神帶來的「系統性壓迫」的衝擊。所以，為了迎接一個更美好的世界的來臨，我們需要的不是抽象理性的無限上綱，而是具有歷史性與現實感的政治判斷。

最後，既然「印度主義」顯露的帝國暴政，與「雅各賓主義」如出一轍，是人類普遍的政治邪惡在現代世界中的復刻，是阻礙人類與歐洲文明進步的路障，因此，倘若任其蔓延，不僅將有危及英國賴以立國的憲政傳統與自由精神之虞，同時將衝擊整個歐洲歷經長期歷史發展而積累起來的文明成就。由此觀之，放

縱東印度公司對於印度屬民的予取予求，實質上等於是暴露出了英國作為一個「文明帝國」的不足。換言之，觀諸英國官員、國會議員、知識分子對於印度問題的處置態度，令柏克深感憂心的是，當時英國社會的公共道德與政治判斷，顯然還未臻於成熟，既無法尊重印度自身的傳統，也未能同情理解印度人民遭遇的極大苦難。就此而言，英國社會的文明程度儼然還有偌大的進步空間，在面對全球正義的要求上，英國還不克承擔其所應當承擔的道德義務與政治責任。

結語

　　根據以上的討論，作者現在準備扼要回答本文在一開始所提出的三項問題。首先，雖然在教科書的定義上，柏克向來被視為保守主義之父，但從本文涉足的探索進路來看，正因為柏克的政治思想帶有保守的一面，傾向於談論「人民的情感與意見」、推崇「審慎判斷」、尊重文明與憲政傳統的「崇高性」與人類活動的「社會性」，並嚴厲批判「雅各賓主義」與「印度主義」，所以柏克的帝國政治思想，非但沒有急速滑向帝國主義的懷抱，反倒彰顯出了自由主義與保守主義在近代政治思想史上的一項共通特點：透過批判因權力集中而造成的政治邪惡，來避免個體的自由與權利受到各種暴政形式的侵犯。一言以蔽之，柏克的帝國政治思想是獨特的、是尚待發掘的，因為通過保守的哲學視域，其提供了我們思索當下所謂的「自由主義國際秩序」的另一種可能：更平等地看待他者文明、更重視跨文化的相互理解、更關注帝國暴政對文明帶來的戕害。

　　換個角度來說，由於「溫和懷疑論」的調解，柏克的整體思想帶有波考克所稱的「保守啟蒙」特質，並因而提供了我們一種不同於「激進啟蒙」的視野，來涉入自由憲政、商業社會、歐洲文明與帝國政治的相關爭辯。[21] 在柏克政治思想的底層，存放著他對一個民族國家的歷史經驗與文化成就的深切反省與殷切展望、對一個正在擴大發展當中的歐洲文明的自我覺醒與自我批判。因此，雖然柏克並不直接反對帝國政治本身，但在思索殖民統治的基礎時，除了政治經濟與商業效益的計算，其演說與著述的真正重心，最終總是回歸他對英國憲政困境與歐洲文明危機的洞察。也因此，柏克的全球政治思想具有兩個相互扣連的面向：從積極面來看，他戮力捍衛全球正義，從消極面來看，他則是集

21　根據波考克（及其他學者）提出的多元啟蒙史觀或「啟蒙家族」（family of enlightenments）的說法，包括休謨、亞當・斯密、佛格森、柏克與吉朋在內的英國作家，對於一個「開明歐洲」的設想，基本上是立足於溫和中道（moderate）的精神，一方面竭力「保守」光榮革命之偉大成就，以及英國混合憲法對於自由權利之保障，二方面則力圖「革新」（to innovate）隨著商業社會興起所帶來的各種國政問題，包括宗教、財富、秩序、文明、乃至於帝國政治與殖民政策。以此言之，有別於來自歐陸、以巴黎知識圈為首、時常被界定成單一形式並以定冠詞表達的「啟蒙運動」（*the* Enlightenment），**某種**「英格蘭啟蒙」（*an* English Enlightenment）、「溫和啟蒙」（*a* moderate Enlightenment）甚或「保守啟蒙」（*a* conservative Enlightenment）的最大特色，就是致力於調解歷經歷史考驗的文明傳統與新興商業社會的公民規範。在這層意義上，不僅「啟蒙運動」與「文明進程」或「enlightened」與「civilized」的意涵無法切割，我們甚至可以說，「英格蘭啟蒙」的論說目標，便是在肯定英國文明進程的大前提下——確立憲政主義與混合政府保障自由權利的光榮傳統——思索 18 世紀的英國如何以一個「文明國家」的身分，來面對商業社會的興起、宗教派系的衝突、美國獨立革命的爆發、歐洲民族國家的崛起，以及大英帝國的帝國政策等時代課題。

中火力批判踰越文明底線的政治邪惡：腐敗、壓制與暴政。

　　順著這層意義，追問柏克是否為一位帝國主義者並無太大的意義（Metha, 1999: 158），因為作為 18 世紀的歷史行動者，柏克從未質疑英國治理印度的合法性，或否定東印度公司存在的必要性，更不要說放棄大英帝國對印度的殖民。盱衡當時的全球政治脈絡，柏克真正關心的核心問題是：英國政府、議會與社會有識之士，在討論與執行帝國政策時，是否能夠兼顧正義原則與社會情感而做出合理的審慎判斷。要之，與其質問柏克是否支持帝國主義，不如認真反思他看待帝國治理的方式，是否違背古典自由主義與保守主義力圖追求自由與批判暴政的共同信念？

　　循此思維，我們於是接近了前述的第二項提問，也就是有關文明與野蠻的對立。與後來的自由主義者和普遍主義者不同，柏克對「基於普遍正義的世界帝國圖像」的思索，並未導向文明優越論與道德教化的思維。在柏克的帝國政治思想架構中，文明與野蠻的對立並非肇因於人種或民族的差異，而是涉及人性的善與惡的爭鬥、憲政與暴政的競逐、自由精神與征服精神的對抗，因此柏克對於「文明國家」或「文明帝國」的反思，並未像約翰‧彌爾那樣，成為支持帝國主義與殖民主義的理據：擁有較高文明的帝國支配者必須透過對落後的野蠻社會人群的教養、啟蒙與開化，來促進人類整體道德能力的進步與提升。

　　由此觀之，柏克的帝國政治思想，不僅離帝國主義還有一段距離，甚且有助於我們從全球視野來省思現代政治的基本問題：因人心腐化而導致政治邪惡的蔓延。更清楚地說，由於在柏克的著述中，良好的帝國治理與文明的憲政國家之間在道德規範上享有共同的標準，也就是自由精神，在人性上也分享著「崇高性」

與「社會性」的情感運作規則，所以，一個為孽不仁的國家固然不可能形成正義的帝國政策，一個不義的帝國政策也不可能讓一個國家走上正義之途。從這點來說，柏克批判帝國暴政的用意，無非是在呼籲英國政府與人民注意，東印度公司施加在印度殖民地的暴政統治，倘若任其無限擴張，不僅有違正義原則，而且這種因人性腐敗與權力濫用而形成的制度性壓迫，隨時有可能會回過頭來顛覆英國社會好不容易才建立起來的憲政自由傳統、乃至於撼動歐洲文明秩序。

依此，柏克心中一個更為高遠的全球政治願景，無非是在勸說英國政府勇敢承擔其在當時帝國狀態中所應該肩負的道德責任，也就是真正認識自己作為一個「文明帝國」在「基於普遍正義的世界帝國圖像」中所應該扮演的正確角色。更具體地說，一個泱泱大國在面對殖民地人民時，不但不應該將正義原則排除在其帝國政策之外，因為這將使得正義畫地自限成為一種「地理道德」，更應該試著打破文化藩籬，通過「同情共感」的道德想像，用心感受殖民地人民遭受的窘迫處境，進而通過解除他們無端承受的各種不公不義對待，來逐步體現普遍正義的內容。

綜上所述，雖然柏克對於「文明帝國」所應遵循的全球正義的求索、對於「野蠻帝國」展露的帝國暴政的批判，在理論上並未帶有今天「反帝解殖」的「政治正確性」，在歷史上也無法實際阻擋歐洲帝國主義與殖民主義於 19 世紀中葉以後在世界各地的流竄與入侵；但透過對普遍正義與普遍邪惡之間的永恆爭鬥的清晰透視，柏克以社會情感為出發點的全球政治思想，縱使是從今日的眼光來看，依然在帝國暴政幽靈不散的歷史暗室中散發著文明的光芒。

06 「自然非群性」的盧梭變奏：從共和帝國主義到共和邦聯

陳嘉銘（中央研究院人文社會科學研究中心副研究員）

政治思想史學者，理查・塔克（Richard Tuck），在他的知名著作《戰爭與和平的權利：從格勞秀斯到康德的政治思想與國際秩序》（*The Rights of War and Peace: Political Thought and the International Order from Grotius to Kant*）（Tuck, 1999）（文後簡稱《戰爭與和平的權利》），提出了一個大膽的主張。歐洲 16 世紀晚期有關戰爭與和平的思想，大部分根源於古羅馬共和雄辯家的人文主義思維（humanism）。人文主義長期支持了歐洲近代早期的海外擴張主義和帝國主義，它的巔峰是 17 世紀的英國哲學家霍布斯（Thomas Hobbes）。霍布斯提出的自然狀態中的人性，具備「自然非群性」（natural un-sociability）的特性，其靈感正是來自人文主義中國家具有侵略性和擴張性的對外特性。塔克主張，霍布斯自此開啟了自由主義思想的長期困境。對自由主義來說，愈強調個人自主性、愈無法避免允許國家對外採取擴張主義。個人自主性和國家對外擴張性有某種概念上連動性。盧梭和康德也都繼承了這個困境（Tuck, 1999: 12-15）。

　　塔克的論點非常有啟發性，但是這篇文章將挑戰塔克關於盧梭的主張。塔克將盧梭的思想放在人文主義的脈絡，很有意義。盧梭稱道古羅馬人是最懂戰爭的民族，他也自認繼承了部分羅馬共和的戰爭思想。但是盧梭對戰爭深痛惡絕，認為戰爭和暴政是人類社會兩個主要的惡，他雖然沒有帝國主義的系統著作，但是批評也相當嚴厲。

　　關鍵的問題是，盧梭如何像 16 世紀的人文主義者繼承了古羅馬的戰爭思想，但是卻反過頭來要減緩戰爭的惡？他如何阻卻人文主義國際思想中的擴張主義？這篇文章將以「自然非群性」這個概念為核心，對盧梭的國際關係思想提出一個新的詮釋。盧梭深沉思考和再利用了霍布斯的「自然非群性」主張，瓦解了人文主義的帝國主義，為共和國開展了國際邦聯的可能性。

人文主義的戰爭思想與人的「自然非群性」

　　根據塔克的論述，就戰爭與國際關係的思想來說，16 世紀的人文主義者和 15 世紀文藝復興時期的人文主義者沒有根本不同。這些人文主義者根據羅馬雄辯家的作品，發展出一連串支持歐洲早期擴張主義和殖民主義的戰爭法學（jurisprudence of war）。塔克對人文主義的國際擴張主義的分析，以 16 世紀英國牛津的民法教授真提利（1552-1608）為核心。真提利的戰爭思想相當程度上繼承了古羅馬人的觀點，並且在空地占領上比古羅馬人更具侵略性。他是人文主義國際關係思維最具代表性的人物。我這節將簡述塔克論述的真提利的戰爭思想，我自己也將補充兩個人文主義的戰爭思維。這節之後，我將說明盧梭如何駁斥

這些戰爭思想。

第一、允許國家採取預防性攻擊[1]。對真提利來說，僅僅基於死亡的恐懼，而不只是面臨真正的危險，國家就可以對外展開攻擊。沒有國家應該置自己於危險之中，坐等著被攻擊。國家不只應該對付那些已經下了決心攻擊它的國家，而且也要積極對付那些在未來可能會攻擊它的國家。在小惡成為真實威脅前就要撲滅它。鏟除潛在威脅的戰爭包括了權力平衡的戰爭，當一個國家變得過度強大，其他國家就需要聯手去攻擊它，以維持權力的平衡。（Tuck , 1999: 18）

第二、交戰雙方都是正義的戰爭。真提利說，從一個最純粹和真實的正義形式的觀點，確實很難認為交戰雙方都是正確的，可是我們無從得知這種正義的真理。我們只能從人的觀點去看待正義，這個觀點就是交戰雙方都會主張自己是正義，這也是戰爭的本質。對人文主義者來說，戰爭沒有不義侵略者和正義防衛者的差別。不過，即便如此，戰爭仍然在自然法底下進行，即強者法則的自然法。（Tuck, 1999: 31）

第三、為了「人類社群的利益」發動的戰爭是正當的。人文主義者承認，在一個廣泛的「人類社會」（human society）或者「世界社群」（world community）中，人與人之間的「自然群

1　塔克在討論「預防性攻擊」時，他使用的該節名稱是 Pre-emptive Strikes（Tuck, 1999: 18）。但是 Pre-emptive Strikes 在當代有關戰爭的討論中屬於「占先攻擊」。當代「占先攻擊」的支持者強調只有面臨立即威脅（imminent threat）時才能攻擊對手。因此「占先攻擊」在當代的意義，和塔克通篇討論的可以防患未然的「預防性攻擊」理念有很大差異。如果忠於當代的區別，塔克應該使用「預防性攻擊」（preventive strike）一詞。

性」（natural sociability）相當薄弱。可是，所有人類都屬於一個共同身體，為了整個身體的利益，每個成員都該被保存，因此如果有成員被不公正地壓迫，其他成員就有義務去保護他們（Tuck, 1999: 34-36）。這樣的主張看似良善，但在應用上有很深遠的負面影響。

對真提利來說，「自然」建立了一些不能被侵犯的基本道德性。因此當野蠻人侵犯了這些基本道德性（人獸交、食人肉、為了人肉而殺人），任何國家就可以基於保護「人類社會」的利益，正當地對這些野蠻人發動戰爭、奴役這些野蠻人，因為他們的「惡和罪」。（Tuck, 1999: 34-35）

因為人文主義者既要主張自保的優先性，又要主張「人類社群」的利益，這導致他們要去發展人與人之間一種薄弱的同情心和同胞情誼。這樣的「自然群性」薄得恰到好處，允許歐洲君王對其他國家採取廣泛的干涉政策，包括了鼓吹查理五世攻擊土耳其人，以及法國以文明化使命證成對新世界的征服。（Tuck, 1999: 36-37）

第四、對空地的占領。真提利主張，因為上帝創造世界不是為了讓它空無一物，因此出於必要性以及對土地的使用，人們可以去占領空地。即便該空地屬於某個主權者，歐洲君王也有權利發動占領戰爭。真提利的主張牢牢影響了那些要在新世界建立殖民地的歐洲人，特別是英國人和荷蘭人（Tuck, 1999: 47-50）。以格勞秀斯（Hugo Grotius）為例，他主張人們有普遍的自然權利可以占領對擁有者沒有用處的土地，如果地方政治權威不允許這樣的占領，它就違背了自然法，人們就可以發動戰爭懲罰它（Tuck, 1999, 104-108）。霍布斯也同意印地安人沒有灌溉土

地，因此對土地沒有占領權，只有使用權。他支持殖民者有權利占領住民稀少的土地（Tuck, 1999, 137-138）。

塔克認為以上四個基本思維組成了人文主義的戰爭法學。我再補充以下兩個：

第五、征服者的權利。征服者的權利是古羅馬對歐洲社會影響最悠久的戰爭思想。根據莎朗・柯曼（Sharon Korman），這個權利從歐洲中古時期盛行到古典國際法時期，到了 20 世紀第一次大戰後才被民族自決原則取代（Korman, 1996）。

在近代早期和古典國際法時期，戰爭在國際法中是一個法律狀態。當國家宣戰的時候，「戰時的法律」（the law of war）和「征服者的權利」就被啟動。國家可以為了任何他高興的理由發動戰爭，君王擁有不受限的裁量自由。戰爭可以用來解決爭議、獲取領土、促進國家利益。戰爭是唯一被允許以武力獲得領土的合法管道。（Korman, 1996: 99-100）

征服者的權利就是從這個開戰的絕對權利發展出來。征服者的權利並非指不受規範的武力可以產生權利。它是國際法規範的權利。它的定義是戰爭中的勝利者，當他對占領的領土持「有效的擁有」時（effective possession），他對該領土和居民即擁有主權。它的合法性要件包括：這必須是一場戰爭中取得的領土、敵人停止回復失土的戰鬥（有效的擁有）、勝利者宣布合法獲取該領土。換句話說，如果沒有經過戰爭而占取一塊土地，無法產生征服者的權利。（Korman, 1996: 98-99）

雖然征服者的權利是被規約的，可是它仍然認可勝利者的權利。這意味著，只要滿足合法性要件，武力可以產生國際社會認可的權利。這也意味著即使沒有正義的開戰理由（just cause），

國際社會仍然會認可不義勝利者的征服權利。征服者的權利使得湯瑪斯義戰傳統中強調的正義開戰理由，沒有實際的意義和效果。

征服者對占領領土的住民擁有什麼權利？在 18 世紀之前，征服者幾乎擁有無限制的權利。格勞秀斯在 17 世紀早期還主張征服者有絕對和無限的權利，可以屠殺和奴役任何在敵人領土抓到的人，包括女人、小孩、囚犯；也可以掠奪任何私有財產（Korman, 1996, 30-31）。

第六、捍衛「不被支配的共和自由」。許多共和國的擁護者支持上述人文主義的帝國主義，包括羅馬共和的修辭家以及義大利文藝復興時期的共和主義者。也許有人會問，共和自由理念不是應該反專制嗎？怎麼會支持帝國主義？如果我們仔細閱讀馬基維利，就不會感到詫異。馬基維利說，任何政體都有兩種公民，有野心的公民和不想被支配的平民。前者追求權力和榮譽，後者只想過著安全生活，不願意成為仰賴恣意統治者的奴隸。這兩種公民尋求兩種不被干預的消極自由。要維持這兩種自由的條件是整個社群過著一種整體的「自由的生活方式」。（Machiavelli, 1996: 44-47）這樣的自由生活方式受到外來征服者和內在暴君的威脅。如同個人公民一樣，有些國家有野心要去支配他的鄰居、壓迫他們成為附庸國。附庸國的公民只能被強迫聽從命令，淪落為奴隸的地位。因此每個公民都要有足夠的德行，戰鬥保衛他的城邦，保衛他們的自由（Machiavelli, 1996: 172-175）。根據政治思想史學者昆丁・史金納（Quentin Skinner）的分析，在這個新羅馬的共和自由視野中，消極自由就是「不依賴統治者恣意統治的自由」，也就是「不被支配的自由」（freedom as nondomination）（Skinner, 2002: 160-212）。

　　享有共和自由需要避免恣意的統治者站在個人或者共和國之上。但是，換個觀點來看，只要成為權力最高的統治者，就可以享有這種「不被支配的自由」。一個政治體內可以採取集體「自由的生活方式」避免任何人成為暴君。可是對外來說，沒有一個國際的集體政治生活方式可以避免帝國恣意支配其他國家。因此，除了避免被其他帝國支配之外，自己成為帝國也是在國際上享有「不被支配的自由」的重大方法。未雨綢繆地消滅或者支配其他獨立國家甚至是最保險的方法。失去自由的恐懼，恐怕很容易驅使共和國對外採取帝國主義。

　　這六個思維構成了人文主義的戰爭思想，廣泛正當化了歐洲近代早期擴張主義的戰爭。16 世紀的人文主義者對國際關係的理解是：國家是一個自主的行動者，彼此之間沒有豐富的感情關係和社會生活。他們對待其他國家時，認可一些普遍但稀薄的道德原則。但它們不會將自身利益放在更大的世界社群利益之下。自保是它們最關鍵的議題，幾乎壓倒其它任何考量。它們會盡最大努力維持自己的獨立，不臣服於更大的政治體。

　　塔克認為，17 世紀的自然法學者開始設想的自主個人，正是以這個國際關係為構想參照點。在自主個人組成的普遍世界中（也就是 17 世紀思想家構思的自然狀態），個人的特性和國家在國際關係中的特性，基本上是類似的。他們的本質是霍布斯式的個人。為了確保自保，對外具有預防性攻擊的擴張性格，只分享最小的自然規範。從霍布斯開始，重要的自由主義學者論述下的自主個人，只有「薄弱的自然群性」（weak natural sociability），或者也可以稱為擁有「自然非群性」（natural unsociability）[2]。這樣的個人為了保護自己的安全和自主性，組成了國家，建構了他們自己的倫理環境。「沒有任何一個主張以權利為基礎又有說服力的自由主義者，不接受這個 17 世紀早期出現的自由主義個人能動性的論述」（Tuck, 1999: 8-15; 226-234）。

對塔克來說，這樣的自主個人，和擁有很厚、幾乎無法選擇規範的政治生活相衝突。根據塔克的觀察，對自由主義思想家來說，國際關係和個人自主性有著難以解開的連動性。愈強調緩和的國際關係，個人在公民社會內的自主性就會愈限縮。

為什麼？塔克沒有明說。我們可以這樣推想，因為強調緩和國際關係的思想家，通常會強調人與人之間厚實的規範，這樣的規範既普遍而且自然，既有效規約了國與國的關係，也有效規約了個人間互動。因此個人不需要為了自保，必須積極建構自己的倫理環境。個人能動性的必要性因此降低了。反之，如果人與人間沒有厚實的自然規範，每個人就需要很強的自主性和能動性創造自己的倫理環境，確保自己的安全。這就是塔克所謂自由主義無法解決的困境。充滿擴張衝突的國際社會和高度自主的個人，在理論上被綁在一起。

但是有沒有思想上的設計可以突破這個連動性？我認為盧梭提出了十分有啟發性的看法，扭轉了「自然非群性」在國際關係看似帶來的必要之惡。

然而塔克認為盧梭也繼承了霍布斯帶來的困境，因為：第

2　這和亞里斯多德傳統有很大的不同，對亞里斯多德來說，人是政治的動物，有厚實的自然群性，自然地會組成情誼深厚和為彼此犧牲的城邦。可是人組成的社群也因此必然不能太大。

一、盧梭也闡述了自然群性薄弱的個人。個人在社會發展前只有自保和同情心兩種欲望，文明社會發展後，他們的比較和競爭野心將導致戰爭狀態；第二、人為了自保組成國家，但是國家帶來遠為更多的屠殺。國家比個人更像純粹的霍布斯行動者，國家成長沒有止境，為了安全，不斷監視彼此和競爭軍備，它們帶來廣泛的國際衝突，把個人帶往比國家出現前遠為血腥的殺戮。人只要互動最終就陷入這樣悲慘的處境。「盧梭強調地堅持人的自然非群性……根本上他和霍布斯分享了一樣冷淡和非群性的人性視野」（Tuck, 1999: 205）。

　　這篇文章將指出塔克對盧梭的理解並不真確。盧梭確實保留了個人的「自然非群性」，也因此他筆下的行動者維持了很強的自主性。他表面上看來繼承了人文主義國際關係思維和霍布斯式自主個人思想。可是他卻更深刻地思索人的「自然非群性」。他不像霍布斯認為人的非群性從自然狀態到國家公民狀態大抵上相同，不會改變。盧梭最大的創見在於，他仔細刻畫了人的「自然非群性」在不同環境下的不同展現，並作出不同於人文主義的政治推論。以下我將分析盧梭如何利用「自然非群性」，重新構思了一個緩和的國際關係。

初探「自然非群性」：四種自然狀態

　　塔克以盧梭的〈戰爭狀態〉一文中的國家間的關係，以及《第二論述》中國家出現之前的慘烈爭鬥為證，指出盧梭也繼承了霍布斯的薄弱自然群性主張（Tuck, 1999: 202-7）。我不完全反對這個論點。但是盧梭可以說是真正深沉思考和充分利用人的

薄弱自然群性論點的偉大思想家。首先，盧梭認為人的特性會隨著環境有很大的變化，所謂的薄弱自然群性在不同的環境下會有不同的強度和展現。這和霍布斯非常不同，對霍布斯來說，不管是在無政府或國家內部，具有擴張性的個人欲望的強度和展現幾乎是恆定的。

　　根據盧梭的文本，至少以下幾種場合薄弱的自然群性都有不同的強度和展現。我們要特別注意的是衝突狀態的變化。

　　第一、純粹的自然狀態。在這個最原初的狀態人們彼此間沒有社會關係，也還沒有家庭，每個人孤獨和簡單地在自然裡求生存。這時人有兩個本能，一是自保，二是對其他有感受的生命的憐憫心。他們基本上不會打交道。只有在罕見的場合會因為短暫的共同利益，合作追捕野獸。在更罕見的場合，則會因為競爭生存所需而大打出手。但是他們不會打得你死我活，也不會產生壓迫和臣服，因為打輸的人很快就溜進叢林裡消失了。（Rousseau, 1997a: 152-153. 161-163/OC3: 154-156, 164-167）

　　第二、編茅穴居的自然狀態。這是純粹自然狀態的下一個階段，小家庭開始編結茅舍或者住在洞穴裡，這時家庭內產生了夫妻間以及親子的甜美情感。這時已經有茅舍的人，不會去掠奪他們鄰居的茅舍，因為掠奪沒有用處，而且他要冒很大的風險和其他家庭狠狠打一架。（Rousseau, 1997a: 164-165/OC3: 167-168）

　　第三、部落生活的自然狀態。許多家庭開始集結為一個部落，部落中的人們變得馴服，而且彼此情感加深，人們習慣圍著大樹唱歌和跳舞。他們發展出初步的「活在他人眼光中的自愛心」（amour-propre）（底下簡稱虛榮的自愛心或者虛榮愛），因此會競爭跳舞、唱歌、打獵，也會因為被羞辱而生氣，但是他

們沒有勞力分工，日常生活不需要相互依賴，因此也沒有過度熱烈的虛榮愛。在這個介於懶散的原初人和墮落文明之間的階段是人類最快樂的黃金時期，也最穩定、持久。新世界的人民，例如美洲印地安人（Amerindians）、加勒比人（Caribs）、墨西哥人（Mexicans）等等野蠻人（savages），就屬於這個階段。（Rousseau, 1997a: 165-167/OC3: 169-171）

人文主義者構想出一個廣泛的人類社群的概念，主張任何國家可以基於保護人類社群之名，對野蠻人發動戰爭。但是盧梭認為「描繪野蠻人為了滿足他們的野蠻持續互相殺戮是荒謬的」（Rousseau, 1997a: 156/OC3: 158）。

> 沒有其他事物像他所處的原始狀態這麼溫和…他的本能和理性限制他。因為要保護自己而去對抗威脅，他仍然被自然憐憫心限制不會去傷害任何人，即使他被傷害，也不會去傷害他人。（Rousseau, 1997a: 166/OC3: 170）

新世界的人民是一群獨立、強壯、還被自然同情心影響、溫和和快樂的人，並沒有特別血腥、殘忍，也沒有做不公正的事情。歐洲人自以為是的文明進步觀念，以及他們的貪婪野心，讓他們對野蠻人充滿偏見。

在他對《第一論述》的〈最後回應〉（Last Reply）裡，他憤怒地駁斥了人文主義征服野蠻人的思維：

> 野蠻人被征服只因為他們最不公正！在我們偉大尊敬的美洲征服中，祈禱吧，我們是什麼？而且然後，擁有大砲、航

海圖和指南針的人民怎麼可能會犯下不正義的事！我難道要
被告知，結果證明了征服者的勇氣？所有證明的都只是他們
的狡猾和伎倆……（Rousseau, 1997a: 81/OC3: 91）

在上述三種自然狀態中，盧梭承認人與人之間沒有自然法或
自然權利等自然規範，只有**強者法則**（rule of the stronger）會決
定衝突結果。他在《波蘭政府諏議》中說：

　　最不可違背的自然律就是強者法則。沒有立法、沒有政治
體制可以免於這個法則。去尋找可以確保你能夠對抗比你強
的鄰居對你侵略的工具是尋找幻象。（Rousseau, 1997b: 233/
OC3: 1013）

可是在這些情境下，人們即便沒有普遍、豐富的自然情感和
規範，也不會為了自保而打得你死我活，更不會預防性攻擊其他
人，因為風險高而且沒有必要。在這些狀態中，**強者法則**不會
帶來強者壓迫弱者的後果。強者可能去搶其他人的果實或獵物，
可是他無法命令其他人服從他。在這些階段，人們不擁有任何東
西，所以不會因為依賴他人、需要他人而服從他人。如果他想要
強迫其他人為他工作，他需要花很大力氣監控他抓到的人，害怕
他們趁他睡覺逃跑或殺了他。而且他們一趁他不注意就拔足消失
在森林裡，一輩子也遇不到了。強者寧可自己餵飽自己，比較省
力。（Rousseau, 1997a: 158/OC3: 161）

就情感來說，盧梭認為純粹的自然人有兩種欲望，一是自
保，二是憐憫心。憐憫心是我們看到同類受苦的內在厭惡感。憐

憫心可以幫助我們節制狂暴的虛榮愛和自保的欲望。野蠻人因為憐憫心所以本性是溫和的。在自然狀態，憐憫心節制了野蠻人去搶奪小孩和老人的東西。它告訴人們追求自己的善，對他人做最少的傷害。它代替了法律、風俗和德行的角色，幫助人們相互保存。但是隨著文明、虛榮愛和理性的發展，人的憐憫心愈來愈微弱。憐憫在野蠻人身上雖然模糊但很活躍，在文明人身上雖然發展但很微弱。野蠻人可以親密地認同受苦的人，文明人卻因為理性，將他和每件困擾他的事物分離，局限在自己的世界裡。（Rousseau, 1997a: 152-153/OC3: 154-156）

就愛這種激情來說，盧梭認為，純粹的自然人只有平靜的身體之愛，也就是不辨別個體差異的性欲。因此野蠻人只有很少的熱情、容易知足。而激情、妒忌和占有這些**道德之愛**，是人在社會中展出美醜、優缺點等比較性的區別之後，才發展出來。道德之愛在文明社會帶來了決鬥、復仇、謀殺等等激情。不過，盧梭也說，結茅穴居的家庭發展出了甜美的情感，部落內部也有相當的情感聯繫。但是這些情感沒有延伸到普遍的人與人之間。（Rousseau, 1997a: 155-157/OC3: 157-160）

我們可以觀察到所謂薄弱自然群性，就情感面上，盧梭有非常複雜的表述。野蠻人有旺盛和親密的憐憫心，但是他們的互動很簡單。一旦人進入文明社會，文明人發展出來的狂熱的道德之愛，反而成為他們衝突和困擾的原因。野蠻人可以發展出家庭和小規模社群的深厚情感聯繫，但是他們對普遍其他人的憐憫心很微弱。我們很難簡單地用情感多寡來形容盧梭筆下的人的「自然非群性」。

第四、文明人的自然狀態（無政府狀態）。塔克認為盧梭的

薄弱自然群性觀點，最明顯地表現在這個階段。這是一個設想文明已經發展，但是人們沒有組成國家的獨立狀態。盧梭觀察到的歐洲商業中心的人們，充滿了貪婪、奢華、野心、妒忌、掠奪、憎恨和支配的欲望。奴役的根源在於人們自願臣服於主人以去奴役其他人。這些惡的蔓延，根源於「活在他人眼光中的自愛心」沒有節制的發展。虛榮的自愛心驅使人想要站在所有人之上，被所有人羨慕。而虛榮愛膨脹根本原因是社會分工的發展。社會分工刺激的需求發展，使得財產權變得必要，不同的天賦為每個人贏得不平等的收入。人們開始各顯其能，所有官能和虛榮愛開始啟動。人們對物品的需求無止境成長。這些需求不是人的真實需求，而是來自於站在他人之上的渴求。繼而人們對於其他人合作的需求也無止境成長，他必須要去壓迫或者欺騙別人來幫助他、滿足他的野心。（Rousseau, 1997a: 169-171/OC: 173-175）這樣的野心：

> 在所有人心裡注入一種黑色的欲望要去傷害他人。一種祕密的妒忌心，因為它帶著仁善的面具以便在更安全的時候展開攻擊，因此遠遠更為危險。也就是說，一方面競爭和對抗，另一方面利益的衝突，以及永遠有一種想要在他人的損失中獲利的隱藏欲望。（Rousseau, 1997a: 171/OC3: 175）

盧梭認為，這樣的文明人在沒有國家的獨立狀態，無法組成自然和普遍的社會。他們的貪婪讓他們變得脆弱，他們充滿無數的欲望，因此需要他們的同胞合作。可是他們的激情只會分化他們。他們愈成為彼此的敵人，就愈需要彼此。這樣的相互需求組

成的社會只會幫助強者，而讓弱者毫無庇護。一旦人民相信他們聚在一起的原因不是為了共同福祉，某些人的快樂必然造成他人的不幸，這樣的聚集只會是犯罪和悲慘的來源，每個人就只會看顧自己的利益、跟隨自己的欲望、聽從自己的激情。在這樣的獨立狀態，我的私人利益和他人的利益勢必無法調和，我無法確保他人會遵守法律，而如果我節制自己遵守法律，我可能遇到更糟的情況，強者來欺壓我，我卻無法從弱者身上得到補償。為了我的利益和安全，我最好的辦法就是加入強者、分享欺壓弱者的戰利品。

更重要地，基於上述文明人的獨立狀態，在《日內瓦手稿》中，盧梭批評了自然法的概念（Rousseau, 1994: 76-81/OC3: 278-288）：

第一、文明社會激起的激情和利益堵塞了人們聽從自然法的可能。盧梭並沒有否定我們的理性可以推理出自然法的原則。他說，人性（humanity）這個概念設想了整個人類種族是一個道德人。我們有一種共同存在的情感，給予這個道德人個體性。所謂的自然法就是，這個道德人的每個部分，為了對人類整體來說普遍的目的而行動的積極原則。但是自然法畢竟是理性的法則，在文明社會出現之前，自然人沒有能力去思索和理解它。在文明社會發展之後，人們才有理性能力發展自然法的概念。可是文明的發展喚醒了個體的利益，堵塞了人心中的人性發展，同時，文明社會發展出來激情使得自然法失去力量。當我們在進入文明社會之前，還有能力遵守自然法時，我們的理性無從理解它；當我們進入文明社會可以理解自然法時，我們卻已經失去能力聽從它。

第二、追求自保的第一天性讓我們無法客觀。我們可以將人

類社群的普遍意志理解為追求所有人最大的善。可是，個人利益和全人類最大的善的關係並不清楚。文明人如何理解自己可以從追求人類最大的善中得利？誰可以如此客觀地放下個人利益，遵守全人類的普遍意志？自然給予人的第一個指示是自保，我們如何可能拋下這個利益？

第三、我們如何能知道普世共享的自然法？ 如果自然法在每個人內心，那其實教導是多餘的，自然法只是教我們已經會的，要知道自然法是什麼，只要看我們怎麼做就行了，多餘的教導反而讓我們遺忘它。但是如果自然法不在每個人內心，那各種各樣不同的教導就會引起不同人民和宗教的慘烈衝突，而不是和平。

盧梭對文明人的分析以及對自然法的批評，可以視為對人文主義的國際關係思維做了兩個重大批評：

第一、他嚴厲批評了人文主義者以人類社群利益和自然法之名，對野蠻人和「暴政」發動的戰爭，以及對「空地」的占領。普遍的文明人之間沒有真正有效的自然法。歐洲君主以人類社群利益和自然法之名發動的戰爭和占領，只是虛妄。這些君王不可能真正聽從自然法，不可能客觀公正，他們宣稱的自然法也不在每個人內心，自然法的特殊教義只會造成不同人民和不同宗教間的衝突。

第二、如果說人文主義者為歐洲擴張主義辯護的理由是確保安全和懲罰侵犯人類社會的民族，盧梭尖銳地指出，歐洲帝國主義真正的原因是出於君主和商人階級的貪婪和支配的虛榮欲望。盧梭同意霍布斯，沒有國家的文明世界是一個強欺弱、眾暴寡的世界，但這不是因為人們為了怕死而採取預防性、擴張性的攻

擊，也不是因為人的本性如此。而是因為在文明社會，人們為了高度膨脹的虛榮愛，需要其他人，因此去欺騙、掠奪、傷害、支配和奴役其他人。這樣充滿貪婪和掠奪野心的歐洲社會，以保護人類社群和自然法之名對生活簡單的野蠻人發動戰爭，對盧梭來說，無疑是最大的諷刺。

　　這裡要補充，盧梭雖然反對基於充分利用土地的自然法去占領空地，但他沒有完全反對基於維生必要性的初占權（right of the first occupant）。盧梭認為初占權不是真正的權利，只有財產權成立後才成為權利。公民社會的人們普遍尊敬初占者的權利，因為當人們擁有財產權後，他就需要被財產權的概念束縛，他就對這個世界的其他廣大土地沒有財產權。初占權有幾個條件，第一、還沒有任何人居住（inhabitated）；第二、只占據個人需要賴以生存的部分；第三、需要勞力和培育（labor and cultivation）（Rousseau, 1997b: 54-55/OC: 365-366）。因此盧梭強力批判歐洲國家以儀式宣示的方式占領美洲的土地，他嘲諷西班牙 Castile 王室乾脆坐在他的大臣會議中宣布全世界是他的算了（Rousseau, 1997b: 55/OC: 366）。然而，勞力和培育的條件是否讓盧梭歧視游牧或狩獵為生的人民？他在《日內瓦手稿》中說，「這是一個最令人發笑的原則，所有被野蠻人居住的土地都應該視為空地，因此可以正當的攫取它，進而根據自然法驅逐這些居民」（Rousseau, 1994: 92, note/OC: 301, note）。顯然盧梭並非不接受非農業人民的初占權，或許他心中的勞力和培育不一定以農業的方式進行。

　　在這節中，我們論述盧梭區別了四種自然狀態，也就是四種

薄弱自然群性的展現。他藉此重新安排了野蠻和文明的優劣，矯正了歐洲人對美洲原住民的偏見，也嚴厲批評了歐洲國家海外擴張的真正動機。他也藉由文明人慘烈鬥爭的獨立狀態，攻擊了自然法、自然權利和人類社群利益的概念。他藉此否定了歐洲人以自然法和人類社群利益之名征服原住民的戰爭。

再探「自然非群性」：盧梭的思考與利用

更深一層來說，盧梭對「自然非群性」的思索有兩個重大層次。一、自保作為自然的首要指示，本身帶來的薄弱自然群性；二、文明人的自然狀態，他們的慘烈鬥爭根源於對虛榮愛的飢渴。就第一個層次來說，盧梭費了極大的努力，從文明前的三種自然狀態去解釋自保的欲望本身不會帶來慘烈的擴張和鬥爭，反而我們應該盡最大可能尊敬它。自保是自然給予人的第一指示，我們應該從中發現重大的道德指引。尊敬初占權某種意義上也是出於對每個人追求自保的尊敬。人類社會真正悲慘和衝突的根源來自於第二個層次的文明人的虛榮和野心。盧梭對「自然非群性」最深沉的思索就是要利用第一個層次的「自然非群性」去遏制第二個層次帶來的慘烈衝突。

盧梭的**自願主義**（voluntarism）可以用來證實這個論點。雖然盧梭反對自然法，但是盧梭從自保的首要性推理出一個我稱為**本體性原理**的自然法則，也就是統治關係的自願主義。他透過《社會契約論》前四章的緊密論證，主張**一切的正當統治關係（也就是統治的權利）都是人為同意的結果，沒有不經過同意的正當統治關係**。

在討論家庭中的家長權時，他這麼說：

> 只有在他們需要他保存他們的生命，孩子才持續和父親緊
> 繫在一起。一旦這個需求消失了，自然連結就瓦解了……
> 人的第一個律法是關注自己的保存，他的首要關注是他對
> 自己欠的關注，而當他達到理性的年紀之後，他就是保存
> 自己生命的方法的唯一仲裁者，他就成為他自己的主人。
> （Rousseau, 1997b: 42/OC3: 352）

小孩服從家長的統治權，是因為家長確保了小孩生命保存。
小孩一旦成人能夠自主維生，父親就自動失去統治權。每個個人
成為自己的主人的關鍵在於他是自我保存的唯一仲裁者，而且自
然給他第一個律法就是他有義務保存自己的生命。也因此，人會
讓出自由的唯一理由，就是對他的生存有利。盧梭認為政治社會
也是如此：

> 家庭就像政治社會的第一個模型……所有人，因為生而自
> 由平等，只會為了他們的利益而讓出他們的自由。（Rousseau,
> 1997b: 42/OC3: 352）

盧梭反對專制主義和奴隸制，因為兩者都是無條件的讓渡自
己全部的自由，「這樣的行為荒謬和無法想像，既不正當也沒有
效果」（SCLPW: 45）。生活在專制君主的統治之下，生活朝不
保夕，彷彿在洞穴裡等著被君主生吞活剝，沒有人會做出這樣的
交易，完全讓出自己的自由給專制統治者。奴隸如果交易出自己

的自由，也只是為了自己的生存，然而如果他是為了生存交易出
自由，他就不可能交易出所有的自由，因為他就無法確保自己的
生存，因此主人對奴隸的權利是矛盾和空無的。[3]

在這個脈絡下，盧梭說：

> 放棄一個人全部的自由，等於放棄一個人作為人的品質，
> 放棄人性的權利（the rights of humanity），甚至它的義務⋯⋯
> 這樣的放棄和人的本性不相容，剝奪一個人全部自由的意
> 志，等於剝奪一個人所有道德的行動。（Rousseau, 1997b:
> 45/OC3: 356）

這段話蘊含了豐富的意思，我們或許無法完全解讀。但是在
自保作為自然首要指示的脈絡下，它至少意味著：接受專制主義
或者奴隸身分就是讓渡全部的自由，這等於放棄一個人作為自我
保存的唯一仲裁者的主人身分。在這個意義上，他放棄了自己對
自己的首要義務，放棄了自己作為主人的自由。因為道德行動根

3　中世紀的湯瑪斯主義者（Thomists）對自然奴隸非常保留，但是亞里斯多
　　德文本的發現，幫助文藝復興的人文主義者拋開一切束縛，廣泛接受把野
　　蠻人當奴隸。到了 1530 年，自然奴隸已經成為人文主義者普遍接受的概
　　念。埃格斯提諾・尼福（Agostino Nifo）在 1531 年說：「透過戰爭可以
　　獲得的財富包括了野蠻人和他們的貨品，因為希臘人和拉丁人如果對野蠻
　　人發動戰爭，戰爭只能是正義的。野蠻人是自然奴隸，希臘和拉丁人是自
　　然主人。」真提利延伸亞里斯多德的自然奴隸主張。他認為如果野蠻人
　　違背基本道德的作為是如此邪惡，歐洲人就可以把他們當作奴隸（Tuck,
　　1999: 35-42）。格勞秀斯認為勝者有權利殺失敗者，敗者因此願意失去他
　　的自由以交換他的生命。盧梭從追求自保的第一自然指示，反對任何奴隸
　　制度。

源於自由意志，這也等於放棄了所有的道德行動。

在古典政治哲學中，生命保存屬於人必要性的善（good of necessity）。人基於生存的必要性需要做某些行為，但這些行為不屬於自由的行為。必要性和自由相對立。可是到了盧梭手上，個人卻基於生命保存的首要性，自己成為了自己的主人。自己是自保方法的最好和唯一的仲裁者。個人不可能交出自己全部的自由，因為他不可能放棄自己的生命，放棄做自己的主人。也因此所有的正當統治關係，既然都牽涉到個人讓渡自由，因此都需要經過個人同意。在古典政治哲學中屬於不自由的自保必要性需求，竟然在近代政治思想中成為自由的主要根源。

霍布斯無疑是這個近代思想的源頭。可是盧梭和霍布斯的差異在於「統治者的力量本身」能否產生統治權利。霍布斯認為，「被統治者被脅迫而服從」和「被統治者自願服從」，兩者間沒有衝突。因為自保是必要的，基於生命被威脅而服從，本來就是意志會做的選擇。被統治者為了生命保存，會自願轉移原本擁有的自然權利給統治者、服從統治者。對霍布斯來說，只要有充分的武力威脅，這個社會契約必然會發生，也就是說，統治者的力量本身就產生權利。

可是對盧梭來說，我們雖然在力量脅迫下，都會遵循力量，可是那只是基於自保必要性的暫時妥協，而不是自願。力量本身不會產生權利：

> 對力量臣服是基於必要性，而不是意志，最多這只是一種明智的行為……如果一個權利會隨著它的力量消失而消失，這是什麼權利？如果一個人是基於力量而必須服從，他就不

需要基於義務而服從，如果一個人不再被強迫服從，他就不再有義務服從。因此很清楚，權利這個字對力量完全沒有補充任何東西，它在這裡沒有意義⋯⋯一個強盜在樹林裡突然攔住我，我不只被強迫要給他錢包，還需要在良心裡有義務要給他錢包？⋯⋯讓我們同意，力量不產生權利，一個人只有義務服從正當的權力。（Rousseau, 1997b: 44/OC3: 354）

盧梭認為正當的統治權利預設了被統治者相對應的服從義務。也就是說，如果統治者是正當的，擁有統治權利，人們有義務服從統治者。單純武力脅迫無法產生服從的義務，因為一旦武力解除了，人們就不會服從了。在一個**真正的社會**中，我們服從法律的條件雖然包括了法律可以有效地讓其他人服從，但是對每個個人而言，在一個正當的統治下，他不需要武力脅迫，就會自願地服從法律。這是基於盧梭對社會契約的主張。在一個真正的社會中，每個人簽了約之後，在服從這個約建制的法律時，他「仍然服從他自己，享有以往一樣的自由」（Rousseau, 1997b: 49-50/OC3: 360）。盧梭對人在政治社會中的自由，有更高的理想。

自願主義不是自然法或自然權利，它不直接對我們下道德命令或者賦予我們道德權利。盧梭並沒有說，人們有抵抗專制的自然權利，或是奴隸有抵抗主人的自然權利。自願主義作為本體性原理，只是消極地告訴我們專制統治和奴隸制度無法建立統治的權利或正當性。

盧梭也以自願主義反駁了征服者的權利：

征服者的權利，它不是權利，無法成為任何其他權利的基

礎。因為征服者和被征服的人民們（peoples），永遠處在戰爭狀態，除非這個民族（the nation）回復到它完全自由的狀態，自由地選擇勝利者為它的領袖。在這之前，不論投降的條件是什麼，這些條件都只是基於暴力，因此沒有任何效果。在這樣的假設上，沒有任何真正的社會，沒有真正的政治體，沒有強者法則之外任何的法律。（Rousseau, 1997a: 174-175/OC3: 179）

　　這裡盧梭提出了一個極高的國際社會理想。他否定了戰爭之後，戰勝者和戰敗者之間簽訂任何協定的正當性，因為暴力本身無法產生權利和義務。任何領土割讓的行為都不是正當的。戰敗者和戰勝者永遠處於戰爭狀態。這個理想如果成為有效的國際規範，戰爭將大幅減少。從近代歐洲到第一次世界大戰前，國際法允許歐洲國家有絕對的裁量權發動戰爭解決任何爭議。如果，如盧梭所要求，戰勝者和戰敗者間簽訂的協議無效，那國家就缺乏動機去發動戰爭了。盧梭從自保首要性推論出的自願主義，否定了戰爭解決爭端的正當性，否定了整個歐洲長期認可的君主發動戰爭的裁量自由。我將在下一節討論盧梭認為只有一種理由可以發動戰爭。

　　盧梭並不像霍布斯支持征服者的權利。霍布斯認為一旦征服者確保了他是鄰近最強的力量，加入他當然是確保自己安全最好的方法，因此被征服者會沒有遲疑地同意加入征服者（Hobbes, 1994: 127-128）。我們要再問，為什麼同樣從自保的首要性出發，盧梭和霍布斯會得到相反的結果？這裡有兩個層次需要注意：

　　第一、如上討論，對盧梭來說，力量不會產生權利。戰敗者服從戰勝者或者簽訂協議，只是因為強者法則。他們的戰爭狀態仍在持續，只要戰勝者的力量消退，戰敗者就不會服從。征服者只是靠力量取得勝利，不會產生任何權利。征服者對占領土地的居民沒有任何權利。

　　第二、盧梭反對任何征服者的權利，這意味著如果征服者是共和國，即使共和國會保障被征服者的生命，盧梭還是反對它作為征服者的權利。我們要小心盧梭的用辭。他反對征服者的權利指的是國與國之間的征服權利。他反對勝利的征服者有權利統治「被視為一個國家的被征服者」。因為戰爭是國與國之間的暴力，暴力本身無法產生權利，所以戰勝國對戰敗國沒有權利。但是盧梭不反對，如果被征服的國家解體了，成員回復到自然自由的個人狀態，他們為了自保，可以自願地選擇加入勝利的共和國。

　　我目前說明了盧梭如何深沉地利用人的「自然非群性」這個思考線索。他區分了兩個層次的「自然非群性」：一、自保作為自然的首要指示帶來的「自然非群性」。二、文明人的自然狀態。他透過第一個層次推理出自願主義，駁斥了專制主義、奴隸制、強者的權利以及征服者的權利。他提出了極高的國際社會規範理想，主張任何透過戰爭訂定的條約都是無效的，因為暴力無法產生權利和義務。如果這個理想成為國際規範，戰爭將會大幅減少。**在盧梭手中，人性中追求自保的深沉渴求，竟然成為一種強而有力的思想武器，否定了專制、奴隸，以及幾乎所有戰爭的正當性。**

共和國間的「自然非群性」：
第五種自然狀態

　　我們接下來要討論人文主義戰爭法學的三個思維：預防性戰爭、道德對等以及新羅馬的共和自由。我在〈盧梭推論戰爭權利的途徑〉一文已經充分討論了盧梭對戰爭權利的推理（陳嘉銘，2013）。這裡僅從「自然非群性」的概念探討盧梭的觀點。

　　首先，共和國間的關係是一種理想的關係，它是良好組織（well-ordered）的共和國間的關係。這個理想關係和盧梭對他當時歐洲國家戰爭頻仍的分析完全不同。當時歐洲君主國家把國際關係當作私人的大型遊樂場，對外追求各種非自保的野心和欲望，把戰爭當作解決力量、財富、權利和地位爭議的工具（Rousseau, 2005: 40, 57-60, 74/OC3: 578-579, 595-600, 613）。 他認為專制國家傾向對外從事征服的戰爭。所有專制君王都全神貫注於兩件事，擴張自己對外支配和絕對化自己對內支配。這兩件事，戰爭和專制主義，彼此相互強化。愈是專制，愈容易和人民要到錢和兵；反過來，戰爭又提供了要錢要兵的理由。君王徵集了龐大常備軍之後，又有更大力量壓制人民。對外進行征服戰爭的國家處境是悲慘的，他的統治者必然同時對子民和外敵開戰。（Rousseau, 2005: 54-55/OC3:592-93; 1997b: 28/OC3: 268）。 專制君主開戰的理由顯然是基於虛榮愛、對內外的支配和財富等野心。

　　相對來說，良好共和國對外的需求只有自我保存，沒有其他虛榮愛帶來的野心。盧梭說這樣的共和國關係是一種自然狀態（Rousseau, 1997b: 175/OC3: 607）。我們在第二節中討論了四種自然狀態，**共和國關係可以視為第五種自然狀態**。因為共和國自

保具有首要性，我們可以將共和國關係歸類為上一節討論的第一層次的「自然非群性」，也就是基於自保的「自然非群性」。

這樣的共和國間的自然狀態具備兩個特性：

第一、共和國自保的力量是相對的。共和國間的依賴關係，遠比個人間依賴關係密切。主要原因是國與國間的力量差距可以無限大，個人間的力量差距卻很有限。個人生命短暫，享樂能力有限，只要把自己顧好，不必然需要注意他人。可是因為國家力量差距可以無限大，每個國家都必須要透過和他國比較，才能確認自己的大小。因此所有得利都是相對的，他國得到的多就是自己變弱小。沒有國家可以滿足於自給自足。每個國家都要不斷地追求變得更強大，而任何國家這麼做，其他國家就相對上被犧牲、變得弱小。各國為了安全，必須要不斷追上彼此大小關係的變化。每個國家的行動都依賴其他國家力量和交往變化的風吹草動（Rousseau, 2005: 67/OC3: 604-5）。

第二、戰爭只會發生在國家與國家之間。盧梭認為戰爭的本質是交戰雙方「你不死我無以活」的事態。戰爭狀態是連續和持久的「永恆狀態」（permanent state）。戰爭狀態因此不會在個人間發生。個人間會為了各種爭端發生武鬥，但當個人生命真正受到威脅，打不贏就會逃走，不會為了殺掉對方，犧牲自己生命。但是因為國家生存和領土綁在一起，無法逃走，所以當它的生存受到威脅，做出判斷並形成了一個持久的決心，只有消滅某個國家，自己才能生存時，它就只能宣戰消滅對方國家。而當對方國家了解到這樣的事態，也宣布發動消滅對方國家的戰爭，雙方就進入了戰爭狀態。只有雙方都認定進入「非你死、否則我不能活」的武裝鬥爭，才能稱為戰爭，才具備「永恆狀態」的特

性，而只有國家才會進入這種狀態。所以戰爭只會發生在國與國之間。而且任何共和國都無法避免在國家生存受到威脅時，為了生存宣告發動消滅其他國家的戰爭。（Rousseau, 1997b: 46/OC3: 356-357）

　　在盧梭之前的歐洲普遍狀況，戰爭是兩個民族之間，或者兩個君主間的戰爭，因此戰爭中或戰勝後可以掠奪平民的財物、屠殺或奴役對方的女人和小孩。盧梭卻從共和國關係和戰爭本質推論，主張戰爭只發生在國家之間，這在國際法思想史上是里程碑的創見（Korman, 1996: 31）。因為戰爭是國家間的對抗，因此戰爭只能是公共戰爭，國家在戰爭中只能在對方領土沒收公共財產，必須尊敬平民的人格和財物。而且，對盧梭來說，戰爭的目標只是摧毀對方國家，國家只有權利做有助於達成這個目標的必要手段。因此國家只有權利殺對方持有武器的抵禦者，當對方的戰鬥人員放下武器投降，他們就不再是敵人，只是人，這時就沒有權利取走他們的生命。（Rousseau, 1997b: 46-47/OC3: 357-358）

　　雖然我們常將盧梭的公民理解為具有高度愛國情操的公民，可是盧梭並不主張交戰國的公民就是彼此的敵人。戰爭的目標只是摧毀對方國家，戰爭中的敵人只是對方國的戰鬥人員。他們是作為國家的防禦者而戰，不是作為國家的公民或成員而戰。人們不會因為屬於交戰國的公民和成員就屬於戰爭打擊的對象。盧梭引用了古羅馬共和老卡托的信說明，最懂戰爭法的古羅馬人必須在每場戰役中重新宣誓加入，才能拾起武器對抗敵人。如果他們沒有宣誓，即使是羅馬公民也不能拾起武器對抗敵人，也就不是戰爭對抗的一部分。（Rousseau, 1997b: 46-47/OC3: 357-358）

　　盧梭將「自然非群性」的第一個層次，即自保的首要性，應

用在共和國關係。因為自保是必要的，因此對共和國公民來說是正當的對外需求。但是對他國開戰的權利，必須基於兩個國家無法同時存在的前提，在這種情況之下，共和國無可避免地需要開戰。如果對方國也認知到這種事態，兩國的宣戰就建立起了戰爭的權利。我們可以比喻為在雪地中的兩個人，為了唯一僅存的食物，大打出手，兩人作了約定，打贏的一方可以獲得食物活下去。而且戰爭的權利因此有高度限制，它只限於摧毀對方國家的必要性手段。

什麼叫做國家？盧梭主張國家是一個公共人格，它是個人基於社會契約而產生的公共權利。國家的本質因此是成員的契約，也就是普遍意志。盧梭強調，如果我們可以一刀斬斷普遍意志，國家就滅亡了，所以理論上我們可以不花一兵一卒消滅一個國家。這個主張嚴格區隔了「個人作為自然的私人」和「國家作為公共人格」的差別。雖然個人在簽社會契約時，交出了所有的人身、力量和權利，可是他並不是隨意交給國家權威。他只交給普遍意志，普遍意志只有權利干涉和公共利益有關的事物，它不能去動員個人的私人人格和財產（Rousseau, 1997b: 60, 63/OC3: 371, 374-375）。個人作為私人不是國家可以完全擁有和動員。交戰國基於尊敬自己權利的來源，也因此不能去攻擊和掠奪他國平民的私人事物。國家滅亡了，私人還是存在，他們可以自由重新選擇效忠對象。

盧梭雖然同意國家為了自我保存，可以率先宣戰，可是他給了相當嚴格的條件：一個國家必須判斷非消滅對方國，否則自己無法生存，才能宣戰。這樣嚴格的條件和古羅馬人消滅遠距、潛在危險的預防性戰爭，顯然非常不同。對古羅馬人來說，任何獨

立國家都被視為潛在威脅。盧梭的條件也使得他反對真提利主張的權力平衡的預防性戰爭。盧梭不會同意僅僅為了削弱一個強大的國家，就可以聯合其他國家發動戰爭、削弱它的力量。盧梭遠為嚴肅地看待戰爭的本質，戰爭是一個永恆的狀態，不是一個強國可以隨時終止的體育競賽或遊戲。只有交戰雙方都認知到除了毀滅對方，否則自己無法生存，戰爭才會出現，才無可避免，也才有必要性。除此之外的武裝鬥爭都不是戰爭，都沒有戰爭的權利。[4]

　　盧梭同意在一場真正的戰爭中，戰爭啟動時，雙方的道德地位對等，都為了生存展開生死之戰。但是開戰後，雙方都必須被戰爭權利規約。當某國的行為違反了戰爭權利，該行為就是不義的行為，就成為了盜匪的行為，違反了共和國的公共付託。因此盧梭雖然也會同意**強者法則**最終會決定戰爭的勝負，可是違反了戰爭權利的國家仍然是不義的國家。強者法則不會決定誰是正義的一方，也不會決定權利與義務。這是他和真提利等人文主義者截然不同的地方。

　　我們在這裡試著大膽推測盧梭聲稱在寫完《社會契約論》後，計畫書寫、但一直沒有完成的國際邦聯論述。盧梭在《愛彌

4　我這裡改變了我在〈盧梭推論戰爭權利的途徑〉的看法。在該文中，我認為盧梭在他的年代會比較寬鬆地支持預防性攻擊，可是到了當代，軍事力量來自財富，國家的安全感相對充分，他會轉而支持占先攻擊（preemptive strike），國家只有在面臨立即、充分的威脅才能率先攻擊（陳嘉銘，2013: 121）。可是我這裡改變了看法，無論在哪個時代，國家要做出「除非消滅對方，否則我方不能生存」的判斷和決心，而且要能給出理由說服國人，都是一個相當嚴格的條件。這個主張和古羅馬人以及真提利的預防性攻擊主張明顯不同。

兒》末尾描繪了他稱之為「政治權利」（"political right"/"le droit politique"）的知識圖像。他說「暴政與戰爭是人性最大的兩個瘟疫」。我們要去檢驗聯盟（leagues）或者邦聯（confederations）給我們補救這些惡的處方。」聯盟或者邦聯「讓每個國家在它的領土內是自己的主人，可是又讓他可以武裝對抗每個外來的不義侵略者。」「我們應該要去檢驗一個好的邦聯結社如何能夠建立起來，如何讓它持久，如何延伸它的權利卻不危及主權。」然後我們要去檢驗聖皮耶的永久和平計畫的可行性，最後則要完成「戰爭權利的真正原則」。這些檢驗可以幫助我們釐清政治權利的所有問題。（Rousseau, 1979: 458, 466/OC4: 836, 848）。

　　或許有人會說，我們在上面有關文明社會的自然狀態已經說明，盧梭主張個人或國家不會去遵守自然法或者人類社群利益，因為文明社會發展出來激情，讓國家不可能去遵守人類整體的普遍目的。而且國家因為自保的首要性，無法遵守人類全體最大的善這種客觀利益。確實，如果是從文明社會的觀點（也就是第二層次的「自然非群性」），國家對外追求各種虛榮愛、累積財富和擴大支配，這些文明國家無法組成擁有政治權利的邦聯。但是因為盧梭要釐清的是政治權利，因此他考慮的邦聯構成國家是對外只追求自保的良好共和國。而且邦聯的目的並非要促進人類整體的普遍目的或者最大的善，它最大的目標就是遏阻戰爭而已。邦聯必須要尊重每個成員國將自保視為優先的基本利益。因此我們揣測盧梭認為邦聯是可能存在的。

　　雖然共和國的力量是相對的，在這個意義上，他們相互依賴。可是因為他們對外的主要需求是自保，沒有其他虛榮愛的激情，所以他們不需要依賴其他國家以獲得財富、榮耀和支配性權

力。邦聯的主要目的就是維持他們在第一層次的「自然非群性」關係。事實上，他們也因此能夠享受盧梭主張的「免於依賴」的共和自由。

　　我在第一節討論到人文主義正當化戰爭的主要思維之一包括了捍衛新羅馬的共和自由。關鍵原因是共和國為了享有「不被支配的自由」，在國際上的策略之一就是讓自己成為帝國主義者，未雨綢繆地先消滅或支配任何獨立小國。盧梭對共和自由的反省挑戰了這個策略。我在別的論文已經討論了，盧梭對新羅馬共和自由的挑戰是指出，即使是專制君主也不自由。自由不只是「我不依賴恣意的上面統治者」，它也包括「我不依賴我支配的下面對象」。主要原因是統治者依賴被統治者的意志會驅動統治者的虛榮愛，這是所有惡的根源。主人活在奴隸的眼光中必然需要從事各種欺騙、壓迫、擴張和傷害的行為，這不僅是一種對自己的限制，而且最終會顛覆這個支配關係。因此對外採取帝國主義的國家也不自由，因為它必須要倚賴它支配的國家。盧梭主張的共和自由，不是新羅馬的「不被支配的自由」，而是「免於依賴的自由」（freedom as non-dependence）。盧梭在共和國內要讓所有公民只依賴於法律，不需要依賴其他公民。同樣地，我們可以推論他在國際上也會致力於國家間不需要相互依賴。（陳嘉銘，2013；2014）

　　因此我們推論盧梭的共和國邦聯有四個主要任務：

一、授權阻止不義的軍事行動

　　盧梭已經釐清了戰爭權利的真正原則。除了基於自保必要性以及矯正不義的軍事行動之外，所有訴諸其他開戰理由的國際軍

事行動都是不義的。在戰爭中或戰爭後違反戰爭權利的國家也是不義的。邦聯的首要約定就是授予成員國家有權利聯合出兵阻止不義的軍事行動。

二、成員的自足性

共和國間的關係必然密切依賴，因為每個國家的力量大小都依賴於別的國家力量的變化。但是每個國家維持自己的自足性仍然是關鍵的。如果兩個鄰近國家無法不靠對方活下去，兩個國家都面臨極其困難和危險的處境。盧梭的建議是每個國家都能不靠其他所有國家生存，其他所有國家也可以不靠任何個別國家生存。（Rousseau, 1997b: 77-78/OC3: 390-391）

三、成員彼此施壓均衡

盧梭承認因為共和國間的敏感依賴關係，所有的國家之間都有一種離心力，它們會持續不停地對抗彼此，而且傾向犧牲對方來壯大自己。弱者面臨不久將被強者併吞的威脅。這時每個國家自保的唯一方法，只有在所有國家之間建立起一種壓力的均衡，讓每個國家面臨的壓力都平等化。（Rousseau, 1997b: 75/OC3: 387-388）這樣的壓力均衡，必須能夠避免強國支配弱國，強國必須面臨更大的壓力，讓它無法支配弱國。

四、避免成員間的間接控制關係

根據研究帝國主義的學者東尼・史密斯（Tony Smith），帝國主義是強大國家對弱小國家的有效支配關係，而它更常透過社會經濟的間接控制達成。當弱小國家的統治精英階級仰仗的內部社經結構，依賴強權國家到相當程度，否則這個社經結構就會崩解，強權就間接支配了弱小國家（Smith, 1981: 6-7）。邦聯的任務也應包括避免這樣的控制關係。

　　我們可以看到後三個任務的核心都是避免國與國之間的依賴關係。邦聯要對抗的這三種依賴關係分別是：無法自足的依賴關係（相對於成員的自足性）、競爭附屬的依賴關係（相對於力量均衡），以及間接控制的依賴關係（相對於社經結構的非依賴性）。這些依賴關係是對邦聯最大的威脅。即使共和國對外只追求生存，強國還是會試圖建立弱國對它的依賴，以求能支配弱國，以在生存競爭中擴大自己的力量。邦聯需要對抗這些努力，致力維持每個共和國實質的獨立和平等。

　　我在這一節中推論了盧梭的共和國間的關係，理想共和國對外的首要和唯一需求是自保，因此屬於第一個層次的「自然非群性」關係。他們彼此間仍然有力量和自保的競爭和擠壓。可是他們被禁止發動你死我活之外的軍事行動，即使發動戰爭，也沒有權利侵奪敵國平民的財產和生命，戰勝之後，也必須允許戰敗國人民選擇效忠對象。共和國有組成邦聯的可能，邦聯的主要任務除了阻止不義戰爭之外，也包括維持成員國間實質的平等和獨立，避免依賴關係。這樣的共和邦聯享有盧梭主張的「不依賴的自由」，和有可能導向共和帝國的新羅馬「不被支配的自由」不同。共和國的關係是一種高度防備但不輕易啟動戰爭的均勢關係，顯然不同於真提利等人文主義者辯護的可以攻擊遙遠威脅的擴張主義以及弱者有義務服從強者的世界關係。

結語

　　塔克主張 17 世紀的自然法學者以人文主義思維中的國際擴張和帝國主義，作為個人「自然非群性」的人性基礎，因此賦予

個人極高的自主性和能動性。這個觀點相當深刻。在世界各地的前現代社會，個人生命的歸附，通常是無法選擇、深厚、穿透生活各層面、階層性的社會規範。這樣的社會不可能接受缺乏規範和關係負擔、只追求自保的個人的存在正當性。17、18 世紀的歐洲思想家如何能設想追求自保為首的個人的正當性？不管是國內的政治、社會、宗教和家庭場域，都不存在這樣的個人，只有近代早期的歐洲國際關係是栩栩如生的參考對象。而且，將自保視為首要的個人，確實蘊含著極大的自主能動性，值得我們持續探索。但是，塔克也主張這帶來了自由主義的困境，因為以「自然非群性」為樞紐，個人的高度自主性和國家對外的擴張性，在概念上產生了連動性。

這篇文章主要挑戰了塔克這個自由主義連動性的主張。我以「自然非群性」這個概念為核心，重新詮釋了盧梭的國際政治思想。盧梭也接受人的「自然非群性」，因此他筆下的行動者擁有高度的能動性。他仔細分析了人的「自然非群性」在不同脈絡下的展現，深化了近代早期以來對「自然非群性」的思考。總的來說，他區分了兩個層次的「自然非群性」。第一個層次，自然的首要指示是自保，行動者以自保為首要關懷。這個層次存在於文明發展前的自然狀態和理想共和國間的國際關係。第二個層次存在於追求虛榮愛的文明化的個體之間，它會帶來毀滅性的衝突。它存在於還沒有被轉化的文明人之間，以及實際上的歐洲國家之間以及歐洲國家和其他人民之間。

盧梭以這兩個層次的「自然非群性」，批判了人文主義據以證成帝國主義的自然法和全人類社群利益的思維。接著，他以第一層次的「自然非群性」，指出正當的統治關係必須基於自願

主義，以此批判了征服者的權利。他再以第一層次的「自然非群性」為基礎，提出共和國邦聯的構想，指出只有「你不死，我無以活」的自衛戰爭才是戰爭。我也試著推論，因為共和國間高度敏感的力量依賴關係，以及為了遏止虛榮愛驅使的國際關係，他必須要強調共和國之間互不依賴的自由和獨立，這必須是他共和國邦聯的主要原則。總歸來說，盧梭對於「自然非群性」的變奏，反過來瓦解了人文主義所有的國際擴張和帝國主義的主張。

　　未來的研究，很值得繼續探索「自然非群性」在盧梭設想的共和國公民以及文明社會中的野蠻人愛彌兒身上扮演的角色。在《社會契約論》中，盧梭說每個人基於自保都偏頗自己，這無疑是屬於第一層次的「自然非群性」。每個人作為私人，在考慮他的生命保存時，總是偏頗自己。他同時也總是在提防法律偏頗其他人。因為這個特性，在共和國裡，人人等值、一人一票、法律必須具備普遍適用性，成為尋找普遍意志的必要條件。因為這個自我偏頗的「自然非群性」，沒有一個貴族階級或者士大夫階級，因為具備更高的德性，就可以壟斷立法權或者擁有特殊的法律地位。但是，盧梭也強調人的同情心可以發展成公民的深厚愛國情感，也強調愛彌兒可以對人擁有普遍的同情心。而且以普遍性為形式的理性發展，不管對公民或者愛彌兒都有正當的道德束縛力。究竟「自然非群性」，和人的群性情感（同情心）以及道德理性有什麼更複雜的關係，值得我們未來繼續探索。

　　當代社會雖然科技進步、平均壽命延長，但是對人的生命並沒有全面更為友善。氣候變遷、環境汙染、食品安全、都市開發、技術變遷、財富差距擴大和跨國傳染病都對人特別是弱勢者的生命造成很大的威脅。以 SARS 嚴重急性呼吸道症候群以

及 2019 新型冠狀病毒傳染病為例，當每個人的生命受到直接威脅，我們可以看到人的「自然非群性」開始浮現。每個人以自己的生命保存為優先，可能對公共安全造成更大的威脅。這時如何接受人的「自然非群性」，但是從平等分配防疫資源開始，再透過透明和可課責的政府反應，建立起人們對政府的信任，既而建立公民間的信任，願意為公共安全犧牲部分個人利益，最終建立起有效的公共防疫網路？我們是否可能發展出以「自然非群性」為基底的民主政治論述，梳理公民身上矛盾但又相互輔助的多層次特性，找出一條民主合作的可能道路？這是我們未來可以努力的研究方向。

07 蹣跚徒行於荒野與田園之間：論邊沁的文明觀

陳建綱（政治大學政治學系副教授）

研究緣起：約翰・彌爾是否誤解了邊沁

　　長久以來，邊沁的效益主義是否受到誤解，以及邊沁是否因為他的效益主義背負了不屬於他的罪名，這是政治哲學研究中的詮釋性問題。懷抱不同政治哲學原則與實踐關懷的思想家們，彼此之間有所對話、辯論與相互批判亦是常有之事。然而，在這樣的交流中，邊沁似乎是被「標籤化」得特別嚴重的思想家。由於邊沁的激進改革立場，溫和派思想家多視邊沁為啟蒙哲學家的典型，批評他醉心於效益此一理性主義式的哲學原則，而在推動社會多方的改革之餘罔顧社會、文化的結構，與傳統和語言對於人類情感與行動的重要貢獻。由於邊沁對於宗教的懷疑立場，持相反觀點的評論家斥責他僅追求世俗性、物質性的欲望之滿足，無法體會精神性的愉悅與靈魂的至善。由於邊沁終其一生奉守效益為其哲學之第一原則，並以此原則連結到其思想的諸個面向而發展出縝密的理論，評論者批評他為缺乏道德想像力與忽略各國風俗民情之差異，是固執的普遍主義者。

　　例如，當代政治理論家羅素・柯克（Russell Kirk）在其名

著《保守的心靈：從柏克到艾略特》（*The Conservative Mind: From Burke to Eliot*）便嚴厲地批判了邊沁的效益主義。柯克指責邊沁「使現代思想屈從於一系列難以抗拒的基進改革，這些改革同時反映與鼓勵了工業生產的推進與大眾之政治權力的興起」（Kirk, 1995: 115）。在柯克的眼中，伴隨邊沁思想之發展而來的時代精神之更迭，並非美事一樁。這是因為：

> （由於）徹底地缺乏較崇高的想像力，也無法領會愛或恨的本質，邊沁忽略了人性中的精神性渴望……民族特性，無限多樣的人類動機，激情於人類事務中之力量——這些都自他的體系中省略了；他散發出對於理性的絕對信心。他將自己的人格視作人類的化身，以為只消向人們展示如何解決愉悅與痛苦之間的均衡，他們便會為善（Kirk, 1995: 116）。

柯克接著不假辭色地批評邊沁「是最狹隘的道德學家，也是最自鳴得意的政治理論家」，政治在他眼中，「同人性一般沒有任何奧妙可言：所有政治難題的解方不過是讓多數人決定每一個問題」（ibid.）。由此可見，邊沁後期對於民主政治的全心擁抱令柯克感到不安。而更令他不安的是，邊沁似乎認為，「成年男性普選制，國會改革，強而有力的行政權，普及教育——此些（很快就成為自由主義的教條）連同他所規劃的法律理論與程序之革命，都保證了普世的自由與進步」（ibid.）。

倘若這樣的負面評價僅來自於效益主義的外部批評者，似乎不難理解，畢竟學派之間的相互批評本是常有之事。但接下來我們所看到的，是約翰·彌爾這位 19 世紀最重要的效益主義思想

家對於邊沁的攻擊，其觀點深刻地左右了邊沁留在後世心中的形象，就連柯克的觀點，似乎也是受到約翰・彌爾的影響。1838年8月，就在邊沁的好友寶寧（John Bowring）繼承其遺志所整理的《邊沁作品集》（*The Works of Jeremy Bentham*, 1838-1843）出版之際，約翰・彌爾在《倫敦與威斯敏斯特評論》（*London and Westminster Review*）發表了名為〈邊沁〉的專文。在文中，約翰・彌爾形容「英國的理論與制度革新之父，自非邊沁莫屬；他是偉大的顛覆者，或用歐陸的語彙來說，是他的時代與國家的偉大批判思想家」（Mill, 2003: 54）。話雖如此，約翰・彌爾的文中仍流露出對邊沁思想的貶抑與批判。例如，想像力（imagination）是約翰・彌爾認為一流作家不可或缺的重要能力，它使人得以如身歷其境一般體驗他們所未經歷過的情境，並且體會其中的感受。運用想像力，人能夠突破自身經驗的囿限，彷彿置身於他人的處境一般體會其感受。若缺乏想像力，人不僅難以體會閱讀歷史與觀賞戲劇的樂趣，更將阻礙對自身本性的認識。約翰・彌爾認為，想像力與生活經驗的貧乏局限了邊沁的人性論，也局限了他的哲學思想。約翰・彌爾如此形容邊沁：

> （邊沁）不知人生的榮辱興衰，激情與滿足；他甚至從未經歷過病痛；自年幼時到年屆八十五，他都維持著孩提時的康健。他不知心緒的沮喪與沉重。他未曾感受過生命之負荷的苦痛與倦乏。直到生命的盡頭，他都是個男孩。（Mill, 2003: 66）

約翰・彌爾接著批評，邊沁既缺乏自我意識的覺醒，也對其

他的國家與時代無所知悉，而僅以效益為單一標準加以衡量。除了人們關於事實的認知與如何正確認識效益之外，邊沁無法想像人們還可以追求精神上的至善：「宣稱人們應該或不應該從一物獲取愉悅或痛苦，對邊沁來說，形同道德學家的專斷之舉，與政治統治者的專斷並無二致。」（Mill, 2003: 69）這些局限使得被譽為「世界立法家」[1]的邊沁其哲學方案注定走向失敗一途，因為他沒能考量到民族特性來為各個國家擘劃最適合其文化風俗的法律與社會制度，這也阻斷了邊沁的立法科學提升為更高層次的通則化理論（Mill, 2003: 72）。令人惋惜的是，邊沁沒有意識到自身理論的局限性，故而鑄成其立法科學的缺陷，即致力於打造一部不受時空限制，適合所有國家社會之律法。

　　值得注意的是，約翰·彌爾特別提及邊沁的一篇論文〈論時間與空間對立法事宜之影響〉（"On the Influence of Time and Place in Matters of Legislation"）。寶寧將這篇論文收錄在 1838 年出版的《邊沁作品集》第一卷，這也是此文首次以英文的版本問世。依據約翰·彌爾的詮釋，雖然邊沁在文中論及各國具備之相異條件與所發生之偶然事件對其法律型態之影響，但邊沁的論述仍存在局限，亦即他未能正視法律為民族文化之產物，故而型態不同、進程互異的社會文化，其所適用之法律也有所不同。約翰·彌爾指出，習於粗野自立的英格蘭民族之先民，與臣服於

1　這個稱號是瓜地馬拉的政治家瓦萊（José del Valle）給邊沁取的，邊沁在 19 世紀的 20 年代，廣泛地與西班牙美洲殖民地的政治領導人通信（Schofield and Harris, 1998: xi, xxxiv）。隨後，瓦萊更推崇邊沁是「全世界的立法者之博學的導師」（the learned instructor of the Legislators of the world）（Schofield, 2002: 483）。

軍權專制的亞洲民族，所適用的法律必定不同。同理，深受經驗主義影響的英國社會，與追求普遍法則的法國社會，亦無法施行同一套法律（Mill, 2003: 77-78）。邊沁忽略了立法所據以開展的文化習俗等社會脈絡，這項缺陷在他的憲法理論中彰顯得特別清楚，這也進一步引發約翰・彌爾對邊沁的政治思想之批判，特別是其核心概念——多數決與公共輿論法庭（public opinion tribunal）——更是令約翰・彌爾深感不安。

　　只要我們理解多數決和公共輿論法庭在邊沁的憲政民主理論之重要地位，便不難理解約翰・彌爾藉此批判的是邊沁的民主理論本身。看在約翰・彌爾眼中，邊沁所標舉的多數治理，以及由公共輿論法庭扮演社會道德之仲裁者的角色，這些觀點形同是將社會權力交給具高度同質性的一群人（其中多數是勞工階層）。這群人因其相近的社會地位與職業，衍生出類似的激情、偏見與偏頗性。在邊沁嚮往的多數治理之民主社會中，約翰・彌爾擔憂這群人將被賦予絕對的權力而排除其他可與之抗衡之勢力，結果不僅是其階級之偏見與偏頗性無從修正，個體之自由與獨立性亦將消匿絕跡。在此種受多數專制荼毒的社會中，縱使政治體制上具備民主之特徵，但無法在其中找到自由的蹤影。也由於缺乏因觀點、思想、言論之差異所衍生的爭論，以及由爭論所帶動的社會生命力，約翰・彌爾指稱這樣的社會若非步入如中國社會般的停滯不前，否則便只能走上解體一途（Mill, 2003: 80）。

　　由此可知，約翰・彌爾在他的經典著作中所提出的重要理論，其用心之一是為了要修正邊沁給效益主義所留下的疏漏與不足。例如在《論代議政府》（*Considerations on Representative Government*）中，約翰・彌爾提出複數投票（the plurality of votes）

的構想，也就是給予具備心靈卓越（mental superiority）的素質者
多於一票的投票空間，以藉此克服民主社會中因草莽的庶民占據
了數量上的多數，故壟斷政治權力進而壓迫少數（the minority）
的階級立法問題（the class legislation of the uneducated）（Mill,
2015: 294）。究竟誰符合此種條件而能夠享有複數投票呢？約
翰・彌爾構想的是通過國家的教育制度，或是全國性的通用考試
制度（a system of general examination）來分配此一資格。若兩者
皆不存在，職業也可作為參考的依據。例如約翰・彌爾認為，雇
主比起勞工，銀行家、貿易商、製造商比起零售商，都更為聰明
故而符合資格。約翰・彌爾稱複數投票制「蘊含了代議政府的
真正理念」也昭示了「政治改革的正確道路」（Mill, 2015: 292-
293）。

　　前述約翰・彌爾與柯克的評論中所揭示的邊沁之形象與思想
之特徵，傳神地反映了邊沁在他的批評者，甚至是在一般讀者心
中的形象。兩者都認為邊沁是罔顧民族特徵的理性主義者，是缺
乏同情共感與道德想像力的自我中心論者，也是民主政治之多數
專制的擁護者。但是，邊沁的思想是否真是如此？在〈邊沁〉一
文中，約翰・彌爾所直接援引的邊沁之著作僅有八本，其中令人
印象深刻的是他提及〈論時間與空間對立法事宜之影響〉一文。
這意味著，約翰・彌爾明白在這篇論文中，邊沁處理的正是立法
與文明多樣性的問題，即便從約翰・彌爾的角度而言，邊沁的論
述仍舊無法使他信服。然而，約翰・彌爾的評價不該全然抹煞了
〈論時間與空間對立法事宜之影響〉的重要性。這篇論文揭示了
邊沁對不同文明之生活方式與道德準則的尊重，並且試圖在不同
的文明與社會之間尋找共同的道德基準。將英國的法律系統與文

化習俗移植到他國（文中的例子主要是英屬印度的孟加拉省），
並取代當地原已存在的社會與政治制度，對於邊沁而言並非理所
當然之事。相反的，對於這樣的做法，邊沁顯露出謹慎與猶豫的
態度。之所以猶豫，是因為在邊沁眼中，英國本身的法律不僅稱
不上完善，更是充滿缺陷與有待革新之處。相較之下，孟加拉的
法律在某些面向中反而更為可取。此外，邊沁之所以謹慎，是因
為他深明任何的改革都會摧毀法律、習俗與宗教在人們心中所形
成的期待心理，如此所帶來的痛苦正是邊沁的效益主義所要避免
之事。所以，邊沁的進步觀並非一廂情願地以英國或歐洲為典
範，強加其文明型態於其他社會之上。

　　進步與改革確實是邊沁所追求的，但他主張這是歐洲與非歐
洲文明皆必須面對的課題。同時，邊沁的進步觀與改革理論也並
非如約翰・彌爾與柯克所主張的徒重普遍形式，卻忽略實質內
涵，或者不惜以摧毀在地之政治制度與風俗民情為代價。邊沁的
進步觀與改革理論依循著對於完善（perfection）的追求，但完善
並非抽象與形式的，而是必須展現為社會中多數成員的理性反思
與公共論述能力之培基。效益原則確實在邊沁的文明論述中發揮
實質的功用，但效益的實現並非得自於政治制度的武斷移植。以
下，本文將對〈論時間與空間對立法事宜之影響〉一文進行細緻
的分析，以期將邊沁的文明理論闡述得更為明晰。

進步與改革是不同文明的共同課題

　　誠如邊沁的論文所昭示的，他在〈論時間與空間對立法事宜
之影響〉關注的主要問題是，心懷救世濟民、除弊興利之志的立

法家，其訂立的法律究竟有多大範圍的適用性？假若立法家所訂立之法是以實現其國族之福祉為目標，那麼脫離了他的國族，離開了他所屬的歷史時空，這部法律是否還能發揮效用？換個方式來問，倘若身處不同國族與歷史時空之立法家們，各自皆訂立了他們眼中最完善的法律，那麼這些法律之間存在多大程度的一致性與差異性？為了避免問題流於空泛，邊沁選擇了他最熟知的英國法律，與當時受英國殖民之英屬印度的孟加拉省為範例。由於兩地之法律、氣候地理、習俗宗教、生活方式皆相差甚大，如此的差異正有助於解決邊沁心中的困惑。[2]

在進入細緻的思考與論證之前，本文希望先掌握邊沁的主要立場，這與邊沁在文中不斷質問的何謂完善之法有關，還影響他長期以來的寫作邏輯。邊沁甚是反對「凡存在即合理」的論述方式，這不是因為他主張實然與應然之間必然存在鴻溝，而主要是基於以下的理由。凡存在即合理的思維阻斷人們對於其所屬的政治制度、社會文化產生好奇，不論這是得自性格上的怯懦或是思考上的惰性，其結果是人們的理性思考、自主性與審議能力都處在甚為幼稚疲弱的狀態。於是，無知與偏見盤據了他們的心靈；於是，政治場域中的掌權者與法律體系中的法官、律師階級壟斷

2　誠如本文的一位審查人所指出的，本文的主旨在建立對邊沁思想中更全面性的文明論述之初步性的引論。與邊沁的文明論述高度相關的，是他對於當時英國與歐洲諸強的殖民作為之評論，或者說嚴厲批評。邊沁對於殖民主義的批評主要涵蓋政治、經濟、道德三個面向，考量到其中所涉及的文本（包含邊沁研究者累積至今之研究成果）豐碩與思想理路之細膩，作者預計日後另以專文處理以窺堂奧。在此，作者若可在有限的篇幅與學力內先行將邊沁的文明理論與公眾啟蒙之關係解釋清晰，如此也形同是為日後進一步探索邊沁批判殖民主義之觀點建立基礎。本文感謝審查人的提點。

了公共論述的渠道。法官與律師將智性上的壟斷權轉化成手中令人貪戀的權力與口袋中的銀幣，他們自恃地位上的優勢與人民的無知，恣意地將原本該便捷人民的司法程序變得冗長繁複，好藉著各種名義向訴訟者收取所費不貲的訴訟費。政客們則藉著自身的權力將人民拒於立法與行政程序之外，賣官鬻爵、植黨營私，國王與貴族間、首相與國會間沆瀣一氣。如此之政治文化如何清明，人民之幸福又有誰人在乎？這種現象令邊沁深惡痛絕，他深明政治與法律不該淪為少數統治者（the ruling few）之牟利生財的工具，而應該為為數眾多的人民（the subject many）謀求福祉。所以他提出了「最大多數人的最大幸福」此一規範性原則，以之為政治、法律與社會改革之依據。由此可知，「最大多數人的最大幸福」或稱為效益原則，在邊沁的政治思想中具備多重的面向與層次。政治、法律、經濟、教育、文化、財政、國際關係這些面向皆廣泛地涵蓋在邊沁的思想中；政治制度的延續與興革、社會風俗的保存與更易、個人之理性與情感的啟蒙與培養，這些層次同樣在邊沁縝密的思考中被詳加檢視。據此，何以如邊沁一般的思想家難以擺脫「最狹隘的道德學家」與「缺乏自我意識的覺醒」這樣的罵名，恐怕批評者需要提供更周詳的解釋才足以服人。本文認為，邊沁或許只是擇善固執而已。

　　另一方面，從以上也可以看出，效益原則的實現仰賴公眾啟蒙之落實。固然，或許是因為邊沁關注的議題廣泛，以及批評者未曾間斷的反駁與嘲諷，效益原則與公眾啟蒙之間的關聯性仍未受到研究者的重視，但這依然是值得深究的議題。正視公眾啟蒙對於實現效益原則的重要性，能夠幫助我們理解，邊沁追尋的完善法律之建立並非意在強化政治對於人民的規訓，而是要培養人

民對於自身所依循之政治制度的自覺與反思，進以通過社會共識的達成來推進政治變革，或賦予既存之制度正當性。相較於其他的政治議程，公眾啟蒙是一條漫長且崎嶇的道路，而對於崇尚自由民主的社會來說，這更是一趟看不到終點的旅程。即便如此，欲實現最大多數人的最大幸福，經由啟蒙教育將人民培養成具備責任感與政治知識，能夠進行理性反思與公共對話的公民，確實是相當重要的基礎工程。這樣的公民不再輕易受到偏見與無知的蒙蔽，也不願淪為權貴階級的犧牲品。他們對公共議題發聲，也對形塑自身之認同的社會制度如語言、文化、宗教等感到好奇，並藉由知識的增廣來解答自身的疑惑。他們對談與聆聽，交流意見並拓展見聞。或困難或容易，他們對探討之議題取得共識，不論這些議題取材自生活中的政治、社會、宗教或性別領域。經由此種過程所獲取之共識，成為證成社會中各種規範與制度的基礎。傳統與文化向來不是邊沁所欲擊破的對象，而是盲目因循傳統與文化的怠惰習性；社會整體幸福之追尋也沒有將傳統與文化視為天敵，只有在傳統與文化跟前缺乏自覺的公民性格，才會使社會之整體幸福變得難以企及。

　　例如在 18 世紀，信仰印度教的女性在丈夫的葬禮上，會躍入熊熊燃燒的火焰中陪葬以示忠貞。令人訝異的是，邊沁沒有反對此種看似不合理的習俗。他認為，只要此為女性的自願之舉，而且經詢問與審查後，女性確實同意這麼做，我們也只能任由他去。[3] 在這個例子中，邊沁展現出尊重文化多元性的立場，他並未因為女性陪葬的習俗不合乎英國文化或效益原則的規範便貶抑

3　邊沁所討論的可能是印度教中的娑提之習俗，見 Bentham（2011a: 174）。

之。更重要的是，邊沁的尊重是建立在儀式前的審查程序，與通過這個程序而取得的當事人同意。妻子陪葬的習俗背後可能存在其宗教意義，但整體來說它仍是鑲嵌在性別不對等、視女性為男性之從屬的文化架構中。在不對等的社會關係中，從屬者的意見與同意往往不受到尊重，如同在父權的家庭結構中，決定權通常掌握在擔任「一家之主」的父親手中，母親與孩子的意見鮮少被顧及。也如同在施行奴隸制的社會中，奴隸被當作主人的財產或附屬品，鮮少有人把他們視為平等的個體並徵詢他們的同意。所以，邊沁所主張的但書，亦即女性出於自願並經過詢問，是否意味著在印度教的社群中，女性的地位逐漸提升故而她們不再僅是盲目地奉行宗教加諸在她們身上的枷鎖，而是將她們的同意（與意見）納入娑提這項習俗的施行中。結果可能是，在社會地位提升的情況底下，女性會逐漸意識到娑提這項習俗對其自身之性別壓迫而違抗之，假以時日殉葬的女性少了，習俗也就逐漸被淘汰了。倘若在其意見受到徵詢與尊重的前提下，女性仍自願選擇殉葬，邊沁便認為我們應當予以尊重。背後的理由是，邊沁認為社會中的偏見（prejudices）對於政治秩序的維繫有所助益，即便是有害的偏見也可能有益於維繫某一社群的良好民情風俗。只要偏見仍具有此種實用性（usefulness），邊沁即反對粗暴草率地汰除之，而應以溫和的手段進行改革（Bentham, 2011a: 175）。

　　所以，在處理立法與文明多樣性的議題時，邊沁的主要立場並非如一般所以為的，是一味鼓勵立法者採納邊沁自身辛勤撰寫的法典，並落實在有改革之需的國家中。持平而論，邊沁最關切的是公眾應以澄明理性之視角重新檢視現存的政治制度與風俗文化，而此種理性的檢視與審議過程不該被淹沒在激進的文化相對

主義之中。甚且，只要公眾進行理性的檢視與審議之後，邊沁無
意干預審議的結果。這便是為何邊沁說：

> 此種諸般的法律已然存在，是否應該建立一部與之不一致
> 的新法律，是應該考量之事；此種諸般的宗教與風俗之觀念
> 已然盛行於社會中，是否應該制定一部與之牴觸的法律，也
> 是應該考量之事。在許多例子中我在意的是檢視這個問題而
> 非決定之（Bentham, 2011a: 172）。

這裡所提到的檢視延續了邊沁反對「凡存在即合理」的立
場，他主張我們必須先清楚描述制度的內涵，再決定制度之存
續或廢除的合宜性（propriety）。倘若人們沒有先釐清制度的內
涵，他們對於制度的評價也會連帶受到影響，甚至誤導審議的方
向與阻礙共識的達成。這反映了邊沁對於事實的重視，也促使他
廣泛地蒐集各個社會的法律制度與風俗民情。

在〈論時間與空間對立法事宜之影響〉中，邊沁主要考量的
是各個社會的犯罪型態之形成與受到的罪罰之不同。以「單純的
肉體傷害」（simple corporal injuries）來說，基於各地的氣候不
同，同一行為造成的傷害也不同，故而罪責亦不同。例如，在氣
候炎熱的國家如印度，脫去人的衣物可能只是為了嬉鬧，但此
舉在西伯利亞卻可能奪人性命（Bentham, 2011a: 157-158）。其
次，邊沁再以非法拘禁與非法放逐為例。當印度教的信徒遭受非
法拘禁，在某些情況中會使他比死去更痛苦，因為比起他的性命
更重要的種姓階級可能連帶被剝奪。而當此人受到放逐，他可能
連帶被剝奪參與宗教儀式的資格，而令其良心感到痛苦萬分。但

是，當同樣的行為加諸在其他宗教的信徒身上時，所引發的痛苦將隨著各個宗教的教義而有所差異。例如，穆斯林會因其無法履行齋戒沐浴，或被迫食用豬肉而遭受良心的譴責；猶太教徒會因為違反潔食的戒律而坐立難安；天主教徒則會因為無法望彌撒而感到痛苦（Bentham, 2011a: 158）。此外，邊沁再以精神傷害（simple mental injury）為例。人們因宗教信仰不同，所恐懼之對象也有差異。印度教中的惡魔畢舍遮（Peshush，常見譯法為Pishacha）令其信徒顫慄，基督教徒恐懼的則是惡魔（devils），鬼魂與吸血鬼。此外，不當的社交行為也會帶來精神傷害，而這也隨著宗教或社會的文化而有差異。對於印度教與伊斯蘭教階級較高的男性來說，若有人當著他的妻子面前自我介紹，這形同不可饒恕之罪；而若是要求與他的妻子見面，也是對丈夫的公然侮辱。在歐洲，同樣的行為則不帶有冒犯的意味。在印度種姓制度森嚴的情況中，若下層階級的人碰觸了上層階級的肢體，這位貴族會因感到被侮辱而拔出佩刀當場取了冒犯者的性命，並仍深覺被冒犯而憤恨難平（Bentham, 2011a: 159-160）。

以因災難而起的半公共犯罪（semi-public offences through calamity）來說。在緊鄰阿爾卑斯山的國家中，山谷中的雪塊崩塌可能損害周圍居民的生命財產，甚或引發滅村的慘劇。基於此，法律禁止此處的居民使用槍械，以免驟然引起空氣的震動而導致雪崩（Bentham, 2011a: 160）。而如荷蘭等地勢低窪的臨海國家，為了避免引發水災與海潮肆虐，也訂立某些規範是地勢較高的國家所不需要的（Bentham, 2011a: 161）。以因過失而起的半公共犯罪而言（semi-public offences of mere delinquency），出現在西西里的焚風與中東地區的薩姆風，皆因其高溫而能致人

於死。在這些地區中，不論樹林、山丘或城牆都能發揮抵禦焚風的功能並保護居民的安全，法律因此禁止人民任意移除這些屏障，但這樣的禁令通常不會出現在氣候溫和的國家中（ibid.）。再以婚姻關係為例，在多數的基督教國家中，除非在某些罕見的情況下，否則丈夫不得拘禁妻子。但在伊斯蘭國家中，狀況正好相反。邊沁接著指出，在基督教國家與伊斯蘭教國家中，一夫多妻制都是犯罪。差別在於，前者指的是男性同時與多於一位的女性成婚，後者指的則是男性與多於四位的女性結婚，尚不包括妾在內。兩者的差別來自於立法者對待兩性的態度不同，在伊斯蘭國家中，立法者獨尊男性而全然犧牲了女性的利益；相形之下，在多數的歐洲國家中，女性的地位並非如此艱難。若再拿歐洲與亞洲相比，邊沁發現在亞洲的家庭中，與其說丈夫是妻子的監護者，還不如說丈夫扮演的角色更接近主人，而妻子則形同奴隸。在歐洲，監護者與主人的角色在丈夫的身上則較為均衡（Bentham, 2011a: 165-166）。

　　前述例子證明的是不同地區各有不同的文化習俗與道德觀念，在某地被視為罪大惡極之事，若發生在別的地區，罪責可能就輕微得多，甚或根本不會引起人們的注意。這樣的差異是如何形成的呢？邊沁將其因素分為兩種，一種為物理性的因素，另一種則包含政治、宗教與道德性的因素。物理性的因素包含氣候與地理的影響，特性是其作用既不仰賴人類的貢獻，單憑人類之力也難以改變、控制之，故邊沁稱之為無法超克的因素。同時，也經由前述例子的解說，證明了物理性因素對於一國之政府、宗教與道德的影響。相反的，政府、道德與宗教在邊沁眼中並非無法超克的，雖然他也強調在改革這類因素的過程中除了少不了的困

難阻礙之外，還可能危害社會的安全與穩定。因此，邊沁將這類問題歸於「極為重要與微妙」（Bentham, 2011a: 167-168），這不僅傳達了他對於這類問題的重視，也更讓我們留意到他流露的謹慎與猶豫之態度。邊沁的謹慎與猶豫來自於他深明改革時常伴隨著昂貴的代價，即便他確實將效益視作衡量政治與道德，同時也是衡量文明與文化的量尺，但這一把量尺依循的是他對於人性的洞察，所以我們無須把邊沁的效益主義與文明觀，視為除去情感、歷史、記憶與社會連結的冰冷理論。或許，我們該思考的是，一旦剔除了情感、歷史、記憶與社會連結之後，就如同批評者時常加諸在邊沁身上的罪名一般，邊沁的效益主義與文明觀究竟還剩下什麼？

　　也是在這般的洞察之下，邊沁將孟加拉人民在既存文明樣態中所形成的期待心理與生活習性擺放在天秤的一端，另外一端放置的是「假想」已達到完善境界的英國法律，而邊沁並非理所當然地以為天秤必然向後者傾斜。他反覆省思的是，假若英國的法律比孟加拉的法律更完善，究竟是維護孟加拉的法律之原狀還是加以改革，何者的代價更大呢？換言之，在疾病與醫治之間，究竟何者更為邪惡呢（Bentham, 2011a: 168）？尤有甚者，當我們觀察到，適用於英國的制度不一定適用於孟加拉，同樣的，造福孟加拉社會的法律也不一定能夠造福英國社會，這個問題會變得更加難以回答。例如，邊沁甚是肯定英國的陪審團制度，他認為在參與陪審團的過程中，人民學會思考與處理公共事務的技能，這在形成公共輿論法庭的過程中起了關鍵的作用。[4] 然而，將陪

4　見 Bentham（1989: 58, 71, 76, 141, 283）。

審團制移植到孟加拉，即便其成員同樣由英國人民組成，卻會給司法的公正性帶來負面的效果。這是因為，居住在孟加拉的英國人自恃殖民母國的優勢對當地人民欺壓強索，而且殖民政府的腐敗也給了他們上下其手的空間，時常將公共稅收據為己有。這些英國人彼此之間更形成共犯結構，分攤不法利益。因此，邊沁認為，由英國居民組成的陪審團在孟加拉只會形成包庇藏私的團夥，而難以伸張正義。相反的，法官在當地社會因地位崇高而成眾人矚目的焦點，在大眾目光的關注下，他反而比陪審團更能維持公正。由此觀之，同樣是以維護司法正義為目的，孟加拉無法全然承接英國的陪審團制度，出路在於，若非仰賴法官來發揮此一功能，否則便必須在陪審團的成員中納入孟加拉本地的人民，以此來克服判決的偏頗性。不論如何，制度上的調整勢必無法避免，而這是立法者必須審慎思考的問題（Bentham, 2011a: 169-170）。

　　順此，關於空間對於立法的影響，邊沁將自己的觀點彙整成八個原則。第一、任何法律與社會中流行之習慣都不該輕易廢除，除非廢除這些法律或習俗給社會帶來明確的利益。第二、只因為某個風俗習慣與我們自身的情感或生活方式不相符，便加以更易，這不能算是利益。第三、勿以政治性的約束力來規約社會中無關緊要之事（matters of indifference），而應該以道德性的約束力處置之。第四、當壓迫性的習俗沒有給任何人帶來好處時，最簡便的革新方式是不以法律的約束力來支持此種習俗。第五、法律的效益必須扣除它在人們心中引發的不滿，和給社會帶來之不便。第六、在衡量人們心中的不滿時，需要考慮不滿者之數量，每個人心中不滿的強度，和不滿在每個人心中持續的時間。

第七、要移除這種不滿的感受，間接立法與溫和的手段，比起直接立法與激烈的手段來得好。亦即，應該以教導與勸告取代法律之懲戒。第八、人們會因某項措施之效果緩慢而反對之；但倘若快捷的手段只會引起人們的怨懟，倒不如採取溫和漸進的手段（Bentham, 2011a: 174）。

　　行文至此，讀者應該不難看出，邊沁反對霸道武斷地移植所謂「文明」國家之法律與制度至「野蠻與尚待開化」之國。所謂的啟蒙與開化對於邊沁來說，並非僅是先以政治制度之移植，再藉由政治制度來改造人民之道德觀念與生活習性這般簡單易成。一般的評論者常將邊沁的效益原則之指引等同於立法科學的創建，再將立法科學的創建與由上而下、由政府而達至社會與個人的統治方式畫上等號。如此一來，邊沁的政治思想便帶有鮮明的以法治統攝道德，與假政治之力重塑與駕馭社會之力的形象。但如此是否簡化了邊沁的政治思想與效益原則的內涵？邊沁提醒審慎的立法家切勿犯下專橫剛愎的錯誤，立法家應該反覆思酌的是，他預期的立法之成效真會發生嗎？如此的立法精神是出於對國家複雜的政經情勢，與人民已然形成的道德觀與期待心理之尊重。邊沁強調，唯有心懷對立法之「不確定性」（uncertainty）之慎戒，方能避免出自於理性之脆弱（weakness of reason）而來的過度自信（Bentham, 2011a: 178）。這意味著，縱使邊沁獨重效益原則的哲學立場已然引發眾多的批評與疑惑，但將邊沁的立場詮釋為獨重立法科學而罔顧文化、宗教、風俗民情等因素對人性之影響，卻是一種基於對邊沁之誤解而來的片面之詞。這會使得邊沁致力於透過探討各個面向、層次之議題來豐富其效益主義之意涵，在批評者以偏概全的字句中化為烏有。法律的妥適性與

人民的道德心理是緊密連結的，效益原則所衡量的並非只是既存的法律與風俗民情，是否會達成最大多數人的最大幸福，還有更易法律與風俗民情對人性與社會關係之影響。邊沁的效益原則並非僅具有法律之創建與政治制度之改革此般由上而下之治理模式的單一面貌，尚包括對人民之生活習性、宗教信仰、社會關係，與在其原本之生活環境中所形成的複雜期待心理之尊重與考量。政治（包含法律）、社會與個人三個層次，始終並行於邊沁的效益思想與改革方案中，倘若偏廢了邊沁對於社會與個人的重視，我們便難以理解邊沁何以主張：

> 我們已經看到，欲將一部龐大的法律頃刻間導入任何國家所挾帶的危險，縱使這是我們所能想像中最好的法律；我們也已經看到，在處理這類事務時，所必須奉行的警戒慎重。當然，當此處我們所討論的法律愈是偏離完善之法的軸線，此種危險，與克服此種危險所必須具備的謹慎戒懼也隨之增加（Bentham, 2011a: 178）。

謹慎戒懼源自於對法律與生活習慣之實然面的考量，也是立法者必須正視的改革之代價：「不論這裡所討論的法律在估算中會帶來多大程度的益處，都必須承認為了這個好處所付出的代價之高昂」（Bentham, 2011a: 178）；「每一個國家的人民皆依附於他們的法律：至少，皆依附於他們生養於其中，並且被教導給予習慣性之默許的那些法律」（Bentham, 2011a: 179）。於是，人民自然養成守成的心理，他們自覺「所有他們可以自政治社會獲得的好處，他們都已經獲得；而那些無法自政治社會獲得的好

處，他們視之為難以企及」（ibid.）。社會中的律師階層與人民反覆被灌輸，為了獲得法律帶來的裨益，他們目前所承受的壓迫乃是必要的代價。真正令邊沁憂慮的，應該是人民與律師對於既存之法律與政治秩序逆來順受，不思斟酌與批判即視之為合理的心理狀態。律師因其智識與地位上的優勢尚且可從中獲得好處，所以他們樂此不疲地強化現行法律之合理性，並拒斥改革以免危及自身的既得利益。但人民在此種情況下只有受苦的份，當他們或因智識程度之低落，或因法律素養之缺乏，而在律師階層的引導下反對改革的契機，到頭來受苦的終究是人民自身。邊沁稱此心態來自於人民與律師的無知和偏見，此為他的效益主義所要改革的目標，這也是何以本文嘗試以**公眾之啟蒙**來捕捉邊沁的文明理論之核心。

　　值得留意的是，邊沁並非出於優勢文明的傲慢，而主張應汰除孟加拉社會中的偏見與無知。因為，他認為英國的法律與政治制度同樣存在許多有待改革之處，這從他生平多數的著作都圍繞著這個主題而展開即可窺知。[5] 這也是為何本文在第一節的結尾處指出，邊沁認為進步與改革是歐洲與非歐洲文明皆必須面臨的課題。於是邊沁主張，首先，英國法律中很大一部分是低劣的，不論施行於何處皆是如此；其次，把英國法律移植到孟加拉，更是不可取；第三、不論是為了孟加拉或英國，都可以制定一部更好的法律（Bentham, 2011a: 181）。若此，這一部更好的法律如

5　例如，請見 Bentham（1977）對於威廉・布萊克斯通（William Blackstone）所辯護的英國習慣法（common law）傳統之批評，及 Bentham（2015）對於英國國會之弊端的批評。另外，有關邊沁對於英國宗教建制之批評，見 Bentham（2011b）。

何產生呢？要解答這個問題，我們必須將目光從空間轉移到時間對立法的影響。

務實的法律完善論

時間的遷移是否會改變一部良好的法律對人們的影響呢？倘若現下我們建立一部完善之法，且若這樣的法律能夠跨越時間的限制，那麼它對於過去與未來的社會，是否依然是最完善的呢？從邊沁的回答中，我們發現他的進步史觀，也就是現下的立法科學應當比過去來得進步。進一步深究會發現，邊沁反對的是基於以下兩個理由，而主張存在過去時代中的法律是適用於當時的完善之法，故而沒有再思予以改善的空間。這兩項理由是：人性的惰性與怯弱，以及擁護宗教體系者的說辭（Bentham, 2011a: 199）。邊沁認為，人性的惰性與怯懦表現為，人們厭惡對其信念以及所屬之環境與制度充滿懷疑與不確定。因為，一旦對於這些對象起了懷疑之心，隨之而來的是對於更好的環境與制度之嚮往，這種不安於現況的心態將使人處於焦慮不安的狀態中，故而不討人喜愛。普遍來說，若追尋正義之法律與良善之道德肇始於以懷疑之態度反思現況，包含反思人自身之價值與生命之歸屬，人容易感到惴惴不安、無所依循；相形之下，人更傾向走在錯誤的路子上，並武斷地排除可能鬆動其信念的隙縫。這便是為何敢於挑戰既存之價值體系的思想先行者，在揭開了詭辯之說的窩巢，並削弱了雄辯之詞的銳氣之後，只會引起人們的反感。這也是為何在社會中慷慨激昂的雄辯，比起理性沉穩的論述更討人喜歡。公眾歡迎與崇拜的是口若懸河的詭辯家，而非理性睿智的道

德學家（Bentham, 2011a: 169）。

　　於是公眾啟蒙受到邊沁的重視，也成為我們在詮釋與理解邊沁的文明理論時，可以依循的思考線索。抗拒改革與進步者時常將公眾低落的素質當作託辭，他們會說：「過去所制定之法雖非最完善，卻是最適合當時人民的」；又說：

　　　考慮一下當時人民的狀態與他們的知識程度吧！現在所制定的法律無法為當時的人民所理解，因為他們是如此的無知、固執、剛愎。當時所施行之法在當下已臻完善；對當時的人民來說已屬完善（Bentham, 2011a: 195-197）。

　　對此，邊沁深感不滿並直指，過去的法律並非真如前引的辯護者所言，是順應當時人民的智識與道德素質而訂定的，好似立法者都沒有試圖以法律介入常民的生活一般。否則，邊沁以伊斯蘭教為例，人們怎麼會從原本的多神信仰被轉化為一神信仰，教義中又何以會禁止人們違犯其天性所傾向之罪行呢？既然在不同程度上法律皆意在訓誡與懲罰人民，那麼在訂立此規範性律法之際，何以產出的卻是品質低劣、壓迫人民之教條呢？邊沁認為此處該歸咎的並非過往人民的素質不佳，而是立法者缺乏智慧所致。唯有認清這個觀念才能避免立法者卸責，將法律缺乏完善之成因歸咎於人民的「愚蠢、固執與偏狹」。也唯有如此，才能督促立法者將心神專注於立法科學的精進之道，而不再以人民的素質低劣為託辭。

　　綜觀前述，邊沁認為立法之進步同時仰賴立法者之智慧，與公眾素質的提升。這意味著，立法品質與公眾啟蒙是衡量國家之

文明程度的兩項重要依據，而兩者彼此之間又是相互依存的。邊沁期待立法者之智慧適足以為政治社群建立起和平公道的政治秩序，於其中人民所受之傷害能夠獲得補償，人民之自由不再為繁瑣的稅賦勞役所羈絆，政府對人民的懲罰不再是毫無尺度可循，法律明確列舉人民所擁有之權利、不任意侵奪其財產，人民也無須再擔憂國家或其他權力毫無節度之運用，因為此些權力之目的、資格、義務與例外狀態，皆明訂於法律之中（Bentham, 2011a: 199-200）。難道與古代的法律相比，邊沁質問，具備前述特性的法律對人民不是更有保障嗎？貴今賤古，或者自以為可以扭轉自然之律則來為古代的政治社群重制完善之法，這兩者皆非邊沁的意圖。他希望的是，當我們從時間的軸向來思考立法時，切莫因為古代與現代存在諸多條件與境況之差異，便不加分辨法律品質的優劣，一概視之為當下情境的合理產物。

　　由此可見，邊沁在探討因殖民而形成的文明碰撞時，顯露了他追求完善之法律的立場，本文稱之為「務實的法律完善論」（realistic legal perfectionism）。之所以務實，原因是邊沁無意在人世間打造天堂樂土，他希望的是以他建立的人性科學為基礎，逐步實現人類的應許之幸福（promised happiness）。[6] 這便是為何邊沁批評普利斯萊（Joseph Priestley）「走得太遠了」（going rather too far）（Bentham, 2011a: 202）。普利斯萊不僅認為，18世紀人類的境況相較於過往已大幅改善，他更相信這股進步之勢

6　在列文（Letwin, 1998: 131-200）的詮釋中，邊沁強調對多元之價值選擇與生活態度保持寬容的思想特性受到彰顯，但列文也形容邊沁是一位受制於技術與手段之分析的「有節制的烏托邦主義者」（a modest utopian）。

將持續不墜，直到未來的某一天將達成 18 世紀的人類無法想像的人間樂園。[7] 但對邊沁而言，若人間樂園真有實現的一日，居住徜徉於其中的將不是我們所認識的人類，而是比人類更高等的生物。讀者或許要問，難道邊沁不嚮往這樣的理想境界嗎？實際上，面對此種烏托邦式的理論，邊沁展露出務實的態度而予以駁斥，這是受到他承繼的英國經驗主義之影響。經驗主義主張人的一切知識都來自於經驗，人是通過各種感知（perceptions）來吸收經驗，而感知又轉化成人主體內的印象與觀念，包含愉悅與痛苦、驕傲與屈辱等感受，以及知識的累積等，都仰賴人對於外在世界的感知。邊沁的效益主義走在這條經驗主義的道路上，所以當他在衡量人的處境時，他將這個複雜的問題約略分為：人生活的狀態、具備的感受、環伺其生活周遭之對象，以及人的快樂與痛苦之來源等（Bentham, 2011a: 202）。只要由這些面向組成的人之境況沒有發生劇烈的變化，在人間打造天堂樂園就是不可企及，亦不具現實意識之目標。此種務實的特性使得邊沁的效益主義不走向烏托邦理論，而邊沁的經驗主義基本立場也將他的思想與崇尚抽象理論之建構的啟蒙哲學家給區隔開來。可施行性（practicability）是邊沁在擘劃所有改革方案時未曾違背的初衷，也是他從實然艱辛費力地走向應然的橋樑。邊沁容或對於法律、制度、社會之實然投以較為嚴苛的審視與批判，但他從未忘記此般批判是為了在人性允許的範圍之內，在法律、制度與社會

7　普利斯萊的觀點是，依循溫和漸進的改革，英國的憲法將會逐漸趨於完善，這個境況會在後世子孫的手中達成，他們在政治、宗教與各種知識的水平都將超越 18 世紀的英國人，故而對於前人留給他們的完善之公民與宗教制度，後世子孫仍將持續改善之。見 Priestley（1993: 107-127）。

可擔負的壓力之下，開創改革的契機。[8]

　　這提醒了我們，即便最大多數人的最大幸福為邊沁的思想提供了基礎，但邊沁的政治觀實則在前述的務實與可施行性等基本立場的調節之下，散發出悲觀沉重的氣息。邊沁深刻地觀察到既存之法律與制度的缺陷，但其涉及層面是如此深廣、盤結於其中的既得利益者之網絡亦是如此綿密複雜，縱使邊沁一生的寫作軌跡顯示出他未曾因此而氣餒卻步，但邊沁不會不知道反抗改革者之勢力龐大，以及教化人心與提升公眾素養之困難。這些結構性因素層層阻隔在效益原則邁向公共理性的路途上，也使得最大多數人的最大幸福成為以「減法」為主的幸福計算學。[9] 原因在

8　誠如一位審查人所指出的，本文對於邊沁的詮釋確實受到哈特（H. L. A. Hart）的影響，以下特引用審查人一段精闢的文字與讀者分享：
「這（即作者對於可施行性的強調）呼應了哈特對邊沁法理思想的評論，他指出，邊沁並不是第一個對法律之本質做出劃時代定義的人，霍布斯與 Blackstone 都曾經以意志來定義法律，可是邊沁的洞見是他堅持『我們不能從這些稱之為說服性定義的術語中，得出我們所贊同的實踐性結論，不能如此界定我們的法律與政治理論術語』（1982: p.28），邊沁對於『可施行性』的重視，絕對不只是立法技術上的考量，邊沁對於『點燃激情的普通名詞』（passion-kindling appellatives）或『裝模作樣的術語』（imposter terms）的反感，在務實的同時，也隱含了極具劃時代意義的主張，審查人不鄙淺陋，與作者分享哈特這段卓有見地的說法：這種裝模作樣的術語隱含某種保守的意識形態，它們經常被當作壞政府的託辭……最顯著的例子就是……『維護法律與秩序』或者『維持秩序』，這類表述取代了另一些像是『法律執行』或『服從政府』的中立表述……詞語『秩序』帶著歌舞昇平般的光環，掩飾納粹德國或當代南非這些政體下的恐怖，特別是當它被用在法律執行時。因此，邊沁奉勸我們，如果手上有中立的術語，不要輕易用『歌功頌德的演員般』的表述，來描述法律。用上這些表述就是製造神祕，而製造神祕就是掩蓋暴政。（Hart, 1982: p.27）」
9　邊沁晚期的政治思想幾乎依循著「防制苛政而來的安全」（security against misrule）這條主軸而展開，這樣防禦性、矯治性的政治觀啟發了筆者在此

於，墮落與腐敗是政治場域難以革除之惡，邊沁對此提出諸多的
防禦性或矯正性的處方，例如極小化政府的支出，極大化政府官
員的品賦（aptitude），藉以盡可能清除滋養邪惡利益的溫床。[10]

　　但要翻轉政治社會中統治的少數與被統治的多數兩方在權
力、利益、知識、財富之不對等，無非是一條漫長艱辛的道路。
即便未來真有那麼一天，法律程序不再冗贅擾民；民法明確規範
人民的權利義務，於是人民無須再為了解讀法律而爭執不休；法
庭不再終日人滿為患，但當人民需要其主持公道時，法院的大門
永遠敞開；各國之間簽署和平協定終止軍備競爭，人民不再因戰
爭與國家之擴張被課以繁重的稅賦；貿易日趨自由開放，市場不
再為少數人所獨占；當產業需要國家扶持時，國家即給予協助，
其餘的產業則任其自由發展；憲法明文規範人民公僕的權利、義
務與權力，人民當奉行法律則奉行之，當反抗則反抗之，以確保
社會之繁榮興盛得以延續；以及，當法律成為簡要、易懂、明
確，而且人人皆得參與、亦為其良劣負責（Bentham, 2011a: 203-
204）。當社會進步與改革至此，邊沁可能不會反對人民已獲得其
被應許之幸福，但對照現下人民在腐敗政治中所承受的壓迫，所
謂的應許之幸福只不過是人民少受些苦，多享有一些保障與自
由，所以這是以「減法」為方針的幸福計算學。自然的律則依然
運作著，人類的天性雖然受到規範，但未曾經歷根本性的改造與
矯治：

續

　　提出以「減法」為主的幸福計算學來指涉邊沁的立場。亦誠如艾爾斯特
　　（John Elster）所言，邊沁此種反面式的制度設計比起多數倡導積極、
　　加法式的觀點更為可行、務實，見 Elster（2013）。

10　邊沁在這個主題上最詳盡的闡述，請見 Bentham（1989）。

　　一如往常，火焰仍將燃燒，霜雪依舊陷落，口渴令人難耐，飢餓令人絞痛；和現在沒有兩樣，勞碌仍舊是生存的前奏曲；富裕的依然是少數人，多數人還是處於貧窮；所有人或多或少仍追求著他們所奢盼的歡欣享受，並為之受盡折磨；不論比起現在，強制變得如何輕微，為了確保整體的安全，強制仍不可或缺。感官不僅是所有觀念的基礎，也是一切享受的基礎；只要人依舊是人，所有他稱為享受愉悅的源頭仍然不會增加。在詩，繪畫，音樂與相關藝術中，新穎的源頭不出幾個世紀就會被耗盡；倘若給人們帶來歡欣享受的工具變得精良，品味也會變得嚴苛。如果這就是天堂，那麼天堂至多只是亞洲人所說的**田園**（garden）；但相較於我們所處的邪惡與弊病之**荒野**（wilderness），眺望這片田園依舊讓人心曠神怡（Bentham, 2011a: 204，粗體為本文所加）。

　　這幅田園之景形同邊沁的法律完善論之實現，其中所描繪的特徵是否是放諸四海而皆準的呢？如前段所列舉，法律的公正與清明，國家權力之明確界定，人民的權利義務之保障，公眾素養之提升，市場與貿易的自由，國際社會之和平，這些邊沁推崇的價值在他眼中是否不受時空之框限，為人類標示出進步文明的樣態，成為所有政治社會應該追尋的目標呢？本文認為答案基本上是肯定的，但其中的緣由需要詳加說明，以避免犯了如約翰・彌爾與柯克一般的錯誤，即不由分說地指責邊沁崇尚抽象的普世法則，缺乏對於人性與文化的體察。

　　誠如阿米塔吉（David Armitage）所言，伴隨著邊沁的著作全集重新校訂出版，再次評估邊沁思想中的普遍主義與特殊主義

之特徵，成為晚近邊沁思想研究中的重要主題（Armitage, 2011: 66）。普遍主義與特殊主義經常被視為難以相容的兩個典範：普遍主義（universalism）主張存在一套放諸四海皆準的政治秩序，其中法律體系的建立是形構此一政治秩序的關鍵（ibid.）。此一政治秩序對於所有人與所有社會皆有好處，故而在那些尚未將其政治社會打造成此般樣態的地區，他們應該通過法律體系的建立將此一普世的典範移植到自身的國度。此外，此一政治秩序也成為衡量文明之先進／落後的標準，與它愈相近者就屬愈文明、進步的國家，而其他國家也應該服膺這套政治秩序，以早日脫離落後國家之列。相對的，特殊主義（particularism）主張政治秩序的形成以國家為疆界，每一個國家各自處理屬於她的議題，如政治權威的基礎，立法的根源，國內法與國際法之關係等（Armitage, 2011: 66-67）。基本上，特殊主義主張，要如普遍主義一般追尋普世皆適用的政治秩序，是不可欲也不可行的，因為政治社會的發展受到社會脈絡的影響，而不同的社會脈絡之間往往是不可共量的。阿米塔吉在邊沁的思想中觀察到普遍主義與特殊主義之間相互拉鋸的張力，但他認為邊沁的目標終究是以效益原則取代自然法成為具普世效力的規範性原則，最佳的例證則來自邊沁所撰寫的國際法相關著作。

　　縱然如此，阿米塔吉跟珍妮佛・皮茲的詮釋，皆挑戰了傳統視邊沁為理性主義與普遍主義思想家的觀點，包含阿米塔吉、皮茲、史蒂芬・英格曼（Stephen Engelmann）在內的學者所代表的是邊沁研究中的後修正主義（postrevisionism）之形成（Engelmann, 2011: 10）。雖然阿米塔吉認為邊沁企圖以效益原則取代自然法成為立法的基礎，但他也主張，邊沁的效益思想之

實現受到各個政治社會之具體情境的影響與限制。阿米塔吉認為邊沁終其一生的思想都體現了普遍主義與特殊主義之間的張力，這個張力在邊沁之後仍舊困擾著 19 世紀的思想家而無以緩解（Armitage, 2011: 67）。

　　此外，皮茲在這一波當代邊沁研究的後修正主義中扮演關鍵的角色，比起阿米塔吉，皮茲對邊沁的詮釋更為強調其特殊主義的傾向，而這背後存在深厚的思想史關懷。皮茲甚為反對順著邊沁最重要的兩個追隨者——詹姆士‧彌爾與約翰‧彌爾——的視角來詮釋邊沁的思想。一則是因為兩位彌爾皆主張文明／野蠻的二元論，並且都擁護殖民主義，這與邊沁的立場大相逕庭。二則是因為（誠如本文第一節所述），約翰‧彌爾誤用了邊沁的「世界立法家」稱號而將邊沁詮釋成徒重抽象理論、罔顧人類情感與社會脈絡的理論家。皮茲的貢獻之一在於論證，與約翰‧彌爾較為狹隘的進步觀與文明觀相比，邊沁的思想展現出對文化差異性的理解與尊重。約翰‧彌爾此位重要的自由主義與效益主義思想家，在提倡自由、個體性與防制多數對少數之壓迫時，另一方面卻也支持文明的優劣階序之分與殖民主義。這兩者之間的矛盾成為 19 世紀自由主義者難以化解的難題，更容易讓人誤以為效益主義與自由主義蘊含了殖民主義與文明宰制的傾向。所以，皮茲認為只有將邊沁從約翰‧彌爾的陰影中解放出來，我們才能公允地評估邊沁的立場與貢獻，進而在描繪邊沁的效益主義與自由主義之思想形貌時，重新釐清他的國際政治思想（Pitts, 2003）。這一波邊沁研究中的後修正主義在皮茲與英格曼等人的努力耕耘下，至今呈現方興未艾的趨勢，可望在不同的研究議題中突破既有的成果（與偏見），不再將某些既定的印象與框架強加於邊沁

的思想之上（Engelmann, 2011: 10）。例如，在皮茲與英格曼對〈論時間與空間對立法事宜之影響〉這篇論文的討論中，他們認為雖然邊沁「終究受到普遍的（效益）標準之指引」，但邊沁也「建議人盡其所能從一地區之裂縫與變動不居中學習，以求理解誰人從中獲得了什麼，又是如何獲得」（Engelmann & Pitts, 2011: 46, 58）。皮茲與英格曼認為邊沁「對於（文化的）差異觀察入微」，並且「對於英國在印度的殖民作為傳達了強烈的譴責」（Engelmann & Pitts, 2011: 46, 53）。

　　與皮茲和英格曼相比，鄧肯・貝爾（Duncan Bell）似乎更基進地反對視帝國主義為自由主義之內生潛質的觀點。貝爾借用皮茲的語彙稱前述的觀點為「歐洲的地域主義」（European parochialism）（Pitts, 2018: 3），並主張這主要得自於研究者誤將約翰・彌爾的自由思想與 19 世紀歐洲的自由主義畫上等號（Bell, 2006: 286）。在貝爾的研究中，維多利亞時期的歐洲蘊含豐富多元的自由思想，絕非約翰・彌爾一人的論述可以窮盡，貝爾依循兩條關鍵的線索重建這個時期的國際政治思想，並證明當時為數甚多的激進自由派多反對帝國主義與殖民主義。第一條線索是不滿於英國對外之傲慢與侵略擴張，質疑英國統治他國人民之正當性，並憂慮隨殖民而形成的特權階級將腐蝕英國本國的自由。第二條線索是英國在諸種條件與限制之下（例如英國與殖民地之間遙遠的地理距離），不僅無法善待殖民地的人民反而待之以壓迫與荼毒，此種治理模式不符公義，還可能因為殖民地之不服統治而危及英國自身的政治穩定性。據此，貝爾觀察到懷抱前述兩項憂慮與批評的思想家如理查・科布登（Richard Cobden）、赫伯特・史賓塞（Herbert Spencer）等人，他們對帝

國主義之批判證明了皮茲主張在邁向 19 世紀中葉之際，在歐洲遍尋不著批判帝國主義的重要知識分子，並稱此為歐洲自由主義的「帝國轉向」（*A Turn to Empire*），這樣的觀點顯然是言過其實（Bell, 2006: 286; cf. Pitts, 2005）。貝爾的批判是皮茲既然無法切割自由主義與帝國主義兩者於 19 世紀中葉之際的匯合，她只好劃分邊沁與兩位彌爾的理論淵源。藉此，皮茲的貢獻是指出了政治思想史研究中，許多研究者習於透過約翰‧彌爾的視角來解讀邊沁，如此可能犯了誤解邊沁的謬誤，另一方面她也為現代自由主義／效益主義的研究開拓了反帝國主義與反殖民主義的思想圖景。另一方面，皮茲的觀點之缺陷則是，至少對於貝爾而言，她狹隘地將約翰‧彌爾視為 19 世紀自由主義的代表，未能全面性的檢視同時代的文人階層中反對帝國主義的聲浪，如此皮茲在洗刷了邊沁的罪名之同時，卻也給讀者留下了自由主義不僅未善盡批判帝國主義之責，反而為之辯護的錯誤認知。[11]

　　凱瑟琳‧布雷克（Kathleen Blake）也加入了這場帝國主義與自由主義的辯論。文學研究出身的布雷克採取了後殖民主義（post-colonialism）的研究途徑來為約翰‧彌爾辯護。布雷克批評皮茲誤將殖民主義視為殖民母國對於殖民地的強勢統治、經濟壓榨與文化輸出。布雷克主張，在英國殖民印度的過程中，雙方通過經濟、政治與軍事的接觸，不僅印度的政治與社會產生了變化，英國自身也受到此種帝國式的交換（imperial interchange）之影響而經歷文化質變（Blake, 2019: 199）。布雷克承認，挾帝

11　關於晚近國際政治思想史研究中，這場著眼於自由主義與帝國主義之關係而展開的辯論，可參考貝爾（2016: Ch.2）的梳理。

國統治而來的文化質變通常伴隨著對殖民地的破壞，但她也主張應該中立地、甚至積極地看待此過程中所積累的文化產出（cultural production），因為此文化產出不僅可能對殖民母國有益，也同樣造福殖民地。換言之，布雷克的研究是在大方承認帝國自由主義的前提下，正向地擷取此一思想與政治實踐的自由涵義（ibid.）。如此，布雷克不僅為約翰・彌爾的帝國自由主義辯護，更重要的是，她主張約翰・彌爾的立場乃是繼承亞當・斯密與邊沁而來，藉此她試圖解消皮茲與貝爾的論述，並且重新鞏固邊沁與約翰・彌爾之間一脈相承的思想延續。也因此，布雷克對於〈論時間與空間對立法事宜之影響〉的詮解與本文的觀點甚是不同，她主張邊沁對於英國的殖民政府是否應該將本國的法律移植到孟加拉並無質疑，因為持平而論，邊沁認為這樣的法律移植對孟加拉有益。據此布雷克指出，邊沁與約翰・彌爾相同，都是自由派的帝國主義者（liberal imperialist）。布雷克也進一步申論，即便邊沁在〈論時間與空間對立法事宜之影響〉中充滿對於英國法律的批判，但是她認為移植法律的過程提供給立法者機會去親近與認識孟加拉當地的風俗民情，同時也反思英國法律之疏漏，如此正可以成為英國與孟加拉推動法律改革之契機（Blake, 2019: 202）。

　　筆者之所以在此扼要地闡述當代邊沁研究中，圍繞著邊沁的文明理論與國際政治思想所展開的辯論，目的是希望向讀者說明，與本文開頭所列舉的柯克與約翰・彌爾相比，當代的邊沁研究者已開展出不同的研究趨勢。邊沁的政治思想在這波趨勢中展現出更顯生命力與人文關懷的面貌，和以往被刻畫成冰冷的效益計算者與獨重理性的改革家有偌大差異。不論是皮茲與英格曼

所持的特殊主義式的詮釋，或者貝爾所提出的更寬廣的 19 世紀
自由主義之圖景，皆在不同程度上限縮了約翰・彌爾的自由主
義於 19 世紀之代表性，從而在探討自由主義與帝國主義之問題
時，有助於跳脫約翰・彌爾的自由主義之視域，以邊沁的思想為
基礎來進行反思。即便布雷克反其道而行，冀圖重新鞏固邊沁與
約翰・彌爾之間的思想傳承，但她也承認，在移植英國法律至孟
加拉之際，倘若不考量孟加拉的社會脈絡，則結果只會適得其反
（ibid.）。筆者並不同意布雷克將邊沁詮釋為自由派的帝國主義
者，也認為她可能誤解了邊沁在〈論時間與空間對立法事宜之影
響〉中傳達的觀點，而這或許是因為布雷克急於為約翰・彌爾辯
護，所以運用〈論時間與空間對立法事宜之影響〉一文來替自由
派的帝國主義背書。

　　相形之下，筆者比較贊同的是皮茲與英格曼採取的特殊主義
路徑，但只要仔細閱讀兩位學者合著的〈邊沁的時間與空間〉
（"Bentham's 'Place and Time'"）一文，會發現皮茲與英格曼依
舊沒能完整地呈現邊沁在〈論時間與空間對立法事宜之影響〉中
的觀點。例如，皮茲與英格曼幾乎全無論及邊沁的「務實的法
律完善論」之相關內涵，然而在〈論時間與空間對立法事宜之
影響〉的第六節與第七節中，當邊沁開始闡述時間對立法之影
響和法律的不變性（immutability）時，「完善」（perfection）
這個概念一直牽引著他的思考。對邊沁來說，所謂的完善之
法，或者是本文所稱的「務實的法律完善論」，代表了不變性
（immutability）與可變性（mutability）的結合。不變性指的是
普世適用的法律所具備之性質，例如禁止謀殺、竊盜、通姦、偽
證之法，邊沁形容此種法律為「同樣適用於所有的空間與時間」

（Bentham, 2011a: 205）。同時邊沁也注意到，另有一些行為不受到此種法律的規範，這表示此類行為的禁止與否是由各個政治社群的法律自行決定。必須說明的是，普遍適用的法律在施行時，仍須仰賴更具體的條款（provisions）來闡明其內容、說明其限制與例外狀態等，否則這些普遍之法只是抽象空泛的法則，難以落實在實際生活中。邊沁指出，正是這些具體的法律條款會隨著不同的社會環境、風俗文化而有差異，即便是在同一個社會中也會隨著時間有所更易。更重要的是，邊沁主張，**這種具體條款的可變性造就了普世之法的不變性**。[12] 由此可知，邊沁的文明理論與「務實的法律完善論」統合了普遍主義與特殊主義的特徵。[13] 一方面，他相當堅持只要人性的構成，與人類所居處的外在世界維持大致上的一致性，前述所列舉的禁止謀殺、竊盜、通姦、偽證等法律在每一個政治社群都是不可或缺的。另一方面，當這些普遍之法各自在不同的社群中落實時，賦予它們實質內涵的法律條款則是社會脈絡的產物，故而存在差異。例如，禁止竊盜保障了個人的財產，也關乎社會的基本秩序之維繫。但具體而言，什麼是屬於個人可以安心享有的私人財產，什麼又是個人不可覬覦的鄰人之財產，其中的區分原則屬於社會脈絡的產物，應

12　此段的原文是：「Now, of these qualifying provisions, some, it will be found, ought in point of expediency to be variable: different in one country from what they are in another: different in the same country at one time from what they are [at] another: this is what becomes of the immutability and universality of these immutable and universal laws.」（Bentham, 2011a: 205）。

13　或者說，本文認為「普遍主義與特殊主義彼此循環」的進路正是邊沁的文明理論之特色所在，作者感謝一位審查人精確地捕捉本文對於邊沁的詮釋觀點。

當予以考察與尊重，切莫以通則化的原則處置之。

又例如，通姦是普世應當禁止之犯行，但婚姻關係的界定則是社會脈絡的產物，無法亦不可用單一的模式加諸於所有社會之上。這便是為何邊沁主張：「普世之法的普遍性，不變之法的不變性，仰賴於其他不僅是、也應該是處於連續性變動的法律」（Bentham, 2011a: 206）。[14] 倘若普世之法的實行沒有與代表社會脈絡的法律條款結合，普遍之法不僅是空洞而無實質意涵的，它更可能由於缺乏對在地社群的文化包容性，而在落實的過程中遭遇重重的阻礙，終至無法在人類的生活環境中發揮效用。也或者，在強加推行的過程中，付出巨大的社會與政治成本。換言之，正因為邊沁的法律完善論體現了對社群之在地文化與社會規範的尊重，而非採取由上至下的文明模式之移植乃至於扼殺了在地社群的文化主體性，所以筆者認為它帶有務實的色彩。不論是前舉的財產或婚姻之例，都體現了邊沁對於不同社群的相異生活方式之尊重、包容與理解。進一步來說，邊沁甚為堅持，若非仰賴這些由日常生活經驗累積而成的社會規範與生活模式，那麼普世之法也不過是一堆空泛的詞彙，對人民的生活福祉起不了作用（Bentham, 2011a: 205）。從這個角度來說，那些形容邊沁為徒重抽象理論但缺乏人性之洞察的批評者，似乎在強化某一種邊沁長期以來所背負之形象的同時，忽略了邊沁對文化差異性的體察與重視，也誤把邊沁的效益主義單薄化為徒具形式但內容空

14　此句的原文是：「...laws universally and immutably expedient, of which the expediency and immutability is altogether dependent upon other laws which not only are, but ought to be, liable to continual variations.」（Bentham, 2011a: 206）。

洞的哲學理性主義。但根據本文對邊沁文本的解讀，邊沁直言要立法者在追尋普世與永恆之法時，切莫把暫時的誤當成永恆的，也不要把局限於地域的誤當成是普世的；更不要在可能犯了前述的謬誤之餘，傲慢地自以為掌握了所有人類皆應遵循的文明樣態。原因在於，這種帶有傲慢、鄙夷他者之氣息的普世之法，終將宣告失敗，也不是心懷經世濟民之志的立法家所該具備的氣質（Bentham, 2011a: 208）。

結語：公眾啟蒙的未竟之路

　　本文旨在探討邊沁的文明觀，筆者切入這個議題的角度是深入分析晚近以來，邊沁思想研究之後修正主義學派所重視的〈論時間與空間對立法事宜之影響〉。誠如本文在第一節指出的，這篇論文同樣引起約翰・彌爾的注意，但在這篇論文中，邊沁反對法律移植與包容文明多樣性的立場並沒有受到約翰・彌爾的彰顯。主要的原因可能在於，邊沁對文明多樣性的包容與尊重，與約翰・彌爾所欲強化的邊沁之形象有所衝突。約翰・彌爾似乎不認為需要耗費太多心力在處理這樣的衝突上，相較於進一步反思邊沁的效益主義與立法科學如何與他的道德習約主義（moral conventionalism）相互調和，約翰・彌爾顯然更願意強化那個徒重抽象理論，缺乏人性與情感關懷的邊沁之形象。[15] 本文在梳理邊沁的文明理論之同時，一方面反駁了約翰・彌爾的觀點，同時也闡述了這個理論在邊沁研究與政治思想史之研究中的重要性。

---

15 關於邊沁的道德習約主義，請參見 Postema（2019）之闡述。

本文希望論證的是，〈論時間與空間對立法事宜之影響〉一文不僅對於理解邊沁的文明觀甚為重要，因為在文中邊沁反對霸道地將「文明」國家的法律移植到「野蠻」國家；更重要的是，相較於將英國歸屬於文明之國的陣營，以及將孟加拉歸屬於野蠻之國的陣營，邊沁的思想挑戰的似乎正是文明／野蠻此種二元區分的架構。[16]

邊沁確實是以改革為職志的思想家，但改革這個詞彙在邊沁的思想中並不等同於武斷地摧毀社會中既存之建制與習俗，罔顧人類的道德情感與歷史記憶之重量。如果順應這種普遍主義式的詮釋觀點，筆者可能會主張邊沁的〈論時間與空間對立法事宜之影響〉一文，與他其餘「看似」充滿普遍主義之論調的著作相互矛盾，故而我們可以將前引論文視為例外，僅是邊沁這位世界的立法家之改革方案中的一點疏漏，無須太過重視。但是，筆者並沒有採取這樣的研究路徑，因為筆者冀盼的是將〈論時間與空間對立法事宜之影響〉所透露的對社會文化與在地習俗之重視，以及邊沁在文中積極調和普遍主義與特殊主義之觀點，當作重新詮釋邊沁的政治思想、定義他對於政治思想史之貢獻、洗刷長期加諸在他身上的罪名之契機。所以筆者提出務實的法律完善論來嘗試界定邊沁的政治思想與文明理論。何以稱之為務實，本文在第三節已經有詳盡的解說。至於何以彰顯邊沁的法律完善論，一則是因為邊沁視立法為社會革新與政治改革的重要手段，這一點與

16　本文前三節之論證，隱含了邊沁對效益原則的普世性，及其內容對於脈絡差異之重視的反思。在此結論處，讀者或將發現，本文更側重於邊沁的效益原則作為一普世方法，及其實踐所可能帶來的社會效應。作者感謝一位審查人的指點，使本文前三節之論證與結論可以更有效的連結。

一般讀者對於邊沁的認知相互契合。而另一方面，本文也嘗試帶出隱含在邊沁思想中的完善論立場，這一點較少受到研究者的討論，但卻可能發展為研究邊沁的新視角。

就政治思想史的研究來說，邊沁思想的「局限性」通常被解讀成他的後繼者約翰・彌爾與西季威克（Henry Sidgwick）改造效益主義的動力。亦即，邊沁在估量效益時，重視快樂之數量勝於質量的立場，彷彿將效益主義所代表的幸福學說扁平化成一種不過問公民素質的幸福計算學。然而，從本文第二節所探討的傳統印度教中的女性殉葬之例可以看出，邊沁主張女性在經過詢問與審查之後，若自願依循宗教規範而為丈夫犧牲生命來體現社群的傳統價值，吾人便應該尊重其選擇。邊沁在此處展現的不僅是對他國文化的包容，更是對個人的意願與選擇之尊重。同時，他也盼望有朝一日，如殉葬這般的習俗之所以受到奉行，不是因為人們不假思索地便奉傳統與宗教儀式為圭臬，而是在經歷反思與獲得社群其他成員的徵詢之後，如此而給出的同意才能真正賦予這種傳統範示正當性。相較於粗暴地將這種習俗強加在女性身上，女性取得自主審酌的能力與空間，並且其自主意願得到其他成員之尊重的社會，顯然是一個更為進步與開明的社會。因為，不僅女性的地位之提升可以視為進步與開明的展現，社會其他成員對於女性之尊重更象徵社會成員之素養的進步。正因為評論者多數沒有將邊沁思想的這個面向納入考量，於是他們似乎毫無困難地將邊沁的效益主義形容為豬的哲學（Mill, 2003: 186），視之為徒重感官享樂，但忽略人的精神生活與道德培基之學說。

但筆者認為，邊沁的幸福計算學之所以體現了務實的法律完善論，正因為這是一種審慎考量在現實社會中推動改革之巨大困

難，但仍不放棄通過法律之革新來拯救人民於政治之迫害與荼毒的思想，是以邊沁的學說流露了悲觀的樂觀與絕望的希望。他既以最大多數人的最大幸福為目標，自然不會只追求幸福的數量之達成，卻棄承載幸福與感受快樂的普羅大眾於不顧。相較於約翰・彌爾的思想透露的精英氣息與西季威克於《倫理學的方法》（ *The Methods of Ethics* ）追求的個人至善之達成，邊沁心懷社會大眾之福祉並以改善其生活境況為職志，昭示其政治思想最鮮明也讓人動容的特性。比起少數秀異分子的卓越德行與過人智慧，或者比起獨善其身的個人至善之追求，以常民百姓之福祉為念令邊沁的思想彷彿以一己之力拖曳著千斤的重擔蹣跚徒行著。要改善人民的生活是如此浩大的工程，在達到這個目標之前，要先革除政治場域中積存已久的陋習與制度更是難如登天。也正因如此，縱然邊沁的法律完善論所擘劃出的田園之景已浮現在他的眼前，其中的法律是公正的，人民是理性自主的，國際是和平互惠的，但邁向這般田園之景的路途卻充滿了荊棘，邊沁的效益主義如同一位行者肩負著千斤的重擔，步履蹣跚地試圖向田園前行。邊沁身上的重擔不僅是苦民所苦的心緒，以及推動政治改革的重重阻礙，還有對社會既存建制以及人民在其中所形成的生活習性之考量，所以田園的舒適宜人是如此令人嚮往，但邁向這般景色的路途卻彷彿沒有盡頭。何須走得如此艱辛費力呢？邊沁似乎沒有當自己是約翰・彌爾筆下那個可以引領人類文明躍進的秀異分子，只因為他是以天下為己任的入世哲學家，所以他蹣跚步行著。

　　邊沁或許是典型的啟蒙哲學家，期待以思想與哲學改革社會，但這不應該與他期待公眾素養之提升分開看待。畢竟，獲得

啟蒙的對象正是人類，在邊沁眼中，啟蒙的涵義之一，或許也是最重要的面向之一，正是人民的智識與情感之啟蒙。與政治及法律制度之改革相伴，人民的素養之提升也是邊沁以減法為主的幸福計算學之重要元素。邊沁的公眾啟蒙體現為人們自發性的反思公共事務、文化習俗與社會、政治制度。如果邊沁曾經試圖以他的效益主義來啟發與指導英國之外的社會，那麼他的方針與他為英國乃至於歐洲文明所提供的並無二致，也就是向人們指出效益的達成指向公眾素質的培養，以及在公眾進行反思之際，效益原則適足以成為引領反思與社會對話的道德原則。然而，邊沁也主張，通過效益原則之衡量，什麼樣的制度與習俗對社會整體有益所以應該被保留，何者又因其有害於社會福祉而應該被汰除，這樣的決定應該留待人民的討論，而無法單憑哲學理性評斷之。這顯示了邊沁對於民族文化的尊重，以及他對於自身之理想的貫徹。因為，一旦哲學理性凌駕於社群經由公共討論所形成的共識之上，一旦社群內生的自發性改革被移植自其他文明的政治與道德規範所取代，表面上此種「進步」與「開化」進行得更為迅捷，但社群卻因為被剝奪了自發性的反思其社會以及集體尋求革新之道的機會，而錯失在這個過程中所能培養的諸般能力與素養，包括言說、閱讀、書寫、反思、聆聽、尊重、討論、包容與同情共感等。殖民與法律移植的機制之所以受到邊沁的反對，除了隨之而來的政治與軍事壓迫，以及經濟與領土的侵占之外，更重要的是殖民地被剝奪了文化的主體性與人民的自主性，這項損失是如此的巨大與難以彌補，身為效益主義者的邊沁不願意輕易地以所謂「更文明」的政治與社會制度之建立作為交換。

　　社群成員反思自身的文化與制度有兩層涵義。首先，若非社

群中多數的成員皆具備常識（common sense）與相關的知識，則反思的過程無以開展。因此，在知識的意義上，反思意味著經由教育以達成公眾的啟蒙。其次，在道德的意義上，邊沁看重的效益原則可能在如此的反思過程中，成為社群成員訴諸的一項據以判斷是非善惡的道德標準。雖然在其他道德標準的競爭下，效益原則的脫穎而出並非理所當然之事。相反的，誠如本文稍早所提到的，效益原則邁向公共理性之途是一條崎嶇蜿蜒的道路。但只要效益原則開始影響人們的道德思索，則蒙蔽人們的良知、理性的偏見與利己主義就會漸漸受到制衡。不論在上述哪一層涵義中，反思與檢視代表人們在心態上不再安逸於現況，他們轉而想望一種更好的生活境況，或至少，他們要求社會中的既得利益者對現況的維持提出證成。這樣的公眾之啟蒙對邊沁而言是重要的，因為如此人民才能逐漸脫離少數統治者包括法官、貴族、律師、巨賈富商等的宰制，而正是這樣的宰制阻斷了法律的改革，也拒絕應許人民更好的生活境況。從這個角度來說，倘若邊沁的務實的法律完善論仍具有烏托邦的色彩，原因並非邊沁意在打造人間天堂，而是因為現實社會距離公義與人性中的仁厚之彰顯依舊非常遙遠。

　　邊沁甚是不認同將英國的法律移植至孟加拉，因為在邊沁眼中，英國自身的法律亦是弊病叢生，也是因為這樣的移植將剝奪了孟加拉人民自發性推動其法律與社會改革的機會。筆者認為邊沁的效益主義除了重視以法律來維繫社會秩序以及教化公眾之外，他也相當重視人民在社會場域中通過各種形式的社會互動以建立社會關係、形成社會規範、乃至於進一步改革社會制度。倘若在研究邊沁的政治思想與文明理論時，獨重邊沁的法律理論而

偏廢其社會理論，我們很容易將邊沁詮釋為威權主義者。但邊沁的思想對於當代崇尚自由民主體制，卻同時渴望對於自由民主體制有不同於傳統自由主義，同時也更為深厚之理解的我們來說，富啟發性的正是他以效益主義而非傳統的自然法或自然權利，作為證成與調節自由民主體制的基礎。其次，就效益主義對於政治思想史的貢獻來說，要深化與豐富效益原則的內涵，要替效益原則在感官的滿足之外，建立與個人至善及社會幸福之間的「厚的」、以「素質」為導向的連結，我們或許無須先把邊沁視為假想敵，再把約翰・彌爾與西季威克對於邊沁思想的批評與改造，視作後面兩位思想家的卓越貢獻以及效益主義在 19 世紀發展的轉捩點。評論者歸諸邊沁思想的膚淺性，或許不是邊沁應該承擔的罪責，而是得自於研究者較少以深厚、同情理解的角度來解讀邊沁的思想。同樣的，在研究邊沁的文明理論時，我們或可以僅停留在字面上，將此面向的邊沁思想解讀為與其他面向不一致；或者，我們也可以在這些表面的不一致背後，找到更深層的理由來表述邊沁的立場，並且嘗試統合他的思想。

　　通過本文的書寫，筆者嘗試以公眾啟蒙來解讀邊沁反對武斷地移植法律之理由，日後並將進一步循這條線索探究邊沁的效益主義之自由色彩。若不是邊沁對於文明的複雜性、文化與風俗習慣的多樣性、法律的規範性有深刻的理解與整體的考量，他便不會勸告立法者採取溫和漸進的改革手段。溫和漸進的改革象徵的不僅是對既有建制與人民之期待心理的尊重，也是在肩負著既有秩序所形成之巨大效益的同時，艱辛費力地往務實的法律完善論所指引之田園邁進。怎麼能夠停止呢？只消一停止步伐，肩上的巨大重量就使得人的雙腳逐漸陷於泥濘之中，前進只會變得愈加

艱難，就如同不懂反思的公眾僅會順服地屈膝於傳統與法律的跟前，卻沒有意識到這樣的順服是捐輸了自身的反思性與行動性之結果。又怎麼能夠回頭呢？靜謐宜人的田園之景已浮現在眼前，而背後只有弊病與邪惡利益叢生的荒野。

08 「帝國主義的後設敘事？」[1]：康德論文化、文明與世界公民法權

周家瑜（政治大學政治學系副教授）

建立一種完美的公民憲法之問題繫於國家對外的合法關係之問題，而且不靠後一問題，前一問題就無法解決。（Kant, 1991: 47）

地球上所有能有相互影響關係的諸民族之間這種（儘管尚非友善）然而卻是和平的普遍結盟之理性的理念並不是一個仁愛的（倫理的）原則，而是一項法權原則。（Kant, 1996: 121）[2]

---

1 後設敘事（也譯元敘事，meta-narrative），此處指涉某種訴諸普世真理或原則建立起來的理論，用以不僅理解或掌握整體歷史過程中具體事件與社會文化諸現象，也某種程度上指出歷史發展的規律，此處用法借用塔利（James Tully）對康德的批判，可參見（Tully, 2008: 148; 2002）。

2 「普遍結盟」一詞原文「einer...durchgängigen Gemenischaft aller Völker auf Erden」（Kant, 1977: 475），英譯為「thoroughgoing community of all nations on the earth」（Kant, 1991: 121），中譯李明輝老師將之譯為某種「普遍交流」之關係，沈叔平中譯則為某種「普遍……聯合體」，此處筆者折衷暫譯為某種結盟。

導論

　　就其國際政治思想而言，康德經常被視為自由國際主義（liberal internationalism）[3] 的代表者之一，某種意義上，這意味著康德的國際政治思想似乎應該回應個人自由、國際正義與和平等價值，[4] 而康德確實也在其著名的〈論永久和平計畫〉（"Toward Perpetual Peace: A Philosophical Sketch"）一文中看似樂觀地闡述了對實現「永久和平」的種種看法。根據此文，「永久和平」意味著「人類能夠再度解決暴力導致的問題，伴隨著一種新形式的普世法律與由地球上所有民族組成的和平聯盟，擺脫國際之間的〔戰爭〕狀態」（Bohman and Lutz-Bachmann, 1997: 1）。這並不是一種理想主義的不切實際的空想，而應該視為對當時國際情勢的回應與呼籲。康德對追求永久和平之執著部分源自寫作該文時的國際情勢。〈論永久和平〉一文之背景為 1795 年普魯士與

3　如同自由主義一詞難以界定──「似乎不存在一個標準的對自由主義的描述」（Doyle, 1997: 206）──自由主義式的國際主義也絕非一個清晰的概念。但若試著簡化地界定它的話，或可以安東尼奧・法蘭切斯柯（Antonio Franceschet）的論述為參考：「自由主義式國際主義應該看成一個對全球改革的多面向計畫，由不同的對主權國家本質的理解，以及對這些行為主體在疆域內與疆域之外能提供給個人的自由之不同看法所構成。」（Franceschet, 2002: 69），這裡指涉的僅僅是某種將自由主義中較有共識的價值（如個人自由、正義、平等與進步、法治、政治參與，以及和平等）應用於國際關係的觀點。關於此一國際政治思想立場之相關爭議，以及康德所扮演的角色，可參見（Antonio Franceschet, 2002: ch.4）。

4　儘管「國際」（international）一詞源於邊沁，然而在探討 18 世紀思想家對於當時歐洲國家之間的互動或是這些國家對其他非歐洲社會的行動時，在本文當中相關的論述仍概稱為該思想家的國際政治思想，以與該思想家對國內政治的討論區分開來。

法國的革命政府簽訂的《巴賽爾和約》（the Treaty of Basel），
此一和約規定普魯士需割讓其萊茵河以西之地予法國，用以交換
普魯士能參與俄國與奧地利瓜分波蘭領土之計畫（ibid.）。而正
是這樣的現實政治角力讓康德寫出了下列禁止條款：「任何和約
之締結在進行時，若是其祕密地為一場未來的戰爭保留物資，它
就不該被視為和約之締結」（Kant, 1991: 93），因為在這樣的祕
密意圖下，此種和約充其量只是「一種停戰協議，一個敵對行為
的延遲，而非和平」（Kant, 1991: 93）。此處康德明確界定和平
為「所有敵對行為之終結」（Kant, 1991: 93）。

　　如果康德對國家之間的政治現實提出了這樣一種具有普世
色彩的批判性論述，為什麼批評者仍認為康德的論述旨在為歐
洲帝國主義式侵略行為張目呢？[5] 就這一點而言，康德對文化與

5　「殖民主義」（Colonialism）經常與「帝國主義」（Imperialism）一詞
　　混合使用。然而就其拉丁字源而言，兩者可以清楚區分，前者的字源為
　　colonus，意指農耕者（farmer），因此某種程度上意味著殖民主義是一種
　　將人口轉移到新領土上，進行長期占有與定居活動的實踐；相對地，帝
　　國主義之拉丁字源 *imperium* 則意味著「命令」（command），因此其主
　　要活動在於一個國家對其他國家，或一個民族對其他民族行使權力的實
　　踐。行使權力可以透過殖民，也可以透過其他控制機制（如英國後期對
　　印度政策轉為透過當地政府進行統治），另一方面來說，殖民活動經常是
　　帝國主義侵略的後果，因此在實踐上兩者有緊密關聯，詳細理論爭議可參
　　見（https://plato.stanford.edu/entries/colonialism/）。除此之外，「帝國」
　　（Empire; *imperium*）亦為意義模糊的概念，其主要意義自羅馬帝國始轉
　　化數次。直到近代，安東尼・派格登分析指出：帝國之概念蘊含三種主要
　　意義，首先是指涉羅馬行政官享有行政權威之地區；其次，在約莫 16
　　世紀，就國家在其領土範圍當中享有至高無上權威而言，帝國一詞也被引
　　申為國家（state; *status*）的同義詞；第三、帝國也被用來表示某種將不同
　　民族聯合起來的某種「政治關係」（political relationship），這個政治關

種族的論述扮演關鍵角色。近年來研究者批評康德政治思想中
據稱仍存在的種族主義色彩。首先，康德不但被指責「發明」
（invented）了「種族」這個概念，[6]在立場較為極端的評論家
眼中，康德甚至被認為是某種納粹式次等民族原則的哲學先驅
（Flikschuh and Ypi, 2014: 1; Bernasconi, 2001），這種歐洲中心的
思想被認為是反映了「啟蒙運動思潮中理性主義，普遍主義與帝
國主義的缺失」（Flikschuh and Ypi, 2014: 2），此種歐洲中心的
政治思考也表現在對於文明進程中各階段的想像，具體而言包含
了對促進歐洲國家對外利益的商業貿易活動的積極肯定，而因此
康德對於貿易活動與國際之間商業往來的正面評價便使其成為某
種「啟蒙運動擴張主義式模型」（the Enlightenment expansionist
model）思想家的代表，這種對文明進程的想像之特色在於忽視
或低估非歐洲文明的生活方式（Ypi, 2014: 100; Marwah, 2012）。

　　這樣一個對康德國際政治思想的反思與批判根源於兩條思想
史線索：其一是來自延伸自當代後殖民主義對啟蒙運動思想遺產
本身的反思，如 Flikschuh 指出的：當代殖民主義研究並非僅僅
是處理「歷史的不正義」（historical injustice），相反地，此種研
究著重的是某種仍然持續存在的所謂「殖民者／被殖民者心態」

續

　　係將地理位置相距遙遠、生活方式與價值觀也迥異的諸政治體連結為一個
　　「廣延的系統」（an extended system）（Pagden, 1995: 14-5）。在本文中
　　所使用的「帝國」一詞除非特別注明，均指涉第三種意涵。

6　這並不是說種族一詞在 18 世紀前沒有被使用，但在這之前僅是某種對於
　　人類各種族之間差異性的認知，這裡所謂的「種族概念的發明者」意思是
　　「給予該概念充分定義，而使後續的使用者相信這個概念至少具有某種程
　　度的科學地位之人」（Bernasconi, 2001: 11）。

（colonial mentality of the descendants and the colonizers）或某種持續的「殖民主義式的假設」（abiding colonial assumptions）。[7]在這個心態中，許多前身為殖民地的非洲國家仍然持續使用前殖民母國的語彙，特別是啟蒙思想家（如康德）之理性與人類進步思想（Flikschuh and Ajei, 2014: 226）；即使政治上已經擺脫殖民狀態，這些「前殖民地」仍受到殖民國論述的深刻影響。而正是在這一波批判殖民主義的聲浪中，康德成為了啟蒙運動諸多缺失的代表性思想家。對於這些批判者而言，康德似乎不僅代表了啟蒙運動中的理性主義與普世主義，其國際政治思想幾乎就是帝國主義的同義詞（Tully, 2008; Flikschuh and Ypi, 2014: 2）。

另一條線索則是國際政治思想對世界主義（Cosmopolitanism）的批判與反思，如 Flikschuh 指出的：「批評家們多半都混淆了康德與當代康德主義者（Kant and Kantian），〔前述批評〕的標靶與其說是康德，不如說是針對當前的世界主義著作，無論是康德式的或是其他」（Flikschuh and Ypi, 2014: 3）。但是值得注

7　如泰勒（Charles Taylor）探討多元文化社會與自由主義的衝突中所指出的，在所謂的「承認的政治」（recognition of politics）中，一個關鍵論點在於凸顯個人認同（identity）與承認（recognition）的緊密關聯，他人的承認（recognition）／拒絕承認（nonrecognition），或錯誤的承認（misrecognition）形塑我的個人認同，而在後面兩種狀況下，我的個人認同可能會遭受嚴重的傷害，泰勒舉出「在父權社會下被形塑的女性」與在「白人優越社會中的非裔民族」為例，兩者都可能將外在環境所展現的低劣形象內化成為對自我的認知，因此即便政治制度力求保障女性參政權，前者可能因為此種自我形象的影響，而仍然無法與社會中的優勢族群一樣平等享受制度所給予的機會，同樣地，殖民者也可能透過強加自身對殖民地人民的貶低形象，而使得殖民地人民無法真正擺脫殖民者文化（Taylor, 1997, 25-6, 65）。

意的是，這種對某種康德式的普世主義或世界主義觀點之批判，
實際上應該與康德在歐洲帝國主義高峰期之前所提出的世界主義
論述，以及在康德去世後帝國主義後續的發展區分開來，換句話
說，後殖民主義批判的也許是某種康德式理論遺產，但康德自己
的論述仍須深入分析。在這篇文章中，筆者藉由兩條主要線索來
探討康德自己對當時歐洲國家對外活動的看法：首先是帝國主
義批判中的核心概念，即康德的「文化」概念，其次是在後期
政治論述中，康德批判歐洲對外殖民與侵略活動的「世界公民法
權」[8]，以及在《道德底形上學》中康德展現的批判精神。

　　依據以上思路本篇文章的架構設計如下：我將於第一節爬梳
康德招致的帝國主義之批判，批評者重點放在近年來批判康德早
期論文中的歐洲中心主義與白種人優越感。康德對「文化」與
「種族」概念的論述，是否如前述評論者所批評的，是一種「歐
洲中心」（Eurocentric）的論述（Tully, 2008: 148），甚至是某
種「建立在早先帝國主義的基礎之上」的規範性標準（Tully,
2002: 333）？又或者從另一個角度而言，康德應看成是肯認「集
體自由」（collective freedom）的思想家？我將從康德後期政治
著作中尋找康德批判當時歐洲國家對外侵略與暴行的理據，接下

8　如瑪莉・葛雷格（Mary Gregor）指出的，德文中的 Recht 在英文中難以找
　　到完全對應的字眼，部分原因在於此一詞彙受到羅馬法影響，而與一般
　　英語世界中源自普通法傳統的概念不同。除此之外，即使在德文脈絡中，
　　Recht 的意涵也無法被 Gesetz（接近 positive law），或 Gerechtigkeit（接近
　　justice）所包含。但能確定的是，在康德使用 Recht 的時候，並不是指口語
　　中個人具有什麼「權利」，相反地，它指涉的是一整套規範系統（如 private
　　right 指涉的並非某個人的私有財產權，而是指規範私有財產權的一整套法
　　體系）。因此也有學者將 Recht 翻譯為法權，本文亦暫時採用此一翻譯。

來我將在第二節中分析康德的「世界公民法權」概念，並於第三節分析康德在其《道德底形上學》中批判歐洲對外帝國主義活動的論述，並期望以這兩條線索——文化論述與世界公民法權——勾勒一個康德國際政治思想的圖像。

　　綜上所述，本文的論證希望指出的是，批評歐洲當時種種對外侵略與暴力行為並不必然代表康德徹底反對所有殖民活動（康德明確駁斥某些殖民活動所使用的某些理由與託辭，然而對於和平的殖民活動並沒有徹底反對），但這也並不代表當時的康德已經肯認文化多元性的重要，更精確地說，我認為應將康德對當時歐洲對外軍事活動之批評放在對法權（existing condition of public right）的一貫堅持與信念當中來理解（Marwah, 2012: 391-2），它的複雜性才能被更好的掌握。那些視康德為帝國主義張目的評論者多從康德對文化的論述切入，然而康德究竟如何界定文化與文明？歐洲文明的缺失為何？我將由這些提問開始。

　　康德的論述作為某種「帝國主義的設定」？如前所述，對於某些評論者而言，康德的國際政治思想不僅在某些論點上具有帝國主義色彩，而是康德的論述本身就是某種「帝國主義的設定」（Tully, 2002: 336）。具體而言，塔利主張康德的論述中有三個可受批評的面向：首先是康德對「文化」（Culture）的理解是某種以歐洲社會為中心的層級圖像。在康德的〈論永久和平〉一文中，康德似乎將不同社會放置在一個以歷史發展階段區分優劣的統一世界觀當中，在這個世界觀裡用以衡量文明發展程度的度量衡便是歐洲文明。在這個歐洲觀點下，諸如「未開化狀態」（Barbarism）與「野蠻人」（Savagism）等概念被視為文明發展進程中較落後的階段，與之相對的則是「文明化」與「優雅

精練」的社會（Tully, 2002: 341-2）。塔利認為在康德的文化論述當中已經可以看出 19 世紀帝國主義的基本論調：首先是將其他非歐洲文明都視為較劣等的，或是人類文化發展史上較為落後的階段，其次是以這樣的歷史觀來為歐洲帝國主義的侵略行為辯護，最後一步則是將歐洲文化強加在其他非歐洲民族的社會中（Tully, 2002: 343）。

此類對康德的批判並非首創，甚至可以回溯到康德與其早期門生赫德（J. G. von Herder）之對話，赫德主張某種文化多元論（cultural pluralism），認為每一個文化都包含其獨特與無法類比的價值，因此不能被屈從或提高至較劣或較優的位置。[9] 在康德為赫德之著作所寫的書評當中，康德某種程度上似乎肯認了赫德的批評。康德承認「每一個人可能都有衡量自身幸福快樂的標準」（Kant, 1991: 219），然而〔歷史進程〕的神意關切的並非這種模糊不清的快樂概念，相反的，康德認為「論及其存在本身的價值，而非其存在狀況之價值而言 —— 亦即，他們究竟**為何存在的理由**，與它們**存在的條件**是不同的兩件事 —— 而唯有在這一點上〔存在的理由〕我們才能在整體中分辨出一個智慧的意圖」（重點為我所加）（Kant, 1991: 219）。康德以大溪地民族為例

9　「赫德的文化差異觀念所著眼的，主要是各個社會的人群因其稟賦（人的特質與能力）、氣候（自然環境）以及傳統（歷史境況）的差別，所呈現出來之形形色色的語詞用法、思考方式與文化特性。職是，赫德承認每種文化、每個時代都有它自己的特色和優勢，這因而促使他背離了啟蒙的典型觀念，反對將 18 世紀的西方世界，看成是整個人類文化與歷史發展的巔峰。」（曾國祥，2007：頁 62）赫德對文化獨特性的重視亦表現在他對歐洲殖民活動破壞其他文化之批判（ibid.，頁 67），關於赫德的語言與社會哲學論述，可參見郭博文（1999，頁 1-47）。

緊接著質疑赫德：

> 難道該作者真的認為，一個在大溪地快樂居住的居民，從
> 未被較文明民族探訪過，就應該注定生活在他們那種和平的
> 懶散狀態（peaceful indolence）中數千世紀嗎？〔如果是〕
> 則我們就可能為以下問題提出一個令人滿意的答案：他們究
> 竟為了什麼理由存在？更甚的是，讓幸福的牛羊居住在這個
> 島上，與讓僅知道享受的幸福的人居住在這個島上，是否一
> 樣好呢？（Kant, 1991: 219-20）

驟看之下，康德在此處引文中好像展示出某種具有歐洲優越
感的文明觀，也就是以各文明的進步程度排列層級次序，在這種
觀點看來，不同的生活方式並不享有同等的地位，而既然文明
有高下之分，那麼似乎也很理所當然地應當給予不同的尊重與待
遇。然而此處值得注意的是，即便認定康德的文化論述是某種具
有層級次序的文明觀，在其中有野蠻狀態與文明開化狀態的明顯
對比，這並不必然表示康德將「已開化之歐洲文明社會」等同於
「道德成熟的文化」，同樣的，這也並不必然表示康德有意進一
步將此一歐洲標準強加於其他具有不同文化的社會之上。

在同樣回應赫德的〈對於人類歷史開端的一個臆測〉
（Conjectures on the Beginning of Human History）中，康德模仿
《舊約聖經》中人類的起源情節，描述最初的一對人類伴侶如何
服膺於本能，僅依據自然情感（如「交感」）行事，爾後人類獨有
之理性開始發揮作用，擴展了人類的知識，超越了本能驅使，然
而理性也有其負面影響，它使人類產生了欲望（desire），這些欲

望並不來自本能或衝動，而經常是藉由幻想力（imagination）產生的，這些欲望整體而言可以被稱為是「淫逸」（lasciviousness），接下來它會產生許多違反自然的愛好（unnatural inclinations），後者可以被稱為是某種「豪奢」（luxuriousness）（Kant, 1991: 223），接下來理性又讓人類對未來能產生有限的預見，這種種理性的作用最終導致了「文化發展」與「人類動物性之本質」之間不可避免的衝突（an inevitable conflict between culture and the nature of the human race as a physical species）。因此，此處康德似乎提出了一個盧梭式的問題：[10] 文化應當如何發展，方能符合作為道德種屬（moral species）的道德命運？（ibid., 227）

　　那麼對康德而言，何謂文化（Culture）[11] 與文明（Civilisation）？「文化」概念雖然並非一直與「文明」相對立，兩者在概念上有

---

10 此處盧梭對康德的影響是很明顯的（事實上康德此處也明確提及盧梭，參見 Kant, 1991: 227），「在《論科學之影響》與《論人的不平等》中，他〔盧梭〕極正確地指出了文化與作為一個生物種屬本質之間具有不可避免的衝突〔……〕但是在他的《愛彌兒》與《社會契約論》與其他著作中，他企圖去解決一個更加困難的問題，即文化應當如何發展才能使一個作為道德種屬的人之能力與稟賦得到恰如其道德命定注定的發展，而使得這個道德命定不再與其作為自然種屬的特質相牴觸」（Kant, 1991: 227）。就如同盧梭在其著名的《論人類不平等之起源與基礎》（*Discourse on The Origin and the Foundations of Inequality among Men*）中為其《社會契約論》鋪陳的發展階段，康德也採取了非常相似的階段論，呼應盧梭所描述的發展：從最原始的高貴野蠻人狀態，進入理性發揮作用的「可能是人類最為幸福快樂的時光」，然而限於篇幅，筆者無法在這篇文章比較盧梭與康德的論述，康德與盧梭關於永久和平的隱蔽對話，參周家瑜（2014）。

11 文化概念本身歧義性相當高，因此去談康德的文化概念，並非試著界定文化本身，有論者認為文化的多義性幾近維根斯坦（Wittegenstein）的遊戲概念，參見（Kroeber & Kluckhohn, 1952）。

重疊與模糊的地方，但是康德並非唯一將兩者區分開來，且視後者為某種帶有負面色彩的概念之人，在 20 世紀初，這一組概念便形成某種對比，後者通常被用來描寫某種外在的人為產物與工業化之下看似進步的社會，相對而言，前者則用來描寫某種充滿生命力的本土習俗，態度與生活方式（Geuss, 1996: 153）。[12]

　　康德的文化概念需要放在《判斷力批判》脈絡中來理解，在《判斷力批判》中。康德在目的論的脈絡下運用文化概念，[13] 康德認為在人類整體認識能力中，除了為我們認識官能提供先天原則（*a priori* principle）的「知性」（Understanding）與為我們欲求官能提供先天原則的「理性」（Reason）以外，另外存在一種介於知性與理性之間的判斷力（Power of Judgment），康德要探討這種官能是否也具有某種先天原則（Kant, 2000: 82-3, Introduction），康德的答案是肯定的，在整部《判斷力批判》中，康德以相當多的篇幅闡述這個應用於判斷力之上的「目的性概念」（Purposiveness）（ibid., 233-41, §61-3），目的可以分成僅僅是外在的目的──例如說在自然界中，經常可以觀察到的是某個事件帶來了對環境有利的因素，像是「河流帶來了各

12　Geuss 指出一個相當有趣的歷史背景，也就是當時在一次世界大戰背景下，德國報章雜誌將法國與英國視為某種「文明」（Zivilisation），而認為德國擁有的是「文化」（Kultur）（Geuss, 1996: 153）。

13　有些論者似乎將此種目的論式歷史哲學不證自明地「等同於」某種歐洲中心的、具層級次序的文明優劣觀，例如前述 Marwah 便藉此種目的論式的歷史進步論論證：對康德而言，「文明」（Civilisation）指涉某些種類的特定「文化」（culture），而那些文明化的文化（civilized cultures）指涉某些特定的生活方式，而康德似乎認為唯有這些已文明化的文化才能趨近道德成熟的目標，才有能力促進道德的天性。

式各樣有利於植物生長的土壤」（Kant, 2000: 239, §63），或是
古代海洋退去的遺跡留下來足以生長出廣闊雲杉林的沙灘等等
（Kant, 2000: 240, §63）——與某種自然目的（如自然界之中的
有機體），前一種目的性只是相對的、工具性的，後一種才是絕
對的，與本文相關的部分在於，文化被視為自然目的中的「最後
目的」，康德在《判斷力批判》的第八十三節指出為有某種將人
類意志從欲望的專制中解放出來的「管教文化」才能看成自然
的最後目的。[14] 相對而言，人類本身的性質則是「終極的目的」
（ultimate end of the creation here on earth）（Kant, 2000: 294,
§82），「人就是這個地球上所有造物的終極目的（the ultimate
end of the creation here on earth），因為他是地球上唯一能夠給自
己形成目的概念，並能從一堆合乎目的地形成之物中透過自己的
理性創造一個目的系統的存在者」（Kant）。享有如此獨特角色
的人類種族本身有兩種發展的方向，其一是須由自然界提供的資
源來加以滿足的「幸福」（happiness），康德特別指出這是無法
達致的目的，因為相較於其他生物，自然對於人類並沒有特別仁
慈，[15] 然而另一個重要發展方向即「文化」則是人們應當努力達
致，且也是人們「應當」看待自然與自身種族關係的視角，在這

14　關於康德目的論的深入剖析，參見（鄭志忠，2006）。

15　「自然界遠不是把他當作自己特殊的寵兒來接受並善待他勝過一切動物
　　的，毋寧說自然界正如對待一切其他動物一樣，並沒有使他免於自然界
　　的破壞作用之損害，像是瘟疫、飢餓、洪水的危害，寒冷與其他大小動物
　　的攻擊等等；危害更甚的是人類自身自然稟性的衝突（the conflict in the
　　natural predispositions）把人類置於自造的磨難中，透過統治的壓迫與戰爭
　　的野蠻把他與其他同類置於絕境，而對此，人類亦不懈地進行毀滅自身種
　　族的工作」（Kant, 2000: 298, §82）。

個脈絡下，康德將文化視為有理性的存在者（在地球上只有人類種族有此能力）為了要達成任何目的，所要發展其適應性某種傾向或天性（aptitude）（Kant, 2000: 299, §82）。

　　與本文相關的是，這種作為適應能力的「文化」並非唯一的一種文化，也顯然不是康德認為最關鍵的一種，康德認為人類發展適應性的過程中，有可能隨著人類要求舒適與方便的需求增加，而發展出某種「技藝的文化」（Culture of skill）（Kant, 2000: 299, §82），然而並非任何文化都足以成為人類與自然之間應當發展的最終目的，康德認為這種技藝的文化不足以「提升意志」（promoting the will）（Kant, 2000: 299, §83），無法把意志從欲望的專制中解放出來，相反地他認為此種不平等是政治衝突與社會動盪的原因，「技術的發展仰賴於民族間的不平等（inequality among people）才能發展起來。由於絕大多數人彷彿是機械地為他人的舒適與方便提供生活必需品，而其他人則從事較不急需的文化、科學與藝術工作。由於後者，大多數人便處在受壓制（oppression）、辛苦勞累且很少享受的狀態中〔……〕隨著文化的發展（當對非必需品的喜好已經造成對於必需品的損害時，便稱之為奢侈〔Luxury〕），災難便在雙方同樣地增長。對於一方而言〔災難〕來自外在的暴行，對於另一方而言則是源自內心的不滿足」（Kant, 2000: 299；5: 432）。[16]

　　此處我們或許可以這樣解讀，康德含蓄批判的是歐洲社會高

16　康德在此處對文化的闡述可以看出康德對於歐洲社會的技術性的發展持有相當複雜的態度，複雜指的是：這個態度包含正面的肯定與負面的評價，儘管這個「技藝的文化」在康德目的論脈絡下有其正面作用，也就是增加了戰爭的可能性，而戰爭在某種意義上可以促進人類更高度的道德發展。

度發展的技術，以及其所導致的社會後果，康德在〈在世界公民觀點下的普遍歷史之理念〉（"Idea for a Universal History with a Cosmopolitan Purpose"）中便已指出：「〔當盧梭偏好原始人之狀態時，他並非沒有道理〕……我們因藝術與科學而高度地開化，我們已文明化到了某種地步，社交禮節與風度上的要求使人不堪負荷，但我們離道德上的成熟（morally mature）尚遠，道德之理念雖在文化（culture）當中顯現，但其應用若僅導致追求榮耀與外在禮儀節度的結果，那麼它便只能說是一種文明化（civilisation）。」（Kant, 1991:49）換言之，此處康德以一種盧梭式的思考模式呈現了「文明化」與真正的「文化」的概念差異，前者或許代表人類文明高度發展，但後者才是人類發展道德的目標。

　　然而此種文化概念是否能消解前述對康德的帝國主義批判？或是能否進一步肯認康德文化概念中蘊含著對於文化多元性的肯定與尊重呢？藉由擷取康德道德哲學中較常被忽略的經驗性面向，[17] 慕圖（Sankar Muthu）在其對康德國際政治思想的重構與剖析當中，極具洞見地闡明：康德的文化與人性概念可以看成是康德批判殖民主義之基礎。慕圖首先指出：康德的人性概念（humanity）[18] 並不僅限於其於道德哲學中的抽象的「作為目的

17　康德向來以其高度抽象與形式化的倫理學為人所知，然而近年來卻有一波轉向康德對人類學與其對「人類生活中經驗性面向」（Kant's treatments of the empirical dimensions of human life）論述的傾向（Marwah, 2012: 388），慕圖的詮釋可以視為此一轉向中具重大貢獻的論點之一。

18　值得注意的是，儘管 Humanity 一字通譯為人性，並非恰當的對德文 Menschheit 之翻譯，因它並非指涉人類的「自然本性」（Menschennatur），然而此一翻譯相當常見，日文有譯為「人間性」，牟宗三譯為「人情性」

自身的理性本質」（rational nature as an end in itself），也包含作為「文化主體」（cultural agency）的能力（Muthu, 2003:130），因此，康德的「人性」指涉的是：「由文化主體性構成的一組可區別的能力與力量」（a set of distinguishing and constitutive

---

續

等，此處要感謝李明輝老師對此一概念深入的分析與建議。Menschheit 之意涵相當複雜，筆者恐怕無法窮盡其內涵，此處只能先將此概念放在四個脈絡分說：首先，它可以指涉「某種介於動物本性（animality）與純粹理性、自由人格（personality）之間的狀態」（Caygill, 1995: 230），也就是雖具有理性但仍會受到欲望「影響」，但又跟全然被欲望「決定」的動物不同的主體；其次，在《道德底形上學》中，康德又界定 Humanity 為某種「為自己設定目的之能力」（capability of setting himself ends）（Kant, 1996: 151），人類有義務要將自身從動物性僅追求溫飽的狀態提升至「『人性』狀態——唯有藉由『人性』狀態，他才有能力為自己設定目的——藉由教誨來彌補其無知，並矯正其錯誤」（ibid）。因此或許可以說此一概念是某種人類種族**最獨特之本質**，也就是某種能夠不斷提升自身道德性質的能力；第三、康德於其《道德形上學基礎》著名的定言令式「必須如此行動，即無論在你的人格還是其他每個人底人格中的『人』（Menschheit），你始終同時當作目的，決不只當作工具來使用！」中，將 Menschheit 界定為某種「作為目的自身的道德主體」；最後，在《判斷力批判》中，康德用 Menschheit 指涉人類種族整體，而以 Humanität 指涉「某種普遍的同情感，意味著使自己**最內心的東西能夠普遍傳達的能力**，而這些特點結合在一起就構成了與**人類種族（Menschheit）**相合的社交性（sociability），藉由這種社交性，人類就把自己和動物的局限性區別開來」（重點為我所加）（Kant, 2000: 229）。綜言之，以筆者之見，慕圖所強調的「文化主體性」某種程度上或最接近第二種用法，即某種人性獨特本質，為自己設定目的之能力，慕圖由此衍生出人類選擇不同目的之「多元性」（diversity），並明確表示要以此一對人性的理解來取代更為常見的某種康德式形上學式的人類本質（Kantian metaphysical beings），相對於此種似乎超脫於社會與政治意涵的空洞概念，慕圖更強調某種植根於社會與文化當中的主體，此種主體有能力「將多元的經驗世界轉化為其自身的生活方式」（Muthu, 2003: 123-4）。

capabilities and powers, consists of cultural agency）（ibid.,
130）。慕圖進一步界定這個「文化主體性」為「某個能夠透過
其生活方式去表現其〔……〕發展某些能力的欲望，這些能力則
是對於實踐與維持生活之諸多活動必要之能力」（ibid., 177）。
具體言之，此種構成人性的文化本質意味著人類有能力反思自身
經驗，並從其中決定與選擇自己要以何種方式控制、轉化與滿足
本能欲望（ibid., 132）。[19]

　　藉由結合這種文化概念與康德的人性概念（humanity），
慕圖主張人類本質上為某種文化性的存有，如果人類本質是文
化性的，而文化又指涉人類選擇生活方式的一系列能力，那麼
衍生意涵便是此類文化主體（cultural agency）做出選擇與開創
人類活動的自由便應當被保障，因為這是某種人類獨有的自由
（freedom of humanity）（ibid., 134）。綜而言之，慕圖認為康
德賦予每一個個人自主決定其文化活動與生活方式的自由──

19　在《道德底形上學》中康德界定「欲求能力」（faculty of desire）為某種
　　為實現外在目的「任意作為或不為的能力」（Kant, 1996: 13），而其內在
　　源頭稱為「意念」（*Willkür*）（ibid.），也就是在行為主體因意願實現某
　　項目的，藉由意志下決定，導致了外在行為的這個決策的思維過程中，
　　「意念」是某種可以選擇行為或不行為的自由概念；相對於此，「意志」
　　（*Wille*）則是做出道德決定的內在驅動源頭，康德明確指出它「就是實
　　踐理性本身」（it is practical reason itself）（Kant, 2003: 13），「意念」
　　相對於「意志」（*Wille*），前者是「人類自我決定的能力」（the capacity
　　of self-determination），儘管此種意欲仍然受到人類本能愛好與欲望的影
　　響，但人類仍有自主決定的空間，不會被欲望徹底操控，而「意志」則
　　指涉某種完全獨立於本能欲望的道德義務的根源。而在《啟蒙對抗帝國》
　　（*Enlightenment Against Empire*）中，慕圖認為文化主體所擁有的「選擇
　　的能力」（the power of choice）便是康德在其《道德底形上學》中所提出
　　的某種「意欲」（*Willkür*）（Muthu, 2003: 138）。

慕圖將之稱為某種體現於外在社會與文化中的「集體的自由」
（collective freedom）（ibid., 172）── 藉由對康德人性與文化
概念的重構，慕圖反駁了前述對於康德歐洲中心主義之批判，認
為康德本身應看成是歐洲對外帝國主義擴張行動的批判者而非同
路人。

　　慕圖進一步將此一文化與集體自由概念與康德對家父長主
義之批判結合，主張如同康德在著名的〈論何謂啟蒙〉（"An
Answer to the Question: 'What is Enlightenment?'"）一文當中對家
父長主義（Paternalism）的批判。既然啟蒙意味著「人之超脫於
他自己招致的未成年狀態（self-incurred immaturality），也就是
某種「若無他人指導即缺乏使用自己知性能力的決心與勇氣的
狀態」（Kant, 1991: 54），康德因此指出：啟蒙之格言即為鼓
起勇氣使用自身理性能力「勇於求知」（Sapere aude）。慕圖藉
此指出：此種鼓勵行為主體使用自身知性能力去行動或言說的
精神當中，也同時蘊含了某種對他人行為與判斷的尊重（Muthu,
2003:180）。因此，康德對啟蒙精神的提倡不應該狹隘地理解為
僅僅是尊重個人自由，它更是一種對於「生活方式之多元性」
（a plurality of life-choices）的呼籲（Muthu, 2003:180），而這種
對於其他民族多元生活方式的尊重，本身便是康德對於當時歐洲
國家對外侵略與破壞其他民族生活方式此一事實的嚴厲批判。

　　然而慕圖的詮釋忽略了此種文化概念在前述目的論脈絡下的
規約性質。[20] 有論者批評慕圖偷渡了某種當代理解文化概念的方

20　此種規約式原則（regulative principle）相對於建構式原則（constitutive
　　principle），後者可用來解釋經驗或現象，並建立客觀知識，而前者則是

式，而誤讀（misinterpret）了康德的文化論述，也就是將文化視為某些「既定團體的社會生活方式之特徵」，而未能用康德本身所使用的目的論式的規約角度來探討此概念（Marwah, 2012: 393）。康德的目的論為規約式的而非客觀上的目的論論述。康德的目的論論述並非指出人類本性「客觀上必然如何發展」，這樣一種「預言的人類史」唯有從神意的角度才有可能知悉，自然界中是否確實存在某種自然規律是超乎人類認知能力範圍的，然而人類可以運用判斷力做出某些假設，這些假設有可能是錯的，但是這些假設可以作為我們研究自然時的某種指引。康德的目的論旨在探討：作為具有理性但為不完美的生物，假若人類希望理解人類歷史進步之可能，則需引進目的論用以理解自然秩序。[21] 在此種「規約式的目的論」（regulative teleology）的觀點下，作為一種自然目的之文化概念「便不是一種自然協助人類發展其技能的必然過程，而毋寧是一種為自己設定目標〔……〕且將自然視為某種手段進而去趨近自由的天性或傾向（aptitude）」（Ypi, 2014: 116），如此一來我們可以說，對康德而言文化可能並非實

續

某種主體用以在主觀認知中理解經驗整體之原則（Caygill, 1995: 129）。康德認為理性的原則便是此種規約性的原則，人類理性有尋求統一性的傾向，此種傾向若是無限制的使用是危險的，可能招致獨斷主義的批評，但同時此種傾向也可以是有益的，在規約性的使用下可以使人類更一致地運用知性能力（Walden, 2019: 575）。

21 「目的論原則並不是一項客觀原則，能將我們的知識擴展到經驗對象之外，而只是一項主觀原則，能引導我們適當地運用我們的認知能力，對某類自然對象加以反省。根據目的論原則，我們可以將整個自然界視為一個依目的因底法則而形成的系統，可是這個系統底概念只是一個理念，其客觀實在性無法在知識上得到證明」（李明輝，1995，頁166）。

存在各民族與社會中的客觀本質，而是某種人類為自己設定長期實踐目的之普遍天性或傾向，在這種理解下，康德的文化概念與慕圖所欲強調與證成的文化多元性似乎仍有相當差距。本文並非全面否定此種文化多元性的詮釋，但限於篇幅與學力，筆者在這篇文章中所主張的是：康德對歐洲對外擴張的批評的基礎可以在康德法權哲學中找到更直接明確的線索。

康德論世界公民法權：歐洲對外帝國主義式擴張如何違反普遍的友善？

康德在〈論永久和平〉中提出的世界公民法權可以視為康德對國際法傳統的修正與批判。首先，傳統國際法主要探討國與國之互動，國家作為國際領域中的行為主體在國際法中享有不受外來侵略與干預的權利，然而「非國家的民族」（non-state peoples）在此一論述中似乎缺席了，而康德的世界公民法權似乎可以補充這一個理論空缺（Niesen, 2007: 94）；其次，國際法傳統中國際之間主張「友善的權利」（right to hospitality）經常被用來當成證成對外擴張貿易活動的理論依據，也就是說當歐洲國家對外尋求商業貿易機會時，似乎應當享有不受到當地居民或非歐洲民族的敵意對待之權利或主張，換句話說，歐洲國家藉由訴諸「應當被友善對待的權利，意圖在於進而與這些非國家的民族或社會建立起權力不對等的商業關係（Ypi, 2014: 118），然而康德藉由重構此一權利的內涵，將它轉化為某種批判當時歐洲貿易國家對外侵略行為的基礎。康德對歐洲殖民活動的具體批判為何呢？

在〈論永久和平〉中，康德以某種國際條約的形式，列出為

達永久和平所需實踐的臨時條款與確定條款。康德此文中所強調的永久和平狀態有別於暫時的停戰狀態，能夠稱之為（永久）和平的狀態是一種「所有敵對意圖之終結」（Peace means an end to all hostilities）（Kant, 1991: 93）。康德強調「意圖」而非「行為」，因為他親見當代許多所謂國際和平條約之締結，儘管似乎在行為上暫停了戰火，但實際上保留了再度開戰的可能，在這種情況下，國際關係不可能達致永久和平之理想。因此，可以說，康德所提出的臨時條款便是用來防範此種發動戰爭的意圖，例如臨時條款第一條便明確禁止「任何和約締結時，不能祕密地為一場未來的戰爭保留物資」（Ibid., 93），第三條主張常備軍應當逐漸地廢除（ibid., 94），緊接著第四條主張「任何國家均不該在涉及對外的國際糾紛時舉債」（ibid., 95）。這些條款可以看成是對意圖的限制，有學者指出：此種對和平狀態的界定表示康德將和平視為一種一舉為所有紛爭畫下句點的狀態（peace imposes closure）（Ripstein, 2014: 152-3），前述被臨時條款所禁止的國家行為本身都帶有保持紛爭狀態或以單邊行為裁決紛爭的意圖。

　　如果將臨時條款視為康德消極地批判在他之前的義戰傳統與國際法傳統，[22] 那麼後續的「國家之間的永久和平之確定條款」

22　在這一點上康德對於國際法的觀點明顯悖離較早期的西班牙學者如 Vitoria 與 Suarez，後者企圖為西班牙在美洲的殖民活動辯護，並且認為國家有權利以武力與先發制人的軍事行動保障自己掠奪的成果（Ripstein, 2014: 148-149）。除此之外，康德著名地批判在他之前的格勞秀斯（Hugo Grotius）、普芬道夫（Pufendorf）等人對於國際法的種種探討僅讓它們成為「惱人的安慰者」（sorry comforters），並未真正提供國際政治的解決方法（Kant, 1991: 103）。筆者以為康德此一批判的根源在於他對於戰爭

便可以看成是康德國際政治思想之「積極的建構」。除了主張
共和制的國家應當組成自由的國際聯盟以外，與本文主題最為
相關的是，康德在探討國際互動的層次上提出了世界公民法權
（cosmopolitan right）。康德將此種權利限制在某種「普世友善
的態度」（universal hospitality），康德認為此種友善是一種外
來者可主張之權利，憑藉此種權利「外地人在抵達其他人的領
土時，不應被敵意對待」（Kant, 1991: 105）。但這並不是一種
外來者能夠藉以要求受到款待或歡迎的權利，相對於「賓客權」
（right of guest），康德提出的世界公民法權更接近某種「拜訪
權」（a right of resort；Besuchrecht）。只要外來者採取一個和
平的態度，那麼因為地球表面積的有限性，民族與民族之間不可
能無限地分散而不相互接觸，在這種必然接觸交往的可能性前提
之下（康德稱之為「地表權」〔right to the earth's surface〕），
康德藉此一世界公民法權的論述，期望使人類種屬最終能夠往一
個世界公民的體制更加趨近。[23]

　　然而，關鍵在於此種進展必須建立在「和平的相互關係」
（peaceful mutual relations）之上。緊接著世界公民法權的定

續　

概念有著與前述思想家截然不同的理解，後者傾向尋找為正義之戰辯護的
理據，例如認為擴展傳教活動與保護殖民成果可以證成軍事手段的使用。
康德對這種論調的反對也反映在他對義戰理論的批評上。關於康德對義戰
傳統的批判，可參見（Williams, 2012）。

23　在《道德底形上學》中，康德以一種更為法學的論述重述並增添了世界公
民法權的內容。「地球上所有能有相互影響關係的民族之間儘管不必然友
善，但卻和平的交流」這個理念並非慈善的（倫理性的），而是一項法律
的原則〔……〕就這項權利涉及所有民族在其可能的交往底某些普遍法則
方面之可能的聯合而言，它能被稱為世界公民法權」（Kant, 1996: 121）。

義，康德批評歐洲對外與其他民族與國家互動時的「不友善」
（inhospitable）（Kant, 1991: 106）。此處康德並非僅是輕描淡
寫地描述歐洲國家對外征服的行為，他認為這些國家的行為已經
違反了世界公民法權所規約的普世友善態度。「如果我們將我們
這個洲的文明國家（特別是商業國家）的不友善行為與這個目
標相比較的話，他們在拜訪其他國家與民族時（對這些國家與
民族而言，此舉與征服無異），所展現出來的不正義是驚人的」
（ibid.）。此處康德明確批判美洲與東印度所遭受的不正義，甚
至進一步肯定東方社會對於歐洲文明國家侵略行為的對抗，因為
此處文本清楚顯示康德對於歐洲國家自居文明社會對外行為的不
以為然，特引整段如下。

　　〔對這些歐洲文明國家而言〕美洲，黑人國家、香料群
　島、好望角等地被發現時，是無主之地，因為它們不把當地
　居民當成一回事。在東印度（印度斯坦），它們僅以打算設
　立貿易據點為藉口便引進外來軍隊，導致對當地人的壓迫，
　並且煽動當地各國進行大規模戰爭，並且帶來飢荒、叛亂、
　背信，以及折磨人類的一連串災禍。中國與日本對此類客人
　已有經驗，因此有聰明的應付之方。中國雖然允許這類客人
　接近，但不允許它們進入國內。日本甚至只容許一個歐洲民
　族（荷蘭人）接觸，但卻使他們在整個過程中像囚犯一樣，
　無法與當地社群接觸。（Kant, 1991: 106）

　　康德不僅僅譴責歐洲國家對外擴張活動本身導致的暴行，他
也對歐洲商業國家倚仗自身優越的軍事力量，甚至將軍事優勢看

成是某種「道德上的優越」（Moral superiority）這種做法持強烈批判態度，這種擴張策略的核心在於將其他非歐洲民族看成缺乏法治與文明的社會（Pitts, 2018: 1）。若我們將康德在《道德底形上學》中的補充考量進去的話，則康德此處對歐洲對外帝國主義式擴張（imperial expansion）之批判態度更加清晰。康德質疑且譴責當時歐洲國家對非農耕民族所採取的種種權謀與欺騙手段，因為世界公民法權賦予的拜訪權並非移居到其他民族領土上的居住權。因此康德追問：「〔……〕一個民族是否可以在新發現的地方，即使不經過一個已在這樣一個地區立足的民族之同意，就在其附近定居（settle/Anwohnung/accolatus）並占取土地呢？」（Kant, 1996: 121-2）此處康德明確譴責了殖民活動中常見的種種機詐與暴行。

　　如果移居發生於距離原有民族所在之地如此遙遠之處，以致任何一方在使用土地時不會對另一方有所損害，則移居的權利是無庸置疑的。但如果事涉游牧民族或狩獵民族（如霍屯督族、通古斯族及大多數美洲民族）（the Hottentots and the Tungusi）[24]，而其生計有賴於廣大的開放之地，**則移居不能憑藉強制力，而僅能藉由契約，而且即使在簽訂契約時，也不能利用當地居民對於這類田地轉讓之無知**——儘管強制力之使用似乎有充分的辯解理由，即是說：這樣一種暴行帶來公共福祉，一則由於它教化了未開化的民族（連畢

24　霍屯督人為西非游牧民族，通古斯族為居住於中國與俄羅斯境內之民族。

辛[25]都想用這種藉口來原諒基督教被血腥地引進德國），再則
是為了從他自己的土地上將墮落的人清理出去，並且期望這
些人或是其子孫在另一個洲（如新荷蘭〔New Holland〕）[26]
得以改善──因為這一切自以為良善的意圖卻無法洗刷為此
而使用的手段中不正義的汙點。（重點為我所加）（Kant,
1996: 122）

　　除此之外，康德也針對當時殖民活動中另一常見的藉口──
「未開化民族」缺乏真正開墾與使用所占有土地之能力，因此其
占有並不構成「真正的占有」（true dominion）（Pitts, 2018: 5）
──加以譴責。依照此一邏輯，既然不存在財產權，外來的歐洲
民族侵門踏戶的行為也就因之不構成侵略或侵犯財產權的罪行。
相對於此種隱含歐洲文明優越心態的藉口，康德則首先指出：在
不同土地上所選擇的生活與定居方式，並不就代表文明程度的高
低優劣：「兩個相鄰的民族（或家族）會由於對一塊土地採取某
種使用方式而相互衝突──例如，狩獵民族與游牧民族或農民之
間，或者農民與栽植者之間，諸如此類──嗎？的確會！因為如
果他們留在其界域之內，他們究竟想要如何在這塊土地上定居，
就是一樁純屬喜好之事（res merae facultatis）〔純然可選擇之
事〕」（Kant, 1996: 53）。其次，相對於主張農耕民族才能「真
正占有」土地的殖民國家，康德明確指出：使用土地的方式並不

25　畢辛（Anton Friedrich Büsching），哥廷根大學教授，亦為神學家與地理
　　學家。
26　指澳洲。

能決定該占有者是否真正取得土地所有權；換言之，無論是農耕，畜牧或游獵，「為了取得土地（acquire kand），對它的耕作（種植，開墾，排水之類）是必要的嗎？不，因為這些不同的特殊化形式僅是附質（accidents），直接占有並非它們的標的」（ibid., 52）。因為無論運用何種方式使用土地，都並不影響最初是否有效建立所有權這個最初始的問題。康德在此處明確譴責這個常見的殖民藉口。

> 自然本身（它厭惡虛空）似乎要求如此〔建立殖民地〕，不然的話，在其他各洲如今人口稠密的廣大地帶依然不會有聞名的居民居住〔……〕因此造化之目的（the end of creation）就會落空。然而我們不難看穿「為了善的目的而認可一切手段」的這種不正義的面紗（耶穌會主義 Jesuitism，意指對道德問題的詭辯），因此此種獲取土地的方式是可鄙的。（Kant, 1996: 53）

　　換句話說，康德批判歐洲殖民活動的手段與其證成基礎可以說來自兩個源頭，一是要求友善對待的權利，二是證成私有財產權的理論，儘管限於篇幅本文並未能深入探討這兩個論述，然而我們可以總結說，藉由一方面爬梳環繞康德國際政治思想之爭議，另一方面指出理解其對當代歐洲對外殖民活動批判之理論源頭應從其法權哲學當中尋求，康德國際政治圖像不應被視為某種帝國主義敘事。

結語

　　如論者指出，就國際法與國際權利的論述而言，18 世紀可以看成是特別具有流動性的一個時期，在這個時期之中，統一的基督教共同體對異教徒的敵意在國際政治上的影響似乎有減弱的傾向，但文明與野蠻之間的對立又尚未如 19 世紀時如此深植人心。我們可以說，康德的國際政治思想的複雜性或許某種程度上反映了這個時期的思潮轉折。

　　在本文裡，筆者探討康德國際政治思想與歐洲對外殖民活動與帝國主義式擴張的關聯，本文試圖從兩條線索－－其一是康德遭受歐洲中心主義指責的文化概念；其二是康德藉由其法權理論對歐洲殖民活動提出的批判 —— 勾勒出康德國際政治思想的圖像。在第二節中我們可以看到康德遭受批評的文化論述，其看似具有歐洲中心的意涵引起了對啟蒙運動價值與思潮的後殖民批判，而在後續章節中，藉由康德第三批判與法權哲學的文本，我們能更清晰看到康德批判歐洲殖民活動的理由與依據，這篇文章期望藉由文化與文明的區分指出，康德的文化論述並不必然展現歐洲中心主義，而這也與其法權哲學一致，在其法權哲學中，康德分別從世界公民法權與財產權中占有之概念兩條線索來駁斥當時歐洲對外殖民與擴張時常用的理論藉口與託辭，雖然康德並未直接肯認集體文化自由之價值或提出文化多元性的主張，然而卻也絕非無條件接受歐洲文明生活方式為普世判準，這或許意味著儘管康德是代表啟蒙思想的思想家，但在 18 世紀以後運用啟蒙概念諸如進步史觀與普世主義證成對外殖民侵略的「傳統」中，康德卻或許可以看成是一個特殊的例外。

09 天真的孔多塞？反思孔多塞的帝國思想

沈明璁（中研院人社中心博士後研究）

前言：天真的孔多塞？

關於孔多塞（marquis de Condorcet）的思想，在國內的討論並不多，他雖非一流的思想家，但身為啟蒙運動的重要人物之一，他的歷史觀與對科學的理解，也影響後來的聖西門（Henri de Saint-Simon）和孔德（Auguste Comte）等人甚深（Hampshire, 1955: xii）。然而，當我們開始反思啟蒙運動所帶來的科學進步史觀時，也進一步地重新思考和批判孔多塞的著作和思想。如此的理解多少可以捕捉到他思想，然而，有些部分也會因此而受到局限。筆者認為正是這樣的局限，能促使我們尋找另個角度來理解孔多塞與啟蒙運動，以及他的帝國主義。據此，筆者正是想藉由這個局限，來探討是不是有大家所忽略的孔多塞思想的另一面呢？

柏林身為當代重要的價值多元主義者，他透過思想史的鋪陳，對一元與多元的精闢見解，就此展開他的自由主義與多元主義。而在他的思想史裡一個最重要的歷史轉折，即是啟蒙與反啟蒙：柏林藉由歷史的闡述，把啟蒙時期的哲學與科學緊緊相連的

現象，抽絲剝繭地將此現象的根源找出來。因為對當時的哲學家
來說，如果我們沒有一幅關於人類心靈的基本能力（faculties）
和心靈運作的圖像，那我們就不能界定人類知識的來源和限度，
也不能確定知識的各種形式之間的關係，也就更加無法知道人類
世界中一些重要的問題，諸如道德行為、美學原則、歷史與社會
政治生活、情感和想像的內在活動方式。因此，不僅有一種關於
自然世界的科學被建立起來，也包括了人類精神世界，且兩個領
域的目標必須同一：即在觀察（內在或外在）的基礎上，尋找到
一般規律，進而演繹出結論。對每一個真實的問題都有過眾多的
錯誤答案，但只會有一個是正確的，若我們發現了它，那它就是
最終、放諸四海皆準的可靠方法。這不管是 17 世紀的數學模式
或是 18 世紀的牛頓力學都是追求的目標（Berlin, 2000: 15-16）。

　　柏林將啟蒙時期的科學觀與哲學做了連結，並發現其背後有
一元論的力量，而孔多塞身為啟蒙時期的思想人物，其思想也肯
定在這科學思潮中占有重要地位。簡單地說，柏林筆下的孔多塞
是一個科學一元論者，相信理性力量可以為人類帶來幸福，也相
信科學可以移除人類進步的障礙。據此，孔多塞並沒有認真地看
待與思考這世界裡的歧異性與衝突，甚而要以這科學觀解決所有
人類困境。

　　這樣的詮釋是關鍵的，因為啟蒙運動的科學理性思維讓我們
在進行道德判斷與政治判斷時，能找到一個永恆普世的標準，而
這標準也讓啟蒙思想家在面對自己國家進行殖民擴張時，有足夠
的理由來證明什麼是文明、什麼是野蠻，進而有完整的理論論述
來提供殖民的正當性。珍妮佛・皮茲在其著作《重返帝國》（*A
Turn to Empire*，或帝國轉向、轉向帝國）中，就描述了在啟蒙時

期的英法自由主義，當面臨其國家擴張領土殖民時，是如何提供證成帝國擴張的理由與批判論述。而在討論到法國啟蒙思想家怎麼看殖民時，對他們而言，殖民統治是合法事實，因為歐洲就是比較優越，且大革命之後的法國，代表著文明的未來，負責從無知與暴政中將其他民族解放出來，這就是法國教化使命（2005：165-166）。法國的帝國主義即是要復興國家的偉大感，如同在拿破崙時一樣。

依此脈絡來看，皮茲在詮釋孔多塞便是依上述的思考脈絡在進行，雖然孔多塞並沒有直接探討殖民者與被殖民者之間的政治與社會關係為何，但《人類精神進步史表綱要》[1]卻是給後來的帝國主義提供了十足理由。孔多塞的進步史觀與科學理性，預測了人類未來世界的完美，而第十章更是證明了歐洲的優越性，並代表著教化落後地區的領頭羊。然而，皮茲這樣的詮釋真的能完全代表孔多塞的思想嗎？

如果我們細讀孔多塞的著作，並仔細思考他所處的背景脈絡，會不會有另種對孔多塞的不同想像呢？在柏林的詮釋裡，相當程度上著重在他的科學技術、理性與烏托邦思想[2]，可是孔多塞在其投票理論與相關的政治經濟學著作裡，卻是一再強調人類動機的複雜性，以及政治與經濟行為可能出現的矛盾與困境。另外在教育的看法上，也一再反對「定於一」的教育制度，且也強調家庭倫理道德的重要性（道德教育是要利用同情來進行的，而非

1　以下均以《進步》稱呼之。

2　柏林在書寫關於孔多塞的思想並未注明出處與文獻，這使得筆者難以掌握柏林所引用的是何本著作。

全靠科學技術的精進）。就此看來，似乎呈現出另種不同於柏林筆下的孔多塞。

　　除此之外，孔多塞的《進步》真的就是代表著一種歐洲優越感的帝國主義思想嗎？若仔細想想孔多塞對自然權利的堅持、對殖民者蓄養黑奴，及對女人權利的爭取，如此看來，孔多塞的思想真的具有帝國主義的氣味嗎？當然，後人如何詮釋與轉譯他的《進步》，來為帝國主義服務，我們無法干涉，但如果真要在他思想裡找到帝國主義線索，其實可以有另種不同於皮茲的理解。沈恩（Amartya Sen）透過追求避免不正義的正義理論，給予孔多塞一個不同的面向，且也藉由這樣的觀點，我們可以重新思考孔多塞在《進步》第十章中的烏托邦主義。或許不是所有的烏托邦思想都是有問題的，一個追求減少不義的世界的烏托邦，可能是更有實踐意義的。

　　因此，筆者將以數個部分來探討孔多塞的帝國思想：第一到第三部分分別從柏林對他的詮釋與批判，接著再從自然主義、進步與文明三個概念來連接到皮茲如何建構他的帝國主義思想；接著第四部分則是重思柏林的批判，將藉由孔多塞在政治經濟上的政策建議、對社會數學的看法以及對道德情感的重視，其實能看到他對人類社會中的多樣性與多元性的重視。第五部分則是從孔多塞的激進主義來看他的自然權利理論、他對不正義的反感，亦即在追求一個不正義的烏托邦，或許是更有務實主義的關懷，以及他怎麼理解文明與野蠻。透過重塑孔多塞的思想，也能讓我們重新思考皮茲是如何從孔多塞的《進步》來探求其帝國主義思想，究竟他是不是真如批評者所言的那般天真呢？

一元論的孔多塞：柏林的觀點

柏林在閱讀西方歷史時，發現到有一個思想貫穿其中，亦即所謂的一元論（monism），就是在追求人的目的之統一與和諧的問題。而如此一元論的現象早在柏拉圖身上就可以看到，接下來的斯多葛學派（stoicism）、基督教徒、伊斯蘭教徒、17 世紀的理性主義者，甚至是 18 世紀的經驗主義皆是抱持這樣的觀點在看世界。這些思想試圖將社會重新地以理性來重組，以此消除精神上與心智上的迷失和偏見，並從僵固的教條和囚禁人類的制度中解脫出來。是故，透過明確界定人類的根本需求，找出滿足這些需求的方式，即可創造出一個快樂、自由、公正、美善……等和諧的世界（Berlin, 2000: 5）。據此，它們有三個核心論點：**第一、所有真正的問題一定只有一個真正的答案，所以若有其他的答案出現，那勢必是錯；第二、這個答案可以適用在任何人類領域當中，如道德、社會、政治等。第三、要尋找到這個答案的方法一定存在，如果我們找不到，那肯定是愚笨或情感等因素蒙蔽了我們，又或者是我們尚未達到足夠的技巧與知識。但不管如何，只要是這個問題是真的，那它的答案就肯定存在**（Berlin, 2000: 5-6）。

因此，在柏林的理解裡，啟蒙時期的哲學家堅信，所有理性人只要透過他的理性，就能明白「善」（good）的內涵，也能知道如何追求自身與他人的幸福。過去的人類，總是被那些掌權的國王、領袖或教士欺騙，使自身虔誠地接受不幸，甚至過著野蠻的生活形式。這些掌權的人，對於善的概念進行了歪曲與濫用，以利自己統治。因此，所有人類的痛苦與不正義、所有出現的

犯罪與愚蠢，都是來自兩個起源：「無知」（ignorance）與「恐懼」（fear）。若要改變這樣的困境，就是增加和傳播真正的知識（Berlin, 2006: 43）。而這知識就是自然科學，即先描述現象，再來深入分析這現象的本質為何。

　　所以柏林在談論這些法國啟蒙運動思想家時，認為他們以天真的科學觀來理解世界會產生矛盾。他們一方面認定只要不是透過經驗得來的事物，就不是知識。亦即我們要耐心地觀察與研究萬物行動，而它們也會給予我們足夠的證據，以驗證科學家刻意設定出來的具普世規律的真理。因此，利用觀察和規律，再輔以謹慎與創造力，就能夠描述任何事物，也就能發現任何事物的過去和未來，甚而開啟人類無所不知的路徑，也因此，無知就變成了所有邪惡與痛苦之母。柏林認為孔多塞的學說即是在說明科學、道德、個人自由、社會組織、正義、仁慈的進步，必定是相互關聯的，只要人類能好好利用科學與理性，即能使其他部分也跟著進步（Berlin, 2006: 74-75）。

　　因此，孔多塞在柏林的詮釋裡，就是把科學視為是這世界的萬靈丹：首先，科學能解決所有的惡；第二、它也能提供我們人類目的；第三、它無法回答的問題就不是問題；第四、任何事物都能從自然或人當中推導演繹出來。據此，在孔多塞的世界裡，這宇宙是一個屬於事實能被推導出來的物體，因此一個理想中理性的人會用所有理性方法來爭取終極目標，也會精密計算與分析過去與未來。換句話說，當一個人在完善的教育之下獲得理性，進而追求自然的幸福，且這幸福不會與我們所處的宇宙世界產生衝突，因為：（1）這個宇宙是和諧的；（2）只有一種人性本質與人類理想：適用於 X 的秩序也會適用於 Y，自然就是「一」

（nature is one）；（3）科學可以發現的，也因此科學家會比詩人更知道什麼是正確的；（4）一旦我們是理性之人，我們就會知道幸福在哪、要用什麼方法追求它，也會知道最終目的是什麼（Berlin, 2006: 86-87）。

　　簡單地說，這些法國啟蒙哲學家都試圖訴諸「自然」來證明他們所言的正當性，這個「自然」就是事物的總和，也是萬物遵循的力量和規則，而理性即是洞察此力量和規則的代名詞。總而言之，這個自然裡的力量和規則就是告知一個人要如何在總體規劃中，完美地執行他應有的責任。所以說，「自然法」就是最低限度的規則，倘若人們不遵守自然法，就無法互相合作、交流，進而長久地生存（Berlin, 2006: 45）。

　　因此，啟蒙思想家要我們去發掘真正的自然法，如同物理學、生物學、天文學等「自然的」科學，也擴展至人類社會的政治經濟學與歷史學，我們也要於其中找到自然的力量與規則。是故，自然不僅是談論存在的事物，或事物如何活動，也告訴我們什麼是可行的或如何可行的泉源。同時，更告知我們應當做什麼，或什麼值得我們去做的目的。

　　但這樣的啟蒙科學觀卻有個矛盾存在，因為在另方面，雖然科學不僅可以告訴我們要如何得到自己想要的東西，也告訴我們什麼是可欲的，而這樣的科學觀背後其實是一個「形上學的自然主義」，亦即這些啟蒙思想家都宣稱可以在自然裡面發現了事實，也告訴了我們終極目的。所以「自然」向這些啟蒙思想家發出訊息，命令他們，同時也揭開她自身的祕密與內容。此時，法國的啟蒙思想家根本沒有意識到他們的自然主義論述，並沒逃脫出他們所批判過去那種形上學基礎的宗教論述（Berlin, 2006:75-

76）。簡單地說，對柏林而言，法國啟蒙思想家所追求的科學精神與自然主義，其基礎也與形上學並無二致，也就是把「自然」神格化了。

因此，柏林筆下啟蒙思想家的自然與理性就具有以下五個特徵：

（1）所謂的自然，就是我們可透過經驗方法來找到其中的秩序和目標（Berlin, 2006: 76）。

（2）我們要好好運用理性，要像數學家、邏輯學家或科學家進行推理和歸納，才能獲得日常知識，以及理解某個地方的環境特質、要如何改變與發展，才能更明白自己究竟是誰、應該要做什麼（Berlin, 2006: 76-77）。

（3）善與善之間不會出現衝突，而任何合理的主張也不會與另一個合理的主張相互矛盾。這個預設的背後就意味著如果我們有足夠的知識，且有足夠的理解，就能解決所有衝突和矛盾，也就不會有問題出現了（Berlin, 77-78）。

（4）法國啟蒙思想家內部其實是有各種不同的想法，但是那些支持自然科學的決定論者與相信可以透過教育取得巨大進步的完善論者，為了抵禦共同的敵人（即那些蒙昧的神職人員與邪惡殘酷的國王和官員），他們將自己幻想成只有一種共同的觀點與理想。然而實際上他們彼此之間卻是有不可相容的分歧觀點（Berlin, 2006: 78-80）。

（5）一個理性的人，是不會出現不理性的狀況，而且也不

會與其他人理性思考下的行為產生衝突，所以如果他們都被啟蒙了，就不再需要國家或其他組織的存在。因此他們追求著極端的自由放任，不管是在經濟上、道德上、貿易上、社會上，只要把阻擋我們進步的障礙排除，我們就能夠理性地規劃我們的生活。也就是說，只要按照科學知識與自然的目標，我們就能獲得幸福。

簡言之，啟蒙思想家的自然是有一個目的預設的，即生活的目的是被給定的和已知的，這我們可以透過感官與理性去觀察發現的。而教育和立法的目的就是在促使人們去追求其生命中的客觀規則，也就是證明了強制、確立正統行為規則、消滅異端的正當性。人類世界中的錯誤都應該消除，而由無可置疑的確定性來取代。是故，自然作為一個和諧的整體，一個人的利益原則上是不會與另一個人的利益產生衝突的，因為利益不可能同利益衝突的（Berlin, 2006: 48）！

自然主義、進步與文明

從上述柏林對孔多塞的描述，我們可以知道孔多塞代表著一種自然主義的觀點來理解這個世界，也試圖改造著這個世界。因此，在本段中，筆者欲從自然法的角度來思考「進步」此概念所代表的意義，進而來思考文明一詞在孔多塞與啟蒙思想家裡所承載的任務是什麼。藉由自然法、進步與文明三者間的爬梳，可以讓我們理解皮茲是如何批評啟蒙思想家的文明觀如何啟動帝國主

義，也可以明白孔多塞這樣的進步史觀是怎麼引起殖民主義的興起。

作為 18 世紀啟蒙運動的自然主義傳統，我們可以看見三個主要論點：

第一、理性主義：自然主義一詞本身是相當含糊的，它所指涉的範圍與內容也都難以捕捉，而這也不是本文主要探究的部分。不過在 17 世紀和 18 世紀的自然法學說中，已經與神學脫離關係，它比較像是「自然之神的法律」（Laws of Nature's God），而人類是可以運用他的理性去發現這自然法的規則，且這樣的規則是必須基於清楚、自明與一貫，所以自然人權就是「簡單而無可爭論的若干原理」。也因此，自然主義在 18 世紀一直與理性主義有著無法言喻的聯繫關係。（d'Entrèves, 1984: 46-52）。

第二、個體主義：個體主義與契約論的出現有很大的關係，因為契約是個體意志的表現，而這意志的目的就在於根據自然法來建立相互的義務關係。不過孔多塞的思想裡並沒有契約論的概念，但他對於政府的職責就如同洛克、霍布斯等人的契約論一樣，都是為了保護人類的正義與需求。因此，作為自然法的其中一項特徵，個體主義意指的即是個人的、自然的、不可讓渡的權利（natural, inalienable rights of man）（d'Entrèves, 1984: 52-55）。

第三、激進主義：這是近代自然主義理論最顯著的特徵，即對個體價值的肯定，也正是如此，他們認為政治體制的最終目標就是維護自然而不可剝奪人權。而這樣的激進主義也成為了美國獨立和法國大革命中的革命理論，只要是任何妨礙人類的不可讓渡之權利的政府，就應該有所改變或廢除（d'Entrèves, 1984:

55-56）。

是故，法國啟蒙運動的「百科全書派」提供了一套新的認識論與哲學的計畫，他們不像過去是在描寫上帝對世界的干預，而是關注每個勞作的個人、創造自己幸福的個人；知識也不是來自於教會或啟示，而是來自人類的感覺和推理。此時的人類正興起一個認識論上的革命，透過牛頓的物理學、機械論，或數學等因果關係的學說，將人類作為理解這世界的中心，也是判定一門科學是否能讓人類獲得解放的主要原則。此一論點與 17 世紀的科學革命有所不同，因為此時的科學將是將人置為出發點，也是所有事物的最終歸宿（Ferrone, 2010: 109-110）。

韓蒲夏認為，孔多塞作為百科全書派的一分子，他完成了一個極為重要的任務，即是將進步學說擴展至人類活動的各個領域。他認為歷史是知識、政治、經濟、社會和藝術進步的故事，所有這些都是必須聯繫在一起的（Hampshire, 1979: x）。因此，啟蒙運動將科學伸進那些尚未探索的世界，出現了政治經濟學，也確立了以現代理性為基礎的社會學與人類學的基本原則，史學和法學也出現了徹底地改變，而道德學說也開始呈現出一個不同於過往的面貌：

> 自然界把它的科學置之於每個人的心中，而它們僅只有待於知識和自由的美妙的影響，便可以發展，正猶如數理科學能使我們用於我們最簡單的需求的那些技術得以完善化一樣，道德科學與政治科學的進步對於引導著我們的情操和我們的行動的那些動機所起的同樣作用，難道不也是同等地屬於自然界的必然秩序嗎？（Condorcet, 2012: 140）

　　因此，我們可以發現，孔多塞將科學應用在人類各個領域中可以得到四個要點：第一、道德判斷所涉及的是什麼是善惡、什麼行為或習慣是屬於美德或惡習，以及什麼樣的行為能形成幸福；第二、道德判斷如科學判斷，要知道是否正確，就須明白它是不是一個「了解客觀情況」的問題；第三、道德判斷必須與科學判斷相一致；第四、是會有道德知識的專家出現（Lukes & Urbinati, 2012: xxiv）。這四點其實是有一個邏輯貫穿的，亦即我們首先要明白道德判斷是關乎於什麼問題，接下來用科學方法找出判斷的標準何在，也因此道德判斷與科學判斷是相同的，所以，如果我們能夠掌握科學，也就能在道德上做出正確的判斷。最後，倘若有科學的專家，那就意味著會有道德知識專家的出現。

　　這不僅關乎於人類道德知識上的理解，也進一步呈現對人類的普遍性要求和對歷史哲學的看法。因此，我們從孔多塞的《進步》一書來看，歷史研究有兩個重要任務：（1）確立「進步」的事實；（2）發現進步的規則，以確定人類未來的發展（Schapiro, 1963: 241）。孔多塞在最後著作中致力於觀察歷史的進程、預測未來，並於其中凸顯進步作為社會中各種個體結合起來所實現的發展之和，而歷史作為這些變化的紀錄，進而揭示變化當中前一階段對後一階段的影響，最後呈現出人類所經歷的所有階段。孔多塞在闡述人類歷史哲學思想時推斷，如果研究個體存在對形上學思想家與道德哲學家有用的話，那為何社會研究對他們（形上學思想家與道德哲學家）和政治哲學家就不那麼有用呢？是故，這就是孔多塞所要努力去做的事，即是將個體、社會、政治與道德「放在一起」研究，研究彼此間的關係，並將這

些放在歷史長河之中去探究（Bowden, 2009: 61）。而這樣的知識論上的革命，也說明了孔多塞對於「文明」的看法：

> 我們對人類未來狀態的希望，可以歸結為這樣的三個重要論點：即廢除各個國家之間的不平等、同一個民族內部平等的進步，以及人類真正的完善化。所有的國家將會趨於最啟蒙的、最自由的、最為擺脫偏見的民族（如法國人和英裔美國人）所已達到的文明狀態嗎？（Condorcet, 2012: 126）

孔多塞對上述問題的回答是肯定的！因為到了那個階段的文明狀態，人人都將掌握必要的知識，並依照自有的理性指導自己，使我們行事上沒有偏見，以便更好地運用自己的良知與權利，也得以保障自己的需求。最後，愚蠢和悲慘也只是偶然出現的事，並不是社會一部分人的常態（Condorcet, 2012: 126）。因此，文明概念出現在 18 世紀的法國時，就意味著「對普遍性的要求」和「對歷史哲學的看法」。而歷史哲學就表現為不同階段的「進化」過程，從原始人的自然社會，到野蠻人的暴力社會，再到現代的市民社會。這同時又表現為一種「籌劃」，即人和社會未來將擺脫舊制度模式，實現文化上的轉變。因此，整個啟蒙運動的解放計畫的目標就是在創造一個屬於現代人的市民社會：一個建立在正義、法治和人權基礎上的人人平等，且沒有奴隸的社會（Ferrone, 2010: 111）。

然而，筆者對於柏林的詮釋是抱持著部分質疑的，即孔多塞真的是如此天真的啟蒙主義者嗎？他曾身為國會議員，也深入地研究當時法國的政經問題，甚而為此提出相關政策，並為此向大

眾演說，難道他不會發現「衝突」的不可避免性嗎？難道在他看到畢生期待的法國大革命走樣、面臨被政敵追捕，甚至最後死於獄中，也絲毫不會改變這樣的天真科學觀嗎？而以下，筆者就提供孔多塞在其他著作裡所出現的看法，而這些看法，就會呈現出與柏林筆下不同的孔多塞。

　　因此，孔多塞的進步觀念的目標即是人類史的統一性，亦即文明是一種普遍概念，也就是只有「單一世界史」，而法國和美國正是代表了進步文明的先鋒，人類史就被等同於西方文明史。批評者就認為，非西方世界在這樣的進步與文明的概念下，將會明白完成其歷史發展並不在於進一步完成自身歷史遺產，而是在於「完全歐化」，更確切地說，是完全地西化與美國化（Iggers, 1982: 43-44）。

　　在本段中，筆者順著柏林批判啟蒙運動（尤其是孔多塞）的自然主義仍是帶著一元論觀點的學說，進一步連結上孔多塞如何藉由知識論上的革命，將科學推廣至其他人類領域，並闡釋進步的要素，藉此說明孔多塞在《進步》一書中十個階段所謂的「文明」究竟為何。而這樣的連結，也可以說明皮茲在批判孔多塞所帶有的優越感帝國主義的論點是如何形成。

優越感的帝國主義的孔多塞：
珍妮佛・皮茲的觀點

　　在上述兩個部分裡，筆者透過柏林與自然主義、進步和文明的連結，可以讓我們看到皮茲筆下孔多塞的帝國思想是如何形成。在前言裡筆者也談過，這樣的詮釋是重要的，因為啟蒙運動

預設了一個「自然的」判別標準，而這標準也區別了什麼是文明與野蠻、開化與未開化，皮茲藉此開展了孔多塞的《進步》一書背後的帝國思想涵義，也開出整個法國啟蒙思想是如何證成法國殖民的正當性。

皮茲認為孔多塞的思想裡有一個矛盾的地方，即他雖然認為在自然上人人平等，所以對非歐洲人的剝削侵略是錯誤的，不過他也覺得歐洲社會發展優於其他，因此在道德與智力上都是進步的。[3] 因此，歐洲人應該通過在不發達地區和平殖民，以承擔這些社會的教化使命（即使他批評以往實施的歐洲帝國統治）。

讓我們更細部地閱讀皮茲是怎麼闡釋孔多塞的進步理論：社會進步對孔多塞來說是一種人類必經的過程，藉此過程，隨著不斷獲得更先進的科學和道德真理，錯誤將被逐步消除。在孔多塞的想法裡，社會取得無限進步是一種自然規律，且進步是在人類的各個領域，包括了藝術與科學。據此，技藝和智力進步也會帶來道德進步，包括對人權的尊重。所以說，孔多塞的進步概念基本上具有線性特徵的社會發展理論，人類從簡單樸素和道德落後到技術先進，以及道德和藝術的精進，人性會不斷強化。因此，在人類歷史中，他傾向於將早期行為看作是錯誤或墮落的形式。

所以，在過去，專制者與牧師就是阻礙進步的最大敵人，且孔多塞也完全反對教會。這樣的反教會主義甚至成為了他對帝國最強烈批判的基礎，因為他將歐洲帝國主義的許多道德缺陷歸於這些宗教組織，他們透過迷信的方式，使人們感到恐懼，進而

3　孔多塞的進步理論是一種線性發展理論：強調進步，而早期的那些行為都是錯誤的，墮落的（Pitts, 2005: 169）。

對他們言聽計從。而另個對進步的明顯障礙，即帝國征服本身，但這反而以出人意料的方式被證明是有益的。雖然孔多塞一再表示人人平等，且也公開指責對非歐洲人的征服和剝削是道德上的錯誤，是違背人權和人類平等。然而，他對進步的描寫卻也投射出社會發展階段的道德等級制度，認為現代歐洲社會在道德上既優越於古代社會，也優越於非歐洲社會。除此之外，他也認為，歐洲人應該和平地文明化世界上其他國家，儘管他一再覺得歐洲的征服行為是人類歷史上最大的罪行之一。不過，他對道德和智力進步的闡釋，以及他對歐洲人注定要履行監護落後民族的信念，都對後世思想家如孔德、聖西門與彌爾，產生了影響（Pitts, 2005: 169）。

　　根據皮茲這樣的詮釋，我們可以把孔多塞將歷史設想為**進步與障礙之間的一種辯證關係**，即克服障礙就是一種進步，但同時也出現新的障礙。因此，儘管歐洲的帝國擴張具有暴力性，但是它有助於社會進步（Pitts, 2005: 170）。帝國主義的道德缺點是會阻礙進步的發展，但最終仍是有助於進步，如推翻暴君。也因此，他從未質疑歐洲人的優越性，也從不質疑無法有助於非歐洲國家的進步。帝國暴力使文明化困難，但這會隨著時間和自制來贏得殖民國的改善和信任。換言之，孔多塞從未質疑過歐洲人的優越感本身，也不懷疑歐洲能夠（也應該）使非歐洲人文明化。實際上，雖然他相信歐洲人在自身更加進步時，能夠更有效地實現非歐洲人的文明化。因為即便是歐洲人的錯誤也有助於進步，正如十字軍東征，即使錯誤，也通過把阿拉伯人的科學帶給西方，從而推動了社會進步（Pitts, 2005: 171）。

　　在孔多塞《進步》這本書裡，清楚描繪了他對於進步的看

法，但皮茲認為真正成為法國帝國思想的關鍵，更是在第十章這一關於烏托邦式的理想。孔多塞於其中描述了其對殖民地未來的憧憬，他所構想的那種時代將緊隨他自己所處的腐敗和暴力的時代。各民族如果無法明白自由的重要性，他們就不能成為征服者，且如果懂得永久的同盟是他們保持獨立的唯一手段，以及明白他們所要尋求的是安全而不是權力。如此一來，商業偏見將逐漸消失，各國也不會因他國為了「國家富裕」為名，而使自己國家遭遇毀滅的權力。歐洲人的優越道德感和他們對其自身利益的更好理解，都將使他們更尊重被征服者，並且更為有效地教化和解放非歐洲人。如此一來，原先歐洲的「強盜」將被「公民的殖民地」所取代，後者將把歐洲的自由、啟蒙、理性的原則和事例傳導至非洲和亞洲。而曾經只是傳播「迷信觀念」的宗教團體，將被那些開導其他國家，使其知道自身利益和權利的人所取代。通過這些仁慈而開明的歐洲殖民者的努力，將非洲的「殘暴行為」和野蠻的「無知」與法國和英美的文明頂點相隔開的「巨大差距」，將最終消失（Condorcet, 2012: 128; Pitts, 2005: 172）。

　　雖然說孔多塞在《進步》一書中批判了歐洲的殖民暴力史，但這本書卻為後來 19 世紀的人們留下了「歐洲文明優越性」的信念，並對非歐洲文化產生蔑視。並且認為關於歐洲的開明美德將會藉由一種非壓迫的監管過程，來取代世界上其他地方的愚昧文化。這我們可以在《進步》的第十章中的全球未來願景中看出，其暗示了一種類似於未來數十年的帝國自由主義的教化事業，它是善意的，也是自信的，然而，卻是對文化差異相對不寬容的。儘管孔多塞並沒有討論教化者與被教者之間的政治關係或法律關係，但他把文明化的過程想像為一種基本和平的過程，而這種過

程是伴隨著接受幫助的非歐洲人的默許（Pitts, 2005: 172）。

　　在皮茲的理解之下，她將孔多塞的進步做了詳盡的梳理，他的進步是帶有辯證性質的，當歐洲人破除了過去因宗教所帶來的迷信，以及專制主義所帶來的恐懼，歐洲人就開始進步的歷程。而這一進步，也意味著歐洲人有足夠的理由對非歐洲國家進行監護，由歐洲人來帶領非歐洲人進步。雖說他也譴責當時歐洲殖民的暴行，但是卻也為這些殖民地帶來不一樣的進步。也就是說，皮茲筆下的孔多塞，是被理解為帝國的殖民行為最終都將會是正當的。不過，筆者於此感到質疑，首先皮茲所引用孔多塞的部分都是《進步》這著作，卻也沒提及其他關於黑人權利、婦女權利，甚至關於他的政治經濟和教育的著作，也都沒被引用。再者，對於《進步》這本書完成的背景，皮茲也沒有進行探討，似乎變成皮茲專門拿來證成她欲表達的帝國主義思想根源之一，而在彼得・蓋伊（Peter Gay）的描述之下，或許我們可以對《進步》有不一樣的想法。[4]

　　最後，不管是柏林或是皮茲，都是把孔多塞的進步視為是一個最終欲達到的狀態，然而，筆者認為孔多塞所強調的是人類理性的完善性，亦即「最終的狀態」是什麼並不是他主要所關注。筆者並不否認孔多塞的自然主義色彩使他帶有進步的論點，但這樣的進步觀點是不是那麼地「天真」？筆者反倒是持著保留態度。也就是說，孔多塞於《進步》一書中那麼強調不平等的危險性，或許我們從他對不正義的關注，可能就會有不一樣的孔多塞樣貌。

4　詳見後文討論。

具多元論色彩的孔多塞？

柏林分析了整個法國啟蒙運動的背後，是有一個科學理性的一元論思想所貫穿，而身為其中一分子的孔多塞更是代表整個「進步思想」的先行者。更重要的是，孔多塞作為一種「理性主義自然法」的推動者，然而，在這樣的詮釋下，似乎孔多塞，甚而整個啟蒙運動的思想，都不如維柯或赫德等反啟蒙運動來的更值得閱讀。不過，史珂拉（Judith Shklar）卻不這麼認為，即使孔多塞在《進步》中所用的歷史書寫是那麼地粗糙且簡單，但他至少對古典的歷史學和批判性政治理論必須被一個更加民主、更有活力，且更激進的社會理念所取代[5]，孔多塞於此的努力是相當值得讚許的（Shklar, 1998: 168）。除外，在羅斯柴爾德（Emma Rothschild）的看法裡，其實孔多塞並沒有如柏林說的那樣如此一元論色彩，他不僅關注衝突，也關心價值之間的關聯性，亦即個人觀點的多樣性。孔多塞雖然身為一名數學家，也強調科學與理性的重要性，但在他的思想裡，有的時候卻像赫德、有時又像亞當・斯密[6]，也就是說，孔多塞的啟蒙思想裡，也帶有著反啟蒙思想的氣味在（2001: 196）。

從孔多塞的經濟著作，以及相關投票與政治決策、公共教育的著作中，我們可以看到他的政治觀點與哲學觀點有些與批判啟蒙運動思想不同，他對那些不強調自由貿易的經濟學家或重農

5　如前面說明到自然主義的第三個特徵「激進主義」。
6　孔多塞與亞當・斯密的關係相當密切，且亞當・斯密的《國富論》是由孔多塞夫人所翻譯，引進法國的。

主義者產生質疑，也對啟蒙思想教育的前景相當懷疑，甚而也對當時機械科學中的決定論思想抱持相當的質疑態度（Rothschild, 2001: 198）。簡單地說，文明分歧（civilized conflict）的概念在孔多塞的著作裡一直出現，但卻也一直被人忽視。因此，她分析了孔多塞在政治經濟學與教育上的文章，得到了以下三點：

第一、孔多塞專注於「個體的多樣性」（individual diversity）。他認為政治經濟學並不能將其視為機械主義原理的運用，它並不是一臺機器，且他更擔心一個社會中的人人都有著相同觀點，那將會是件很可怕的事。因為如此社會底下的個人就會傾向遵從公認的看法，進而無法單獨思考。孔多塞在 1785 年所寫的《論風險分析的應用》（*Essai sur l'application de l'analyse*）中，其中就探討了不少關於在各種不同個人偏好之下，所出現選擇上的困難性或不可能性，亦即在做集體決定的程序中，也會出現矛盾的時候（Rothschild, 2001: 198-199）。[7]

而孔多塞在談論祕密投票的好處時，也提及不管選民對於自己的選擇是否真有全盤性了解，至少在祕密投票時，是由自己冷靜地做決定，不會受到其他人的直接影響；反過來說，當每個選民不做出自己投票選項的宣告時，也就不會傷及他人的情感（feeling），亦即人們不會因為顧及他人眼光或威脅，而做出違背自己心意的決定。因此，孔多塞要人們能無所畏懼地表達自

7　最著名的就是他的投票悖論理論（Condorcet's paradox），亦即當某個人在選擇 A、B 與 C 三位候選人時，他喜歡 A 大於 B，同時在 B 與 C 之間，也是喜歡 B 大於 C。此時，這人應當會喜歡 A 大於 C。然而，在集體選擇中，卻可能會出現截然不同的結果，某團體喜歡 A 大於 B，同時在 B 與 C 之間，也是喜歡 B 大於 C，但是卻不等於他們會喜歡 A 大於 C。

己的想法和意見，不管這想法、意見的內容是什麼（Condorcet, 1994: 145-146）。而這樣的看法也再次地呼應了他擔心社會中的人們都只持有相同觀點。

除此之外，孔多塞對於公共教育的看法，也凸顯了個體多樣性的特徵。他認為公共教育不應擴展為政治教育和道德教育，因為這將會違背他所謂的「意見的獨立性」（independence of opinions）。當然，兒童在成長的過程勢必會接受到自身家庭所教導的意見，而這在其他家庭裡也有可能都有相同的意見，但這並不意味就是所有公民的意見，也就是說，它並不是公認的真理（received truth）或普世信念（universal belief）。進一步地說，孔多塞對於所謂的「一致性」（uniformity）是戒慎恐懼的，因為它意味著對一種意見的遵從，且所有危險也將隨著這一致性而消失不見（Rothschild, 2001: 199）。

第二、孔多塞反對如愛爾維修（Claude Adrien Helvétius）與賈克・尼克爾（Jacques Necker）的原始效益主義觀點。這種觀點主要強調人類自利可以作為對人類行為的解釋，也能是美德原則，更能是公共政策的原則。不過，他在《對穀物貿易的思考》一文中就表示，人類並不是只會計算對自己最大獲利結果的機器，他也會受到道德情感（moral sentiment）的影響。他批評了愛爾維修不僅輕忽了人類情感（sentiment）的重要性，甚至這樣的天真原始效益主義信念是更帶有欺騙性的，因為他們認為政府可以加總不同人們的幸福，然後依此制定政策。

據此，我們可以從孔多塞反對黑奴的其中一項論點來發現他對道德情感的重視，他說：

奴隸的生活條件如此悲慘，他們甚而無法引用法律來保護
自己。我們剝奪黑人的道德能力，並宣稱他們是屬於我們
的、是需要受到枷鎖的束縛。而任何**富有同情心**的人都會希
望終結這種可怕的情況，因為這已經違反了人性法律了。
（Condorcet, 2012: 150）（粗體為筆者所加）

孔多塞一直不認為「自利」是能促成人類美德的動機，反
之，是**人類的情感**。再者，在孔多塞夫人翻譯亞當・斯密的《國
富論》到法國後，而再順著孔多塞對人類情感的重視，我們可以
再看到他對政府職責的看法。孔多塞認為「幸福」（happiness）
與「福利」（welfare）是不同的，幸福指的是快樂，早期效益
主義認為只要集結多數人的快樂，就能形成政策。但福利是在
「避免痛苦、羞辱和壓迫的出現」，因此，政府制定政策的
目的是在福利，而非幸福，福利的達成才是政府的正義職責
（a duty of justice），亦即是為了促進人類的自然權利之行使
（Condorcet, 1994: 107）。據此，孔多塞在反對奴隸制與爭取婦
女權利的理由上，都拒斥那種以效益為首的論述，因為效益的
動機是無法對一個真正的權利起到平衡的作用（motives of utility
cannot counterbalance a true right），我們不能為了多數人而犧牲
少數人，這是違背正義的（Condorcet, 2012: 151-152; Rothschild,
2001: 201）。

只有以人性和正義原則聚集在一起的人類社會才能蒐集所有
事實並證明其真實性，蒐集所有改變現行制度的建議，進而審視
它們，對其進行計算，尋找它們可能缺乏的任何信息，並提出
問題，找到答案並進行比較。最後形成一個經過深思熟慮的行動

計畫，實施它，甚至可能先行進行一些實驗。這是向政府提供足夠詳細的、基於事實和計算的計畫，以值得他們考慮的唯一方法，且能啟蒙這些殖民者使得他們明白自己的利益，並應用這樣漫長的工作和研究，或多或少消弭一些傷害正義與人性的邪惡。（Condorcet, 2012: 153）

　　第三、「個人獨立」（individual independence）一直是孔多塞的核心思想，他尤其反對強加給人們普世且永恆的價值或原則。首先，孔多塞在其政治經濟學相關著作當中，就一再強調，人類行為的動機一向都是複雜多樣的，絕非單一普遍原則能解釋的。再者，在談論公共教育 [8] 時，孔多塞認為教育的目的並不是為了要人們接受一個普世永恆的觀點，而是要大家能夠為他們的權利與幸福進行討論，也能提供他們在自行決定時所必須的手段。而且人們應當被告知有新的政治原則出現，但他們也應當知道這些新的政治原則所可能出現的意見衝突（Rothschild, 2001: 202-203）。更進一步地說，孔多塞反對把人看作兒童般地教導，所以他批評那些追求永恆政治真理的「哲學家」們，試圖影響青少年兒童，使他們基於某種盲目的情感而熱愛法律與憲法。也就是說，這些哲學家們想要引導人們做出真正被動的盲目服從（Rothschild, 2001: 203），而這也是孔多塞批判那些經院學派的

8　孔多塞認為公共教育有兩項重要任務：一是維護平等的權利，二是盡可能地發展對社會有用的知識與技能。他認為每個人都有公平的權利，但各自的能力卻是有所不同，因此強調教育需要依各自程度來分類傳授，以提供人們符合自身條件能力的專業知識與技能。所以他認為，只要將這知識推廣出去，啟蒙就會普及，人類也就會進步了（Baker, 2006: 642）。而孔多塞的公共教育還有另一個重點，就是要破除天生不平等。

「哲學家」與專制帝王的主要論點。

此外，孔多塞也說，當我們要對某事做決定，比方說投票、政策選擇等，我們都會想要盡可能地獲取所有資訊、聽取各方不同意見，但他也直言這是很難達成的，甚而因資訊過多而難以做出最終決定，也正因為如此，他認為這並不是最重要的。最重要的是我們想要獲取這些資訊與意見的管道是否暢通，亦即孔多塞想要的是讓人們能自由地選擇他所想去挖掘的，並在這挖掘、學習的過程中，逐漸形成他的看法與決定（Condorcet, 1994: 194）。

因此，就這三點來說，孔多塞相當明白人類世界裡有著各種不同的意見存在，他也很清楚人類不可能只有單一價值在主導整個政治與社會。他希望人們能夠透過教育獲得啟蒙，以擺脫過去的無知與迷信，進而發展出自己的觀點和立場。孔多塞想做的，就是在社會政治組織中如何取得進步，這也是他所謂的「社會藝術」（social art），亦即怎麼在文明啟蒙的高級階段，將政治轉化為一個以自然為基礎、以理性所成立的原則上的理論（Hampshire, 1979: x）。

我們可以進一步地看到孔多塞是怎麼看待商業與國家之間的關係，他試圖解決 18 世紀晚期法國的困境。當時的法國尚未實現貿易與競爭的自由，人民普遍也沒有變得富裕，甚至連基本生活都有問題。更重要的是，人民並非是完全理性的，因為他們仍對穀物商人與資本家懷有偏見，在這樣的心態下，他們並不總是照著理性或是他們真正的利益來思考接下來的交易或選擇。孔多塞相當精闢地分析了法國的政經問題，因此，他進一步地解析了政府在這樣的困境下應該扮演何種角色。讓我們延續第二點所討論到的「福利」概念，孔多塞認為這概念的最小意義上指的是

「不遭受苦難、羞辱與壓迫」（引自 Rothschild, 2001: 76-77），就此而言，這就是政府的基本職責。

因此，雖然孔多塞支持自由競爭與自由貿易，也反對政府在貿易上的任何干預，然而，這是有例外的，亦即是在「避免更大災難出現」。也就是說，政府有其義務為那些受苦難的人民提供救助，且這方式不能透過不利於商人的法律或用強制徵收穀物的手段來解決，而是應當確保窮人能獲得薪水與工資。如此一來，不僅窮人的問題能得以解決，也能維持穀物的供需平衡。孔多塞在思考政治與經濟的問題時，是相當務實且實際的！

而關於務實且實際，柏林一直批評孔多塞試圖從數學模型來解決人類政治與社會上所面臨的問題。孔多塞的確相當支持以或然率計算來建構其社會數學理論，而這也是他最著名之處，然而，他認為計算或然率的用處在於能讓我們更明白我們為何相信某事或某物的真正理由，以及知曉事物的組成方式與順序。或然率的計算還能教導我們判斷任何命題中可能結合或衝突的所有信念基礎，比方說某一不太可能發生的事件，但卻被多數人所證實（1994: 101）。也就是說，孔多塞想要建構一套社會數學，其用意並不在於要解決社會內的衝突與紛爭，而是希望能讓大家反思自己所相信之事，也能聽取各方不同的聲音，以利於做出較佳的判斷。

綜上所述，孔多塞其實很清楚在各種不同社會環境底下，會有很多不同的需求與利益，也正是如此，道德與政治衝突也才會出現。據此，他也才會積極地想透過一個程序機制，鼓勵大家進行審議，甚而因此而延遲或出現可逆的情況（Lukes & Urbinati, 2012: xxv）。當然，柏林在批評孔多塞將科學判斷視作為解決道

德判斷上的問題的方法，孔多塞的確有此傾向，不過如此的批評也忽略了他當時的時空脈絡。在一個人民尚處於教育未普及、且深受專制主義統治下的社會當中，孔多塞所能大聲疾呼的也就是希望人民能夠多獲得足夠的知識水準，並進行理性思考。若人們連基本的這一思考與討論能力都沒有，那是如何能再進行下一步呢？孔多塞並非如柏林所言那般地天真，也不是教條式的一元論者，從他對政治與經濟之間關係的看法，我們似乎看到了另一個孔多塞，一個並非躲在實驗室裡的哲學家，而是帶有實踐氣味、多元主義色彩的孔多塞。

追求不正義的孔多塞：帝國主義？

　　筆者於上段中爬梳了皮茲是如何透過闡釋孔多塞的進步與歐洲優越性，來證成他的殖民正當性，但也在最後提出了筆者的質疑。因此，在本段裡筆者將分成三部分來探討孔多塞的帝國主義：首先是探討孔多塞對自然權利的看法，這部分我們可以看到他的論點反而是批判殖民主義的正當性；第二部分則是藉由沈恩的理論來提供一個不一樣研究孔多塞的觀點：即避免不正義（恐懼），並藉此開展出他的烏托邦世界；第三部分是要來看孔多塞的文明觀在他的科學主義與進步史觀下，所呈現的樣貌究竟為何。筆者希望藉由這三部分的闡釋，能讓我們看到一個更為清楚的孔多塞，而非僅是柏林和皮茲筆下的孔多塞。

（一）激進主義下的自然權利

　　孔多塞認為早期人類都不曉得任何關於權利的知識，或者是

相當模糊的概念，這是因為出於迷信原則、過往的習俗和壓迫的制度所造成的。任何反對自由的力量都是透過上述而來維持其制度的穩定性與正當性（Condorcet, 2012: 189）。但實際上，每個人都有其自然自由與權利，要認識與生俱來的自由與權利，就要如前面所說的，好好地運用理性與教育，認識到人類的真正本質，如此才能破除迷信與壓迫，也才能真正明瞭我們的權利是什麼。

孔多塞對於人類權利的看法，首先，自由是所有人的自然權利，社會不能永久剝奪任何的此項權利，除非他被定罪而受到懲罰；第二、任何侵犯人的自然權利的行為都是屬於犯罪，而且永遠不能以經濟利益為藉口；第三、個人財產權是神聖的，社會也無權隨意占有任何人的財產；第四、一個人不能是另一個人的財產；第五、所有人都有義務按照正義行事，即使這樣做不符他們的利益，亦即用他人的自由來換取金錢是一件不能接受的事（Condorcet, 1994: 360-361）。

所以，孔多塞認為我們在社會中擁有的權利和與生俱來的權利，在本質上是一樣的，尤其是自由選擇的權利。而人類之所以加入社會，就是希望社會能夠保護自身的權利。因此，人類同意加入社會是自由的，也就是說，一個人必須根據社會保護及其個人福祉的必要條件，自由地決定成為社會的一分子。而人們之所以會考慮接受社會中的共同規則，就是因為是由大多數人的意見所決定，[9] 因此我們接受這樣約束（Condorcet, 2012: 184）。

9　在此孔多塞也設了一個但書，即多數人所設的規則不得讓少數人感到壓迫，或違背其權利及不符合正義。倘若有這樣的法律或規則出現，那就是非法的。（Condorcet, 2012: 184）

　　於此，孔多塞的權利概念與潘恩的激進主義是相當接近的，亦即權利是建立在個人主義的理解之上，將社會和政治上的結盟，視為是個人出於對實用和需求的計算而做出的選擇。每個公民都有自由行動的權利，但當個人權利無法行使之時，就需要靠國家的力量來促使自己的權利獲得實踐。因此，人民和國家之間的關係是一種「授權」關係，而非臣屬關係：罷免君主、更換政府和建立行使人類權利的機制將有利於解決限制自由的問題，因為權利是不可被剝奪的，且每個人都可以透過革命的方式，合法地行使該權利。因此，問題不應圍繞在權利是否存在上，而是它是如何實施的（Condorcet, 2012: 188）。

　　正是如此，孔多塞的激進主義反而是成為對抗殖民主義的最佳利器：他一再地提醒尊重每個人的權利，反對任何形式下的不平等，認為不能將共同利益等同於尊重個人權利，也不能以救國為名而施行不公正之行為（Elisabeth and Robert Badinter, 2016: 218）。孔多塞針對聖多明哥（San Domingo）殖民主虐待黑奴之事大肆批評，他說：

> 　　種植者還提出不公正的要求，這使我們無法接受這樣的請求。因為他們認為可以代表他們的奴隸這事是非常荒謬的，他們希望代表權與奴隸的人數能成正比。然而，一個人只能是代表那些選他出來的人，以及與他分享利益的人。任何人怎能接受代表我們所壓迫的人的荒謬想法，我們已經用暴力來剝奪了他們（黑奴）的權利，我們還希望阻止國家為他們伸張正義嗎？（Condorcet, 1994: 361-362）

孔多塞接著又說：

> 　　況且，僅僅由一個國家的一小部分公民選出來的人作為一
> 個國家的代表，這怎麼可能是公正的呢？自由黑人沒有被邀
> 請參加代表選舉，種植園主也沒有表現出要求黑人這麼做的
> 跡象。因此，不能接受殖民地的代表：他們不是這些新省分
> 的代表，而只是某一特定公民階層的代理人。（Condorcet,
> 1994: 362）

　　種植園主為了維護自身利益，認為三級會議裡必須要有他們
的直接代表，但孔多塞認為自由的黑人和混血兒也應享有與白人
相同的政治和公民權，而一個虐待黑人的種植園主已經剝奪了黑
人的權利，哪有什麼權利來要求在三級會議裡擁有代表呢？他甚
至還要求將那些擁有奴隸的男人，或他的妻子擁有奴隸的丈夫，
也不能在三級會議裡頭（Condorcet, 2012: 361）。因此，從孔多
塞對聖多明哥殖民地莊園主的猛烈批評，可以讓我們理解到，無
法以帝國主義和殖民主義的帽子扣在他的頭上。
　　許多批評者認為這些法國啟蒙運動的思想家都犯了一個錯，
即將人類放在一個真空的情境下去思考，並未發覺社會發展中的
力量有多麼強大，而這不是單單靠公開辯論或立法就能剔除社
會中的問題。他們也忽略了社會記憶與歷史傳統的力量，也小看
那些將一代又一代連結起來的紐帶力量。因此，這些思想家單純
地認為我們可以與過去決裂，從數學方法裡找到新的政府管理方
式，也能建構一套新的「預防性」憲法，避免過往所出現的錯
誤。然而，筆者認為，透過上述孔多塞對於殖民地蓄養黑奴的批

判，以及他對人民在自由與國家之間的關係的闡釋上，我們才能明白這才是法國大革命真正的動力所在，也是法國大革命唯一的產物。傳遞給全人類的信息，為現代社會的矛盾與困境提供了合理且公正的解決方案（Israel, 2020: 685）。

（二）關注不正義與避免恐懼

　　沈恩區別了兩種方法來證成社會正義，一種是「**先驗體制論**」（transcendental instituitionalism），他們著重於完美的正義，而非不正義，然後將體制建立完成作為首要目標，至於社會現實是如何，不是他們所要關注的。而另外一種則是**關注在社會現實上的**，如亞當・斯密、孔多塞、邊沁、馬克思、彌爾等等，雖然他們對正義各有各的看法，但基本上，他們都很專注在即存的或可能發生的社會上去進行正義的理解，而不會如先驗體制論般地，將分析局限在先驗性地追求一個完美正義社會。簡單地說，這群關注社會現實的思想家，他們從現實生活中，欲消除那世界裡的明顯不義事件（Sen, 2009: 5-8）。

　　沈恩更進一步地說，以社會現實為主的正義觀點，重要的是要去防範世界裡出現的明顯不義，而非追求完美正義。也就是說，正義不只是要成就某些完美的社會制度，更是要防止顯然危害甚大的不義。比方在 18 世紀的思想家們（如孔多塞）鼓吹廢除奴隸制度，他們並不是在思考廢除奴隸制度之後就可以讓這世界更加地正義。相反地，他們是認為這個有奴隸制度的社會是完全不義的。因此，他們就是看到奴隸制度裡的不公不義，才會為了廢奴而四處奔波。此外，他們也不是為了要尋找什麼是完美正義下的社會共識（Sen, 2009: 21-22）。

　　沈恩如此的詮釋，與柏林和皮茲的孔多塞有很大的不同。後兩者基本上是以一元論的進步史觀來理解，也將孔多塞塑造成一種教條式的啟蒙運動思想者。然而，沈恩卻在孔多塞的思想中發現，他的目的其實並不是在尋找一個完美世界，反之，是一個較少痛苦與不義的世界，而這樣的理念，在《進步》中我們也都可以看見：

> 不同國家的哲學家們在他們的思考之中……他們被一種普遍慈愛心的情操所激發，在向不正義進行戰鬥，哪怕對其他民族負有罪責的就正是他們自己的祖國；他們在歐洲挺身而出，反對浸透到美洲、非洲或亞洲沿岸的那些貪婪的罪行（Condorcet, 2012: 102）。

　　在這段引文中，有兩個部分我們必須注意到，首先是這些哲學家是被一種「普遍慈愛心的情操」（sentiments of universal philanthropy）所激發。在前面筆者有提及，柏林的孔多塞認為科學判斷與道德判斷是相容的，亦即我們能透過理性與科學方法找到道德判斷的標準。然而，我們在上段引文裡孔多塞卻是以「情感」（sentiments）作為反對不正義之事的基礎。孔多塞在討論道德是如何形成時，認為道德體系是立基於道德情感（moral sentiments）與家庭倫理（domestic virtues）[10]，且那種「簡單的」、「幾乎有機的」（almost organic）的敏感度是情感

10　對孔多塞而言，讀小說是我們理解人類行為如何影響其他人的最好方法，而這也是人類重要的道德體系的一部分（Rothschild, 2001: 200）。

的基礎，也是一切道德與美德的首要原則。若沒有這種敏感度或情感，這道德原則也只不過是利益的計算與理性的冷漠結合而已（Rothschild, 2001: 200）。

孔多塞受到亞當・斯密不少影響，進而更加傾向地認為，人類追求互惠慈善的行為是大於以自利為行動的動機，因此更強調道德情感的力量，諸如同情心（sympathy）與憐憫（pity）（de Champs, 2020: 162）。如此看來，這樣的孔多塞似乎與理性至上的孔多塞有很大的不同，但也正是他認為情感是道德的基礎，我們也才能明白孔多塞在批評那些專制者與教會壓迫人民時，所用的理由：不是因為他們無法帶領人們走向美好世界，而是他們所帶來的恐懼，讓人們深受不義，那是一個悲慘世界。所以我們要用理性與科學破除迷信，用知識明白我們的自然權利，但這不是說我們有了理性、科學就可以高枕無憂，但至少我們能脫離那恐懼所帶來的受難苦境。另外，我們也能從他在爭取黑人權利時所使用的文字看到一些值得探討之處：

> 任何富有同情心（compassionate）的人都會希望終結這種可怕的局面，因為它已違反了人性法律了（Condorcet, 2012: 150）。

孔多塞在證成黑人的權利所採用的方法也是如此，我們不是在設想一個完美的正義世界，而是通過情感與同情，明白那樣的奴隸制度所帶來的恐懼與殘酷是一個那麼不義的世界。強納森・艾倫（Jonathan Allen）就說，如果我們把焦點放在「道德的否定項」（negative morality）（諸如苦難、殘酷、羞辱、妒忌、背

叛、自私、腐敗這些惡）與不正義（injustice）來談，或許我們可以對道德理想有更佳的理解，因此，將焦點放在不正義上就成了政治理論的重要任務，但著重於受害者的受苦經驗並不是關注道德的否定項的唯一功能，道德的消極性還能限制或塑造政治中的道德優先性，也能協助我們對道德理想的理解（也能使我們知道這道德理想的局限在哪）（Allen, 2001: 344）。

政治上的審慎判斷會認為檢視受害者的主張很重要，因為它可以使我們了解那些社會理想的局限在哪裡，我們也能更明白這些社會之惡的細節，及它們對人類生活的影響。檢視受害者的觀點可以提供可能的挑戰與轉變的社會和道德觀點，孔多塞發現過去的人類深受偏見所苦，被專制的國王所威脅、被教士以迷信的方式所誤導，而要解決這困境，就是要消除偏見，獲得啟蒙。孔多塞相當清楚人類過去所受到的苦難的根源為何，雖然《進步》裡的歷史是那麼地粗糙簡單，但他也準確地分析了造成當時人們困境的惡的來源與進行方式。

因此，透過對道德的否定項的剖析，可以更容易讓人們有道德和政治敏感度，而這敏感度可以：

（1）讓我們更明白消極的傾向和經驗與道德的正面性之間的關係。
（2）試著理解社會裡的分配邪惡的體系。
（3）明白受害者眼中的邪惡觀點及回應。

這是一種告訴我們要去想關於什麼，而不是要想什麼。這預設了一種務實的思考道德模式，它對經驗更加敏感，但也增加

了對道德的正面性概念、理想、抉擇程序在分析上的深度（Allen,
2001: 349）。而這些，也正是孔多塞要告訴他當時法國的所有人！

沈恩提過，諸如孔多塞這種具有社會現實關懷的思想家，他
們所想要的社會是一個減少殘酷與不義的社會，因此他們關注
恐懼與不正義。社會不平等會使我們的情緒改變，進而產生施
害者和因不正義的受害者，因此，正義本身就是不正義的開始
（Shklar, 1990: 86）。當我們互相評斷對方尊嚴之間的不平等就
出現了，也開啟了依賴與壓迫的大門，最後我們就會陷入自創的
價值階層當中。比較與衡量的標準意味著不平等，而伴隨著這種
自我劃分而來的就是人與人之間的不平等。這些也是孔多塞聲聲
呼籲大家的，他認為每個人如果善用其理性能力，妥善運用科學
方法，破除迷信，打破偏見，那人人就都會明白自己的自然權
利，不管是黑人或女人，大家也將會是平等的，如此一來，出現
不正義與不平等之事的情況也就會逐漸減少。因此，我們也可以
從這個角度來重新思考孔多塞在《進步》的第十章裡，所投射出
來的烏托邦思想究竟是什麼了。

烏托邦一詞在現代已甚少在討論了，很大一個因素就是因為
啟蒙運動者所追求的理想與希望，反而造成不可避免的人禍，甚
而延燒到 20 世紀的冷戰時期。不過，筆者認為我們必須要重新
思考什麼是烏托邦。在古典時期，烏托邦根本就不是在讓人有希
望的，或是給予政治計畫，而是帶著一種悲劇情感，讓我們看
到理想與現實的差距，因為這些烏托邦思想家深刻地意識到「可
能」與「可行」的差別。孔多塞的《進步》所呈現的是一種「可
能」的烏托邦，但是卻也是「可行」的一種理想，這是因為他的
烏托邦主義是帶著過去殘酷的教訓，試圖找出一個減少不義社會

的想像。因此，我們不要一直認為烏托邦都是恐怖的，在某程度上，這樣的烏托邦其實在刺激我們去思考我們現今的處境究竟怎麼了，我們「可以」去追求什麼樣的理想世界。

我們可以對烏托邦一詞有不同於「總會帶來災難」的理解，我們必須要清楚地區別是何種意向下的烏托邦。因此，當葛雷（John Gray）批判以孔多塞等啟蒙運動思想家所帶出的「啟蒙計畫」（enlightenment project），是一種天真的烏托邦思想，不僅對人類世界產生本質上的誤解，甚而在實踐造成災害。皮茲（Pitts）也持類似想法，認為孔多塞的進步思想讓歐洲人覺得他們是優於其他非歐洲國家，並有正當性得以進行殖民。然而，這真的是孔多塞所想的嗎？

前面筆者已提及孔多塞所關注的乃是減少不正義，而非追求完美正義社會，而這不正義，對他來說，就是過去專制國王與基督教會所造成的迷信，所導致的恐懼與殘酷。孔多塞一直牢記著這些悲慘記憶，並試圖找到方法幫助人們擺脫這些處境的方式。人類的有限性，使得他對於完美的進步世界是如何，他並不言明，但人類總是會有所成長與進步的。而且，即使是啟蒙之後的人們，也不代表不會再有衝突，但是他們會避免最大的惡發生，即戰爭的出現。孔多塞的《進步》雖然可以從柏林與皮茲看到一種天真的進步烏托邦主義，但是如果我們從不正義和史珂拉對烏托邦的理解來出發，我們卻能看到另外一個相當不同的孔多塞，一個追求不正義的烏托邦的務實啟蒙運動思想家！

（三）孔多塞的文明與野蠻

孔多塞甚少談論到文明概念，也很少探討法國與其他文化或

民族之間的關係為何，總的來說，孔多塞更大程度上是更關注法國本身的問題。不過皮茲一直認為孔多塞的《進步》所呈現出來的是文明與野蠻在文化上高階與低階的對比，而身為文明國家的法國，更是有責任需帶領這些野蠻人走出原始狀態，教導他們如何使用理性，走向一個和法國人一樣的完美文明世界。雖然筆者一再強調，《進步》對於孔多塞而言，是一個在他死前想喚醒未來的法國人民能好好運用自身的理性能力，找到一個較少不義的烏托邦世界。然而，這也無法全然反駁在他的思想中，有著「文明」和「野蠻」的等級差距。不過，關於這個問題，筆者認為處於殖民時代的孔多塞，這樣的差距對他來說，背後所代表的是一種**重新認識自我**的可能性，而這樣的重新認識，也可以說明他是怎麼看待文明與野蠻。

布魯斯‧麥茲黑希（Bruce Mazlish）在界定「文明」意義時就說，文明是一個相當爭議的問題，它不僅是一個需要人們冷靜地去思考的對象，也是一個爭論不休的話題。文明可以是一個人類成就的縮影，是進步的成果，但同時它也是一種讓人失去人性的威脅，使人們的生活變得機械化。也就是說，文明一詞，本身就具有許多爭議和分歧（2004: x）。

不過作為 18 世紀晚期才出現在歐洲的文明概念，其產生的背景除了因為要面對土耳其人的威脅（為了要了解敵人，反思自己）與海外擴張的勝利外，更重要的是自然史與科學分類的出現，比方說地理學、動物學、人類學和社會科學的產生。而這些學科的冒出，不僅意味著理性能力的運用，也代表著啟蒙思想家試圖去理解什麼是社會力量，以及它如何在道德世界裡將人們凝聚在一起，進而能有意識地、理性地改造社會，往人們所嚮往的

方向前進。據此，文明的概念無法擺脫社會科學的誕生而獨自存在。麥茲黑希就直言：「文明觀念是由啟蒙運動中改革主義精神孕育而成的，是啟蒙運動改革精神最直接的產物。這是由於人們認為改革是一種解決法國君主專制體制中種種問題的理想方式，因此大加倡導（引自 Mazlish, 2004: 13）。」

　　孔多塞即是在這樣的背景下提倡理性的重要和革命，他努力著在啟蒙運動思想裡建立社會科學，也從許多啟蒙思想前輩身上獲得大量的思想資源。他從洛克那裡發現到不準確的語言是由錯誤的觀念組合所致，而這也是人類最大的錯誤，尤其是在道德上。從休謨身上得知知識是可能的，且是基於習慣上的信念，以及如何從對非理性的不信任當中，區別出理性。孔多塞於此再加上或然率的計算，強調數學的重要性，進而協助理性的人如何做出較為準確的判斷，而這也提供了一種語言，不被那些帶有模糊性的日常論述所影響。另外，孔多塞也從百科全書派那裡學習到傳統語言總是帶有壓迫的隱設，進而保護特權者，並持續著不正義之情事（Shklar, 1975: 469）。因此，孔多塞在接受這些思想資源下，企圖找到一種新的語言，而這種新的語言，能破除過去那種壓迫人民的舊有語言。此外，也能讓人們重新認識自我，並反思我們想要一個什麼樣的社會與世界。

　　法國作為一個殖民意識形態的文明，在面對伊斯蘭世界和新大陸上不同的文化，他們尋找著什麼是自己（至少要先知道「我並不是那個他者」），他們進行自我反思，並思考著要如何重新開始。也因此，要管理新大陸上的「野蠻人」就必須首先了解他們的風俗習慣，要「認知」到他們與我們有什麼不同（再加上哲學與科學的求知欲），而在這認知的過程中，也就出現了「文

明比較」的階段了（Mazlish, 2004: 24-27）。也就是說，文明所代表的是一種雙向交流，它透過了解自己與其他文化的差異來界定自身，與此同時，它也將自己的過去帶給了那些「尚未開化」的文化與民族。據此，這一文明的概念就存在著一種張力，正因為法國人（或歐洲人）這樣的「強加」教化殖民地，他們才產生了自我意識，也才進行自我反思，也才再會產生了矛盾心態（Mazlish, 2004: 32）。

因此，此時的法國和歐洲文明都是在逐漸形成或重新塑造當中，以他者來反觀自我，重新定義自身身分。總的來說，這都還算是一個善意的反思。孔多塞試圖建立新的語言、新的社會科學，他明白過去的專制主義所導致的人類之間的不平等，因此希望藉此建立一個新世界。所以他反對移殖民派在殖民地上販賣黑奴，強調黑人與混血兒都應享有與白人一樣的政治和公民權利；他也為猶太人爭取權益，為他們取得平等權；他也為婦女爭取平等地位，促使政府應當給與她們參政權利。孔多塞帶著這樣新觀念（相對於當時法國的舊制度）去面對不同的性別、族群與文化，他的新語言使他更加確信人之所以為人需要什麼條件與權利，希冀能減少人類不平等的處境，並希望能給那些殖民地的人們新的視野，建立一個不讓人受到壓迫的制度。

結語：另個角度看《進步》與孔多塞

孔多塞的思想裡有許多矛盾，其最後著作《進步》所造成的爭議很大，但傑弗森（Thomas Jefferson）卻讚賞這是一本對人類發展最有貢獻的著作，雖然說後來的歷史也逐一地讓孔多塞這本

最後遺作中的預言落空，即使有些被他言中，但人類卻也沒有因為科學進步、得到自由、生命更加延長，而過得比以前更好。

《進步》一書是孔多塞在閃躲雅各賓派追捕時所寫的，時間緊急，也因此有許多明顯筆誤而來不及更改。也正因為如此，筆者認為，或許他寫這本書的用意並非要博取大家的掌聲，而是要總結他自己的信念和希望。《進步》並不是如歷史學家以王朝的興衰來撰寫，而是以一些重大的文化事件，來凸顯孔多塞的中心關懷，即反對教權與基督宗教（Gay, 1978: 112）。此外，《進步》一書並不像史學家那般的豐富、超然和客觀，亦即孔多塞的目的是在他的政治期許，而非真正的歷史。他特別憎恨那些受制度化宗教神聖光環加持的聖職人員，因此這樣的反教權立場在《進步》裡也就被他提升到歷史哲學的高度來書寫。[11] 而在此書裡所探討到的「進步」，在孔多塞的想法中是帶有辯證性格的（此與皮茲的說法是一樣的），雖說他極度反對制度性宗教所帶來的災禍，但他也表示或多或少為人們帶來心靈上的開化；雖然說宗教會散播謬論，但也會加快啟蒙運動。也就是說，歷史是一個辯證過程的開展，但後果卻總是讓我們始料未及。善會帶來惡，而惡也會帶來善；理性思考也是一樣，它雖然會帶來善，但也會出現惡。因此對孔多塞來說，謬誤雖然一直是他呼籲人們要小心的言論，但它說不定在不知不覺中成為了進步的工具（Gay, 2006: 113-114）。是故，歷史所扮演的角色，不僅只是在記錄進

11　孔多塞與許多當時的啟蒙思想家一樣，都認為中世紀所代表的是一種人類發展裡的退步，也因此他們對於神學教條與迷信懷有深刻的敵意，並將宗教與野蠻相連結在一起。

步的歷程，同時也是一則寫下人類苦難的故事，人類文明亦如
是，總是在前進與衰頹之間相互交織。

　　那為何在《進步》一書，特別是第十章，孔多塞卻是一副樂
觀的預言呢？蓋伊認為這除了是為撫慰他心裡在面臨法國大革命
後期時的一個心靈寄託，讓自己存有這樣對未來美麗的想像，才
能使自己的生活變得可以忍受。但在另方面，他也是為了要寫出
這預言才會有《進步》這本書，因為他相信歷史可以讓人看到殘
酷的事實，但同時也能讓人看到未來的希望，進而能成為促進進
步的一種工具。在這裡其實有一個重要地方我們必須要注意到，
在皮茲的詮釋裡，孔多塞是想要追求一個人的完美狀態。不過，
孔多塞其實所要追求的是一個能「縮小人類的不平等」的世界
（Condorcet, 2012: 182），而非完全平等的世界。他相當明白在
人類歷史所發生過的任何殘酷之事，他也相當清楚我們無法完全
避免，即使我們今天被啟蒙了、有理性了，這都不是能被完全消
除的，因為人類就是有他的局限性，並且只能在歷史過程中慢慢
改善。

　　孔多塞預言，未來人們如果能好好善用理性，就能把人類所
有潛能予以實現，亦即把人類的「可完善性」（perfectibility）
發揮到極限。不過可完善性這詞在孔多塞的著作裡定義不清，但
蓋伊認為這意指著人有成長的能力，但不代表人可以到達完美的
意思，而孔多塞不覺得需要對此詞做出精準的解釋，因為人類的
身心靈上的限制，就必須承受因進步而帶來的各式各樣的問題。
因此，蓋伊不認為孔多塞是一個天真的樂觀主義者，相反地，這
種樂觀是直接面對痛苦，並將這樣的痛苦也帶入他的哲學當中
（Gay, 1978: 121）。此外，孔多塞的進步也並非是一個完善的

狀態，也不是一個具有預言式的真理，進步的過程總是需要糾正與修改。比如他認為我們可以從人類作為感性的存有物，在邏輯上推導出人權原則的重要性，但同時，他也明白這樣的人權原則是多麼地抽象、多麼地讓人難以理解、多麼地複雜（不同的時空有不同的理解人權方式）。孔多塞希望我們善用理性的目的從來不是要去建立一個技術官僚的國家，而是希望人們能竭盡所能地運用理性和自由，做出自己想要的選擇，並保有仁慈的情感表現（Baker, 2004: 62）。

因此，蓋伊即認為《進步》一書完全體現了啟蒙運動的精神，但也是一種嘲諷，因為他們對科學簡單地崇拜，一次一次地將科學技術的進步與道德或幸福的增進混為一談（Gay, 1978: 121-122）。然而，不管怎麼說，孔多塞思想裡的矛盾也呈現出兩種不同樣貌，雖然強調啟蒙的增加是會帶來道德的進步，但在《進步》一書中卻又呈現出一個懷疑主義式的悲觀論點，即人類是很有可能會利用科學來進行對他人的支配和剝削，這在歷史裡我們見怪不怪（Gay, 1978: 123）。

在柏林的詮釋下，孔多塞成為一位天真的一元論者，試圖以科學方法找到普世永恆標準，並用於人類世界各個層面。當我們從自然主義、進步與文明的概念開展，再順著皮茲的詮釋，的確看出孔多塞認為歐洲就是比其他非歐洲國家文化優越，進而有此正當性帶領這些非歐洲國家進步（殖民）。這是一個帶有優越感的一元論帝國主義的孔多塞，但是我們如果看到他在投票理論和其他政治經濟學的著作，以及他對不正義的關注，我們可以看出孔多塞並非如柏林所言的那般是天真的一元論者，也非如皮茲所說的那般肯定能為人類世界帶來進步，這時的孔多塞，似乎展現

出另一面，一個帶有多元色彩的追求不正義帝國主義的孔多塞，而不是那般地天真。孔多塞思想本身的矛盾，在他有生之年並沒有有效地調和，且此矛盾的衝突是如此極端，也使後人難以為他辯解。然而筆者卻認為，也正好是這無法調和的矛盾，我們就可以另一種不同的角度來欣賞孔多塞，而這也是本篇文章要旨！

10 自由主義式帝國主義作為提升人類文明的政治工程：彌爾的國際政治思想及其當代意涵

葉浩（政治大學政治學系副教授）

> 在智力戰勝蠻力或武力之前，人類難有持續進步的機會。
> 逼近中的野蠻之人，無處不在摧殘著每一株可能改善世界的
> 幼苗，倘若相對優秀或天賦過人者不挺身而出，去壓制住那
> 些愚蠢且野蠻粗暴的人，一切終將被毀滅。
>
> ——約翰・彌爾，〈格洛特的《希臘史》II〉

前言

　　約翰・彌爾是公認的 19 世紀自由主義代表，也是西方國家的公共知識分子典範，不僅筆耕不斷、批評時政，也身體力行參與社會改革，其關於個人自由、言論自由、代議政府、比例代表制、女權與普選權的思想形塑了現代「自由民主體制」（liberal democracy）的核心論述。其影響力之大，也許就在於人們今日談及他的理念時，不但經常忘了當年曾有的激進意涵，甚至不記

得那是誰提出的想法。

　　過去的前衛思想成了當前的理所當然，或許堪稱是一種時代進步的證據，相信彌爾也會同意如此說法。不過，他本人強調，人們必須真正理解一個理念的依據，否則即使那是正確的想法也不過是「死的教條」，而非「活的真理」（CW XVIII, 251）[1]。後者意味著人們深刻理解自己為何抱持那樣的信念，並能回應他人的質疑。忘卻了自由與民主的理念根據，將不利於民主體制的運作。

　　著眼於人們是否普遍認識甚至認同自己所生活於底下的社會制度及其核心價值，正是彌爾政治思想的特色之一。對他來說，民主制度的良序運作首要仰賴人們追求自由的意願，而此處所謂的「自由」包括了個人對於獨立自主的追求與個性的展現，以及集體上對獨裁或外來政權的拒斥。彌爾不僅秉持此一信念來批判 19 世紀的英格蘭社會並倡議各種改革，期待社會風氣與主流價值觀能符合民主制度，同時也據此希冀帝國主義能推動其他相對欠缺自由追求的社會逐步走向民主，建立一個代議政治的國家，更主張如此艱巨的政治工程乃文明國家所能追求的最高榮耀，如果其他國家不願意肩負起此一重責大任，那將是大英帝國的天命。

　　上述對文明國家寄予厚望的想法，已可見於上面那一段引言之中。其出處是一篇寫於 1853 年的書評，彌爾藉討論格洛特（George Grote, 1794-1871）的《希臘史》（*History of Greece*）

1　本文所有的彌爾原文引用皆來自 *The Collected Works of John Stuart Mill*, ed. J. M. Robson (Toronto: University of Toronto Press, London: Routledge and Kegan Paul, 1963-1991)。

來表達他對古雅典民主的推崇，以及對希臘文明最後毀於野蠻人
手中這事實的感嘆。1859 年，英法兩國為了蘇伊士運河的建造
而陷入嚴重外交爭議，彌爾在當時頗受知識分子歡迎的《弗雷澤
雜誌》（*Fraser's Magazine*）上發表了一篇題為〈關於不干預的
一些想法〉（"A Few Words on Non-Intervention"）之短文，進一
步闡釋了上述想法，但對文明的關懷則已從擔憂其毀壞轉向怎麼
捍衛乃至進一步提升文明，並據此直指了一個國際政治的核心議
題，亦即，國與國之間應該如何彼此對待才符合道德正當性？

　　之所以如此提問，並非因為相關的規範不存在，而是歷史
上催生出現代主權國家體系的「不干涉原則」（principle of non-
intervention）實際上尚未被所有的國家所接受；換言之，干預事
件頻傳，但缺乏一套現實上可操作的判斷標準和做法，因此彌爾
才在該文中開宗明義地說：

> 少有比這更亟須道德與政治哲學家來處理的問題：如何才能確
> 立一套規則或標準，讓干預他國事務的正當性（justifiableness）
> ──以及有時也同樣令人起疑的刻意不干預之正當性──得
> 以被明確且理性的檢測？（CW XXI: 118）

　　這短短幾行字的問題設定，饒富哲學意涵。首先，它預設了
國家的行為動機和具體國情有別，因此不該一味地堅持對所有國
家都套用同一個原則。關鍵在於我們必須根據哪一方面的差異
來給予不同的對待方式。其次，應該干預或不干預的決定關乎道
德，或說其理由是否真能在道德上站得住腳。再者，正因為上述
兩點在屬性上分別關乎事實與評價的判斷，設想的檢測方式在實

際操作上必然也涉及了許多方面的判斷。最後，我們也不該忘記，這檢測方式的提出是來自一個道德與政治哲學家，也就是彌爾身為作者的自我設定，而這同時意味著他認為理論之提出是介入現實政治的一種有效手段，或更具體的說，他是在蘇伊士外交事件的歷史脈絡當中說給那些能讀到這篇文章的英國人聽，希望藉此來影響人們對此一事件的想法。

　　本文以為，上述的寫作脈絡、動機，以及彌爾提出的理論方法、關於政治實踐必然涉及多種判斷的看法，不僅提供了我們閱讀〈關於不干預的一些想法〉的指引，對於該文出版兩年後的《論代議政府》（*Considerations on Representative Government*）一書也同樣適用。基本上，前者勾勒了彌爾國際政治思想的梗概與輪廓，後者則為其填補了重要的論述細節。關於干預另一個國家的目的與手段，如何避免失敗以及成功所必須付出的代價，乃至干預國和受干預國的外交與人民之間的互動，在論代議政府的這本書當中有了相當全面的討論。而至關重要的是，該書賦予帝國主義一個明確的使命：協助相對落後的社會走向文明國家的道路。

　　此一宏大政治工程，史蒂芬‧霍姆斯（Stephen Holmes）（2007）曾稱之為「自由主義式帝國主義」（liberal imperialism）並藉此來理解美國攻打伊拉克的決定。而事實上，當美國總統布希（George W. Bush）在2003年的戰前演說[2]，不少媒體評論提及了彌爾，甚至將所謂的「布希主義」（Bush Doctrine）當作一種自由主義式帝國主義。

2　https://www.nytimes.com/2003/03/18/politics/text-bushs-speech-on-iraq.html

　　彌爾的確懷抱著一幅自由主義式帝國主義願景。不過，其論述並不能簡化為一套強國可憑藉武力來移植民主制度的論述，更不會直接為美國近年來的國際干預背書。他的帝國主義思想其實鑲嵌於一個更大的國際政治秩序的想像當中，而此一願景不但包括了一個完整的民主理論，也和他終身倡議的效益主義（utilitarianism）若合符節。具體而言，他支持的帝國主義是以推動人類福祉的提升與文明的進步為終極目的。帝國本身不過是促進此一目的的手段，一如藉帝國之力所推動的民主化。國際干預的實踐也是實現如此願景的一環，且和他關於個人的道德提升與英格蘭國內的政治改革環環相扣。

　　本文旨在扼要地論述，彌爾的國際政治思想基本上是一套關乎如何在世界各地建立民主制度的理論，而他終其一生無論是以哲人、學者、公共知識分子或「不列顛東印度公司」（British East India Company）的職員乃至身為一個大英帝國的公民與國會議員的身分，皆致力於此一宏大的政治工程之理論建構與實踐，並心存此一制度移植的各種困難以及成功所必須付出的代價。也因此，他認為唯有願意付出代價來推動此一政治工程的帝國才配得真正的榮耀。

文明概念與大英帝國的天命

　　如果說把彌爾的國際政治思想比喻為一座人形雕像，那〈關於不干預的一些想法〉可說是它的頭與胸，《論代議政府》則是構成整個身體的其他部位。然而，讀者一旦開始閱讀前者將立即發現，彌爾的「文明」（civilization）概念幾乎等於這半胸雕像

的頭部，因為它界定了哪一種國家可以干預他人、哪一種國家或
社會可被干預，即使這種行動違背了後者的意願──尤須注意的
是「或社會」這三個字其實是關鍵，因為，按照彌爾的術語，嚴
格來說一個能被稱為「國家」的社會其實必須符合某些條件，而
這些條件與文明程度相關。

　　進一步解釋，根據彌爾的主張，支撐起現代主權國家體系的
不干預原則僅適用於文明國家之間，文明國家與野蠻國家之間則
不必要，若堅持如此將是一種「嚴重的錯誤」，至於：

> 　　為何同樣的規則不該運用在不同的情境當中，底下兩個
> 理由最為重要。首先，平常的國際道德規範要求彼此互惠
> （reciprocity），但野蠻人不會如此行事。我們也沒辦法期
> 待他們會遵守規則。他們的心智尚未發展到足以做這樣困
> 難的事，而他們的意志也尚不能被這麼遙遠的動機所驅使。
> 再者，尚未走出這種野蠻階段的國家，被人征服或受制於
> 外人的管轄對他們來說可能是一件好事。獨立與國家身分
> （nationality），對先進的民族來說是成長與發展不可或缺的
> 元素，但對現在的他們卻是一種阻礙。（CW XXI: 118-119）

　　至此，我們理解彌爾抱持一種資格論的態度來看待不干預原
則的適用對象，以及一個民族該不該被當作一個完整的國家身分
來對待。誠然，對他而言，一個民族若想被當作一個國家來看
待，其成員必須得先有國家認同感，亦即認定他們是一個不該被
外人統治的共同體，甚至願意為他們的集體自由而戰。未能至
此，這樣的一群人稱不上民族更別說可享有「國家」（nation）

的權利。

關於彌爾認定什麼情況底下外國力量應當介入，後文會有討論。此時重要的是，對他來說，遵守國際規範並願意秉持互惠原則對待其他國家，是鑑別一個國家的文明程度（degree of civilization）是否已經達到可適用不干預原則的方式。認真看待此一界定的讀者，不會把「文明」與「野蠻」當作形容某一人種、種族或任何特定族群的原生特徵之標籤。換言之，這種二分法非關本質上屬於生物特徵的種族主義，而是關於一個國家、社會、政府及其外交行為的判斷標準。

如此理解，「文明」與「野蠻」絕非是某一群人身上撕不下來的標籤。反之，那標誌的是一種人為的成就。據此，即使現在的文明國家也可能在未來淪為野蠻社會，這才更值得警惕。

當然，人們可進一步針對彌爾該不該以平等互惠和遵守國際倫理作為判斷一個國家文明與否的標準來爭論。但如此一來焦點若非轉向上述兩點本身的正當性，就是指向另一種理解文明的方式。事實上，彌爾曾於 1836 年出版過一篇題為「文明」的文章對此議題做了詳盡討論。該文一開始即指出標題一詞有兩種意思：一是廣義上指涉個人或社會趨向完美的各種特徵，例如人們更加幸福、高貴，更有智慧；二是狹義上作為富強國家與未開化或野蠻民族的區別，與幸福或智慧無關（CW XVIII: 119）。前者基本上關乎道德或精神層次的提升，後者則專指物質條件的提升，以現今的語言來說，或可分別稱之為精神文明與物質文明。

值得一提的是，此時的彌爾認為精神文明的提升本身肯定是一件好事，但物質文明則有得有失。根據他的觀察，整體而言，物質文明的提升的確讓歐洲先進國家的許多人取得土地，累積

財產，讓多數人普遍過上更好的生活，但這也一方面意味著中產階級的崛起以及貴族階級在財富上與政治權力的相對沒落，一方面則使得高貴的精神追求也相對不再受到重視，反之，取而代之的是更加市儈、更加庸俗的生活型態。多數人不再羨慕那些少數人身上才能展現出來的品格與品味，更不會亟欲仿效他們。卓越的少數個人在大眾崛起之後，從此失去了讓人仰之彌高的身影，以及過往曾有的道德影響力。大眾媒體的崛起即是一例（CW XVIII:125）。彌爾指出，相較於個別寫手得以領導公共意見，愈來愈多迎合大眾的報紙傳媒意味著多數人的價值觀將成為主流意見，劣幣逐良幣也是一個可預期的結果。

乍看之下，此一見解似乎讓彌爾沾染了懷舊、保守乃至精英主義的色彩。不過，他真正在意的並非貴族的沒落，而是如何在物質文明的得失之間以及兩種文明的緊張關係當中取得一個平衡。尋求新的物質文明提升方式，讓社會能在追求財富的過程當中，亦能不減個人在性格上的積極主動，甚至促進品格乃至品味上的不斷向上，才是他此時的課題。彌爾於是從財富追求的動力保持以及公民精神的提升這兩個方向來提出改革方案，前者指向了一種新的商業運作模式，後者則是教育制度與政治體制的改良。

彌爾深知多數人對財富追求的鍥而不捨以及由奢入儉的困難，因此，改良方向不在於放棄物質享受和抑制蓬勃發展的生產活動與市場，而是同時加深人們的合作與競爭。允許私人企業的自由競爭的市場是他提出的方案。公司是一種重新凝聚個人的合作方式，為了更高的利潤，唯有藉生產更好的商品來提高市場的競爭力。

此一動態的社會想像，是彌爾提出的改良方案之特色。對他

來說，物質文明的提升是一種不折不扣的進步，因此他也認定文明國家也必然是富強的國家。讀者不難看出，此一想法保留在〈關於不干預的一些想法〉當中。互惠合作乃市場賴以良序運作的根本邏輯，既是一個國家富強之路必須採取的方式，也是讓人類物質文明持續進步的一種國際互動模式。彌爾設想的國際秩序其實保有了這種國與國彼此競合的動態想像。更重要的是，他主張人們不該企圖以釜底抽薪的方式來阻止文明的「失」，取消物質文明的進步基礎；相反，應當從制度的改造來創造「失而復得」的力量。於是他樂觀地如是說：

> 所有可能一去不復返的一切，我們有可能保有，失去的亦可能復得，甚至可達前所未有的完美境界。但，靠的不是放慢腳步或撒手不管，也不是以螳臂擋車的方式來對抗不可逆轉的趨勢──而是建立一股可與之抗衡的力量，或許包括借力使力，來轉化那些趨勢。（CW VIII: 136）

在這樂觀主義底下，我們看到了彌爾的現實感。本文稍後會指出，某程度順應人性與現實局勢其實也是他的改良主義及其奠基於此的自由主義之特色。此時尤須注意的是，彌爾不但將推動社會進步的力量寄望於上述的競合邏輯，他也希冀此一新式結社模式將能造就一個真正的專業階層，徹底取代充斥於新興大眾社會各行各業的「江湖郎中」（charlantanerie），杜絕似是而非的偽知識繼續傳播（CW VIII: 135）。就此而言，彌爾所提出關於大學教育的改良芻議實乃銅板的另一面。姑且不論其鑲嵌於英格蘭高等教育發展史的細節，他將焦點置於如何提升人們的智識能

力，且主張唯有培養「熱愛真理」（love of truth）的精神才是其真正的關鍵所在（CW VIII:144）。

　　此一精神並不等同高等數學或當時方興未艾的三段式邏輯（例如「凡人皆會死；蘇格拉底是人，因此蘇格拉底會死」）運算能力之培養，而是不隨波逐流、不人云亦云並且敢於在課堂上挑戰教授的知識權威之精神。事實上，彌爾在其《自傳》（*Autobiography*）提及他自幼即深受「蘇格拉底反詰法」（Socratic elenchus）的影響。其操作方式在於首先透過不斷提問將人逼入邏輯矛盾當中並承認自己的無知，令其陷入反思，然後釐清語言與概念，最後才重新做出結論。而根據他的判斷，「現代生活與教育當中，根本沒有任何事物能提供一丁點相似的功能」（CW I: 24）。這符合他對古希臘文明消逝的惋惜。如果彌爾的自述可靠，那我們亦可斷定他所謂的熱愛真理指的是蘇格拉底反詰法及其內在精神。

　　無論如何，彌爾在論文明的文章當中強調的是獨立性格與求真精神之復甦，而這也是他希望藉教育制度的改良來達成的失而復得。唯唯諾諾且不思進取的新富階層，取代了曾經主動積極的文明英雄成為社會的中流砥柱，對他來說是一種退步。如同私人企業能培養真正專家來阻止劣幣逐良幣的趨勢，唯有獨立且進取的性格再造才能抵消物質文明對精神文明的負面效果。雖然教育是百年大計，特別是彌爾所期的一整個新的智識階層之培育更是需要時間，但對他來說，只要有一部分的有識之士能崛起，開始填補世襲貴族所騰出的社會地位空缺，那逐漸接受高等教育的大眾將有仿效甚至致力於超越的對象。

　　不意外，這也意味著崛起的少數具有高貴精神的有識之士必

須有機會取得政治權力，一如產業界的專家能進入自由競爭的市場，因此彌爾也不忘提及以政體形式（form of polity）的改良來催生這樣的權力階層。只可惜這想法在〈文明〉當中未能獲得闡述，成了一個二十五年後才以《論代議政府》一書來兌現的預告。

雖然如此，論文明的文章提供了我們確切理解〈關於不干預的一些想法〉的關鍵。雖然後者強調了英國乃歐洲最富強的國家，因此必須承擔起促進人類整體文明提升的大任，但我們知道這並非是一種基於國族主義或種族優越的自誇，而是根據他對不同國家的文明程度之判斷。其判斷的首要依據在於國家富強程度，亦即彌爾在〈文明〉當中所說的狹義上物質文明，而非廣義上的精神文明。事實上，狹義文明的普遍使用也是他認為當時的人們可以宣稱自己正處於「文明時代」（era of civilization）的原因。據此意義上的文明標準，想非難彌爾賦予大英帝國如此天命並不容易。

事實上，我們有另一個理由來支持採取狹義文明概念來理解此一判斷。正如弗雷德里克·羅森（2013: 45）提醒，彌爾曾在1842 年寫給實證主義（positivism）創始人法國社會學家孔德的一封信中自創了「pédantocratie」（或可譯為「腐儒體制」）一字來描繪當時的中國。該信此處的重點是，受教育階層的多數人不可能都是偉大思想家；相反，他們僅是墨守成規的讀書人，且最不容易聽取最頂尖聰明者的意見。中國正是如此由高度受教育但缺乏原創力的官僚階層所統治的國度（CW XIII: 502）。值得注意的是，羅森意圖藉此指出，高程度教育或可讓個人養成積極主動的性格，但不見得會讓一個社會走向民主。接著他進一步援引彌爾於《論自由》（*On Liberty*）一書再次提及腐儒體制時的

說法來強調，那還得看社會是否存在著自由風氣，而這又與受教育階層的人是否過於好為人師有關——如果是，那國家整體並不會真正進步，且絕大多數個人反而可能會受制於一個政府試圖干預人民所有生活領域的專制國家。

至此，我們多了一個角度來理解大英帝國天命：對彌爾來說，那是一個受教育階層懂得克制自己、不凡事替他人做主的國度，這是制度讓兩種文明取得的一種獨特平衡，亦是源於英國民族性（national character）的一種成就。

性格學與社會進步的定理

「民族性」概念在彌爾的思想當中其實與「文明性」是一體兩面，不但貫穿了他的所有政治著作，也鑲嵌於他企圖建立的性格學（ethology）當中。一如羅森所指出，彌爾的 1843 年巨著《邏輯、推論和歸納系統》（*A System of Logic, Ratiocinative and Inductive*）（以下稱《邏輯系統》）幾乎以此為核心。當時仍深受孔德影響的他，具有建構一套奠定於性格學之上的宏大社會科學之野心，其範圍包括了政治制度以及社會改革的一切考量（畢竟當時還沒有政治學與社會學的學術分工）。彌爾的野心最後並未完成。但這未竟之業卻是我們把握他主張以帝國主義來促成世界文明的進步所不能忽略的要素。

暫且不論其細節，此時的他指出一個社會的文明程度（state of civilization）必須從底下各方面的總體考量，且社會科學的重點在於指認出此一整體背後的主要動力，關乎：

展現在社群每一個階層當中的知識的程度，以及智力與道
德文化；工業水準，整體財富以及分配的情況；社群的主要
從事行業；社會的階層劃分以及不同階層的關係；關於人類
最重要的所有議題之共同信仰，及其相信的基礎與確信的程
度；整體的品味和美感鑑賞能力程度與特色；政府的形式，
以及更為重要的法律和風俗習慣。（CW VIII: 911-12）

這一段話呼應了彌爾使用「文明」一詞時的考量不僅止於國
家富強的程度，而是關於一個社會的整體，包括政治、經濟、文
化以及其他風俗習慣和制度的整體研究。也因此他否認能有一個
獨立的「政治科學」（Science of Government），政治思想史家
致力於柏拉圖以降哲學家對「政治體制」的構想之討論根本自始
即走錯了方向（CW III: 876; 引自 Rosen, 2013: 72）。關鍵其實
在於個人的性格與社會整體或說民族的性格。以他的語言來說則
是民族性。個體層次的個人心理學和整體層次的民族性格學，及
其互動之原理，才是真正理解政治的不二方法。

關於彌爾的「性格學」（science of ethology）之研究，近年
最重要的著作莫過於羅森藉《邏輯系統》一書的理論詮釋。雖然
他的工作並未觸及國際政治思想層面，但其對於性格學的討論及
其與《論代議政府》的關聯性之重建，讀者能理解彌爾論及國際
干預時背後更宏觀的整體思維，同時亦可更準確地區別他的「自
由主義式帝國主義」與近年來美國對外政策的區別。

事實上，彌爾有一套頗為完整的社會科學哲學，而他對於
實際政治——尤其是帝國主義與國際干預——的論述基本上和
這套哲學指向的方法論乃互為表裡。羅森的主要貢獻在於指出

了彌爾如何從邊沁（Jeremy Bentham, 1748-1832）和柯勒律治（Samuel Taylor Coleridge, 1772-1834）兩者之間，建立了自己的一套改革方法（method of reform）。據其理解，彌爾設想的社會科學乃一門關於「人類整體的進步」（progressiveness of the human race）之學問，且這設想相當不同於邊沁及其追隨者——尤其是彌爾的父親詹姆士・彌爾——所倡議的「哲學激進主義」（Philosophical Radicalism），而是接近體現於以孔德為首的歐陸社會科學家看重歷史經驗的方法論。

　　進一步解釋，首先，羅森（2013:44-46）強調早年的彌爾嚴格區分了「進步」（progress）與「改善」（improvement）兩個各自相當重要的概念，前者來自孔德而後者則來自邊沁。所謂的改善，正如前文提及的腐儒中國案例，即使多數人受到良好的教養也不一定會促成社會集體的進步，因為，一來受教育階級最難接受社會上真正最秀異或說天才的批判，更別說領導，二來則是進步仰賴的是整體的民族性，而關鍵在於受教育階級是否具能積極主動關心社會整體發展，亦即不僅僅在意自己個人的功名成就，以及制度能否允許天才型的人士真正引領社會改革。換言之，社會的改良或許能讓個人的生活改善甚至德性的提升，但不一定會讓包括受最高教育的既得利益者致力於社會整體的文明程度之提升，或願意反省那一個可從中獲益的不文明狀態，走向一個權利與所得都更加平分的現代社會，而這才是真正的「進步」。

　　彌爾此一區分似乎也反映了他在〈文明〉當中對於歐陸大學教育的推崇，認為歐陸的高等教育遠比當時的英格蘭——當時僅有牛津、劍橋以及邊沁所一手推動成立不到十年的大學學院（UCL）和國王學院（King's College）等四所高教學府——開

放。但更重要的是，羅森指出彌爾在此時已徹底遠離了邊沁等人
的激進改革計畫。主要原因在於前者認為後者的社會科學想像乃
是一種過於機械式的「幾何或說抽象的方法」（Geometrical, or
Abstract method）（CW VIII: 887），一方面忽略了並非所有人
都只能服從「趨樂避苦」的普遍法則並追逐自利，一方面則誤解
了進步的動力乃在於多數人願意見賢思齊，而非簡單採取由上而
下的社會控制或藉法律來執行一種因果機制以制約人民可得。

　　換言之，邊沁忽略了歷史具體脈絡與社會動態之運作，或說
誤把幾何學直接應用於政治之上，因此犯了嚴重的方法論錯誤
（Rosen, 2013: 58）。當然，彌爾仍是一位效益主義者，也並未
徹底否認邊沁在個人心理學上的洞見。只不過，他不主張社會的
集體效益——也就是文明——之提升，可以靠增進每一個人的欲
望滿足，然後加總起來即可。羅森指出，彌爾接受了孔德對進
步的看法及其關於「社會動態」與「社會靜態」兩者的區分，
也因此在遠離邊沁的同時靠向了柯勒律治，因為後者正視一個
社會必然存在不變的「恆常」（permanence）條件對抗著求變的
「進步」（progressiveness）力量，而社會穩定仰賴的是兩者的
平衡。彌爾以磁鐵的比喻來解釋這種兩極力量處於平衡的意象。

　　彌爾將孔德的實證主義理解為一種兼具歷史感與歸納推理的
社會科學方法，並將柯勒律治當作此一陣營的盟友。就某程度而
言，這是一種策略性解讀，旨在描繪一個奠基於歷史經驗的社會
科學與「邊沁學派」分庭抗禮的局面。藉此，彌爾勾勒出一個相
對有機的社會運作觀，一方面複雜化了個人層次與社會層次的相
互作用，一方面指向一種真理的可能性。相較於機械式地理解法
律對個人行為的制約，這種觀點在承認個人心理的確會受制於特

定的普遍法則的同時，否認了社會的宏觀調控與改革可以同樣方式進行。

　　進一步解釋，彌爾主張個人與社會兩個層次有各自的運作邏輯，因此不該混為一談，更不可簡單地把社會當作個人的放大版，然後直接套用個人層次的因果機制與心理法則於政治。此一社會科學哲學立場，呼應了前述彌爾認為個人道德修養的提升不一定會轉化為社會整體的進步這種看法。但更重要的是，彌爾主張社會層次的運作仍可從歷史經驗中推論出某些法則，且這些經驗法則的效力並不亞於關於個人心理學的歸納原則或科學真理。具體而言，柯勒律治的洞見佐以對人類歷史的理解，讓他得出社會若要穩健進步必須具備：（1）一套能讓人養成紀律的教育制度；（2）多數人對社會的特定人事物持有認同感或忠誠度，以及（3）成員之間能秉持同情理解的原則來彼此互相對待（CW VIII: 921-4; Rosen, 2013:63）。換言之，促成進步的動力必須運作於這些支撐著社會穩定的文化與政治脈絡當中，否則將窒礙難行，但操之過急的激烈改革倘若摧毀了此一脈絡，同樣也會以失敗告終，因為那意味著人心思想與欲引入的新制度之間失去平衡。

　　上述的改革方法論是羅森以彌爾的〈邊沁〉（1838）與〈柯勒律治〉（1840）兩篇文章作為線索來解讀《邏輯系統》之後的重建。姑且不論彌爾對於孔德與邊沁的理解是否精確，他試圖建立的民族性格學並未完成。根據他的說法，性格學乃「關於人性的精確科學」，也是「奠定社會科學的基礎」。然而，可想而知當時的心理學與相關科學研究並不足以支撐如此宏大的學術野心，彌爾之後也逐步放棄。不過，他始終未放棄此一真理觀以及改革必須提出符合歷史脈絡的方案這想法，《論自由》與《論代

議政府》分別印證此一事實，且兩書共同指向了一個關於帝國主
義正當性的理解。

　　關鍵在於知識分子的角色。一如彌爾在《邏輯系統》第
六部第十章〈關於逆向推論，或歷史方法〉（"Of the Inverse
Deduced, or Historical Method"）當中所指出，社會進步的動力關
乎智性發展與思辨能力：

　　此時，歷史經驗與人類天性的證據，存在一個驚人的吻合
　　程度且共同指向，在所有促進社會向前進步的動力當中，其
　　實有一個主導性極強且至關重要的社會元素。那就是人類的
　　理性推論能力（speculative faculties）程度，包括關於自身
　　以及所處環境一切的信念與理解，無論那是如何得出的結
　　論。（CW VIII: 926）

　　事實上，彌爾也主張一個社會的工業技術與知識的進步取決
於其該成員的理性思辨程度，因此與人們能否抑制人性的卑劣面
向（例如自私、不團結、不合作）也脫離不了干係。此外，鑑於
人類的資質與能力在任何社會必然是呈現金字塔狀，能在科學與
其他知識領域上做出突破性發展的人一定是少數，轉變不得不仰
賴天賦異稟的最少數人。

　　尤須注意的是，此一關於社會進步動力的法則必須被理解
為一個「定理」（theorem）。對彌爾來說，這是一種社會科學
所能企及的真理。雖然不若自然科學那樣在實驗室內進行試驗，
但那卻是一個「先從歷史當中提煉出來的經驗法則，再根據人性
的原理先驗地（á priori）進行推論，最後才得出的科學定理」

（CW WIII: 927）。更重要的是，彌爾也認為：

> 歷史上所有我們所知的重大變遷，無論是在哪一個地方或族群，如果不是因為外力所致，就是來自人們的知識水準與主流價值觀念，產生了相當大程度的改變。（CW VIII: 926-7）

同樣作為一個定理，它首先意味著，如何建立一種制度來允許這類特立獨行的少數貢獻己力來改變社會，是任何意圖推動人類集體進步所無可迴避的大哉問。再者，如果一個社會已經某程度上允許這類人的存在與發聲，那問題在於如何讓他們發揮適當的力量。銅板的另一面則是：如果文化或社會制度本身並不允許，那唯有外力的協助才可能促成這樣的改變。

所謂的外力，當然包括以提升世界文明為目的的帝國主義，亦即彌爾認為英國應當承擔起來的重責大任。只不過，這並不意味以此為職志的帝國可以將民主制度生搬硬套於尚未理解或具備支持代議民主體制社會條件的國家或社會。誠然，彌爾認為代議民主是最好的人民憲政體制（popular constitution），一如他在《自傳》當中所說明，因為這一種政體最能允許特立獨行的人來促進社會改革（CW I: 265）。但他也在《論代議政府》開宗明義地說，政府形式雖然可說是一種制度選擇的問題，但一個社會的可行選項並非無所限制。同理，改革也必須因地制宜。貿然強行將一套制度移植到一個思想文化脈絡且社經條件大相逕庭的地方，不僅難以奏效，甚至可能導致災難──例如他在一篇討論法律制度的書評當中提及，盲目地把英國人視為天經地義的「絕對

私有權」（absolute property）概念引入印度，不但加深了族群對立，更讓過去大家共用的土地從此荒廢（CW XXX: 222）。是故，若想「明智地引入」代議民主制度，必先建立能夠支持該制度的現實條件，《論代議政府》正是為了提供這樣一套相關的定理而書寫（CWXIX: 398）。

干預的條件，以及雙方的意願與意志

相信讀者至此已察覺到，強調因地制宜其實與彌爾的社會科學哲學立場一致。他為數三十三冊的全集並描繪過關於任何一種脫離現實的烏托邦願景。相反，他的政治書寫總是始於歷史脈絡的具體條件之考量，改革方案也力求貼緊現實，並致力於勾勒如何走向更理想的情境之具體步驟，讓社會得以在穩定中持續進步。

這無疑也呼應了上述彌爾在《邏輯系統》中所提的穩定中求進步之三條件說法。事實上，他在《論代議政府》延續了此一思維並更抽象的指出，任何一個政治制度的良序運作皆仰賴三個先決條件：（1）人們必須真的有意願接受那樣的政府；（2）人們必須願意維持那一套體制；以及（3）人民必須有意願以及能力致力於該制度所需的先決條件之實現，包括履行相關的義務與職責（CW XIX:376-7）。再一次，這三條件說是一套關於政治運作的定理，既結合歷史證據與心理學的經驗法則，還原到具體的社會當中，三個條件的滿足方式必然有所不同。也因此，若想實際運用於任何一個現實情境，將涉及許多必要的相關知識以及政治判斷。

　　當然，此一現實感並不意味著不該從事一般性的抽象理論建構，畢竟彌爾也自認《論代議政府》提出了一套關於政府與治理的一般性理論（CW I: 265）。但理解這一點等同要求我們在閱讀彌爾的時候必須區分哪些陳述是一般性理論，哪些是他本人針對歷史情境所做的判斷，一如前文所提及〈關於不干預的一些想法〉旨在提出一套可供歐洲國家（尤其是英國）針對具體情境做出政治判斷所需的原則或說指導方針。關於何時才能進行干預，彌爾指出了三種類型的情境並指出各自的適用原則。不過，為了進一步看如何更精準掌握他那三種情境，有必要簡述一下《論代議政府》關於不同政治形式的討論。

　　首先，根據提摩西・史密斯（Timothy Smith）（2011: 36-7）的整理，彌爾提出了底下七種政治形態：（1）本土的無政府狀態，唯有野蠻人才能生活於此；（2）本土的惡意專制體制，雖然稱得上是一種政府，但實際情況並不比第一種好多少；（3）本土且良善的專制，例如在某一英明的酋長或領袖統治底下，運氣成分不小；（4）惡意的外來統治，這種政權雖然可以教會野蠻人如何服從或守法，但不足以讓他們培養統治者們身上具有的能力或特性，因此不是一種良善的政治模式；（5）善意的外來政權，統治者是文明且優秀的民族，不但能教會被統治者如何守法，也能協助他們走向獨立自主的道路；（6）帝國統治底下的自治，統治者多數來自當地精英而非外人，人民逐漸學會文明國家的民主法治原則，且唯有在特殊時刻才需要來自帝國的協助；（7）實行代議民主的政府，亦即彌爾認為適合所有的文明社會「理想上最好的政治體制」。（CW XIX: 374-421）

　　尤須注意的是，雖然彌爾的確討論了上述各種政治模式，但

前面三種的重點是放在政府作為一種制度的產生及其功能，特別
是當政治走向制度化之後，仰賴統治藝術的人治將會逐漸轉化為
仰賴制度的一種治理（CWXIX: 374）。第四種開始的討論，焦
點則放在「善治」（good governance）的內涵以及制度與個人性
格和集體層次的心態之上。且論及代議民主作為一種理想上最好
的制度時，既不認為英國或其他歐洲國家已臻於完善，且意在指
出倘若其他國家也具備了特定的條件，亦可與英國當時的處境並
駕齊驅（CW XIX: 421）。換言之，其重點能在前文討論過的社
會科學哲學之上，彌爾最關心的是如何在其他社會當中也創造出
類似英國那雖未達完美但堪稱運作良好的代議政治之必要條件。
因此，這七種模式並不如同史密斯所謂的「線性進展」（linear
progression）史觀，亦或唯有帝國主義外力才能造就不文明社會
的國族意識，才能據此走向一個文明國家（2011: 54）。

　　無論如何，正如前文提及，外力協助不過是彌爾所說的一種
提升文明之方式。更何況，歷史也告訴我們，並非所有採取代議
民主的國家都是外來統治的結果。貫穿上述幾種政治模式的是彌
爾念茲在茲的個人與集體層次的「性格」問題。評估那七種體制
的共同度量衡，其實是人的意識當中自我與他人的關係。重點
在於個人對社群的認同感，亦即，從視野當中唯有自己到他人，
從視他人為生存競爭對手到合作的夥伴，最後把其他人當作與自
己平等的社會成員之程度。再一次，這是關於文明進程的理解。
對一個秉持「最大多數人的最大快樂」原則的效益主義者來說，
把眼中只看得見自己到身邊親友再到其他不認識的社會成員乃至
世界其他國家的漸進過程，視為一種性格上的進步，是再自然不
過的事。彌爾甚至在他生前最後一本出版著作《論女性的屈從》

（*The Subjection of Women*）當中斬釘截鐵地說，婦女地位是否與男性平等乃衡量一個民族的文明程度最可靠的標準（CW XXI: 276）。不論是個人或民族，意念之中存在多少 —— 與自己平等的 —— 他人並願意與他們合作，才是關鍵。

　　據此理解，七種體制並非指向一個以社會為主體的線性史觀，也並非一個如同亞里斯多德（Aristotle）提出的那種政體分類學，而是彌爾對性格與文明之關聯性的進一步闡釋。況且，他一再強調，即使在一個相對不文明的社會當中，也可能會有極少數胸襟與視野皆開闊的天才。這些少數人才是促使一個社會進步的內部動力，一如他早在評論格洛特的著作時所說。無需否認，彌爾本人以此自居。〈關於不干預的一些想法〉就是他扮演此一角色所寫的文章。

　　該文不僅勾勒了一個國際政治理論的雛形，更是彌爾藉此介入大英帝國政治走向的努力。寫作當時正值英國首相試圖阻撓法國在埃及建造蘇伊士運河的計畫。彌爾對此嚴厲批評，認為此舉有違英國長年以來致力於國際合作並樂見世界文明提升的優良民族性。蘇伊士運河的建造是私人出資，加上法國政府與埃及政府的合作，才順利完成。對彌爾來說，其開通且是對世界各國的開通既能促進國際貿易並提升人類整體利益，也是一樁促進現代文明的國際合作。因此，不該因為首相一人的心胸狹隘與缺乏遠見而損及了如此意義與效益都重大的工程。就此而言，該文最後對於英國天命的呼籲，其實是在批判英國政府並同時肯定法國政府與民間攜手合作的案例，並藉此提醒一個有能力的帝國也必須具備促進人類共同利益的意願（willing），乃至堅定的意志（will）。

　　相應地，對於一個並不富強的社會而言，也必須具備相同的意願與意志才能獲得他國的尊重，甚至是取得外力協助的資格。這正是彌爾以此文章指出的另一個重點。文明不僅是一個干預國的正當性條件，野蠻社會也必須具有追求文明之意願，才值得其他國家耗費兵力去干預。事關國際干預之際，焦點不再是個人的積極主動性格，社會整體而言的意願、意志以及能力才是，而這其實與前述制度的運作仰賴三個條件之說有關，其共同指向正是體現於人民對制度的認知與認同感當中的民族性。

　　彌爾討論不干預原則的三種具體情境如下。讓我們從底下這一段話開始，他首先指出，令人難過的是，協助其他國家的政府鎮壓人民是最常見的外力干預，但這對於自由國度的人而言也沒什麼好去汙名化的，因為：

　　　　一個需要外力協助才能強使自己的子民服從的政府，根本不該存在，況且會提供這種協助的外國政府，說穿了不過是專制政權對另一個專制政權的同情。需要考慮的是那種陷入長久內戰且衝突的雙方勢均力敵，短期內看不出勝負分曉的可能，或者勝券在握的一方若不採取令人髮指的反人道手段即不可能徹底壓制對方，且此舉將會讓國力與人民福祉從此一蹶不振的情況。在如此例外的狀態底下，現在似乎出現了一種廣受承認的原則，允許鄰國們一起——或其中一個強國**在其他國家的默認底下**——要求那內戰國即刻停止武力，並在符合公平（equitable）的妥協條件底下進行**和解**（reconciliation）。（CW XXI: 121，粗體為筆者的強調）

　　讀者可見，當時的人們對專制國家之間的互相支持已司空見慣，且根據瓦爾澤（Michael Walzer）（2007:351）的解讀，彌爾本人也會承認即使民主自由的國家也可能出於自利考量而去協助專制政府。無論此說是否正確，彌爾確實認為需要外力協助才能強迫人民服從自己的政府不該存在。這當然也與前文所提他採取了一種「資格論」方式來理解國家有關。若究其更深的不配以國家姿態存在世界舞臺的理由，則是因為那根本不符《論代議政府》當中所說的政治制度運作之三條件之首，亦即人民接受那一種政府的意願，更別說想維持該體制的意志與其他努力。

　　但彌爾真正關心的是那種飽受內戰之苦的國家，且他的主張是藉國際合作來終止戰爭，迫使交戰雙方接受一種合乎公平原則的妥協，而非支持其中一方。姑且不論這多麼符合當前聯合國維和部隊所肩負的職務，更令人驚訝的是彌爾認為這一種逐漸廣為國際社會所接受的原則，也就是一種既存的政治實踐。換言之，與其說想創造新的原則或單純為了挑戰不干預原則，他的出發點其實是承認並釐清已然浮現的一種關於干預正當性之國際規範。這才是他真正的書寫立場，且基本上與最早致力於釐清國際規範的格勞秀斯（1583-1645）與 Emer de Vattel（1714-1767）等國際法先驅採取的方法論並無二致（參閱 Brown, 2002）。

　　事實上，資格論也反映在彌爾最在意的第三種情境。其核心問題是：當另一個國家的人民起身對抗政府來爭取自由時，是否應該提供協助？對此，彌爾認為答案取決於人民所企圖掙脫的枷鎖，究竟是純粹的本土政府，亦或外來政權，且根據他的理解，任何接受外國協助才得以維持政權的政府，都算外來政權。於是他如此說道：

　　當抗爭是完全針對本土的統治者，且這些統治者藉以平亂
的力量也完全來自內部，我對干預正當性這問題的答案是：
原則上不該！理由是，即使這種干預能成功，也甚少能確保
那將對人民有益。考驗一個民族是否**即將適合**主權在民體制
的唯一有意義方式，不外是參與的人民多到足以在此類抗爭
中勝出，也就是他們有意願與膽識來冒險解放他們自己。
（CW XXI: 122）

　　聽來或許無情，但彌爾的想法是缺乏人民願意犧牲性命來爭
取自由的意志，根本不可能運作一個民主體制。資格論的核心在
於人民是否已經準備好當家作主，缺之，不僅是道德上的不配，
更是能力上不足以操作此一制度。至於另一種情況，也就是對抗
的是外來政權，彌爾的答案則直截了當：

　　為了維護不干預原則而採取的干預，永遠正當，也永遠合
乎道德，甚至可當作是一種明哲保身之舉。雖然給予一群不
珍惜自由的人這種好東西是一種錯誤，但這也不能用來堅
稱，如果他們珍惜自由，他們將會因為外來的占領而不再去
追求。（CW XXI: 123）

　　彌爾假定一群已具備強烈追求自由的人或說民族，不會因為
反干預而退步，因此才值得另一個有能力與意願的國家來提供協
助。

代議政府作為「最好的」體制，及其批評

提出「東方主義」（orientalism）概念的薩依德（Edward Said）在其名著《文化與帝國主義》（*Culture and Imperialism*）當中說道，「帝國主義畢竟是一種合作事業，其現代模式的顯著特徵則是（或宣稱是）一種教育運動，亦即有意識地進行現代化、開發、教導以及文明化」（Said, 1993: 223）。史密斯（2011:31）藉此總結了梅蘭妮·懷特（Melanie White）對彌爾的批判。如果史密斯正確，這種批判延續了一個歷史悠久的詮釋傳統，把彌爾的思想當作一種旨在以武力干預來教化落後國家並重構世界秩序的「規範性」（normative）政治理論，而懷特的獨特理解在於主張彌爾預想了一種「性格治理」（character governance）科學，意圖以先進統治方式來規訓所有（尤其是非西方的）個人、民族乃至人種，將他們重塑成符合自由主義設想的個人理想。換言之，前文提及的「性格學」不過是一種類似傅科（Foucault）筆下的「生命政治」（biopolitics）技術之先驅，實踐起來甚有可能會滑坡至一種極權主義。無論如何，史密斯承認懷特掌握到了彌爾對於性格方面的看重並看出此一同質化所有人的企圖仍可見於現代國家當中，但他更在意的其實是薩依德接著所強調，這種教化工程雖然促成了世界的現代化，但過程中也少不了西方人不願面對的暗黑歷史，且支撐起這種教化工程的不外是盛行於 19 世紀以「文明／野蠻」來區分西方與非西方人的心態。

稱懷特的批評為一種傳統的延續，乃因它綜合了許多當代論者的論述，其核心或許可理解為一種「歐洲中心主義」

（Eurocentrism）。比胡‧帕雷克（Bhikhu Parekh）（1994）藉
此指責彌爾採取了狹隘的文明觀點，將人類區分為優等與劣等兩
種社會並忽略了其他非西方生活方式與思想亦有其內在價值；此
外，帕雷克認為彌爾其實把自由主義生活方式所預設的獨立自
主個人視為一種人類必須努力的進步方向，甚至——根據史密
斯（2011:7）——是所有個人心智發展的最後終點。尤須注意的
是，帕雷克意識到彌爾並非從生物上的種族主義來支撐其優越
感，因此他的批評不同於其他以此指責他種族主義的批評者。

　　這當然不意味著彌爾不以積極自主的性格作為判斷人是
否「成熟」的標準。論者如埃迪‧舒芙蘭（Eddy Souffrant）
（2000）和珍妮佛‧皮茲（2005）正是據此提出批評。舒芙蘭援
引《論自由》關於「個體性」（individuality）的闡釋來指出，
彌爾主張個人層次的理性、自主首要仰賴社會的成熟程度，且因
此適用於個人層次的不干涉原則——亦即彌爾所堅持，除非有傷
及他人之虞，否則個人應當享有最大幅度的自由——被套用到了
國際層次。皮茲則更進一步批評彌爾的文明觀首先接受了蘇格蘭
啟蒙運動時期流行的人類發展史觀，其次受到了其父的《英國印
度史》（*The History of British India*）所影響，才對那不曾涉足
的印度充滿了偏見與歧視，接著採取了荒謬的方式將不同社會類
比為幼兒與成人，並據此支持了東印度公司對印度的治理（Pitts,
2005: 123-33）。

　　誠然，烏岱‧辛‧梅塔（Uday Singh Mehta）（1999:32）更
是直言，彌爾的觀點根本延續了洛克（Locke）以降帝國主義者
把印度視為「兒童」，而大英帝國乃提攜其長大成人不可或缺的
「導師」，一切都是為了讓印度早日成為像英國那般的成年人。

相較於此，企圖從〈關於不干預的一些想法〉一文當中提煉出一套人道干預理論的瓦爾澤（2007:353）則強調，彌爾絕不會同意當今美國企圖藉武力來進行「政權更換」（regime change）；順此邏輯，似乎也不認同武力以帝國主義方式來進行當前國際關係學界所謂的「國家擘建」（state building）政治工程，而這卻是霍姆斯（2007:320）認為彌爾的國際政治理論之核心。另一方面，唐·A·哈比比（Don A. Habibi）（2001）則大方承認彌爾是一位鑲嵌於帝國主義時代的思想家，支持藉建立殖民地的方式來推動人類的發展，且視此一計畫為道德工程；此外，如果他的理解正確，彌爾預期印度有朝一日成為獨立國家在世界舞臺上貢獻己力（Habibi, 2016）。

　　不意外，人們對於彌爾國際政治思想有強烈的情感與理解差異。對熟悉政治思想史領域中所謂的「兩個彌爾」（Two Mills）問題的讀者來說（Gray, 2015），上述爭議將會增添另一個彌爾思想本身是否邏輯連貫的面向。該議題始於彌爾過世那一年批評者詹姆斯·斯蒂芬（James Fitzjames Stephen）（1873）率先發難，質疑當時以《論自由》和《效益主義》兩書著稱的彌爾究竟支持的是個人自由還是以集體為考量的效益。此一問題因以撒·柏林的 1959 年名著〈約翰·彌爾與生命之目的〉（"John Stuart Mill and the Ends of Life"）而更加令人印象深刻。相信彌爾內心存在矛盾與衝突（亦即從最抽象層次的自由與效益，到制度設計層次的自由主義與效益主義，乃至介於邊沁與柯勒律治兩人的洞見之間）的人，總是指向彌爾一方面對家父長制（paternalism）的拒斥，一方面卻支持大英帝國指導印度以及其他殖民地，若非思想矛盾，就是偽善。

本文當然不可能仔細討論上述所有問題。不過，至少可以將它們區分為四種，從而提出一些可能的回應方向，分別關於（1）文本連貫性；（2）論點本身的正當性；（3）彌爾思想受限於歷史脈絡的程度，以及（4）近來國際上以人道、民主化為名義而進行的戰爭，是否符合或源自彌爾的理論。

讓我們從第三個問題開始。首先，筆者支持哈比比所說，讀者無須試圖將彌爾抽離當時的帝國主義時代脈絡，尤其是文明與野蠻的二分法。畢竟，那是始自蘇格蘭啟蒙運動的政治語言，正如皮茲（2005: 25058）也熟悉由亞當·斯密（Adam Smith, 1723-1790）與亞當·佛格森（Adam Ferguson, 1723-1816）各自提出的重要論述。此外，法國的基佐（François Guizot, 1787-1874）對此議題的影響力也不下於彌爾（Keene, 2005: 161-71; Varouxakis, 2005）。事實上，如果考量到彌爾深受來自科學家如羅伯特·諾克斯（Robert Knox）與萊斯利·史蒂芬（Leslie Stephen）的批評，強烈指責前者及其支持的效益主義根本違背了生物學關於種族（race）的發現，特別是種族決定論對人類歷史真正的影響（Jones, 2005: 179-81），亦或慮及社會達爾文主義（Social Darwinism）如何形塑了日後對此文明與進步的理解（Weinstein, 2005; Montgomery and Chirot, 2015），讀者反而更能理解帕雷克所意識到彌爾並不支持種族優越論的獨特性——更何況前文提及彌爾對於大英帝國的天命說乃針對當時首相與政客的呼籲，這呼籲其實暗示著倘若英國不迎頭趕上法國的國際合作意願，那天命或將轉移到其他的民族，一如他在格洛特的書評上所指，文明既無關血緣或種族，也絕非是不可逆的成就。

另一方面，彌爾思想的確是鑲嵌於帝國主義時代脈絡當中，

但此一事實並不是缺點，而是與其書寫意圖和方法論有關。正如他在〈關於不干預的一些想法〉提及文明國家與野蠻國家之間不該適用相同的法則之後，接著說道：

> 無論是以何種方式來對待野蠻人，把這種作為描繪為一種對於國際法（the law of nations）的侵犯，只會顯示出說這話的人根本不曾認真思考過這議題。違反了偉大的道德原則（great principles of morality），倒是說得通；但蠻族不該享受**國家**（nation）才有的權利，除了那些適合他們盡早能發展成一個國家的對待方式，別無其他。（CW XXI: 119）

彌爾對「國家」兩字的特別強調，再次印證了資格論之說。但此處更重要的是，他的論證方式不但反映了上節提及的那種從國際政治與外交實踐當中來提煉既存或浮現中的規範之做法，事實上這也與他倡議的社會科學研究方法若合符節。一來，他本來即主張任何政治改革必須正視社會的具體條件；承認帝國主義的實際存在並據此提出規範性的政策建議，貼緊時代脈絡基本上是方法論的要求。二來，正因此一方法論預設了社會存在變與不變之處，改革必須始於兩者之間的可變之處，區隔文明國家與蠻族兩者並據此提出適合各自的方案，與其說是一種應當譴責的歧視，不如說是一種深思熟慮後的務實考量。

從方法論角度來理解，彌爾在意的是改革方案的本身是否適合歷史脈絡，也因此才強調：任何欲承擔大任的帝國，必先理解殖民地本身的文化思想與社經條件，一如他認為直接生搬硬套私有產權制度於印度，恐會適得其反。理論必須與時俱進，改革

也得因地制宜，才能有智慧地將代議政治引入非西方國家，絕不能強行冒進。據此，我們得知彌爾不但主張帝國必須首先要有能力，也要有足夠的政治意志，畢竟制度移植難以一蹴而就，而是必須經年累月來認識當地社會風土民情，才能建立信任與人脈，更何況若（真如哈比比所說）期待殖民地最後能採行代議民主來自治或最後走向獨立，那真正該培養的人脈絕非帝國的親信，而是能帶領在地人民認識民主法治價值的精英。欲達此一目的，挹注資金來改善各級教育乃至提供獎學金赴英接受高等教育，也是一種必要。

據此邏輯，彌爾對於畢業於倫敦大學學院的甘地（Mohandas Gandhi, 1869-1948）與曾受教於倫敦政經學院（LSE）拉斯基（Harold Laski, 1893-1950）教授門下的尼赫魯（Jawaharlal Nehru, 1889-1964）日後領導印度獨立之事，該感到欣慰。無論如何，彌爾確實主張唯有帝國與殖民地雙方皆有所準備與合作，才能真正提升人類文明。也正是如此，他才堅持以半官方的東印度公司而非英國官方直接治理印度。雖然皮茲認為兩者並無多大差別，但對當時英國內部的爭辯來說卻是兩個水火不容的立場。大衛·比頓（David Beetham）（2009）曾藉彌爾底下這一段話來指出美國想在伊拉克建立民主的困難：

> 如果一個民族可接受讓外人來治理他們且不以為意，他們能享有的良善治理，大概就像那些自己不投入反抗而被外國軍隊所解放的人民能享受的自由，不會太久。（CW XIX:403）

這是一段出自《論代議政府》的話，彌爾接著提醒讀者：獨

裁者當然也看重教育且會認真教導人民如何當順民，但學會卑躬屈膝的人不會懂得自由的可貴，更不會起身追求獨立自主。是故，藉外力來治理一個民族僅能當作一種暫時性措施，而非長久之計。換言之，欲以提升人類文明為職志的帝國固然必須教導如一盤散沙的人民服從政府，畢竟這是「文明的第一課」（CW XIX: 394），但方式絕不能摧毀了殖民地人民的志氣，因為這只是從毫無法制觀念走向民主自治的起步（Holmes, 323）。至少對印度這樣的一個民族而言，半官方治理才真正能有智慧地引入民主的方式。

當然，這一切皆以總有一天帝國必須放于讓殖民地徹底自治作為目的。倘若上述從方法論角度的解讀成立，那問題將轉為關於彌爾所倡議的改革方向，也就是代議政治本身是否可當作所有民族成為國家之後的理想政治模式。底下出自《論代議政府》的一段話給了肯定的答案：

> 這種參與的範圍大小應和社會一般進步程度所允許的範圍一樣；只容許所有的人在國家主權中都有一份才是終究可以想望的。但是既然在面積和人口超過一個小市鎮的社會裡，除公共事務的某些極次要的部分外，**所有的人親自參與公共事務是不可能的**，於是應有的結論是：一個完善政府的理想類型一定是代議制政府。（CWXIX: 412）

對彌爾來說，代議政府是最好的體制。但他也強調改革必須因地制宜、與時俱進，並著眼於如何建立一股能支持普選民主的社會力量，也相信一旦社會具備了凝聚力或單一認同感即稱得上

是一個民族，於是可逐步讓少數精英開始參政，然後慢慢擴展至其他社會階層。

不過，務實的他也理解，人人關心公共事務並參與政治是一件不可能的事，無論文明發展至如何程度。甚至，社會進步本身意味著有愈來愈多的人能獨立自主地思考並選擇人生方向，但如此一來等同人們會在人生觀與價值觀上有更多的分歧，且不意外許多人並不認為參政是他們的人生理想。正因如此，彌爾也在《論自由》當中如此說道：

> 正如只要人類**未臻完善**，允許**不同意見**的存在是**有益的**；同理，也應當允許不同的**生活試驗**（experiments in living）。各種性格只要**不傷及他人**，就該給予其自由發展的空間，只要有人願意一試，不同生活方式的價值就該允許透過**實踐**去證實。總之，舉凡**不關他人**的事情，**個性**就應當得到伸張。……這項因素恰恰對**個人和社會的進步十分重要**！（CW XVIII: 260-1，粗體為筆者所加）

這是一份開給英國的政治處方。作為現代文明化身的代議民主國家不僅必須學習寬待異己及其言論，制度上也應當允許個人更多的空間去進行生活試驗。不同於批評者的指控，彌爾認為代議政府是一種「理想上最好的」（ideally best）政體，並非那是「英國的」制度，亦或生活於底下的公民乃完美無缺──相反，那是因為現實上的英國也達不到該制度最理想的狀況，但作為一種政治體制，它卻是最適合未臻完善的人類，也最能夠提供讓人持續進步的必要條件。

　　換言之，即使對英國而言，代議政府也是在人性與可行性兩種考量底下的折衷，或說權宜之計。作為一個不折不扣的進步主義者，彌爾不同於激進的邊沁，既反對一步到的改革企圖，而是針對不同發展階段的社會及其特殊性提出適當的改革方案，理論上也展現了試圖在理想與現實之間尋求平衡的務實作風。正如當他說代議體制「不適用」（CWXIX:413）某些社會時，那是針對其具體條件——以彌爾的術語則是「民族性格」——所做的判斷，但這判斷並不關乎人種或生物意義上的民族性。

　　事實上，這某程度也反映在邊沁與彌爾對民主的不同想像。羅森指出邊沁真正支持的是「憲政民主」（constitutional democracy），其核心為一套保障個人自由與平等的憲法以及採取祕密投票的選舉制度（Rosen, 2013: 42-3），但彌爾最在意的則是一種民主政治文化的實踐，那不是單憑法律或制度建立可成，而是仰賴人心與制度的吻合，因此才聚焦在培養未來能認同並操作代議制度的政治人才與社會心態之上。彌爾的思想基本上可理解為霍姆斯（2007: 321）所謂「理想化的政體轉型學」（idealized transitology）。他致力於拉近民族性格與代議政治的距離，於是在英國倡議複數票、記名投票、陪審團制度以及寬容精神，另一方面則建議採取相對強硬的手段來促成殖民地未來能運作民主制度的條件，包括以「家父長式專制」（CW XIX: 305）來教導尚未建立國族認同與守法習慣的社會。彌爾的具體政策建議不但根植於帝國主義時代脈絡之中，也出自「效益」（utility）的考量。

結語

倘若上述解讀正確，那彌爾的國際政治思想其實並無內在矛盾，且與至此提及的所有文本甚至是《效益主義》一書的邏輯基本上並無二致。批評者或許會反駁，奠基於家父長心態的帝國主義無論如何與自由主義扞格不入。不過，這取決於如何理解自由主義。彌爾的版本既不將個人自由無限上綱，猶如一旦祭出將勝過任何其他價值的王牌，也不認為所有人都適合不受干涉的自由保障。相反，他真正在意的是個人能否善用自由，且主張自由唯有對心智已發展成熟的人才真正有益。或許正是這種資格論才讓批評者如梅塔與皮茲指責他把非西方國家當作未成熟的兒童來看待，且認為彌爾採取了一種相當政治不正確的比喻，亦即把文明與不文明的社會當作「成人」與「孩童」來看待並據此論證前者應該教導後者。此外，哈比比（2017:522）亦察覺到這種想法似乎與彌爾區別「高階」與「低階」快樂（higher and lower pleasure）有關。

此時必須指出，雖然彌爾曾在《論自由》（CWXVIII: 280）一度藉此比喻來說明不同階段的社會，但讀者可從前文理解，他並非且無須採取此一類比來推論其以提升人類文明為目的的帝國主義。一來，如同他不接受共產革命的理由，他不認為社會可以大規模地試驗並據此來斷定孰優孰劣（Rosen, 2013:192），且這與其社會科學方法論強調個人與社會層次的運作有不同邏輯基本上一致。二來，正如他將野蠻國家的希望首先寄託在當地極少數天賦異稟的人士之上，他們的覺醒以及合作與領導意願，才是帝國主義能成功逐步民主化一個社會的關鍵。

　　事實上，彌爾有另外兩個理由來支持代議政府本身作為一種更好、更文明的制度。第一個前文已提及，涉及了採取此一制度的英國乃當時世界最富強的國家這事實。但第二個理由則更加重要，首先，那是一個允許彌爾以及邊沁等哲學激進分子議論政治的國度。歷史告訴我們，相較於其他制度，民主制度不僅更容許，甚至是鼓勵有識之士發聲與爭辯。其次，彌爾本人是在此制度當中追求到自己的高階快樂，或說親自進行過一場「生活試驗」並確立了自己真正想要的生活方式。根據伊莉莎白‧S‧安德森（Elizabeth S. Anderson）（1991）所指出，這正是他在《自傳》當中訴說的親身經歷。其實，正如這本自傳之所以值得出版且必須出版，乃因他的生活試驗結果證實了快樂並非僅有「量」的多寡，而是有「質」的高低，於是一舉反駁了邊沁那過於簡單且過時的人類心理學。

　　認真看待彌爾的《自傳》及其敘述的親身經歷，意味著讀者不能忽略此一經驗之取得與政治制度的關聯性。作為一個經驗事實，這是英國的民主制度所允許的結果，也因此彌爾才格外強調生活試驗的重要性（Yeh, 2014）。如果民主制度是一種最能允許甚至鼓勵生活試驗的制度，那它也是最能增進「最大多數人的高階快樂」──或嚴格說是「幸福」（如果幸福意味著個人對自己的生活方式進行過反思並確認為有價值才算）──的政治體制。

　　就此而言，彌爾論證代議政府的優越性相當難以反駁。深受格洛特的希臘史研究影響的彌爾，嚮往能孕育出蘇格拉底的雅典民主，但也擔憂此類的文明最後會淪為暴民治國，因此格外看重言論自由以及特立獨行的生活方式之保障，而他勾勒的代議民主正是最允許蘇格拉底般高談闊論且無生命安全之虞的制度。此

一論證無涉大人與小孩的比喻，也無須以高階和低階快樂來進行
個人層次與社會層次的類比推論。不論如何，人們在不可能如實
驗室般進行不同制度的比較之下，彌爾的生活試驗指向了一個
符合他在《邏輯系統》當中所界定的「真理」，亦即從親身經歷
與歷史經驗的歸納當中所推論出來的結果；對他來說，其效力並
不亞於實驗室內的自然科學試驗，一如關於自己的幸福唯有自己
才能斷定那般的準確。此時高舉個人自由或自由主義，並不足以
反駁彌爾欲以國際干預來進行提升人類文明乃至全體效益的政治
主張。

相較於瓦爾澤純粹聚焦於〈關於不干預的一些想法〉一文
來討論彌爾的國際政治思想，本文試圖證實後者的理論其實遠
比該文所指的宏大許多，並據此指出其對當前的國際政治意涵
其實分成兩種，一是堅持他在 19 世紀的政治主張，二是延續他
與時俱進的精神。第一種體現於歷史學家尼爾・弗格森（Niall
Ferguson）（2004）高舉美國並呼籲它接替大英帝國天命的論述
當中。第二種則是類似瓦爾澤的提醒，此時大英帝國和東印度公
司已不復存在，取而代之的是崛起中的全球性公民社會。

筆者以為，弗格森的提議應該不是格外在意時代脈絡的彌爾
所能同意的立場——即使前者也隱約提到，真正的帝國必須具備
強烈的政治意志以及對即將干預的國家之歷史與文化的知識。
反之，根據彌爾採取的那一種正視既有的國際社會規範來進行更
規範性——或說處方性（prescriptive）——政治理論之做法，此
時的我們若想探索彌爾的思維對當前的國際政治之意涵，將不得
不與時俱進，把當前的國際法與其他倫理規範也納入考量，更何
況，聯合國已經存在，且維和部隊採取隔離內戰國衝突雙方的做

法也是一種實存的規範。此時的彌爾應當會訴諸聯合國機制或全球公民社會，來應對野蠻國家內部的種族屠殺或飽受內戰之苦而淪為無政府狀態的國家，亦或不守國際法的國家之野蠻行為，而非訴諸帝國主義或任何其他形式的單邊主義。

　　一言以蔽之，這議題考驗著我們究竟是要把彌爾的政治思想當作一套「死的教條」來恪守遵循，生搬硬套於另一個歷史脈絡，還是當作一種「活的真理」，亦即在秉持他的精神來探索其思想對於我們時代的意義時，也能按照不同的具體現實條件來做出相應的內容修正。

11 托克維爾論東方文明中的專制主義 *

許家豪（國立中山大學西灣學院助理教授）

緒論

　　從 21 世紀伊始，我們不斷見證在全球範圍內激烈的文明衝突。從 ISIS 的快速崛起與透過網路快速傳播的暴行、大批敘利亞難民向全球逃難在各國所受到的抵制，到法國查理週刊事件與發生在歐洲各地的恐怖攻擊行動，我們都可以清楚看到，若是不同文明或宗教之間建立在彼此不寬容而且毫無轉圜的宗教本質主義或文化相對主義之上，將異己民族視為他者，拒絕任何形式的理解、對話或接納，無非將造成文明衝突更加激化的結果，這是我們從政治思想史研究中不斷看到的前車之鑑。

＊　本文為求論證完整，第三節有部分內容改寫自筆者文章（許家豪，2018，〈托克維爾論異己民族與文明的判準〉，《人文與社會科學集刊》，第三十卷第一期（107/03），頁 41-73）。

　　筆者對於民主理論與托克維爾思想的興趣始於博士論文撰寫期間，受到指導老師蔡英文教授的啟迪。在撰寫本文期間，先師不幸猝然辭世。蔡老師畢生耕耘民主理論，老師的指引是筆者決定長期研究托克維爾思想的重要動力。謹以此文紀念先師蔡英文教授對我的教誨。

　　然而，從事政治思想史研究的一大優勢正是能夠透過研究觀念形塑的歷史，對於當下發生的事件能夠透過歷史提供更深刻的觀點與反省。托克維爾作為一位備受推崇的自由主義者（無論是在他的時代或是後世），仍然不能免除其時代的偏見。托克維爾畢生熱切的擁護殖民主義，與他同時代的偉大政治思想家相較，托克維爾並不是特別突出的例子。而從思想史的角度來看，指出政治思想家擁護他們時代的假設或偏見，似乎也沒有太大的價值。托克維爾的文明觀點在他的時代並不是獨有的例子，反而更像是 19 世紀的主流思想。因此更深刻的理論問題其實在於我們如何透過這些問題去更深入探究托克維爾思想中對於文化、專制、暴政與自由的理解。

　　更明確的說，從托克維爾研究的角度來看，我們必須問的問題是，若是托克維爾在《美國的民主》（*Democracy in America*，又譯《民主在美國》）[1]中預言平等的浪潮勢必到來，民主的潮流將成為普遍的現象，並且反覆強調對於暴政的警惕與政治自由的重要性，那麼我們要如何解釋托克維爾支持 1840 年英國對於中國的戰爭，又如何解釋托克維爾主張必須將鄂圖曼帝國殘存的勢力驅趕出阿爾及利亞？

　　早期托克維爾研究學界對於托克維爾殖民與帝國思想的研究數量相對較少，但近十年來逐漸受到重視，幾位重要研究者包括

1　本文中主要使用的托克維爾的《美國的民主》（*Democracy in America*，1835/1840）英語版本為喬治·勞倫斯（George Lawrence）譯本（Tocqueville, 1966），以及最晚近出版，並完整收錄托克維爾所有原始筆記、初稿文字與詳細譯注的四卷本史萊佛（Schleifer）譯本（Tocqueville, 2010）。所有引文中譯皆為筆者自譯。

里克特（Richter）（1963）、韋爾奇（Welch）（2003）、博希
（Boesche）（2005）、皮茲（2005）、柯恩（Kohn）（2008）
都曾提出他們的解釋或質疑。在國內則有許家豪（2018）指出
托克維爾的民主思想中其實隱含了一套對於文明的判準。本文
主要的對話對象針對皮茲的重要著作《轉向帝國》（*A Turn to
Empire*）中對於托克維爾的詮釋。皮茲在書中全面而詳盡的討
論 18 至 19 世紀英國與法國自由主義思想家對於殖民與帝國的看
法，她將這個時期的自由主義思想家總括為「帝國自由主義」，
並認為這些思想家共有的理論特色是「歐洲的進步文明讓歐洲人
逐漸產生一個牢固的信念，在面對非歐洲社會時，歐洲人可以暫
時懸置適用於他們自己的道德與政治標準」（Pitts, 2005:11）。

　　本文的篇幅自然不可能處理所有皮茲所提到的思想家，而將
僅限於托克維爾思想中對於帝國的討論。本文主要的論點是，對
於托克維爾而言，在他的時代部分歐洲文明的確已經達到頂峰，
但是他認為文明的進步與否並非上天注定（predestined），任何
文明文化，如果能夠學習到「正確」的方法，同樣可以加入文明
國家之林。托克維爾認為能否邁入文明國家之林取決於能否認清
自己民族文化的缺陷，換言之，每一個國家民族都有發展成高度
「文明」（這裡的高標準自然是歐洲文明）的潛力，成功與否端
視各民族自己的努力。從這個角度來看，托克維爾並沒有如皮茲
所說「懸置了自己的道德與政治標準」，而是使用了一套建立
在初始平等基礎上、對所有文明、所有人類一體適用的文明進化
觀點。

　　本文擬透過托克維爾對於鄂圖曼帝國與中華帝國等東方古國
的看法來闡釋上述命題。眾所周知，專制（despotism）與政治自

由之間的關係是托克維爾政治思想中的重要主題，本文則希望能透過托克維爾對於「東方文明」政治體制的討論，進一步理解他從國際政治的角度對於「專制政體」的看法。

筆者認為從政治思想史的角度從事這個研究至少有兩個意義。首先，在一般性的意義上，誠如米努提（Rolando Minuti）所說，將東方等同於專制主義這個政治概念「形塑了現代歐洲的心靈以及其公民認同與責任的意識，並且在許多世紀的國際關係中扮演了關鍵卻充滿爭議的角色」（2012: 2）。換言之，作為一個概念工具，東方文明中的專制主義為西方政治思想提供了一個重要的對照角色，我們因此可以將這個概念視為對照與反映當時西方政治理念的鏡像。

其次，本文將論證，從托克維爾思想的內部理路來看，「專制政體」是一個相對於「民主政體」的政治概念，而對政體的選擇也體現了文明發展高低的不同道路。對托克維爾來說，鄂圖曼帝國與中國都已經發展到文明的一定階段，卻都進入停滯的狀態，其重要原因正是因為這兩個帝國在政治體制上選擇了一條不可取的道路，亦即人民的臣民心態與一人專斷的專制主義。在他看來，專制主義出現於「東方」雖然是一個可觀察的經驗事實，但這也正印證了各國家民族在文明發展的道路上，有可能轉向專制主義這個政體，而使文明停滯不前，無法上升到更高階的民主社會。因此反映的是一個文明即使達到社會條件的平等（equality of social conditions），仍然可能走向停滯或衰敗。

本文的目的並不僅是在指出托克維爾的時代偏見，而更希望透過理解托克維爾對於「東方文明」與專制主義的看法，從而指出他所理解的東方文明中普遍存在的專制主義意涵為何，並且指

出在托克維爾的思想中，**文明的進展如何聯繫到專制與自由的政體之別**。進一步來說，本文試圖從政治思想史的角度來重建托克維爾思想更完整的圖像，絕非意在為托克維爾的帝國思想開脫，而是希望透過托克維爾的思路來幫助我們理解一些當代政治問題，例如國際關係中的文明衝突理論。[2]

社會條件的平等：專制與民主

　　為了釐清專制主義在文明進展過程的相對位置，首先本節將澄清托克維爾思想中對於「社會條件的平等」與「文明」的界定與理解。在此基礎上，進而我們才能理解為何對托克維爾來說，中華帝國與鄂圖曼帝國均達到了社會條件的平等狀態，卻仍屬於專制的政治體制，故仍不屬於真正的「文明」國家之林。

　　托克維爾在《美國的民主》第一卷的作者序中第一段便指出：「我在美國期間，讓我留下最鮮明印象的、最讓我感到新奇的，莫過於社會條件的平等。很容易可以看到這個基本的事實對於整個社會的發展產生的巨大影響」，他又說「我愈是研究美國社會，愈是清楚地看到社會條件的平等是每一個特定的事實所從出的創造性因素（creative element），而且我所有的觀察不斷的將我導引回這個關鍵點」（Tocqueville, 1966: 9）。托克維爾將「社會狀態」（social state）定義為：「社會狀態一般是各種因素（circumstances）的結果，有時則是法律所造成，但最常的情況是兩者的結合。一旦它具體成形，社會狀態可以被視為形成多

2　筆者要特別感謝本文匿名審查人之一對於這個問題的提醒。

數法律、習俗與左右民族（nation）行為之觀念的主要原因，它甚至會改變那些它沒有直接造成的事物。因此若有人希望了解一個民族（people）的法律與民風（*Mœurs*），就必須首先研究他們的社會狀態」（Tocqueville, 1966: 50）。

馬南（Pierre Manent）指出：對托克維爾來說，「社會條件的平等是民主社會的共同核心，所有的民主社會或多或少都有這個要素。這個創造性因素自由發展的程度或有多寡，而發展完成的程度也不一。但我們必須從這個要素了解民主制度」，而且更重要的是，「這個平等的『創造性因素』界定了一種『社會狀態』（social statc），而不是一個政治體制（political regime）」（Manent, 1996: 2）。必須特別注意的是，托克維爾這裡所界定的社會狀態並不是固定的，而是可能變動，甚至是循環的。的確，社會狀態一旦成形就會成為一個文化或民族的「創造性要素」，影響到人們的觀念、習慣、風俗、法律和政治制度，但由於社會狀態又是「各種因素的結果」，所以並不能排除受到其他外力影響與改變或自內部發生劇變的可能。

托克維爾認為美國的社會狀態最突出的特徵就是各種社會條件的平等，他在〈美國人的社會狀態〉（I. 1. 3）一章的結論指出：

> 所以美國的社會狀態是一個非常奇怪的現象。人們在財富與心智上幾乎是平等的，或者換句話來說，比起世界上任何一個國家或歷史上任一個時代，美國人都更具備有近乎平等的力量（equally powerful）。（Tocqueville, 1966: 56）

美國的社會狀態之所以令托克維爾著迷，乃因美國是一個

「居住著長久習於自由之人民的全新國度」（Tocqueville, 1966: 132），英國移民的歷史、自發的公共精神與清教徒傳統，這些共同的民風都在在體現了「社會條件的平等」（equality of conditions）這個社會狀態。不僅如此，美國這個國家之所以被托克維爾視為是民主制度的偉大實驗室，也是因為它是一個全新的出發點（point of departure），而完全沒有舊社會的包袱，沒有封建領主、沒有貴族，所以可以清楚地觀察平等的社會狀態如何影響與創造民主這個政治制度。

因此，我們可以將托克維爾關於社會條件平等的幾個假設整理如下：（1）對托克維爾而言，社會狀態是一個社會、文明或民族最根本的構成性特徵，但不是不會改變；（2）相較於其他社會的狀態，美國社會的獨特之處是「社會條件的平等」的社會狀態，社會成員之間的同質性極高。

在這兩個假設的基礎上，托克維爾進一步宣稱：「平等的逐步進展是上天注定的（fated）。它的主要特徵是：進步是普世的與永恆的，其每天的發展都超出人類可以控制的範圍，而每一個事件、每一個人的行動都在推動這個進展」（Tocqueville, 1966: 12）。如同米契爾（Harvey Mitchell）所指出的，對托克維爾而言，「民主政府被預設為人類歷史最後也是最優越的階段，但正因為如此，民主政治也預設了很高程度的啟蒙與文化」（Mitchell, 2002: 138）。由此我們可以推出第四個托克維爾的假設：（3）社會條件的平等不是一個普遍的現象（雖然托克維爾相信最終會發展到這個階段），而是社會狀態進步與發展的結果。

但值得注意的是，托克維爾對於「社會條件的平等」這個社會狀態的討論有一個極少人注意到的觀點：任何社會狀態作為一

個根本的創造性要素都會產生其政治上的結果，而社會條件的平等這個社會狀態，在他看來，只有兩種可能的政治上的結果，不是形成人民主權（sovereignty of the people）的民主政府，就是由獨夫所統治的專制政府（Tocqueville, 1966: 56-57）。換言之，托克維爾並不認為社會條件的平等**必然**會導向民主制度，也可能產生專制政府，因此後者是一個文明在達到社會條件的平等之後仍然可能出現的政治制度。民主與專制政府之間往往僅存在一線之隔，民主也可能轉向暴政。[3]社會條件的平等僅是民主體制的必要條件而非充分條件，此一條件本身並不是形成良序運作的民主政府的保證。

從另一個角度來說，同樣是社會條件平等的狀態，在民主社會中，人民不僅善用政治自由，其自由亦透過法律保障，並享有平等的政治權利；但是在專制社會中，人人都同等受到專制君主恣意而無常的暴虐所統治，人民之間雖然平等，卻是同等的貧弱無助。關於這第二種可能，最好的觀察方式是進一步研究托克維爾對於專制政體的理解以及他對於特定已經達到一定程度文明高度的文明——如在東方的鄂圖曼土耳其帝國與中華帝國——的評價。一個擁有社會條件平等的社會狀態的國度可能孕育真正的民主社會，也有可能停滯不前，形成一種暮氣沉沉的專制政府，本文將透過托克維爾對於文明的觀點以及他對東方古文明的觀察，論證對托克維爾而言，民主政體只能產生在「高度文明」的社會之中。但在此之前筆者必須先簡要說明托克維爾對於文明發展進程的觀點。

3　關於托克維爾對於民主制度下可能產生的專制或暴政，請參見許家豪（2016）之討論。

文明發展的進程與「必要性」[4]

　　對托克維爾而言，文明是與自然相對的，文明的進展意味著對自然的利用，他說：「當造物者（the Creator）將地球給與人類，它是富有生命力而且是取之不竭的，但當時人類是孱弱而無知的；當他們終於學會取用自然的寶藏時，人類已經將地表覆蓋，他們很快必須為了爭取其庇護所的權利而戰，以求能享用其自由。正是在此時，北美被發現了，彷彿上帝一直保留著這塊土地，直到洪水之後才露出水面……這塊土地不是將自己奉獻給孤立、無知、野蠻的人，而是給那些已經對於自然最重要的奧妙瞭如指掌，與他的同胞團結，並且歷受了十五個世紀的經驗教養的人」（Tocqueville, 1966: 280），所以文明人與野蠻人的分野是在於前者能夠對於自然的理解與取用，利用上帝贈予其子民的自然資源。

> 文明是一個社會在同一個地點長期的努力的結果，並且這樣的努力在每一個世代間不斷的傳遞下去……文明誕生於草屋之中，而在森林中消逝……要開化一個民族最必要的事是讓他們固定下來生根，而這只能透過對於土地的耕耘才可能做到，因此首要的問題是將印地安人轉成耕作者（cultivators）。（Tocqueville, 1966: 327）

　　對托克維爾來說，這種移動（mobility）的狀態意味著文明難以生根：

4　Necessity.

　　阿拉伯人遠比他們自己想像的要需要城鎮。即便只是半開
化的社會，若沒有城鎮，沒有社會可以延續下去。游牧民
族並不比任何其他人可以逃脫這個必然性，因為他們所過
的遷徙的生活讓他們連粗略的培養（cultivate）科學與藝術
的機會都沒有，而這是即便最落後的文明都必須具備的。
（Tocqueville, 2001: 73）。

　　在托克維爾的文明觀中存在著一組二元對立的價值判準：文
明 vs. 自然；知識 vs. 野蠻；固定 vs. 移動；耕作 vs. 狩獵（或游
牧）；勞動 vs. 懶散……。而這套判準就決定了哪些民族可以列
入「文明」的社會狀態之林。在托克維爾的語彙中，文明不是一
個的文化單位，而是必須努力爭取才能符合的資格。

　　從上面的討論中，我們可以總結托克維爾心目中對於「文
明」的定義。文明是：（1）一種固定的生活方式，人們不再四
處游移透過採集與游牧維生，而能透過（2）對於自然的高度認
識加以利用，（3）人們透過辛勤勞動（industriousness）來獲取
自然的給予，並且透過發明器物來提高生產的效率，並且能夠
（4）發展出高度繁複的科學、哲學、政治與藝術觀念。從這個
角度來看，那些仍停留在以游牧、採集或狩獵作為最重要生活方
式的民族自然都是「野蠻」的。

　　對托克維爾來說，「野蠻人」或「未開化民族」並不是毫無
選擇的。他們可以接受「文明」的洗禮，加入文明社會的運作，
從而改造自己的生活，若不選擇這條路，那些未開化民族就只能
自生自滅，或是遲早被其他優勢民族消滅，如同他在《美國的民
主》中論美國三大種族一章（I.II.10）著名的論斷所說。

　　他認為從原始發展到文明的進程中，也有過渡時期，他稱之為半開化狀態。他認為那些白人與原住民混血的混血兒已經是半開化的人，這倒不是因為他們身上流著白人的血液，而是因為他們從父親身上學習到文明社會的觀念或習慣，而可以改進野蠻人的社會狀態：這些「混血兒（half-caste）形成了文明與野蠻之間的自然聯繫。在任何地方當這些混血兒人數增加時，原始民族都逐漸改變其社會狀態與民風」（Tocqueville, 1966: 329）。[5]

　　在討論「阿爾及利亞問題」時，托克維爾認為住在平地與沙漠的阿拉伯人正是半開化的民族，「如同所有的半原始民族（half-savage peoples），他們重視權力與力量遠勝於其他。對於人命毫不重視，並且輕視貿易與藝術，如同其他〔半開化民族〕，他們喜愛戰爭、儀式與混亂勝過一切，他們既桀驁不馴又容易受騙，有時屈服於未經反思的狂熱，有時又臣服於過於誇大的意氣消沉」（Tocqueville, 2001: 10）。

　　但托克維爾並不認為落後的（包括原始與半開化）民族的社會狀態是固定不變的，不管是什麼原因讓這些落後的民族朝向文明的進程停滯了，他們其實是可以自行選擇自己命運的，例如他說：「對北美的印地安人來說，有兩條走向安穩的道路可以選擇：戰爭或文明；換言之，他們不然就是必須將歐洲人擊垮，不然就是成為與他們平等的人。」（Tocqueville, 1966: 326）

　　托克維爾這段話點出了幾個他對於文明進程的重要預設：
（1）如上所述，一個民族的社會狀態或文化特徵並不是僵固

5　托克維爾認為美國的黑白混血的穆拉托人（mulatto）也可以扮演同樣的角色，作為黑人與白人之間的橋樑，促進黑白種族間的融合（Tocqueville, 1966: 356）。

的，而是可以改變的，而且可能的改變方式之一是讓該民族認識
到真正高度發展的文明狀態是一個更好的生活方式，從而自行決
定是否接受納入更「高階」的文明，他主張：「對歷史認真的研
究顯示，一般說來野蠻民族都能透過他們自己的努力逐漸的提升
自己，最終達到文明的境界⋯⋯最終野蠻人邀請文明之人進入他
們的宮殿，而文明人將他們的學校開放給野蠻人」（Tocqueville,
1966: 330）；（2）一個民族是否「文明」並不是由種族或血統
來決定，他認為：「卻洛奇人（Cherokees）的成功證明了印地
安人**有能力**成為文明之人，雖然這並不保證他們必然會成功」
（Tocqueville, 1966: 330, 重點為筆者所加）；（3）接受文明的
洗禮意味著接受文明之人的觀念、民風與制度、意味著成為與歐
洲人在心智與習慣上更相近的人，如此方能滿足「社會條件的平
等」之要求。反過來說，對托克維爾而言，社會條件的平等是
「文明社會」才能達到的社會狀態，如同他自己所說：

> 因此美國〔白〕人享有的得天獨厚優勢，不僅是他們比
> 其他的民族（nations）更加開化（enlightened），也因為他
> 們有機會可以修正自己犯下的錯誤。我們可以說，要能夠
> 從過去的經驗中學習，**一個民主政體必須已經進展到一定**
> **程度的文明（civilization）與開化狀態（enlightenment）**。
> （Tocqueville, 1966: 225, 重點為筆者所加）

換言之，對托克維爾而言，社會條件的平等是文明發展達到
一定高度才能達到的社會狀態，因此在托克維爾的觀念中，一個
民主的社會必然是一個最高階的「文明」社會。

　　但是，對托克維爾來說，通往更高文明的道路不一定總是一帆風順的，不是每個民族都以同樣速度前進，而這條路也絕非不會走岔。他指出從舊大陸歐洲的經驗可以看到：「歐洲的民族從黑暗與野蠻出發，進步到文明與開化。他們的進展一直是不均等的：有些跑在前頭，其他的則緩步前進，更有些則停了下來，仍在路邊沉睡。」（Tocqueville, 1966: 302）

　　除了通往文明的速度不同之外，即便來自文明國度的人也有可能退回到接近原始狀態。托克維爾曾以帶有惋惜的口氣評論在法國美洲殖民地的殖民者，說他們雖然很快的接受與印地安人的異族通婚，「但不幸的是這也產生了某種他們與印地安人之間的祕密連結，他們非但沒有給予野蠻民族一些文明生活的品味與習慣，他們自己反而熱情的擁抱原始的生活。他們成為荒野中最危險的居住者，透過誇大自己的罪惡與德性來贏得印地安人的友誼」（Tocqueville, 1966: 329-330, fn. 17）。在一份 1833 年的筆記中，托克維爾也提到這個現象，他說這些法國殖民者從「最文明的歐洲人變成了對原始生活的熱情愛好者，他喜愛草原更勝於街道，狩獵勝於農耕」（Tocqueville, 2001: 2）。從這些紀錄都可以看出托克維爾相信即便是最文明的民族也可能朝向原始狀態倒退。這也再次證明對托克維爾來說，文明與否並不取決於種族與膚色，即便是歐洲白人也可能退化到半開化甚至是野蠻狀態，他的文明進化觀並不是與種族主義結合的。

　　然而在《美國的民主》中，托克維爾對於北美印地安人的命運是十分悲觀的，他認為對於文明未臻開化的民族，高低文明之間的頻繁接觸有助於文明落後民族素質的提升，有些民族可能因為習於過去的生活方式選擇繼續遺世獨立或孤立自封，但朝向

文明的進展絕對是更好的狀態。如果這些民族弱小而選擇逃避，
終究會無處可逃，面臨滅絕；如果這些民族積弱不振，那麼「文
明」國家以力量來臣服以促使其改變未必是一件壞事。這使他相
信，在「必要性」（necessity）的原則下，**「力量（force）可能
是必要的，以強迫他們生存」**（Tocqueville, 1966: 226, 重點為筆
者所加）。

關於東方文明與專制帝國的思想史簡史

作為一個政治概念，東方專制主義在西方政治思想中曾經扮
演重要的角色，尤其是在 17 到 18 世紀的法國。筆者將首先簡要
回顧這個概念的思想史以鋪陳托克維爾的觀點。

許多學者都曾指出，從專制（despotism）這個字的希臘字根
源來看，這個概念聯繫到統治者（despot）與臣民（subject）的
關係，而與暴政（tyranny）有所區隔（Venturi, 1963; Curtis, 2009:
Ch.3; Minuti, 2012）。在亞里斯多德的著名政體分類中，暴君政
體是君主政體的墮落形式，指的是特定個人非法的統治，為了一
己之私利而專斷濫權，無視法律規範，這些暴君的統治並未受到
臣民的同意，因此是不具有統治正當性的政體，因而是一種墮落
的政體。相對的，**「專制」一詞則被亞里斯多德用來指涉人民志
願或被動接受一個統治者的統治，其統治關係類似於奴隸主與奴
隸的關係，因此雖具有統治的正當性，但仍並不算是暴虐的。**十
分關鍵的是，亞里斯多德認為這種專制的君主體制只適合那些未
開化的民族（特別是波斯人），因為不像希臘人天性愛好自由、
尊重法治並且寧願選擇自己的領導者，這些外邦人則是天性屈

從，易受役使，所以專制體制事實上相當適合這些人的政治天性。如同米努提所說：「亞里斯多德的理論很清楚的指出專制主義與希臘人的天性不符，希臘人對於自由的愛好使他們只能短暫的忍受暴虐，而很快的將起而反叛。相對的，專制被認為是最適合野蠻民族——主要是波斯人——的體制，因為他們具有臣屬的自然傾向，而能接受難以忍受的權威……因此對亞里斯多德而言，專制主義並不是政體的墮落，而是存在於與希臘人極為不同的世界與心靈中十分適合甚至可長久的體制。」（Minuti, 2012: 5; see also Curtis, 2009: 52-54）

　　雖然在西方政治思想史中這個概念後來迭有發展，但是亞里斯多德將「東方」與「專制」連結起來的觀點在思想史上不斷為後世所沿用。從馬基維利、布丹（Bodin）到霍布斯（雖然他們都未明確使用東方專制主義一詞），我們都可以看到將「東方」與專制主義連結，並作為一個與歐洲截然不同的政治體制之對照（Minuti, 2012: 9-12; Curtis, 2009: 54-57; Venturi, 1963: 133-134）。值得注意的是，隨著歐洲人（特別是耶穌會傳教士）造訪東方的旅行觀察與遊記開始形成一種新的文類，在這些新增「經驗證據」的佐證下，政治思想家對於何謂「東方」的地理區域也不斷向亞洲擴大。例如義大利作者波特羅（Giovanni Botero）（1540-1617）在其著作中將「專制形式政府的概念在地理上擴展到鄂圖曼帝國以外，而羅列了不同種類的東方政府，從土耳其到波斯、從蒙兀兒帝國到中國與暹羅。隨著東方專制主義在地理界線上的擴張，〔歐洲〕……既有的相信亞洲政府體制具有根本差異的哲學與政治觀念，被大幅推進為一個兼具經驗證據與理論基礎的觀念」（Minuti, 2012: 12）。另一點值得注意的是，專制

作為一種政府形式與概念，至少到 17 世紀初期為止，只是被用來作為與歐洲政府在本質上不同的對照或是某種僅存在於「東方文明」中的政治體制，而尚未被賦予過多負面的政治價值意涵。

　　到了 17 世紀下半葉，專制主義這個概念在法國有了新的轉折。[6] 專制（*despotisme*）這個詞開始頻繁的出現在法國的公共文化中。對於法國皇室（特別是「太陽王」路易十四）的專權高度不滿的知識分子開始將政府的專斷統治類比到鄂圖曼帝國的專制，「正是到 17 世紀末時，*despotisme* 一詞正式成為所有反對太陽王的政策的總結詞……『專制』作為自由之反面的觀念終於成形」（Venturi, 1963: 134）。我們可以看到專制的概念不只是用來指涉適合「東方」民族的政治體制，也被挪用來影射法國國內的政治，如果君主對於權力恣意專斷、不受法律的約束、剝奪

6　湯瑪斯‧凱瑟（Thomas Kaiser）指出，這不僅與法國國內政治的發展有關，也與法國出於國際政治的原因，而開始在外交上與鄂圖曼帝國交往有很大的關係，這使得法國國內民眾對於土耳其文化產生高度興趣，也使得鄂圖曼帝國的政治體制經常成為知識分子的討論對象（Kaiser, 2000）。另一方面，孔誥烽（Ho-Fung Hung）則論證這個轉折有天主教運動不同派系之間鬥爭的因素，他指出楊森主義（Jansenism）對於長期以來耶穌會教士對於「東方」在知識上的壟斷以及對於東方哲學（尤其是中國哲學）採取過於寬鬆包容的立場感到不滿，而試圖在梵蒂岡壓抑耶穌會，耶穌會乃轉而投向當時亦對教廷有所不滿的法國皇室之保護，17 世紀的法國乃成為耶穌會出版東方世界相關作品的重鎮，而楊森主義者與耶穌會彼此攻訐論辯最重要的主戰場就是在巴黎（Hung, 2003）。然而在 1653 年，教宗英諾森十世（Pope Innocent X）所頒布的「使徒律令」正式譴責楊森主義的神學詮釋為異端，而到 1713 年教宗克勉十一世（Pope Clement XI）又再次下律令譴責楊森主義為異端思想，教廷對於楊森主義的活動不再寬容，整個楊森主義運動也就逐漸減弱，至法國大革命之後基本上已經完全消失在歷史洪流中。

人民的政治自由，那麼歐洲與來自東方的專制政體也沒有那麼不同。而當專制被理解為國君恣意妄為而不受法律約束，甚或可以隨一己之私利而任意戕害人民的自由權利，在這個意義上，亞里斯多德古典的區分也被打破，暴政與專制兩個概念也開始更加趨近。

　　從 1721 年的《波斯書簡》（*Lettres Persanes*）到 1748 年的《論法的精神》（*De l'esprit des lois*），孟德斯鳩可說正式確立了東方專制主義作為一種政治類型，梅爾文·里克特（Melvin Richter）評論道：「比起同時代其他的思想家，正是孟德斯鳩將東方確認為專制主義之自然歸宿，並將中國、土耳其與波斯歸到這個類別之中」（Richter, 1969: 131）。孟德斯鳩主要的假設是我們可以透過經驗的觀察發現普遍的自然政治法則。他區分出三種主要政體，分別是共和（republic）（又可以再區分出民主與貴族兩種次類型）、王權（monarchy）與專制。在共和體制中，（至少部分的）人民擁有最高主權；在王權體制中，國君或個人在受法律約束下進行治理；而在專制政府則由單一個人恣意主宰決定所有的決策，不受法律或人民所束縛。[7]

　　亞里斯多德的專制政體概念另一個不斷受到後世政治思想家（包括孟德斯鳩）沿用的面向是，專制政體只適合那些野蠻或未開化的文明，因為這些民族都有一種天然的傾向習於臣服於權

7　伏爾泰認為孟德斯鳩將「東方」在本質上與專制主義連結的說法過於武斷，他曾以尖酸的語氣諷刺道：「〔君主體制與專制體制〕彷彿兩個長相極為類似的兄弟，讓人常常將其中之一誤認為另一個。我們不妨說，在每個時期它們都像是兩隻肥貓，而老鼠們總是試著將一個鈴鐺掛在他們的脖子上」（Quoted in Kaiser, 2000: 21）。

威並接受難以忍受的統治。對孟德斯鳩而言，無論是從氣候、地理條件、宗教信仰與人民的風俗習慣都不斷證明這些東方國家的人民缺乏政治德性，並且出於恐懼而盲目的效忠領導人，另一方面，由於領導者是以恐懼與暴力進行統治，專制政體最重要的特徵正是缺乏根本法律的約束，國君個人的意志即是律法，這也導致專制政體無法承認人民的權利與財產的保障。例如鄂圖曼帝國對他來說，是「所有國家之中最無知的……這個國度對於其子民的榮譽、生命或財產幾乎毫不重視」（Quoted in Curtis, 2009: 100）。

　　當然，孟德斯鳩對於東方專制主義的描述以及他過於依賴帶有偏見的探險家與旅行者的記述，這些問題即便在他的時代也受到很多批評，而到 18 世紀啟蒙運動時期批評與接受孟德斯鳩理論的辯論更加激烈。[8] 但是無論是支持或批評孟德斯鳩的法國思想家基本上都已經接受了「東方專制主義」這個政體分類，而爭論的範圍僅在於對「東方」是否可以一概而論或等同視之（例如

8　對於 17 世紀至 18 世紀對「東方」的理解，特別是啟蒙運動時期知識分子如何評價中國的爭辯，可參見（Hung, 2003: 260-265）。關於孟德斯鳩如何繼受（與誤讀）同時代旅行遊記中對於東方的觀點，可以參閱（Young, 1978）。另外，萬圖里（Venturi）則對於晚了孟德斯鳩一個世代的旅行與探險家 Abraham Anquetil-Duperron 依據其親身旅行經驗對孟德斯鳩的認識偏差提出的許多質疑有詳細的描述（Venturi, 1963: 136-142）。麥克・柯提斯（Michael Curtis）則極為博學且詳盡的總結了 15 至 18 世紀西方政治思想中對於東方專制主義的描述與印象，指出一些與這個政治概念緊密聯繫的特徵，分別是：恣意專斷（arbitrary）、富庶豐饒（opulence）、縱情感官（sensuality）、缺乏發展（lack of development）（Curtis, 2009: 67-73）。雖然基於本文主題關係，僅討論到與托克維爾政治思想相關的恣意專斷這個主題，但其他特徵亦是可以繼續發展的主題。

伊斯蘭與中國、近東與遠東）。所以我們可以確認的是自孟德斯鳩以後，至少在法國的脈絡中，無論是為了法國國內政治或國際政治的需求，「東方專制主義」都成為一個重要的參照概念。

此外，我們也可以看到，「despot」這個詞從希臘時期被視為與臣民對應的統治者的代稱，到被聯繫到僅適合東方民族的政治形式，再到被視為自由的對反，指涉國君不受法律與人民福祉約束、恣意濫權的政治體制，專制主義這個政治概念的延伸其實已經可以用來描述任何民族的政治體制。但孟德斯鳩對這個概念最重要的延展是將東方專制主義這個政治概念跟社會的特質結合，如同萬圖里（Franco Venturi）所說，在孟德斯鳩那裡，「不只是只有政府是專制的，社會也可能如此。這種統治形式的特徵不僅只是違背了國內法（the Law of the Land），也違反了社會的法則，並且將人們轉變為專制君主意志下的工具」（Venturi, 1963: 134）。從歷史上來看，托克維爾（1805-1859）活躍的年代距《論法的精神》初版不過五十多年，「東方問題」與專制政體勢必是任何一個關心政治體制的法國知識分子都必須關注的問題。

托克維爾眼中的東方文明、專制主義與停滯的帝國

本文在第二節曾論證，在托克維爾看來，專制政府因此是一個文明在達到社會條件的平等之後仍然可能出現的政治制度。這是因為社會條件平等的社會狀態有兩種可能，第一種是人民透過法律保障平等的政治權利行使其政治自由；第二種則是在專制社會中，人人都是平等的受到專制君主恣意而無常的暴虐所統治，

人民之間雖然平等，卻是同等的貧弱無助。

　　所以，社會條件的平等本身並不能保證政治自由，在民主社會中是如此，在專制社會中更是如此。托克維爾也認為東方古國的專制體制體現了這種人民同等無助的屈服於專制君主統治的現象。在談到美國社會中那種活潑的動能與每個個人追求偉大事業的野心時，他曾以中國為例進行比較，他認為在中國「社會條件的平等是非常普及而且久遠的」，但是他認為中國的科舉制度卻使得社會的動力盡失，「偉大的野心在這個氛圍中難以存活」（Tocqueville, 2010: 1123）。而談到中國的政治體制時，托克維爾認為中國體現了專制政治體制的完美範例，在其中，一個非常集權的行政體系為臣服的人民提供了某種程度的社會福祉，「旅行者告訴我們，中國人寧靜祥和卻不快樂、有工業技術卻缺乏發展、有穩定卻沒有力量、有秩序卻沒有公共道德，社會運作雖然夠好，卻從來沒有辦法達到非常的良好」（Tocqueville, 2010: 154, n. 50）。

　　但除了延續東方專制主義這個西方政治思想史中的概念，托克維爾最大的理論創新之處在於他將**社會條件的平等、政治自由與文明的進步**連結了起來。如同本文第三節指出的，托克維爾對於文明進程的重要預設是文明階段是一個可以改變的進化歷程。托克維爾並不反對鄂圖曼土耳其帝國與中國已經達到一定的文明高度，但認為這些國度在文明進展的歷程中停下了腳步。在《美國的民主》中他曾評論道：

　　　　當西方人在三百年前抵達中國的時候，他們發現所有的技藝都達到某種程度的完美，但他們也訝異於中國人既已發

展到這個地步，卻沒有再往前進步。歐洲人後來發現某些已然失傳的高度知識的痕跡。這個國度是技術發達的，多數的科學方法都保存其中，但科學本身卻已不復存在。對這些歐洲人來說，他們在中國人的心靈中看到了那種缺乏動力（immobility）的典型。一方面循著他們先祖的道路，中國人卻已遺忘他們先祖創造的原因。他們沿用著方法，卻不尋求其意義，他們保存了工具卻不再擁有改進或再製的能力。所以中國人沒辦法改變任何事物。他們已經放棄了進步。……然而，中國卻和平的生存了許多世紀，它的征服者接受了它的民風。秩序延續下去。某種物質上的豐饒隨處可見。革命非常稀少，而戰爭可以說幾乎不為人所知悉。**所以你不該過於相信野蠻狀態還離我們很遙遠，因為如果有人容許光明從他們手中被奪走，有些人則是自己將光明踩在腳下**（Tocqueville, 2010: 786，重點為筆者所加）。

而在歷史上，當文明較高的中國被蒙古人征服時，「透過勝利保證的力量，野蠻人足以與文明之人平起平坐，一方具有力量，另一方則具有智慧（intelligence）；前者傾慕被征服者的藝術與科學，而後者則欣羨征服者的力量。最終野蠻人邀請文明之人進入他們的宮殿，而文明人將他們的學校開放給野蠻人」，而「對歷史認真的研究顯示，一般說來野蠻民族都能透過他們自己的努力逐漸的提升自己，最終達到文明的境界」（Tocqueville, 2010: 535）。從這些話中我們都可以很清楚看到，托克維爾並不否認中國是一個高度發展的文明，不僅和平而且富庶豐饒，但卻在文明的進程中停滯不前、停止發展，而將其文明之光彩踩在腳下。

對他而言，如果一個良序運作（非專制）的民主社會是文明發展的最高階段，那麼像中國或鄂圖曼土耳其帝國這樣的古老帝國，雖然具有悠久的社會條件平等的社會狀態，在文明發展的進程上達到了相當的高度，但卻在這個進程中停滯僵固，在政治上雖然已經有條件進入民主社會，人民卻自願臣服於專制社會，而形成一個人民缺乏政治自由，缺乏偉大事業野心的暮氣沉沉社會。

在《美國的民主》初稿中書頁旁的注記，托克維爾曾寫道：

> 有一種社會狀態（social state）是，為了保存權力而需要其子民立即而被動的服從（**這是數個歐洲國家的狀況**）。然後，它迴避可能阻撓其行動的法律限制，寧願冒著人民暴動的風險而非法律上的訴訟。但是**你愈接近這個情況，將離文明愈遙遠**。在土耳其，在服從與動亂之間僅有一線之隔，你要不是服從蘇丹（Sultan）就是將他吊死」（Tocqueville, 2010: 232, fn.Z，重點為筆者所加）。

這段話的有趣之處在於托克維爾這裡似乎將東方與專制主義兩個概念脫鉤，而是以文明進化的判準來重新界定專制主義與民主之別。托克維爾一向自詡為以經驗研究為基礎的政治科學家，對他而言，東方與西方僅是地理上的經驗事實，專制政體並不專屬於東方古國，也出現於部分歐洲國家，從他的文明理論來看，專制政體是文明發展進程中的未完成體，只出現於半開化或開化中但未臻頂峰的文明。

在托克維爾的筆下，他透過比較政治分析方法，基本上接

受 18 世紀以來對於東方古國的特徵之描述，亦即在這些社會中顯著的政治特徵之一是他們的專制主義傳統，包括在物質上的富饒，並具有穩定而且有人民服從的正當性之政治體制，但是卻缺乏社會的動能與發展的動力，在科學技術發展上則停滯不前，人民缺乏活力，並且屈從被動的接受統治者的治理。然而，透過他對社會條件平等的界定以及對於文明進程的預設，他認為這些東方古國仍有機會朝向真正更高的「文明」階段邁進。在他看來，對於一個陷入停滯的帝國而言，邁向更高文明的選項與野蠻民族是一樣的，不是透過文明之間的接觸產生欣羨而自發自願的學習（由於文明程度更高，所以進入「文明」之門會遠比野蠻民族更快速），就是透過外力。

無論是對於印地安人或是阿爾及利亞人（在他眼中都是未開化的野蠻民族），托克維爾從未懷疑出於「必要性」使用武力來提升落後民族的文明的手段。同樣的，對於陷入停滯的東方古國，他也抱持一樣的態度。在一封 1840 年 4 月 12 日寄給亨利·瑞夫（Henry Reeve）的書信中，托克維爾談到即將發生的中英鴉片戰爭，他說：

> 作為一個善意但中立的旁觀者，對於歐洲軍隊侵略中國的想法，我只能感到愉快。所以最終歐洲的動力（mobility）將要掌控中國的靜固不動（immobility）！這是一個偉大的事件，特別是當我們知道這是一系列類似事件的延續與最後發展，持續推動歐洲民族離開其家門，並且持續的將所有其他的民族歸順於其帝國與影響之下（Tocqueville, 1985: 141）。

　　1857 年 11 月 27 日，在寫給他的英國友人哈瑟頓勳爵（Lord Hatherton）的信函中，托克維爾提到當時剛發生在英屬印度殖民地的「印度軍團叛變事件」（The Sepoy Mutiny）。他認為英國順利的將兵變鎮壓下來是一項勝利：「我對於英國的勝利從來不曾有絲毫的懷疑，這是**基督教**與**文明**（civilization）的勝利。」然而托克維爾也提到，他一向對於英國如何治理印度殖民地有高度的興趣，也曾下了功夫研究，但是囿於沒有辦法親身到印度去考察，他後來放棄了這項研究。不過，他的想法始終沒有改變：「一個世紀以來，英國人始終沒有對印度人口的啟蒙（enlightenment）與制度（institutions）做過任何事」，他建議英國應該將對印度的治理納入議會的權責，廢除英屬東印度公司，「唯有如此，英國才能達成她的職責，不只是統治（dominate）印度，而且是**用文明開化**（civilize）印度」（Tocqueville, 1985: 359-360, 重點為筆者所加）。

　　整體來說，托克維爾與他之前法國思想家的差別在於，雖然他承認在〔他那個時代認識的〕經驗證據上顯示，專制主義確是東方文明的主要政治特徵，但他並不主張專制主義是東方民族無從改變的自然本質。藉由他對「文明」的預設，他將專制主義定位為文明進展過程中具有一定高度，卻仍未臻完美的社會狀態。對他來說，在真正的良序民主中，公民必須培養出一種對於政治自由的熱愛，並且願意付出一定的時間與心力去參與公共事務以學習與運用自由的技藝，文明發展的最高階段因此是對於**自由與平等**的同時熱愛。如果社會中僅有平等，他指出：「即便沒有政治自由，在政治世界中仍然可能建立一種平等。〔在其中〕除了一人之外，每個人與他的同胞都是平等的，這個人是

所有人的主宰，並且一視同仁的從所有人那裡攫取權力的因子」
（Tocqueville, 2010: 874-875）。沒有政治自由的平等正是專制主
義，而這離文明的最高階段仍有相當大的距離。[9]

9　本文的匿名審查人之一對於本節討論東方古國之專制主義之必要性提出質
　　疑，筆者謹回應如下。如同本文在第二節論證的，筆者完全同意審查人指
　　出：「自由是平等的基礎，這意謂著人人能夠平等地參與公共事務，而這
　　一切又作為民主的基礎。」審查人認為，若這是托克維爾政治思想的核心
　　要旨，那麼專制制度是否產生於托克維爾所理解的「東方」抑或是歐洲其
　　實已是無關宏旨。審查人主張「與其將焦點放在『文明』概念，說明東
　　方專制未臻完美，還不如更多著墨社會條件的平等與政治自由的密不可
　　分」。對此質疑筆者則有兩點回覆：（1）本文主要目的並非僅是論證平
　　等、民主與自由在托克維爾思想中的重要性，若僅是要討論這個問題，過
　　去一百年來的托克維爾研究其實已經汗牛充棟。本文透過思想史方法企圖
　　指出的新論點是，在托克維爾思想中，文明這個要素其實與民主、專制、
　　平等與自由密不可分，而這可能是托克維爾受到身處時代的限制；（2）
　　托克維爾對於專制問題的思考，固然是托克維爾在有生之年對於其身處
　　的法國社會最大的關懷，甚至可以說是他畢生政治思想所要對抗的敵人。
　　然而若是我們僅將討論集中在法國社會上，則我們將犯下見樹不見林之
　　誤，而忽視文明發展概念在其政治理論中的重要性。事實上，許多研究托
　　克維爾的文獻都指出托克維爾在 1829 至 1830 年間以學生身分參與了基佐
　　（François Guizot）的講座，他的文明進化觀受到基佐深刻的影響（Kelly,
　　1992: 33; Brogan, 2006: 90-94）。托克維爾在《論美國的民主》第一卷的緒
　　論中對於法國過去七百年的文明發展史的描述在歷史敘事上與基佐的《歐
　　洲文明通史》（*General History of Civilization in Europe*）（1896）（即基
　　佐講座的逐字稿）中的第一卷（1-14 講）有許多的重疊之處，此外兩人對
　　於文明發展的動因也有類似的看法。本文特別討論托克維爾對於東方古國
　　與專制的看法正是希望明確論證他的文明史觀與他對自由、平等與民主的
　　觀點密不可分，而這是目前的托克維爾研究學界極少注意到的。

結語：拒絕對人類絕望

　　本文首先從托克維爾對於社會條件的平等這個社會狀態的看法出發，指出「社會條件的平等」亦並非產生良序民主社會的保證，而也可能形成專制政府。而透過托克維爾對於文明進展的觀點，可以看到在托克維爾的文明發展觀中，預設了從野蠻到文明進展的不同階段。他也認為，無論是透過感化或教育來幫助落後民族向文明邁進，或是在「必要」情況下，使用外力來提升文明的高度都是文明國家合理的選擇。最後筆者回到托克維爾對於東方文明的討論，指出在托克維爾思想中，專制政體是與民主政體對立的政府形式，而非是將政府形式與社會特徵或本質結合的政府類型。雖然從他當時所能獲得的經驗證據來看，專制主義仍是東方古國的主要政治特徵，但他並不主張專制主義是東方民族無從改變的自然本質。藉由他對「文明」的預設，他將專制主義定位為文明進展過程中具有一定高度，卻仍未臻完美的社會狀態。

　　在托克維爾的文明觀之中，種族或膚色從來不是邁向「文明」的進程中不能跨越的鴻溝，他認為所有的種族都有能力與潛力走向文明開化，在這個意義上，所有人在人性本質上都是平等的，並不會因為種族或膚色而有所不同。

　　從托克維爾所留下的龐大的書信中，與這個議題特別相關的是他與被後世認為是種族主義（racism）鼻祖的戈比諾（Arthur de Gobineau）（1816-1882）的對話。戈比諾在年紀上小托克維爾十一歲，但是托克維爾一生都對這位小老弟的才華與幹練十分賞識。正是在托克維爾的引薦下，戈比諾進入外交部工作，並且終生成為職業外交家。而戈比諾也視托克維爾為伯樂，一生尊敬

有加。1853 年起，戈比諾分卷陸續出版了後世惡名昭彰的《論
人類種族之不平等》（*An Essay on the Inequality of the Human
Races*），至 1855 年全書出版完成。在這段時期，兩人的書信往
來頻繁的討論這本書。托克維爾雖然還是對戈比諾的外交才幹十
分賞識，但是對於戈比諾剛出版的書卻有相當尖銳的批評。

　　在 1857 年 1 月 14 日給戈比諾的信中，由於戈比諾在前一封
信中堅稱自己的種族天生不平等理論與天主教精神是一致的，托
克維爾回應道：

> 在〔《聖經》〕《創世紀》中最清楚的不正是人類的一體性
> 以及所有人類都是同樣祖先的後裔嗎？……所有的人類成員
> 不都是同等具有改進與聯合團結的能力嗎？一個主張種族之
> 間截然不同且天生不平等的學說，並且主張由於某種天生不
> 能改變的特徵，故〔不同人種之間〕有著不同理解能力、判
> 斷能力、行動能力，進而否定某些民族改善（improvement）
> 的可能性，這樣的學說怎麼可能與〔《聖經》〕的精神是一致
> 的？（Tocqueville, 1974:305）

　　托克維爾尖銳地批評戈比諾的種族理論是一種決定論，而這
種理論的道德及政治意涵都是十分恐怖的。相反地，他相信人類
不分種族先天就具有向善與聯合團結的能力。所以在 1 月 24 日
的下一封信中，托克維爾繼續陳述他的理念：

> 我相信我們仍然能夠與我們同時代的人，與所有的人類
> 共同成就一些事情……簡言之，我希望能夠同以人類對待

他們。也許我是錯的。但我只是在追隨我自己的原則的結論。⋯⋯我相信我們不該對他們絕望。對我來說，人類社會，就像個人一樣，只有在透過使用他們的自由之時才能成就某種價值。我一直認為，要在我們新的民主社會穩定與維繫自由要比在某種過去的貴族社會要困難的多。但我從來不認為這是不可能的。我祈求上帝不要讓我對繼續嘗試感到絕望。不，我無法相信人類作為萬物之靈會成為一群墮落的羊群，對於未來不抱希望的將自己奉送給一小撮並沒有比我們好多少，甚至經常更糟糕的牧者。（Tocqueville, 1974: 309-310）

從托克維爾這段自白我們可以很清楚看到，托克維爾並未如皮茲所說的「歐洲的進步文明讓歐洲人逐漸產生一個牢固的信念，在面對非歐洲社會時，歐洲人可以暫時懸置適用於他們自己的道德與政治標準」（Pitts, 2005:11）。相反的，托克維爾畢生信仰的政治原則並未因為面對非歐洲人而改變，對他而言，所有的人類，無論是何種種族、民族都有相同的天性與傾向，亦即對於自由的熱愛。換言之，在談到非歐洲社會時，托克維爾並沒有「懸置」或將作為其政治思想核心的自由理念存而不論，也沒有兩套標準，而是用同樣的標準來看待所有人類。從托克維爾的時代角度來看，無論是鄂圖曼土耳其帝國、中華帝國或是印度，東方國家的人民並不是沒有顯示邁入「文明國家」的跡象，但那裡的人民共同的特徵是他們都像羊群一樣同等無助的屈服於專制君主統治。

對托克維爾而言，社會條件的平等本身並不必然走向民主政體，他的時代中東方文明的專制政體正可證明這一點。在他的思

想中，一個民族的文明高度取決於這個民族的人民能否善用其自由，在他眼中，美國之所以是一個政治奇蹟很大原因是因為這是一個「居住著長久習於自由之人民的全新國度」（Tocqueville, 1966: 132）：

> 正是在那裡，**文明之人（civilized man）**注定要在全新的基礎上創造一個社會，並且首次運用一個迄今鮮有人知或被視為不可行的理論，向世界呈現一個過去的歷史毫無準備的奇觀。（Tocqueville, 1966: 30, 重點為筆者所加）

正因為對於全部人類愛好自由天性的信心，使得托克維爾拒絕對人類與人性感到絕望，也讓他拒絕相信種族決定論。無論托克維爾的觀點在今天看起來有多麼不可思議，他始終相信，高度文明的（歐洲）民主國家有幫助其他落後國家與民族提攜或加速文明進步的責任，無論是透過通婚、人民交往、外交手段、教育、殖民、帝國主義、鼓動民主革命、協助建立政治制度、甚至是在必要時透過戰爭與征服，只要能夠讓人們認識到自由的好處，這些都是可以考慮的手段。在托克維爾的思想中，這些手段都是建立在一致的道德與政治原則之上。

最後本文希望指出，如果我們僅是從托克維爾對於歐洲社會（包括美國）的描述來認識他的政治思想中專制與政治自由的關係，這樣的認識將是不完整的。我們必須將托克維爾思想中對於文明進展與平等、自由的關聯納入考量，才能更完整的看到托克維爾自由思想的全貌。

托克維爾的時代或許離我們已經遙遠，但是他對於文明發展

階段與政體相連的想法並沒有從政治思想的歷史洪流中消失，在當代的國際關係理論中，從 60 年代的現代化理論，到較為晚近民主和平論、民主轉型論、新自由主義、文明衝突論等，我們都可以看到托克維爾的理念不斷以不同理論形式出現。可以說，托克維爾文明理論的幽靈到了 20 世紀，特別是二戰之後，始終在當代民主理論中幽暗浮現。

12 黑格爾論市民社會、
國家、民族與帝國

蕭高彥（中央研究院人文社會科學研究中心特聘研究員）

前言：黑格爾與國家祕思

在近代西方政治哲學家中，黑格爾《法哲學原理》[1]中的政治理論，在詮釋上所產生的分歧及爭議相當巨大。新康德學派巨匠、思想史家卡西勒在二次大戰極權主義國家崛起的氛圍中，以「國家祕思」（the myth of the state）對極權主義提出了初步的系譜分析，並強調黑格爾思想所扮演的關鍵角色（Cassirer, 1946）。他指出，19世紀德國的自由主義派，已經將黑格爾的理論當作是民主理念最具危險性的敵人；不僅如此，黑格爾的哲學體系，深刻影響了馬克思與列寧的辯證馬克思主義之形成（Cassirer, 1946: 251）。卡西勒之核心詮釋在於，一方面黑格爾援引基督教的神義論（theodicy）進入其歷史哲學，使得其

---

1 本文引用黑格爾《法哲學原理》方式如下：

PR = Hegel, G. W. F. 1991. *Elements of the Philosophy of Right*, ed., Allen Wood, trans. H. B. Nisbet. Cambridge: Cambridge University Press。本書引用其節碼，如 PR, §327 代表 327 節；PR, §327 Zu. 指 327 節附釋；PR, §327 Am. 則指 327 節補充。

哲學體系中的歷史不僅僅是上帝的顯現，而且正是祂的現實性
（Cassirer, 1946: 262）；另一方面，黑格爾將國家視為絕對精神
在人類倫理生活中的最高展現，以及歷史生命的核心，這導致一
種價值轉換，使得國家不再負有任何道德的義務，因為德行是屬
於個體意志的，而非國家意志之屬性，國家的唯一責任就是自我
保存（Cassirer, 1946: 265）。對卡西勒而言，黑格爾所建構的國
家祕思之悲劇性在於，他不自覺地解放了在人類社會與政治生活
中最非理性的力量，導致其國家理論成為法西斯主義和帝國主義
的先聲（Cassirer, 1946: 273）。

　　二戰後黑格爾政治哲學的研究，由於受到里特爾（Joachim
Ritter, 1982）以及黎德爾（Manfred Riedel, 1984）的影響，詮釋
《法哲學原理》的焦點由國家轉向市民社會概念，以及自由主義
的理論要素。對兩位詮釋者而言，黑格爾政治思想的原創之處在
於克服了古典自然法以「自然」為本，以及現代自然法的社會契
約思考模式，轉而以「歷史」作為政治權利與義務的基礎。不僅
如此，黑格爾還將古典政治經濟學所分析的商業社會，轉化為
「市民社會」（*bürgerliche Gesellschaft*）概念。在德文中，這個
概念原本意指自然法傳統的政治社會（civil state），但在黑格爾
的用語中產生了概念的創新與轉化，成為非政治私人所構成的經
濟社會體系（cf. Ritter, 1982: 68-79; Riedel, 1984: 129-156）。

　　由於里特爾以及黎德爾具有深厚的思想史學養，他們的分析
產生了廣泛影響，甚至可以說在黑格爾的詮釋中造成了「典範轉
移」的作用。然而，在強調市民社會概念於黑格爾政治哲學系統
中的重要性後，除了指出黑格爾發展出一種以制度為基礎的倫理
生活概念之外（e.g., Ritter, 1982: 80-81; Riedel, 1984: 187-188），

兩位思想史家對黑格爾的國家理論內容鮮有著墨。[2] 不僅如此，他們在詮釋黑格爾市民社會概念時，特別強調政治經濟學的要素，這包含黑格爾對需要體系、社會分工與階級形成的分析（PR, §189-§208），以及黑格爾所指出市民社會財富的累積將辯證地產生貧窮化與勞動階級貧窮的問題（PR, §241-§248）。然而這些源自政治經濟學以及蘇格蘭啟蒙運動文明社會論的理論要素，畢竟只構成黑格爾市民社會論的部分環節，而其國家理論更包含了權力分立的憲政論，卻都未曾被深入檢視。

　　本文將嘗試提出全面性的分析觀點，理論性地掌握、詮釋黑格爾的政治哲學整體，包括市民社會以及國家理論。限於篇幅，自然不可能詳論他所提出的每一個理論要素，而是運用當代文獻以及筆者詮釋觀點，呈現出他所建構的乃是「理性國家」、「市民社會」，以及「民族共同體」的三元結構。這三者的形塑過程，淵源於青年黑格爾為對抗社會契約法權理論而訴諸倫理生活的觀念。以下將探究《法哲學原理》的政治哲學以及歷史哲學，特別著重於市民社會與國家以及民族與國家之辯證關係所發展出的帝國國際秩序，並通過「等級原則」的分析，來檢討黑格爾的「中介政治論」。

《法哲學原理》中的市民社會與國家

　　黑格爾於 1817 年冬季，在海德堡大學講授「自然法與國家

2　霍斯曼（Horstmann, 2004: 209）批判在里特爾的詮釋中，黑格爾國家論成為市民社會論的「方法論附錄」，並非無的放矢。

學」（Hegel, 1983; 1995），正式完成了他成熟時期的政治哲學
體系，並於 1820 年刊行《法哲學原理》。比較 1817 至 1818 年
演講紀錄以及《法哲學原理》的目次，可以看出在前者中，黑格
爾已經重新建構了其政治哲學體系。

在《法哲學原理》〈導論〉中，黑格爾論述了自由或自由意
志與法權在客觀精神領域的緊密關係。對於實踐哲學，則區分
成三大部分：「抽象權利」（論述人格、財產、契約，以及不
法）、「道德」（闡釋行動、目的、福祉，以及善與良心），以
及「倫理生活」。包含人類社會政治關係整體的倫理生活，又區
分為家庭（討論婚姻、家產，以及幼兒教養）、市民社會（涵蓋
需要系統、同業公會與等級、司法權，以及警察權）。倫理生活
最高級的領域則為國家，黑格爾論述國家法權內部的有機組織
（包括王權、行政權，以及立法權）、國與國之關係或國際法，
而終結於世界史。

以下僅以黑格爾成熟期體系為主軸加以論述。相關的議題包
括：自由概念成為統攝客觀精神以及法權哲學的原則、個人主觀
在市民社會中得到保障以及發揚、國家憲政所發展完成的有機體
（在其中，個人的具體自由得以展現），以及作為歷史發展行動
者的民族。

（一）自由觀念與抽象法

在黑格爾成熟的系統中，法權哲學是以意志與自由為基礎，
而《法哲學原理》的〈導論〉正是黑格爾闡釋自由概念的經典
文本。在其成熟體系中，自由或自由意志是客觀精神（objective
spirit）的基礎，意味著自由的真義在於人類主體能夠創造出與

概念相符的制度以及人文化成之世界，綜合表現為倫理生活的各種樣態。也就是說，**自由成為倫理生活的基本原則**。這個全新的自由觀念，首先出現於 1817 年《哲學百科全書》，但此時的討論相當簡略，只有兩節，強調自由意志與客觀精神乃是理論與實踐的結合（Hegel, 1990: 241），對黑格爾所特有的「自我實現」（self-actualization; cf. Wood, 1990: 17-35）觀念尚未有所著墨。[3] 黑格爾對自由概念的理論分析，初步完成於 1817-1818 年關於自然法與國家學之演講（Hegel, 1995: 51-59），而集大成於《法哲學原理》的〈導論〉（Hegel, 1991: 25-64），成為影響其後政治哲學自由概念的重要論述。

　　在〈導論〉中，黑格爾指出，法的體系乃是「實現了的自由的王國」，也就是說，自由乃是法的根源，具有能動性，創造出法權的精神世界作為「第二天性（自然）」（PR, §4），他接著對自由意志提出環環相扣的三個環節：

（1）首先，意志包含「純無規定性或自我在自身中純反思的要素」；

（2）同時，自我就是過渡，即從無差別的無規定性過渡到區分、規定、和設定一個規定性作為一種內容和對象」；

（3）意志是這兩環節的統一，是經過在自身中反思而返回到普遍性的特殊性──即單一性。（PR, §5-§7）

3　值得注意的是，《哲學百科全書》1830 年的修訂版中，在「客觀精神」的緒論部分有所擴充，明顯地吸納了黑格爾在《法哲學原理》中所發展的自由理論（黑格爾，2006: 313-316）。

　　黑格爾接著對各個環節做了詳細的說明，綜合其論述，這三個環節的自由意志之理論意涵如下：第一個環節乃是意志的**抽象自由**，表示主體能從自然的各種欲望中抽離出來，從而創造一種不去決定的絕對可能性。自由意志的第二個環節則意味著將意志關聯到特定的對象，且不限於單一對象，而可以過渡到其他各種可能的對象物之中，也就是**選擇自由**。而辯證法第三環節的「單一性意志」，乃是在意志所已經創造的精神世界中，其自我規定能與普遍性結合。對黑格爾而言，只有第三個環節，才是真正的意志自由，他稱為**具體自由**，也就是在普遍性的倫理生活中，人類可以發展出真實的自由狀態。

　　黑格爾在〈導論〉中討論完自由的概念之後，便依據自由理念的發展階段，區分出抽象法、道德，以及倫理三個領域，分別為人格、主體性，以及具體存在的社會個人所代表。其中抽象法或形式法作為自由發展的第一階段，未來將逐步落實，特別是在市民社會的法治中，則具有特殊的理論意義。如里特爾（1982: 126-128）所指出，此處黑格爾乃是以羅馬私法為本，將其作為自由的基礎，而在其後的論述中逐步實現。[4] 然而，黑格爾此種論述策略值得進一步探討。在抽象法中，核心的範疇是「人」（person）以及「人格」（*Personlichkeit*），意指主體在自身中所具有的單個意志，但同時可能成為普遍的、無限的，以及自由的個人。黑格爾進一步闡釋了「人格」之「權利能力」（*Rechtsfähigkeit*），而成為抽象法的基礎，並論述了三個主要

4　西普（Siep, 2004: 276-279）主張此處黑格爾提出的是「基本權利」（fundamental rights）理論，恐有疑義。

私法範疇：所有權（包括取得占有、物的使用，以及所有權的轉讓）、契約，以及不法（包括詐欺、強制與犯罪等）。

　　《法哲學原理》的論述模式產生了兩個重要的結果：首先，黑格爾不再從任何單一的個人或自我意識出發，研究其與其他自我意識之恰當關係（如費希特的互為主體承認的理論進程，以及《精神現象學》中在自我意識構成時與其他自我意識從事「承認鬥爭」所產生的主奴辯證）。在《法哲學原理》中，契約是純粹的私法概念，並且因為被呈現為抽象法權，所以不可能成為具有倫理性之國家的構成基礎。換言之，黑格爾完全摒棄以個人主義角度探究個人如何組成共同體，以及終極而言國家如何通過社會契約而產生正當統治等議題，從而完全**揚棄**了社會契約論傳統。

　　其次，黑格爾將人作為「人格」，討論其自由的「外部領域」（§41），最基源之活動為對「物」之占有，也就是所有權。換言之，在《法哲學原理》中，人的「人格」，首先被人與自然（物）的關係建立，而非自我意識的道德自主性或自我意識之間的互動。這雖然使得《法哲學原理》的體系展開了一個以法權為核心，並且在家庭、市民社會與國家中具體化落實的理論進程；但這也意味著，**黑格爾所預設的「人」，作為抽象法權的主體，其實是市民社會的人，也就是布爾喬亞**。通過「抽象法」的開端，黑格爾得以克服社會契約論的個人主義；然而，他所分析的個體，其實也是前於社會的，只不過在「客觀精神」的發展過程中逐步自我發展、實現。[5]

5　事實上，若從社會契約論的角度觀察黑格爾體系，則他其實並未解決社會契約論所分析之財產權的起源問題：假如人對物的占有是最原始的活動，

　　回到客觀精神作為自由之實現議題，表面上看來自由意志的
三個環節，相應於黑格爾客觀精神論之中的三種領域：抽象法、
道德，以及倫理生活的制度；然而，若詳細加以爬梳將可察覺，
自由意志三個環節的辯證乃反覆出現於不同的領域之中。而吾人
理解黑格爾政治哲學的關鍵，即在於即使在「倫理生活」中，意
志自由的三個環節之辯證仍然展現，並且以市民社會實現了選擇
自由（被稱為主觀自由，亦即意志可在對象物中無限過渡的自由
選擇），以及在國家中所實現的具體自由。以下即就這兩個面向
加以分析。

（二）主觀自由與市民社會

　　《法哲學原理》一個重大的理論創見，乃是區分市民社會
以及國家，並予以理念型的建構。市民社會指涉現代商業社會
在 18 世紀興起後所形成的社會秩序，國家則是絕對君主制時期
開始逐步形成的政治共同體。黑格爾的分析架構，是將市民社
會區分為四個環節：需要體系與等級（PR, §190-§208）、司法
（PR, §209-§229）、警察權（PR, §230-§249），以及同業公會
（PR, §250-§-256）。至於國家，則以憲政制度所構成的有機體
為核心，分析其權力分立，包括王權（PR, §275-§286）、行政權
（PR, §287-§297），以及立法權（PR, §298-§320）。完成了憲政

續

那麼當他對物的先占取得之後，勢必包含「他人的承認」，也就是「跟別
人的關係」（PR, §51），然而，在這個脈絡中，黑格爾強調人對物占有
的抽象法權優先性，而尚未處理人與人間之關係，所以「他人之承認」如
何可能？這構成了《法哲學原理》中財產權論述的根本問題。

制度的分析後，黑格爾再以對外主權、國際法和世界歷史終結其
《法哲學原理》的論述。

　　黑格爾對於市民社會與國家關係之理論分析架構，可以下圖
加以表示：[6]

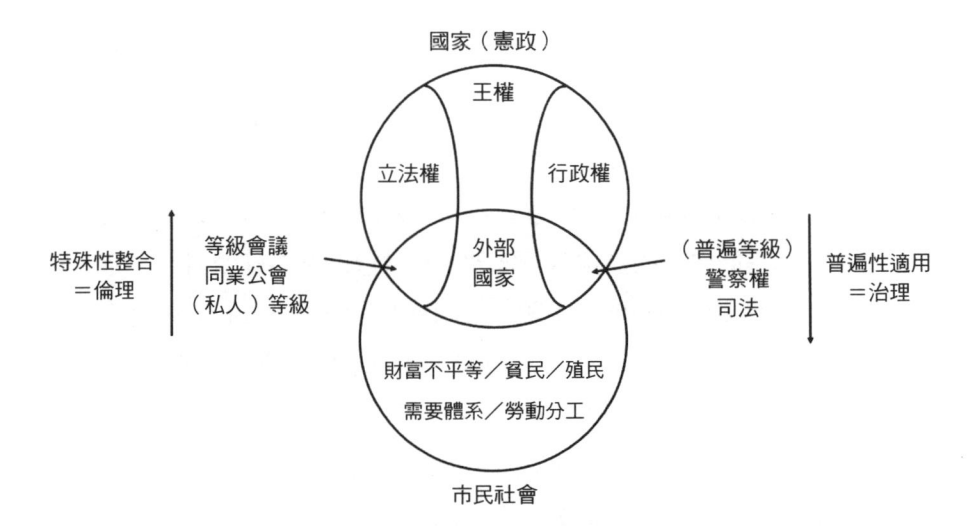

黑格爾市民社會與國家關係圖

　　筆者主張，黑格爾觀念中的市民社會與國家之關係，並非完
全分離或對立，而是兩個緊密相關，互有重疊的領域，如同上圖
所顯示出的，兩個具有交集的圓形領域。本節以下分析，將區分
為三個部分：市民社會自身、「外部國家」，以及國家自身。其

6　這個圖示受到科恩與阿拉托（Cohen & Arato, 1992: 91-116）詮釋之啟發，
　　但筆者並不完全同意他們對黑格爾「通過國家之整合」的批判（Cohen &
　　Arato, 1992: 112-116）。

中的外部國家，乃是市民社會與國家概念分離之後，二者互相
「**映射**」（reflection）以及「**中介**」（mediate）的領域，包含了
圖右由上而下國家對市民社會的理性治理，以及圖左市民社會由
下往上所產生的制度性倫理整合。由於「外部國家」被黑格爾吸
納在市民社會的論述中（PR, §183），以下便依此論述二者之特
質及其關聯。

（1）市民社會自身

狹義的市民社會，乃是具體個別的人作為「**私人**」（PR,
§187），基於自身的欲望以及需要，把自己的利益作為目的，而
將其他人作為達成目的之手段。這個表面上看來不具有道德性的
起點，實際上乃是古典政治經濟學的需要與勞動理論的基礎（PR,
§189 Zu.），因為在市民社會中，每一個人都必須通過個人的勞
動，以及其他人勞動的成品來滿足彼此的需要。而人與動物的
根本差異在於，人類的需要可以「抽象化」，產生各種不同的需
要以及滿足手段的殊多性（PR, §190），其結果便是社會分工，
以及由之而起的人與人之彼此依賴性（PR, §198）。黑格爾繼承
了古典政治經濟學之觀點，強調市民社會的需要體系，通過社會
分工產生出「普遍而持久的財富」（PR, §199）。然而，黑格爾
對此並非盲目地樂觀，他與蘇格蘭啟蒙運動思想家相同，認為
商業社會的財富累積容易導致奢侈民風（PR, §195），而且由於
「普遍財富的增長」並不意味著個人「特殊財富」的同時成長，
所以在現代市民社會中，必然產生財富與技能的不平等（PR,
§200）。基於這個分析，黑格爾提出了現代商業社會最重要的辯
證：社會整體財富累積增長，但「儘管財富過剩，市民社會總是

不夠富足的」（PR, §245），其結果乃是貧困以及貧民成為市民社會不易克服的重大問題（PR, §244）。誠如亞維內里（Avineri, 1972: 147-154）指出，黑格爾尖銳地指出了現代商業社會的貧困問題，以及持續匱乏的勞動階級之產生。另一方面，19 世紀歐洲國家通過對外殖民，來解決國內財富過剩的問題（PR, §246-§248），其中**殖民主義**與黑格爾歷史哲學中的國與國、民族與民族間之競爭有關，將於本文最後一節再行處理。以下先討論市民社會所形成的等級及其他社會團體之公共管理。而在這兩個議題上，市民社會脫離了狹義的「私人」所形成之場域，而是黑格爾所述「通過普遍性制約」（PR, §183）的外部國家。

（2）外部國家

依據以上黑格爾市民社會與國家關係圖，對處於市民社會與國家之間「映射」場域的外部國家，分成等級、同業公會（圖示的左邊），以及司法、警察權（圖示的右邊）加以論述，最後再討論由市民社會通過外部國家過渡到政治國家的理論意義。

（2.1）等級

黑格爾的等級論述，附屬於論「財富」一節，其說明為：「無限多樣化的手段及其在相互生產和交換上同樣無限地交叉起來的運動，由於其內容中固有的普遍性而集合起來，並區分為各種普遍的集團」，也就是說，市民社會的分工體系將形成等級差別（PR, §201）。基於以上定義，黑格爾區分三個等級：實體性等級（農業等級）、反思性等級（產業等級），以及「普遍等級」（PR, §202）。在這三者之中，只有產業等級是市民社會需

要體系社會分工的結果，可以進一步區分出手工業、工業以及商業三個等級（PR, §204）。黑格爾等級論的理論意涵，將於下一節仔細探討。

（2.2）同業公會

市民社會中的產業等級，由於其活動本質集中於特殊利益，因此需要通過同業公會的組合，以客觀存在的社會組織強化這個等級的尊嚴（*Ehre*, honor; PR, §253）。也就是說，與農業等級和普遍等級不同，產業等級需要通過同業公會來「使自己得到承認（recognition）」（PR, §253 Zu.），增加團體凝聚力，也使得其個人的意識逐漸往普遍性提升。事實上，在前述圖示中已可看出，等級以及同業公會將發展成為國家中的立法機構；換言之，圖示左邊所顯示的倫理整合，乃是由下而上的發展過程，可以看作是市民社會在國家中之「映射」。

（2.3）司法

黑格爾與西方近代政治思想傳統最大的差異之一，乃是將司法權移出國家憲政的權力分立架構，而轉變為市民社會「外部國家」的治理機制。黑格爾認為狹義的需要體系無法自足地存在，因為私人在追求個人利益的場域中，必然產生衝突與糾紛，而唯有通過司法權，將前述《法哲學原理》第一部分所闡釋的「抽象法」的各種法律規範，適用於經濟社會所產生的爭議，方能恢復衡平與正義。在這個脈絡中，黑格爾相當詳盡地處理了**法治**（rule of law）的基本原則，強調普遍性的法律必須公告周知後，才產生法的拘束力，並通過司法判決落實在市民社會的生活中。

（2.4）警察權

司法所處理的是個人所有權與人身的侵害；而在此之外，在需要體系的現實生活中，個人的特殊「福利」（*Wohl*; welfare）則須通過警察權的運作加以保障或實現（cf. Siep, 2004: 279-285）。相對於司法，警察權處理的是有關公共利益的特殊性，主要是在需要體系中時常發生的偶然性對個人所可能產生的損害予以預防（PR, §233），以及對與普遍事務相關的公益設施加以監督管理（PR, §235）。[7]

雖然外部國家發揮了一定程度的治理與整合作用，但就倫理整合之終極目的而言，黑格爾認為「外部國家」所能達到的效果仍有其限度。他指出，警察權只能就普遍性與特殊性之對立作出相對（relative）的統一，而同業公會作為一種社會組織，則只是有所局限（restricted）的整體（PR, §229）。其原因在於，「外部國家」體制只構成一種「外部關係」：首先，整合制度之間缺乏有機性聯繫，因為它們只是為應付市民社會危機而專設的；更重要的是，由於外部國家的機構（特別是警察權）的治理功能，而對個人呈現出一種外在必然性的樣態（PR, §261），個人很容易將這些機構的治理視為外來干涉。[8] 是以，市民社會作為「需要國家」（*Nötstaat*; state based on needs）以及「知性國家」（*Verstandesstaat*; state based on understanding; PR, §183）必須自我揚棄（PR, §183），提升為具有正當性，並不外於個人的「理性國家」。

7　關於警察權的思想史考察，請參閱 Knemeyer（1980）。

8　這是黑格爾於青年時期對費希特「強制」概念的批判重點（Hegel, 1999: 134-138）。

（三）具體自由與國家

確立了市民社會向國家辯證發展的必要性之後，下一步乃是探討現代國家之合理性。黑格爾對此議題說明如下：

> 現代國家的原則具有這樣一種驚人的力量和深度，即它使主觀性的原則完美起來，成為獨立的個人特殊性的極端，而又使它回復到實體性的統一，於是在主觀性的原則本身中保存著這個統一。（PR, §260）

換言之，對黑格爾而言，現代國家的本質，在於主體性和實體性倫理生活的統一。《法哲學原理》不將主觀自由與倫理關係視為互斥的原則，而是力圖在現代自由觀念的基礎上完成倫理整合（cf. Hyppolite, 1996: 60-61, 67-68）。為證成這種觀點，必須進一步探索在何種意義下自由與倫理生活互補，以及在何種制度安排下，此相輔相成的關係得以成為政治生活的現實性。

《法哲學原理》的國家理論處理兩個相關的基本議題：其一為合理的現代國家中，其**憲政**（*Verfassung*; political constitution）所須具備的有機性權力分立狀態，也就是**有機體**；另一則為在此合理國家中，公民所具有的一種積極的政治認知，黑格爾稱之為**愛國情操**（patriotism）。以下先論合理國家的憲政制度，再論愛國情操理論之內容。

對黑格爾而言，現代國家的本質在於其憲政，而憲政的基本特質便是依據理性所產生的「有機性權力分立」（PR, §271-§272）。他主張國家作為有機體乃是「理念向它的各種差別的客觀現實性發展的結果」（PR, §269），也就是說國家的特質在於理

性劃分政府的權力、職能以及活動領域後，所形成的憲政體制能讓普遍物持續地自我創造以及保存。在這個議題上，黑格爾雖然承繼了孟德斯鳩權力分立的政府論，但是將之改造為可以保全有機體持續發展的憲政理論。黑格爾主張國家權力的「劃分」乃是公共自由的保障，並且通過憲政體制內差別性的建立，而實現整體的合理性。然而，他反對啟蒙以來關於國家制度「人們到處空談不休」（PR, §272 Zu.），特別是主張政府權力構成相互否定、相互限制的錯誤觀念。黑格爾認為，政府權力的互相抗衡，或許可以達成某種「普遍均勢」，但卻無法促成「有生命的統一」（PR, §272 Zu.）。基於此，他提出其獨特的憲政權力分立論如下：

> 政治國家就這樣把自己分為三種實體性的差別：
> （1）立法權，即規定和確立普遍物的權力；
> （2）行政權，即使各個特殊領域和個別事件從屬於普遍物的權力；
> （3）王權，即作為意志最後決斷的主體性權力，它把被區分出來的各種權力集中於統一的個人，因而它就是整體及君主立憲之頂峰和起點。（PR, §273）

　　限於篇幅，此處無法深入探討黑格爾關於各項憲政權力的詳細論述，而著重於分析探討其權力分立論如何促成他所主張的國家有機體之整體持續存在。[9] 筆者認為，關鍵在於黑格爾揚棄

9　近年來有不少文獻運用黑格爾邏輯學的概念，闡釋其國家與憲政論（如 Henrich, 2004; Wolff, 2004），筆者不採取此分析取向，而著重黑格爾國家論與西方政治思想史之關係。

了孟德斯鳩「機械式」的三權分立理論後，以英國式的君主立憲與內閣政府為藍本（PR, §300 Zu.），擘劃出一種政府權力彼此互相依賴、彼此中介，共同促進憲政有機體運作的論述。如前節所述，黑格爾將司法權歸入市民社會外部國家的運作，所以並非憲政體制權力分立的一環；而他所分析的憲政權力，如前述引文所顯示，乃立法權與行政權，以及其與君主最終決斷主權間之關係。值得注意的是，在論述三種權力的構成時，黑格爾反覆強調彼此互相依賴的關係：如君主王權除了自我規定的最後決斷環節外，也包括國家制度與法律之普遍性（立法環節），以及特殊性對普遍性的諮議（行政環節；PR, §275）；在論述立法權時，則主張作為決斷的君主權，和作為諮議的行政權，在其中一起作用（PR, §300），然後再討論立法權運作的機關，也就是兩院制的等級會議。只有在論述行政權時（PR, §287），並未看到其他兩種憲政權力的出現。

　　黑格爾的國家有機權力分立論，表現出了**立憲君主制**（constitutional monarchy; PR, §273）的特質，[10] 所以**王權**被黑格爾列為憲政第一環節。一方面，他運用相當強烈的決斷論來證成，國家的特殊職能必須統攝於國家的統一性，也就是國家的主權（PR, §278）。而主權作為「無須基礎的、能左右最後決斷的自我規定而存在」，僅能由君主「個人」承載（PR, §279），這構成王權之理據。然而，黑格爾也同時依據立憲君主制的精神，強調這個決斷乃是形式上的：「君主只用說一聲『是』，而在『I』上御筆一點」即可（PR, §280）。而且他強調君主王權行使

10　關於德國 19 世紀立憲君主制的發展，可參閱 Böckenförde（1991: 87-114）。

時，必須通過國家制度與法律之普遍性（立法環節），以及特殊性對普遍性的諮議（行政環節）加以中介（PR, §275）。

在**立法權**方面，雖然在初始定義中被界定為「規定和確立普遍物的權力」（PR, §273），但在後續的討論中，黑格爾似乎迴避直接論述立法權所代表的人民意志如何建立法律，而僅僅論述法律必須依據國內事務的狀態而得到進一步的規定與發展，從而對於公民的權利以及義務加以規範（PR, §298-§299）。在這個脈絡中，黑格爾批判人民主權論（PR, §279 Zu.），其論證與之前他批判盧梭與費希特的社會契約論之論點類似，他指出以個人任性為基礎，只能達到「共同性」但無法企及真實的「普遍性」（PR, §258 Zu.; cf. 魏楚陽，2017）。黑格爾強調等級議會，並依據英國式的兩院制，讓德國所特有的土地貴族組成上議院，而市民社會的產業等級，其選任代表構成了下議院。各等級的代表共同審議與決定有關公共事務的法律與命令，而其職權範圍包括公民的權利義務、有關自治團體與同業公會運作之規則，以及稅率等（PR, §299）。等級代表原則的主要作用，是將市民社會中源於社會分化而產生的等級賦予政治功能，使之成為國家的一部分。他稱此種作用為中介（PR, §302），吾人可名之為「**倫理整合**」（cf. Cohen & Arato, 1992: 102-112）。換言之，立法權有兩個相當不同的作用，一為立法，一為倫理整合；當黑格爾提出立法權可以「規定與確立普遍」時（PR, §273），他同時指涉了普遍性法律規範之建立（立法），以及使普遍性規範內化於公民意識之中（倫理整合）。黑格爾在這個脈絡中特別強調等級會議中的公共討論，以及議事紀錄的公布，將促成關於國家普遍事務知識的普及化，這是「公共輿論」（Öffentlichkeit; public opinion）。而由於個人對於公共事務可以有自己的意見、判斷以及建議，通過言論自由表達發揮，這形成了國家之中「主觀自由」的表達場域（PR, §316）。然而，黑格爾也同時指出，公共輿論的內容往往真偽夾雜，畢竟它只是個人以及社會意見的匯聚，很難說其中蘊含有真理的成分。事實上，黑格爾在結束國家對內主權，也就是憲政體制討論的最後一節（PR, §320）指出，公共輿論作為主觀性的外部表現，以爭辯為基本型態，而在這種狀態中，是否能真正鞏固國家生活，仍有疑義；而他甚至承認，對於國家憲政的持續存在不可或缺的王權原則，也並未成為當時公共輿論的確定性（cf. Avineri, 1972: 174-175）。

　　然而，黑格爾國家以及憲政論的真正核心，乃是**行政權**。由於其作用在於「使特殊從屬於普遍的事物」（PR, §287），這預設了行政權的承載者認知了普遍性；是以他將服公職者稱為「**普遍等級**」，並且在市民社會「外部國家」的公共治理中發揮關鍵功能。換言之，此具體實現理性治理的等級，才是黑格爾現代國家理論的骨幹核心。誠如艾倫・伍德（Allen Wood）在其編輯的《法哲學原理》英文本注解中指出，黑格爾關於行政權的討論，並非反映當時普魯士的現狀，而是代表他同意斯坦因（Heinrich von Stein, 1757-1831）的體制改革，強化中立的官僚機構，脫離貴族等級的掌控，而能輔佐普魯士君主實施理性治理。[11] 不僅如此，黑格爾還運用亞里斯多德「中間等級」的概念，強調在現代國家中，政府的成員，由於其選任過程的嚴謹，集中了全體民眾的智慧以及法律意識，從而也構成一種「中間等級」（PR,

---

11　請參閱 Wood 對 PR, §283、§288、§289 之注解（Hegel, 1991: 566-567）。

§297）。由黑格爾關於中間等級的論述可以看出，在現代商業社會所建立的國家中，此種中間等級取代了傳統貴族，成為統治者與被統治者之中介。而孟德斯鳩在溫和君主制中，通過貴族等級節制君主權力的主張，在黑格爾的國家中被中間等級所取代，而且由上而下有主權者的決斷，由下而上又有同業公會主張各自之權利，使得中間等級不致任性統治，而會服務於國家的最高利益（PR, §296-§297）。

　　總結以上，在黑格爾的國家與憲政論述中，君主的形式性最終決斷、人民通過等級制與輿論之形成發揮主觀自由並提升公共意識，以及行政權作為普遍性與特殊性間之中介並使特殊事物從屬於普遍性，三者彼此互相補足，形成了一個有機整體。黑格爾進一步主張，在此種現代國家的有機體中，個人不但可以發揮主觀自由，其個體性於外在環境不足而導致個人福祉受損時，又能受到普遍治理的導正。其結果不但在客觀的層面上形成一種合理的憲政國家體制，而且在公民的主觀意識中，也能夠認知到他們從屬於一個可以同時實現自由與倫理的共同體之中，從而產生了一種現代型態的愛國情操：

　　　　政治認知（*politische Gesinnung*; political disposition），即愛國情操本身，作為從真理中獲得的信念……和已經成為習慣的意向，只是國家中各種現存制度的結果，因為在國家中實際上存在著合理性，它在根據這些制度所進行的活動中表現出來。這種政治認知一般說來就是一種信任，……是這樣一種意識：我的實體性的和特殊的利益包含和保存在把我當作單個的人來對待的它物（這裡就是國家）的利益和目的

中，因此這個它物對我來說就根本不是它物。我有了這種意
識就自由了。（PR, §268）

換言之，對黑格爾而言，公民意識與政治共同體具有如下
一種互相支持的關係：一個能被稱得上是理性國家的有機性政
治共同體，必會保障公民的福祉與利益；而能運用理性認知的
公民，亦必肯認（recognize）國家此種基礎性角色（foundational
role）。此種肯認形成了愛國情操，也就是使公民與政治共同體
緊密結合的凝聚力。值得注意的是，黑格爾將具有愛國情操的自
我意識稱為是「自由」的，而此處的自由，當然不是之前市民社
會所體現的主觀或選擇自由，而是客觀的、意即「具體自由」，
因為主體意識與客觀制度交互支持、交互承認，不再是兩種互相
對立、疏離的存在，完成理性國家的理念：

> 國家是具體自由的現實；但具體自由在於，個人的單一性
> 及其特殊利益不但獲得它們的完全發展，以及它們的權利獲
> 得明白承認……，而且一方面通過自身過渡到普遍物的利
> 益，他方面它們認識和希求普遍物，甚至承認普遍物作為它
> 們自己實體性的精神，並把普遍物作為它們最終目的而進行
> 活動。（PR, §260）

黑格爾的中介政治論：以等級概念為例

在分析了黑格爾的市民社會與國家論之後，有必要進一步闡
釋其中重要的理論議題。可以運用的理論資源很多，筆者認為等

級概念是最有意義的切入點。

　　在《法哲學原理》的成熟系統中，黑格爾雖然稱許《理想國》描繪了倫理生活實體性的真與美，但明確指出柏拉圖並未妥當處理個人特殊性的原則，更遑論從基督教開始所發展出的主觀自由原則（PR, §185 Zu.）。進一步而言，他強調柏拉圖由於強調倫理實體而缺乏主觀自由要素，所以在其理想國度中，個人的等級歸屬是由統治者所決定的（PR, §206 Zu., §299 Zu.）。換言之，吾人可以說黑格爾《法哲學原理》的主要意旨，便在於將柏拉圖的等級理論，通過主觀自由原則的引入，改造成為一個符合現代社會條件的政治哲學體系。[12] 而在這個議題上，黑格爾

---

12 雖然當代學者，如較早期的佛斯特（Foster, 1935）以及當代的英伍德（Inwood, 1984），傾向於不接受黑格爾對柏拉圖的詮釋；但黑格爾對柏拉圖《理想國》的詮釋，其實構成了理解黑格爾的政治擘劃是否符合現代性的關鍵議題。除了在《法哲學原理》討論柏拉圖的倫理實體性原則以及缺乏個體性概念（在黑格爾的詮釋中，蘇格拉底其實已經為希臘的倫理實體灌注了個體性的原則）之外，參閱黑格爾《哲學史演講錄》關於柏拉圖精神哲學的部分（黑格爾，2013, 2: 255-280），將可以確認他對柏拉圖的繼受以及批判。在這個脈絡中，黑格爾特別提出柏拉圖關於倫理實體性的理論進程，遠遠優於現代自然權利和自然狀態的各種理論，因為自然狀態的虛構性，導致自然權利理論只能從人的個別性出發，無法建構社會與國家的整體性（黑格爾，2013, 2: 257-258）。黑格爾進一步討論《理想國》的有機性倫理共同體理論包含了三個環節：倫理的有機體乃由等級所構成、各個等級在倫理生活中得以發展出不同的德行，而個人的特殊性也在不同等級歸屬之後得到恰當的發展（黑格爾，2013, 2: 265-271）。黑格爾並強調，柏拉圖的倫理實體包含三個體系（為了全體利益而籌劃的立法、抵禦外敵保衛共同體的安全，以及滿足個人需要的各種技術）；而相對於這三個體系，柏拉圖提出三個相對應的等級：有智慧的統治者、戰士，以及供應必需品的農人與工匠。柏拉圖對黑格爾的影響，在於黑格爾認為柏拉圖的《理想國》，並不是提出一個無法實現的烏托邦，而是一個在時代精神中的「真實憲政」（true constitution）的理念，它「乃是出現在一

等級概念的轉變或轉化，具有關鍵性的意義。是以，黑格爾思想
中等級概念內涵之歧義，雖然並非黑格爾研究文獻之主流（cf.
Cullen, 1988; Wood, 1990: 200-202; Peperzak, 2001: 448-453），但
實有必要加以分析。表面上看來，其「等級」意指市民社會需要
體系以及社會分工所產生的社會群體，符合現代社會學所稱的
「階級」（class）。但如同亞維內里（1972: 104-105）所指出，
黑格爾的等級概念不只是社會分工的結果，而且也同時強調社會
整合以及政治制度化的議題。這個觀察雖然大體無誤，卻仍有更
深層的理論議題值得爬梳。

　　吾人有必要重新檢視《法哲學原理》對等級之定義：

　　　無限多樣化的手段及其在相互生產和交換上同樣無限地交
　　叉起來的運動，由於其內容中固有的普遍性而集合起來，並
　　區分為各種普遍的集團；全部的集合就這樣地形成在需要、
　　有關需要的手段和勞動、滿足的方式和方法，以及理論教育

續

個歷史的民族前面，以便作為它趨赴的目標。每一個國家在時間進展的過
程中必須對它現存的法治做如許的改變，以便可以愈來愈接近那真正的憲
政」（黑格爾，2013, 2: 262）。換言之，黑格爾的理論意圖，如同柏拉
圖的《理想國》擘劃了希臘城邦的「真實憲政」，其《法哲學原理》也在
相同的意義上擘劃了現代的「真實憲政」。黑格爾明白指出，假如國家法
治與此種「真實憲政」完全背離，那麼將發生兩種可能情況：其一為內部
的強力爆破粉碎了現行法律制度，或無法改革停留在低劣的法律制度，終
極地被另一個可以完成較高級憲政的卓越民族所支配（黑格爾，2013, 2:
262-263）。基於這個脈絡，黑格爾關於政治現實性，以及他在《法哲學
原理》〈序言〉中著名的格言：「凡是合乎理性的東西都是現實的；凡是
現實的東西都是合乎理性的」可以得到完整的詮釋。

和實踐教育等各方面的特殊體系 —— 個別的人則分屬於這些
體系 —— 也就是說，形成等級的差別。（PR, §201）

　　基於此定義，黑格爾區分三個等級：實體性等級（農業
等級）、反思性等級（產業等級），以及「普遍等級」（*der
allgemeine Stand*, universal estate; PR, §202）。黑格爾強調，這三
種等級一方面是依據概念而區分的普遍差別；但另一方面，個人
應該歸屬於哪一個特殊等級，雖受到「天賦才能、出身和環境」
等因素之影響，但終極的決定因素還是在於「主觀意見和特殊
性」（PR, §206），也就是現代社會中個人選擇職業之自由。

　　在這三者之中，只有產業等級是市民社會需要體系社會分
工的結果，可以進一步區分出手工業、工業以及商業三個等級
（PR, §204）。黑格爾特別強調，產業等級的主觀意識與城市生
活和工商業活動有關，所以特別具有自由感，而其需求更與法治
狀態密切相關。在黑格爾的擘劃中，這些由市民社會需要體系與
社會分工所產生的等級，將通過同業公會建立成員之尊嚴，並提
升到國家立法權中的等級代議活動（PR, §251-§256）。

　　相對地，農業等級與普遍等級則並非由市民社會的需要體系
所直接決定。農業雖然可以視為社會需求的一部分，但其作為人
類的生產活動卻先於現代商業社會，所以黑格爾強調農業等級與
「家庭生活和自然生活實體性」的直接關係（PR, §203, §250）。
然而，從《法哲學原理》的整體結構加以觀察，黑格爾特別將農
業等級獨立列舉，理由並非僅僅在於農業活動本身和市民社會
工商業活動的差異性。事實上，他已經指出在現代社會中，農
業「也像工廠一樣根據反思的方式而經營」，但其中保留一種

「舊貴族的情趣」，也就是當時普魯士所特有的強勢的土地貴族
（*Junker*），[13] 他們始終「保持住家長制的生活方式」以及「實體
性的情緒」（PR, §203 Am.）。而黑格爾在立法權的討論中，不
僅容許此土地貴族階層於歷史上已經存在的等級特性，而且接
受「他們的財產就成為不可轉讓的長子繼承的世襲領地」（PR,
§306）。黑格爾甚至主張，其成員由於財產不為任性所左右，特
別負有政治使命，構成代議制度兩院中的上議院或貴族院（PR,
§306）。在這個議題上，黑格爾承認土地貴族和君主的要素相
同，都包含「自然規定」（PR, §305），也就是並非根據自由或
精神的出身身分之規定。

　　至於黑格爾關於「**普遍等級**」的論述，最富理論意涵也最為
重要。普遍等級意指「政府中供職的等級」（PR, §303），所以
並不參與市民社會的直接勞動來滿足需要（PR, §205）。黑格爾
本人的理論意旨，在其論述國家立法權作為等級要素運作的場域
時才徹底展現：

　　普遍等級（或者更確切地說，在政府中供職的等級）直接
　由於它自己的規定，以普遍物為其本質活動的目的；**私人等**
　級在立法權的等級要素中獲得政治意義和政治效能。所以，
　這種私人等級既不是簡單的不可分解的集合體，也不是分裂
　為許多原子的群體，而只能是它現在這個樣子，就是說，它
　分為兩個等級：一個等級建立在實體性的關係上；另一個等

13　關於普魯士土地貴族的歷史演變與反民主化傾向，可參閱 Rosenberg
　　（1985）。

級則建立在特殊需要和以這些需要為中介的勞動上。只有這樣，存在於國家內部的特殊物才在這方面和普遍物真正地聯繫起來。（PR, §205；粗體強調是筆者所加）

在這個關鍵的文本中，黑格爾用「私人等級」一詞概括他在前文所討論的農業以及產業等級，並與普遍等級相對立，但只有產業等級才是市民社會需要體系經濟活動所產生的結果。普遍等級則包括政府官員（PR, §303）、軍人（PR, §327 Am.），以及市民社會中司法權與警察權的執行者。換言之，「普遍等級」並不能從市民社會的需要體系與勞動方式所決定（如 PR, §201 所述），**它事實上是市民社會中更高之「他者」**，乃是具有普遍性的國家「映射」在市民社會的結果，以實現普遍利益。進一步而言，比較黑格爾關於司法、警察權，以及國家憲政中行政權的哲學分析可以看出，他將這些「普遍等級」的治理活動，統攝於**「歸屬」**或**「適用」**（subsumption）之範疇，其意義在於將特殊事件歸屬於法律或普遍規範之下，同時將現象的經驗提升到被承認的普遍類型。[14] 黑格爾不僅對於司法權運用此種法律適用的範疇（PR, §225-§228），並在關於行政權的論述中有更完整的說明：「使特殊從屬於普遍的事物由行政權來執行。行政權包括審判權和警察權，它們和市民社會中的特殊物有更直接的關係，並通過這些特殊目的來實現普遍利益」（PR, §287）。

---

14 在《判斷力批判》第 35 與 38 節中，康德已經將「subsumption」界定為判斷力的主觀要素（Kant, 2000: 167-168, 171）。在康德思想系統中，李明輝將之譯為「涵攝」（康德，2013:182；康德，2015: 54）。

　　筆者主張，黑格爾普遍等級概念的真正淵源是柏拉圖的《理想國》。通過柏拉圖《理想國》中關於「衛國者」（guardian）的論證（*Rep.* 273-276），同時加上其「哲學家王」的政治功能，產生了《法哲學原理》中獨特的「普遍等級」論。黑格爾將軍人也視為普遍等級之成員，有義務通過英勇的德行來保國衛民（PR, §327），印證了這個柏拉圖主義的色彩。一方面黑格爾主張普遍等級是市民社會私人等級的對立面，其目的在於「在特殊權利中維護國家的普遍利益和法治」（PR, §289）；另一方面則強調這個等級既非世襲的自由民，亦非柏拉圖式層層揀選所產生的少數統治精英，而須反映現代的主觀自由原則，將普遍等級開放給公民自由選擇，但仍須通過考試證明其個人知識及治理能力。而由於職位與個人分離，普遍等級成員又不參與市民社會的勞動，其生活所需必須依賴國家之薪資，以使這個客觀的普遍等級能衡平地治理。所以，黑格爾所擘劃的並非古典政治共同體，而是現代立憲國家。不僅如此，黑格爾在行政權的篇章中，建構了一個現代科層制或官僚（bureaucracy）理性治理的原型。如同社會學家韋伯的分析，科層體制以其專業技能，依據法律和規則從事行政治理，這是現代國家最重要的政治理性化來源（Weber, 1978, 1: 223-236）。[15]

　　基於本節以上分析，《法哲學原理》的等級原則，表面上看來似乎是封建制度之餘緒，但事實上則結合了柏拉圖主義與現代

15　請參閱筆者對黑格爾行政權與普遍等級論作為現代官僚科層制社會理論之前身的分析（Shaw, 1992）。該文著重黑格爾與韋伯之理論比較，個人對於黑格爾國家論之意旨，仍以本文之詮釋為準。

主觀自由原則，完成了現代國家統治機構的概念化工作。換言之，黑格爾的等級概念，既包含前節關於市民社會與國家圖示的左半部私人等級由下而上之倫理整合，也含括了圖示右半部普遍等級從上而下「實現普遍性」的理性治理二者，從而完成了他獨特的雙向**中介政治論**。

然而，必須強調的是，黑格爾的中介政治論仍有其極限。在分析市民社會財富增長與貧困同時辯證發展的過程中，他單獨指出了由於「特殊勞動的細分和局限性，從而束縛於這種勞動**階級**（*Klasse*, class）的依賴性和匱乏，也愈益增長」（PR, §243），這是《法哲學原理》中少數運用「階級」一詞的段落。[16] 黑格爾進一步指出，勞動階級無法享受自由以及市民社會的精神利益，當其生活降到一定水平之下而產生因貧困而來的不滿情緒時，便成為「貧民」或「賤民」（*Pöbel*, rabble; PR, §244）。[17] 關鍵問題在於，黑格爾並沒有把勞動階級當作市民社會的一個**等級**，也未曾將勞動階級吸納進其所提出產業等級及同業公會必須致力於創造的倫理凝聚力的社會制度之一環。他只將勞動階級或「貧民」議題，作為警察權（也就是國家行政權的治理）所必須注意的重大治理課題。換言之，**勞動階級成為黑格爾市民社會論中未曾整合之「他者」**，沒有被倫理生活體系所「中介」或「調解」，維持在異化之狀態。這個議題未來將成為青年馬克思批判黑格爾國家論的主軸。

---

16 除了 PR, §243，「階級」一詞只出現在 §245, §253 Zu. 兩處。

17 德文由 *Pöbel* 發展為 *Proletariat* 的過程，請參閱 Conze（1985）的分析。

文明、帝國與歷史辯證

根據以上分析，在《法哲學原理》中，「民族」並非倫理生活的構成環節或整體。黑格爾分析了國家憲政的有機環節之後，在國家面對其他國家，亦即在國際法以及世界史的場域中，才引入「民族」的概念。關於民族與國家之關係，他指出：「一個民族最初還不是一個國家。一個家庭、游牧民、部落、群體等等向國家狀態過渡，一般說來，就是理念採取民族形式的實在化」（PR, §349）。他進一步強調，此種「民族形式的實在化」至少包含三個環節：首先，民族作為地理學上和人類學上的實存，本身具有獨特的民族精神（*Volksgeist*），這是民族存在的實體基礎（PR, §346, §352）。其次，在國家或憲政論述中，黑格爾所迴避討論的政治創建議題（cf. 蕭高彥，2013: 300），在歷史哲學中，則成為「偉大的歷史個體」（great historical individual）所具有的政治動能，具備「英雄創建國家的權利」（PR, §350）。而創建活動意味著建構**「作為國家的民族」**（*Staat als Volk*），[18] 以實現精神的合理性與現實性，從而構成了「地上的絕對權力」（PR, §331）。這意味著主權國家的相互關係乃是一種自然狀態（PR, §333），各自追求其國家的特殊福利以及特定利益（PR, §336），雖然彼此之間仍然以互相承認作為國際法的基礎。

但最後，到了世界歷史作為客觀精神最終以及最高的階段時，此種「歐洲國際法」的規範性（PR, §339）便被揚棄，轉變

18　關於 *Volk* 一詞以及 *Staat als Volk* 概念，請參考 Moland（2011: 76-96）之討論。

為國家與民族作為實存的力量彼此競爭，而以「世界歷史作為法院」（PR, §341）。在市民社會層次，已經由於國內財富過剩問題而在 19 世紀形成歐洲殖民的帝國主義（PR, §246-§248），在歷史哲學中，黑格爾引入國家與民族要素，進一步論述其政治意識形態結果：

> 基於上述同一規定〔按指英雄創建國家的權利〕，文明民族可以把那些在國家的實體性環節方面是落後的民族看作野蠻人（如游牧民對待狩獵民，以及農業民族對待前兩者，等等）。**文明民族意識到野蠻人所具有的權利與自己的是不相等的，因而把他們的獨立當作某種僅為形式的東西來處理。**（PR, §351，粗體強調是筆者所加）

黑格爾的主張是：建立現代國家的民族為「文明民族」，而未能落實此政治課題的則是「野蠻人」，文明民族與野蠻人的權利是不平等的，因而在兩者的鬥爭中，文明民族無須遵守他們自己在歐洲所建立的「歐洲國際法」，而可將野蠻人之權利當作僅僅是形式性的東西！[19] 在本節的附釋中，黑格爾指出「在這

---

19 請參閱皮茲（2005）對 19 世紀帝國主義思潮之批判。以黑格爾的論述而言，文明民族與野蠻人「權利的不平等」，是否意味著他在《法哲學原理》第一部分「抽象法」所建立的人格概念（PR, §34-§36）不適用於「野蠻人」？如第四節所述，由於黑格爾接著便處理所有權，主體的人格是以占有「物」而確立的，其實質乃是市民社會的個體或布爾喬亞，因此的確有可能對其權利論述做出徹底歐洲中心主義的閱讀：只有歐洲發展出完善的私法保障所有權，所以在現代條件下發展出市民社會與理性國家。未達此境界的民族，不適用《法哲學原理》的倫理政治論。

種情況下發生的戰爭與爭端，是爭取一種對特定價值的承認的鬥爭」，（PR, §351 Zu.），這恰恰指向《精神現象學》中形成主奴關係的承認鬥爭。

　　不令人意外地，黑格爾的歷史哲學，終結於其歐洲中心主義的發展進程。在世界史作為法院的角度中，最能實現精神在該階段中所需實現的使命者，就構成了該歷史階段「**支配的民族**」（PR, §347）。而這種具有世界史意義的民族，體現了精神在歷史中所逐漸實現的各種原則，而總結於所謂世界歷史的「**帝國**」（*Reich*; PR, §352）。[20] 黑格爾主張，從世界史的角度而言，人類歷史存在過四種形構自我意識以及民族精神所形成之「帝國」：首先，「東方帝國」以家長制與神權政治為基礎，其運作乃是一種沒有分化的實體性精神，在其中繁瑣的禮儀成為支配個人的力量；第二、「希臘帝國」建立了個人的個體性原則，雖然這是一種美學的個體性，而且並不能完全發揮主觀的自由；第三、「羅馬帝國」從希臘的民主轉變到羅馬的貴族制，通過法權原則之建立，完成了個人在私法層次之平等；最後，黑格爾主張，「日耳曼帝國」（*das germanische Reich*）的民族精神掌握了無限的神性以及人的本性，從而能夠調解客觀真理與自由。此種「北歐日耳曼民族的原則」（PR, §358），恰恰在現代性的社會條件下，完成了足以整合主觀自由的市民社會，以及實現倫理實體性的國家，也就是《法哲學原理》體系之原則。

20　中譯本將 *Reich* 翻譯成「王國」，喪失了這個概念的特殊政治性。而在《世界史哲學演錄》中，四種帝國被黑格爾稱為四種「世界」（東方、希臘、羅馬、日耳曼），比較中性。然而，《世界史哲學演錄》是學生筆記而成，應該不如《法哲學原理》反映出黑格爾的真實理論觀點。

　　然而，黑格爾的歷史哲學，回歸到民族作為歷史主體時，表面上在客觀精神發展進程中，是比市民社會與國家更高級的階段，事實上卻是由探究市民社會與國家的現實性（*Wirklichkeit*; actuality）轉變為現存國家民族之實存（existence）。

結語：從國家理性到理性國家

　　基於以上分析，《法哲學原理》明確地分化出現代商業社會與國家，並加以哲學性的概念化。這可以被視為德國觀念論傳統中，嚴肅面對貢斯當所提之「古代自由」與「現代自由」分野的最重要理論創新（Smith, 1989: 46-47; Nippel, 2015: 208-211）。然而，黑格爾並不自限於現代性的主觀自由原則，而持續依據倫理生活觀念提出整合規劃，完成其「中介政治論」，構成理解黑格爾政治哲學的關鍵。

　　在其成熟體系中，黑格爾引進了現代性的自由原則，大幅擴張市民社會第一環節中，通過個人需要與社會分工所形成的個人主觀自由場域。但黑格爾又建構了等級理論作為倫理整合的基礎，並發展出普遍等級理性治理作為國家最重要的政治風貌。換言之，等級不再是直接構成民族的倫理元素，而是現代條件下社會分工與政治治理所產生的結果。黑格爾在其成熟體系中，發展出兩重中介而形成的有機體：一方面，等級原則作為倫理整合的機制，由下而上構成邁向國家有機體的基礎；另一方面，國家的憲政制度自身必須通過權力分立而形成一種符合理念的理性有機體，並通過行政權與普遍等級完成理性治理。此為黑格爾後期思想中具有原創性的識見。換言之，由「知性」（*Verstand*）國家

過渡到「理性」（*Vernunft*）國家，這個在費希特思想中已具雛
形但並未完成的理論課題（cf. 吳庚，1986），在黑格爾成熟期
的系統中，通過市民社會－外部國家（知性）－理性國家的有機
憲法之三重構造，方才完成。

　　本文建構了一個完整的黑格爾政治理論之圖像，嘗試克服傳
統詮釋中，過分強調國家（如卡西勒），或過分著重市民社會之
原創性（如里特爾與黎德爾）之偏頗。事實上，與近代自然法或
社會契約論傳統理論比較起來，黑格爾主要的原創性，乃是在**方
法層次**揚棄了個人主義以及經驗主義的理論進程，拒斥以個人為
出發點來建構具正當性的社會與政治共同體。然而，在**實質內容**
層次，黑格爾並沒有完全超越西方近代自然法傳統的分析範疇。
他所分析的倫理生活三個環節（家庭、社會，以及國家），在與
霍布斯和盧梭相比時，或許看似有極大的差別；但若與格勞秀斯
與普芬道夫的自然法論述比較，則顯示出較大的親和性。以格勞
秀斯而言，《戰爭與和平法》第二卷對「國家」定義如下：「單
一民族與國家的結社，此一聯合體對其成員享有最高的權力。這
事實上正是最完善的社會」（Grotius, 1925: 253）；而黑格爾將
國家作為普遍性的承載者，無疑地反映出這個「完善社會」的傳
統觀點，甚至可以追溯到亞里斯多德視政治共同體為實現良善生
活所不可或缺的古典傳統。而以普芬道夫而言，他區分自然狀
態、社會狀態，以及政治國家三種樣態。「前政治」的「社會狀
態」乃由種族親緣關係和契約活動所構成，最後才發展出政治
國家這種「完善社會」（Pufendorf, 1934: 949-959; cf. Hont, 2005:
165-166）。相較之下，黑格爾雖然取消了自然狀態，但在普芬
道夫所分析的後兩個元素，即社會狀態與政治國家的對立中，

社會又以家庭與商業活動為核心，其實與黑格爾的家庭、市民社會，與國家三元論仍具有延續性的思想發展軌跡。

　　最後，若從思想史的角度加以詮釋，則吾人可以說黑格爾的市民社會和國家理論，為西方第一波現代性的「**國家理性論**」傳統取得了完整的哲學與政治正當性的基礎，並結合古典政治經濟學與主權論述，成為第二波現代性「**理性國家論**」之集大成的政治哲學論述。黑格爾通過憲政有機體理論以及普遍等級所發揮的理性治理，為發源於君主國的國家理性論述，在現代憲政國家中找到體制上的合理建制點，並且通過中介政治論銜接市民社會與國家，完成了哲學體系化和理論證成。

13 帝國的邊界：再論馬克思

萬毓澤（國立中山大學社會學系教授）

通過 MEGA^2，回到馬克思

　　自薩依德於 1978 年出版《東方主義》（*Orientalism*）以來，「後殖民研究」或「後殖民主義」的學者經常將馬克思的名字與「東方主義」、「歐洲中心論」相提並論。根據這些學者的說法，馬克思儘管同情帝國殖民統治下的受害者，但仍認為這是人類社會發展的大勢所趨。換言之，馬克思的學說既是「普遍性」（universal）的，也是「普遍化」（universalizing）的：所有人類社會都將勢不可免經歷特定的歷史階段，朝烏托邦的彼岸邁進。

　　四十年來，這樣的論斷周而復始出現。比如說，2018 年出版的文集《去殖民大學》（*Decolonizing the University*）旨在檢討大學知識生產體制與殖民體制的共謀，但全書只有一篇論文提到馬克思，而且作者還是這樣描述馬克思的：「馬克思從歐洲的視角發展自己的歷史階段論，忽略其他社會的歷史發展，還認為這些歷史階段本質上是普遍的。」（Richardson, 2018: 234-5，轉引自 Olende, 2019）這種對馬克思的評價公允嗎？

　　當然，「歐洲中心論」的意涵極為複雜，本文無法面面俱到地處理馬克思與歐洲中心論的關係。[1]因此，本文只將討論範圍局限在「歐洲中心論」背後常見的方法論基礎之一：方法論國族主義（methodological nationalism）。

　　方法論國族主義有二大特徵。一是把民族國家「自然化」，當成歷史研究中的「萊布尼茲式單子」（即自足且不可分割的實體）；二是把「社會」等同於「國家」和「國家疆界」（van der Linden, 2008: 3, 7；另見 Wimmer and Schiller, 2002）。採用方法論國族主義的人，傾向於「根據某個或某類特定社會的內在特徵來解釋社會現象」（Rosenberg, 2013: 569）。

　　方法論國族主義不僅長期在社會科學占據支配地位，也是社會生活中的主流世界觀（Chernilo, 2011）。部分學者認為馬克思也是方法論國族主義的實踐者。比如說，Gille（2012: 91）就指出，馬克思（及其他古典社會科學家）總是「完全在民族國家的邊界內」思考「社會」；雖然他也探討「國際」問題，但

1　針對馬克思的「歐洲中心論」，至少可區分出三種論點：（1）西歐是資本主義的起源地，西歐的經濟發展帶來了世界性的商業和市場。這種以「大航海時代」為基礎的史觀，完全是以西歐為中心的看法，而馬克思也抱持這種看法。（2）帝國主義的擴張使資本主義現代性擴散到「落後」地區，此乃大勢所趨，甚至值得歡迎。這種觀點背後蘊含的是貧乏的單線史觀，而馬克思的歷史唯物論也表現出這種史觀。（3）對馬克思和恩格斯而言，不論在認識論與政治實踐上，西歐的資本主義先進國家都是歷史的發展中心與社會主義鬥爭的核心，其他地區只扮演次要角色。我的基本看法是：第一種論點（部分）適用於馬克思；第二種論點在馬克思1850年代中期以前的著作中偶爾存在，但在中後期則有明顯的變化；第三種論點則找不到充分的證據。但由於歐洲中心論的問題極為複雜，需要更完整的論證。

「國家在存有論的層次上優先於國際」，因為「由國家邊界所構成的社會是『國際』的起源與原因」。這與歐洲中心論的關係是什麼呢？

如普拉德拉（Pradella, 2017b: 3）所言，由於方法論國族主義聚焦於個別的民族國家，且往往是最「先進」的資本主義國家（如英國），很容易導致研究者「低估殖民主義、帝國主義在資本主義發展過程中的重要性」，從而將「資本主義發展導致的國際不平等視為理所當然」，並把「西方描繪成世界其他地區的典範」。更重要的是，這種觀點又促成階段論（stageist）的發展觀，也就是「把不同民族孤立起來考察，並認為他們都必須經歷相同的發展階段」（請特別參考晚近由阿尼瓦斯〔Alexander Anievas〕與尼桑鳩魯〔Kerem Nişancioğlu〕於 2015 年提出的批判）。這種階段論的觀點，確實經常出現在 18、19 世紀的社會科學論述之中，是歐洲中心論的表現之一。且如前文所言，馬克思的「歷史唯物論」經常被當成其中一種範本。

真是如此嗎？本文將試圖論證，馬克思的學說實際上不僅顛覆了方法論國族主義，更有助於我們重新思考**邊界**問題。這裡所謂的邊界，指的是帝國內外的**空間**邊界以及資本主義發展先後的**時間**邊界。這些問題不僅有助於反思馬克思與歐洲中心論的關係，也具有高度的政治意涵。

至於如何運用馬克思（及恩格斯）的文本，國際「馬克思學」（Marxology）的學術社群大致都同意：若要重新詮釋（或重建）馬恩的思想及其發展歷程，《馬克思恩格斯全集》歷史考證版第二版（*Marx-Engels-Gesamtausgabe*，簡稱為 MEGA^2）是

不可或缺的資源。[2] 據此，本文也將盡可能使用 MEGA[2] 的相關
文本。馬克思 1849 年底定居倫敦後，開始在大英博物館對政治
經濟學及許多其他學科進行密集研究。他從 1850 年 9 月到 1853
年 8 月，總共留下二十四本筆記，共一千兩百五十多頁，統稱為
《倫敦筆記》（*Londoner Hefte*），收錄在 MEGA[2] 第四部分「摘
錄、筆記和旁注」（Exzerpte, Notizen, Marginalien）的第七卷到
第十一卷，其中第十、十一卷還沒有出版。馬克思對「帝國」、
「殖民（主義）」的分析及其轉折，是挑戰「方法論國族主義」
的最佳素材，而《倫敦筆記》是其中的關鍵文本，因此下文將先
討論《倫敦筆記》，接著以美國奴隸制、南北戰爭、「棉花帝
國」為例，探討馬克思如何思考帝國的空間與時間邊界問題，以
及如何採取相應的政治行動。

帝國內與外（一）：
對《倫敦筆記》的「中間考察」

> 馬克思的論述概括的是整個世界歷史的經驗（*welt-geschichtliche Erfahrung*），尤其是殖民地的歷史。（Jahn, 1987）

2　比如說，由穆斯多（Marcello Musto）及卡弗（Terrell Carver）編輯的書系
　　「馬克思、恩格斯及各種馬克思主義」（Marx, Engels, and Marxisms）便
　　強調要「利用 1990 年代以降 MEGA[2] 的學術發現，來挑戰至今各種『馬
　　克思主義』的知識傳統，以帶入跨科際的以及其他的新批判觀點，並將
　　『繼受研究』（reception studies）整合進來」。見 https://link.springer.com/
　　bookseries/14812。

馬克思很早就將「世界（歷）史」（*Weltgeschichte*；world history）納入了視野。早在 1845 至 1846 年的《德意志意識形態》，馬克思和恩格斯就說：

> 只有隨著生產力的這種普遍發展，人們的普遍交往才能建立起來……最後，地域性的個人為**世界歷史性的**、經驗上普遍的個人所代替。（Marx and Engels, 2009: 538）

> 無產階級只有在**世界歷史意義上**才能存在，就像共產主義——它的事業——只有作為『世界歷史性的』存在才有可能實現一樣。而各個人的世界歷史性的存在，也就是與世界歷史直接相聯繫的各個人的存在。（Marx and Engels, 2009: 539）

> 例如，如果在英國發明了一種機器，它奪走了印度和中國的無數勞動者的飯碗，並引起這些國家的整個生存形式的改變，那麼這個發明便成為一個世界歷史性的事實；同樣，砂糖和咖啡是這樣來表明自己在 19 世紀具有的世界歷史的意義的……。（Marx and Engels, 2009: 541）

當然，馬克思對「世界歷史」的思考，本身就鑲嵌在「世界歷史」的脈動之中。在與恩格斯合作撰寫《德意志意識形態》之前，1845 年 7 月，馬克思與恩格斯同遊了曼徹斯特。曼徹斯特既是當時英國的工業中心，也是憲章派和歐文主義者的據點，更是反穀物法聯盟和曼徹斯特學派的大本營。他們在曼徹斯特待了

六週，與當地的社會主義者會面，並密集研究了古典政治經濟
學和社會主義思潮，研究成果是九冊的《曼徹斯特筆記》（1845
年 7 至 8 月），收於 MEGA² 第四部分的第四、五卷。《曼徹斯
特筆記》裡有許多針對經濟理論、經濟史、經濟危機等主題的摘
錄內容，容我借用 MEGA² 編者的說法：「馬克思和恩格斯在曼
徹斯特蒐集的豐富的資料，涉及到英國的經濟和社會史、該國資
本主義的發展、貿易、手工工場和工場工業的發展、世界市場的
形成、資本主義各個發展階段競爭的形式和方法的形成以及國家
政權在加速這一過程方面所起的作用。」³ 這顯然影響了馬、恩在
《德意志意識形態》中開始表述的唯物史觀，也預示了前述引文
一再提及的「世界歷史」的觀點。

　　所謂的世界歷史，後來逐漸體現為馬克思對資本主義的政治
經濟學分析。馬克思的資本主義論深深影響了後來自盧森堡、列
寧、布哈林以降的帝國主義理論（主要是希法亭的《金融資本》
〔1910〕、盧森堡的《資本積累論》〔1913〕、列寧的《帝國主
義是資本主義的最高階段》〔1916〕、布哈林的《帝國主義和世
界經濟》〔1917〕），也在晚近哈維（David Harvey）、史密斯
（John Smith）、烏薩・派特奈克（Utsa Patnaik）和普拉哈特・
派特奈克（Prabhat Patnaik）等人的辯論中再度受到注目。但本
文不是對帝國主義理論的考察，而是希望回到馬克思，重新思考
帝國內與外的問題。

　　馬克思在《資本論》第一卷的第一版序言開宗明義說：「我

3　引自〈馬克思和恩格斯的《曼徹斯特筆記》的科學價值〉，頁250。此文為
　　MEGA² 第四部分卷四的編者導言中譯文，收於武錫申（2014: 207-251）。

要在本書研究的，是資本主義生產方式以及和它相適應的生產關係和交換關係。到現在為止，這種生產方式的典型地點是英國」（Marx, 2017a: 2）。根據馬克思在〈《政治經濟學批判》導言〉擬定的政治經濟學寫作計畫，整個計畫的最後一部分是以「生產的國際關係」和「世界市場和危機」來收尾（Marx, 1998: 50）；到了〈《政治經濟學批判》〈序言〉〉，則將〈導言〉提出的「五篇」計畫改為「六冊」計畫，包括：資本、土地所有制、僱傭勞動；國家、對外貿易、世界市場。雖然馬克思後來逐步調整了寫作計畫（見萬毓澤，2018: 150n），但很清楚的是，《資本論》處理的絕不是個別民族國家（如英國）的資本主義。

　　另一個重要的段落，是馬克思在《資本論》第三卷列出的「資本主義生產的三個主要事實」：

（1）「生產資料集中在少數人手中，因此不再表現為直接勞動者的財產，而是相反地轉化為社會的生產能力，儘管首先表現為資本家的私有財產」。

（2）「勞動本身由於協作、分工以及勞動和自然科學的結合而組織成為社會的勞動」。

（3）「世界市場的形成」。（Marx, 2017b: 262-3）

　　所以可以說，馬克思是在全球的尺度上思考資本主義問題的。我認為阿瑞基（Giovanni Arrighi）的說法值得徵引。他指出，與亞當・斯密相比，馬克思

採用的是完全不同的研究綱領：可以這麼說，他改變了對

話的性質與主題。他的對話者不是政府（亞當・斯密筆下的立法者），而是社會階級。他的研究主題不是民族國家的富裕與強大，而是資本擁有者（其對立面是勞動力的擁有者）的富裕與強大。（Arrighi, 2007: 73）

儘管阿瑞基的描述仍略嫌靜態，但馬克思確實提出了一個完全不同的、以全球為尺度的「研究綱領」。馬克思自 1850 年代密集投入政治經濟學的研究之後，就逐步放棄了「方法論國族主義」，進而把資本主義當成**全球性的動態發展體系**來考察（見如 Pradella, 2013, 2015, 2017a, 2017b）。[4]

如前所述，馬克思從 1850 年 9 月到 1853 年 8 月撰寫的二十四本《倫敦筆記》是其「全球轉向」（global turn）的關鍵所在，值得仔細評估。我甚至認為，在研究馬克思的思想發展歷程時，必須針對《倫敦筆記》進行一段「中間考察」。

我是在兩個意義上使用「中間考察」這個語彙的（這裡所謂的「中間考察」借自韋伯的〈中間考察〉一文）。首先，《倫敦筆記》是馬克思定居倫敦後密集研究政治經濟學、歷史學等多種學科的成果，內容異常豐富，是馬克思經濟思想發展的關鍵。不理解這個「中間」階段，就難以理解馬克思如何一面發展、修正他的勞動價值論，一面逐步把「全球」的面向納入他的政治經濟

4　在古典政治經濟學與古典社會理論中，民族國家往往被當成分析的起點與終點。在古典政治經濟學中，「方法論國族主義」的預設是「生產要素在特定的國家內部流動，但不會跨越國家的邊界」。然而，這種預設「日益與英國資本『行動場域』的擴張產生衝突，也與移往英國以及英國殖民地之間的國際工人遷移產生衝突」（Pradella, 2013: 123）。

學體系，在世界的平面上分析資本積累與危機的問題。

其次，透過《倫敦筆記》，我們還能了解馬克思如何從早期較為單線的史觀逐步過渡到更為開放的、多線發展的、充滿反殖民色彩的史觀。過去我們對 1850 年代初期至中期的馬克思的認識，主要只能透過他的正式出版著作（尤其是他在這個時期撰寫的政論、時評）；但隨著《倫敦筆記》的出版，我們更能理解他在這個時期如何架構問題意識並尋找解答。

《倫敦筆記》的內容大致如下：[5]

（1）第一至七本筆記本：貨幣與信用理論；經濟危機的理論與歷史；地租問題。

在這組筆記中，馬克思詳細摘錄、比較了「通貨學派」（Currency School）和「銀行學派」（Banking School）的著作及兩者在 1840 年代的論戰。通貨學派的基礎是李嘉圖的貨幣數量理論，主張商品價格取決於流通的貨幣量。該理論當時是學界主流，但逐漸遭到批判。馬克思透過摘錄這些著作，密集研究了貨幣、信用及其起源，並關注經濟危機的歷史和理論，尤其是英國 1844 年的銀行法（Bank Act）和 1847 至 1848 年經濟危機的關係。

5　若根據撰寫時間來分類，可將《倫敦筆記》分為三組（參考 Musto, 2018: 65-73）：
　　（1）1850 年 9 月至 1851 年 3 月：第一組筆記（第一至七本，第七本未寫完）。
　　（2）1851 年 4-11 月：第二組筆記（第七至十六本）。
　　（3）1852 年 4 月至 1853 年 8 月：第三組筆記（第十七至二十四本）。

　　當時蒲魯東等社會主義者認為可以透過改革貨幣和信用制度來避免經濟危機，但馬克思的看法是：不管怎麼運用貨幣或信用，充其量只能加重或減緩經濟危機，因為危機的真正根源在於生產領域的矛盾。據此，馬克思在 1851 年 2 月 3 日給恩格斯的信中說：「即使在實行純金屬流通的情況下，金屬貨幣的數量和它的增減，也同貴金屬的流進或流出，同貿易的順差或逆差，同匯率的有利或不利，沒有任何關係。……信用制度固然是危機的條件之一，但是危機的過程之所以和貨幣流通有關係，那只是因為國家政權瘋狂地干預調節貨幣流通的工作，從而更加加深了當前的危機，就像 1847 年的情形那樣」（Marx, 1972a: 193）。

　　馬克思在撰寫第六、七本筆記時，重新閱讀了他 1840 年代以來對貨幣理論的摘要，並另外寫了一份獨立的筆記，標題是〈金銀條塊：完成的貨幣體系〉（Bullion. Das vollendete Geldsystem）。[6] 在這份筆記中，馬克思已明確提出「流通取決於整個產業組織」、「商品的價格無論如何不取決於流通的貨幣的增加或減少」（轉引自張鐘樸，2014a: 240）。此外，馬克思還提出了後來在《政治經濟學批判大綱》和《資本論》都看得到的論點：「貨幣崇拜產生禁欲主義、獻身和棄絕──節儉和吝嗇，蔑視世俗的、一時的、短暫的享受，追求天上的財寶」（...der Geldkultus hat seinen Ascetismus, seine Aufopferung, seine Entsagung - die Sparsamkeit und Frugalität, das Verachten der weltlichen, zeithchen und vergänglichen Genüsse, das Nachjagen

---

6　這份收錄在 MEGA[2] IV/8 的手稿多年前曾有中譯文，收錄在《馬克思恩格斯研究》第一輯、第二輯（1989）。

nach dem Schatz im Himmel.）（MEGA[2] IV/8, p. 37）。[7]

　　第七本筆記中還有一份珍貴的手稿，是馬克思為了澄清思路而對研究成果作的理論概括，標題為〈反思〉（Reflection）（MEGA[2] IV/8, pp. 227-34），也是研究馬克思經濟思想發展的重要材料。[8]

　　（2）第七至十本筆記本：政治經濟學家的學說（亞當・斯密、李嘉圖、斯圖亞特〔James Steuart〕、托倫斯〔Robert Torrens〕……）。

　　從第七本筆記本末尾開始，馬克思重新摘錄了亞當・斯密的著作，涉及的主要也是貨幣問題。由於馬克思認識到必須發展出與李嘉圖不同的價值理論，因此第八本筆記本重新研究了李嘉圖的主要著作。[9]第八至十一本筆記本除了研究價值、利潤、工資

7　馬克思在《政治經濟學批判大綱》是這樣寫的：「我們看到，隨著金銀被看作財富的物質代表和財富的一般形式，金銀的積累怎樣得到了真正的刺激。貨幣崇拜產生了禁欲主義，節欲，自我犧牲──節儉和吝嗇，蔑視世俗的、一時的、短暫的享受，追求**永恆的**財寶。因此，英國的清教和荷蘭的新教都離不開搞錢」（Marx, 1998: 186）。這裡我直接引用了中共中央編譯局的譯本，沒有修改，但可看出其中一部分是直接摘自〈金銀條塊：完成的貨幣體系〉的。

8　馬克思在〈反思〉中首次使用了「物質變換」（Stoffwechsel）的概念（MEGA[2] IV/8: 233-34）。這是晚近的「生態馬克思主義」特別關注的議題。馬恩的好友丹尼爾斯（Roland Daniels，1819-1855，醫生、德國工運活動家，共產主義者同盟的成員和領導人之一）於1851年2月將手稿《微觀宇宙：生理人類學概論》（*Mikrokosmos. Entwurf einer physiologischen Anthropologie*）寄給馬克思，請馬克思給意見。這份手稿多次使用了「物質變換」的概念。據此可以推論，馬克思應是讀了丹尼爾斯的手稿後受到影響，於是在1851年3月的〈反思〉中運用了這個概念。

9　一部分已有中譯文，見 Marx（1982a）。

等問題外，還特別關注地租問題。

（3）第十一至十四本筆記本：工人階級狀況（工資問題、工作日、工場手工業和工廠制度、就業問題、衛生保健等）、工會運動史、地租（李嘉圖的土地收益遞減規律）、人口（馬爾薩斯的人口理論）、農業問題（農業史、穀物價格、保護關稅）、農業化學（Justus von Liebig、James F. W. Johnston）。

德國農業化學家李比希（Justus von Liebig, 1803-1873）對馬克思的研究有很深的影響。馬克思首次接觸李比希的著作，就是1850 年代初期研究地租問題這段時期。《倫敦筆記》第七、八、十四本筆記本大量摘錄了李比希的《化學在農業和生理學中的應用》（*Die organische Chemie in ihrer Anwendung auf Agricultur und Physiologie*）（1842 年第四版），以及有「英國李比希」之稱的約翰斯頓（James F. W. Johnston，1796-1855，蘇格蘭農業化學家、礦物學家）的《農業化學和地質學演講集》（*Lectures on Agricultural Chemistry and Geology*，1847 年第二版）、《農業化學和地質學問答》（*Catechism of Agricultural Chemistry and Geology*，1849 年第二十三版）。

馬克思的一個重要概念是「社會形態」（*Gesellschaftsformation*，英文一般譯為 social formation，中文又譯為「社會形構」，見第三節的討論）。馬克思用這個概念來描述不同時代、不同類型的社會與經濟結構。這個概念借用了地質學中「地質構造」（geological formation）的概念。《倫敦筆記》第十三本筆記本特別摘錄了約翰斯頓的《農業化學和地質學演講集》中與「地質構造」有關的段落。幾個月後，馬克思便在《路易·波拿巴的霧

月十八日》中首次使用了「社會形態」這個詞彙。[10]

　　（4）第十四本筆記本：前資本主義的社會形態、拉美與非洲殖民史、現代殖民理論。

　　（5）第十五至十七本筆記本：工藝史與技術史、金融史、經濟史、都市史、憲法史。

　　第十五本筆記本詳細考察了工藝史、技術史和發明史，後來成為《資本論》重要的資料來源。另，對德國史學家希爾曼（K. D. Hüllmann）的重要著作《中世紀城市》（*Städtewesen des Mittelalters*）（四卷本，1826-1829）摘錄占了第十七本筆記本的三分之二（見 Schellhardt, 2014 的研究）。

　　（6）第十八至二十四本筆記本：都市史、文學與文化史、女性史、經濟史、亞洲殖民史、印度問題。

　　最後這些筆記表現出馬克思廣泛的研究興趣。茲舉兩例：

　　文學與文化史的部分，第十八本筆記大量摘錄了德國哲學家、文藝批評家波特維克（Friedrich Bouterwek）的《詩歌與辯詞史》（*Geschichte der Poesie und Beredsamkeit*）（1801-1812）；第十八、十九本筆記摘錄了哥廷根歷史學派大將艾希霍恩（Johann Gottfried Eichhorn）的《新歐洲文化與文學通史》（*Allgemeine Geschichte der Cultur und Literatur des neuern Europa*）（兩卷本，1796、1799）等書；第二十本筆記摘錄了德國歷史學家瓦克斯穆特（Wilhelm Wachsmuth）的《文化通史》（*Allgemeine Culturgeschichte*，

10　「新的社會形態（Gesellschaftsformation）一形成，遠古的巨人連同一切復活的羅馬古董……就都消失不見了」（Marx, 1995: 132）。

1850）等。

　　女性史的部分，第十九本筆記摘錄了蘇格蘭歷史學家、法學家米勒（John Millar）的《對社會中等級分別的觀察》（*Observations Concerning the Distinction of Ranks in Society*）（第二版，1773），特別是其中的章節「女性在不同時代的等級與狀況」（Of the rank and condition of women in different ages）。米勒是當時極少數從經濟史的角度研究性別不平等的學者。第十九本筆記還摘錄了榮格（Georg Jung）的《女性史》（*Geschichte der Frauen*, 1850）的第一部分（這是一部討論古代女性史的著作）、哥廷根歷史學者麥納斯（Christoph Meiners）的《女性史》（*Geschichte des weiblichen Geschlechts*, 1788-1800）、法國詩人與學者塞古爾（J. A. de Ségur）的《女性及其在社會秩序中的狀況和影響》（*Les femmes, leur condition et leur influence dans l'ordre social*, 1803）、英國醫生威廉・亞歷山大（William Alexander）的《從古代到當代的女性史》（*The History of Women, from the Earliest Antiquity, to the Present Time*, 1782）等其他多種著作。這些摘錄告訴我們「馬克思對女性的歷史和女性的政治地位一直保持興趣和了解」（Wendling, 2013: 352）。

　　關於《倫敦筆記》，特別需要指出幾點：

　　（1）《倫敦筆記》很重要的內容是批判以李嘉圖為代表的**貨幣數量論**，即認為商品價格取決於流通的貨幣量。馬克思在批判貨幣數量論的過程當中，認識到價值理論的出發點應該是商品以及商品的交換，而不是貨幣，且商品的交換是在國際層次上展開，而不是局限在民族國家內部。舉例來說，馬克思在《倫敦筆

記》第七本筆記本的〈反思〉（Reflection）[11] 中寫道：

> 實業家（dealers）[12] 和實業家的貿易，比如說在英國，絕
> 不只受到英國實業家和消費者的貿易的限制，還或多或少
> 受到整個**世界市場**上實業家和消費者的貿易的限制。……
> 如果這種貿易是世界性的，就會受到**世界市場**上實業家和消
> 費者的貿易的限制，而且，要是實業家和實業家的貿易規模
> 愈大，且該國在**世界市場**上的地位愈重要，就愈是如此。其
> 次，因為工人階級構成消費者的最大部分，所以可以說，隨
> 著工人階級收入的減少，── 不是像蒲魯東認為的在一國內
> 的減少，而是在**世界市場**上的減少 ── 就會造成生產和消費
> 之間的不相適應，從而造成生產過剩。（MEGA[2] IV/8, pp.
> 227-8，重點為筆者所加）[13]

　　《倫敦筆記》對馬克思發展其勞動價值論、貨幣理論、資本
積累理論而言至關重要。馬克思逐步認識到貨幣的幾種職能，包
括流通手段、支付手段、貯藏貨幣、價值尺度和**世界貨幣**，也認
識到必須把「原始積累的過程」整合進「資本」的概念本身。對
這個時期的馬克思來說，世界市場不僅具有**歷史**上的優先性，更
具有**邏輯**上的優先性（Pradella, 2015: 171）。馬克思發展的勞動
價值論不再只是抽象意義上的「國內」或「國際」理論，而是

11　馬克思在〈反思〉中也首次研究了社會再生產和經濟危機週期的關係。

12　這裡的實業家指的是「全體商人、製造業者、手工業者等等，一句話，是
　　指一國工商業的全體當事人」（Marx, 2004: 107）。

13　這段中譯參考了 Marx（1982b: 155），但有多處修改。

「表現了資本的國際化過程」（Pradella, 2015: 119）。這就是馬克思後來在 1857 至 1858 年《政治經濟學批判大綱》中說的：

> 創造**世界市場**的趨勢已經直接包含在資本的概念本身中。任何界限都被表現為必須克服的限制。首先，要使生產本身的每一個要素都從屬於交換，要消滅直接的、不進入交換的使用價值的生產，也就是說，要用以資本為基礎的生產來代替以前的、從資本的觀點來看是原始的生產方式。（Marx, 1998: 388）

（2）第十四本筆記本大幅摘錄了哥廷根歷史學者赫倫（Arnold H. L. Heeren）的《歐洲國家體系及其殖民地歷史手冊》（*Handbuch der Geschichte des europäischen Staatensystems und seiner Colonien*，第三版，1819）。在摘錄過程中，馬克思寫下：「歐洲國家體系的歷史並非單一國家的歷史，而是國家相互關係的歷史（die Geschichte ihrer Verhältnisse gegen einander）」；「從有限的歐洲殖民體系中，將出現世界國家體系（Weltstaatensystem）」（MEGA^2 IV/9, pp. 502, 515，轉引自 Pradella, 2015: 112）。我認為，馬克思從早期的《克羅茨納赫筆記》（*Kreuznacher Hefte*）（1843 年 7 至 8 月，收於 MEGA^2 第四部分卷二）、中期的《倫敦筆記》，到晚年的《歷史學筆記》等，核心問題意識之一恰恰是（現代）「國家」（的起源）、「國際關係」與「戰爭」。馬克思或許沒有將「國際」（the international）充分理論化（e.g., Kubálková and Cruickshank, 1989；cf. ten Brink, 2014、張又升，2019），但不表示他沒有提供豐富的思考線索。這些筆記的出版，讓我們有重新評估

馬克思的機會。

　　（3）《倫敦筆記》有大量關於殖民史、殖民理論的摘錄，拓展了馬克思對非西方社會與殖民地的認識，對他後來逐漸傾向「多線史觀」有決定性的影響。[14] 舉例來說，第十四本、第二十一至二十三本筆記本都研究了殖民（主義）、奴隸貿易、殖民地的生產資源等問題。[15] 馬克思的研究順序是：先摘錄拉丁美洲的殖民史，再研究資產階級的殖民理論（Herman Merivale 和 Edward Gibbon Wakefield），再研究非洲的殖民史，最後集中研究亞洲，尤其是印度。[16]

　　（4）《倫敦筆記》第十四本筆記本特別強調梅里瓦爾（Herman Merivale）和韋克菲爾德（Edward Gibbon Wakefield）的理論「貢獻」，也就是指出**殖民擴張是克服資本主義內在危機**

14　另一個重要的影響來源是英國憲章運動左翼的領導人瓊斯（Ernest Charles Jones, 1819-1869）。可參考 Drapeau（2019a, 2019b）、萬毓澤（2018: 108-1814）。

15　馬克思當然不是在《倫敦手稿》才首次研究殖民史。他 1846-1847 年的筆記就曾大幅摘錄德國經濟史家居利希（Gustav von Gülich）的鉅著《關於現代主要商業國家的商業、工業和農業的歷史敘述》（*Geschichtliche Darstellung des Handels, der Gewerbe und des Ackerbaus der bedeutendsten handeltreibenden Staaten unsrer Zeit*）（見 MEGA² IV/6），並反映在《共產黨宣言》的部分內容之中。居利希這本書是第一部以德文撰寫的世界經濟史總論。

16　馬克思摘錄的重要作品包括美國史學家普雷斯科特（William Hickling Prescott）的《墨西哥征服史》和《秘魯征服史》、主張廢除奴隸制的英國勳爵巴克斯頓（Thomas Fowell Buxton）的《非洲奴隸貿易》和《非洲奴隸貿易的補救》、英國作家豪伊特（William Howitt）的《殖民和基督教：歐洲人對待所有殖民地人民的通俗歷史》、英國政治人物布勞姆（Henry Brougham）的《歐洲強權殖民政策研究》等。

的重要手段（cf. Pradella, 2015: 109-12）。以韋克菲爾德為例，「他的作品提供了對殖民主義的辯護與分析，提出了新的論點，並預示了 20 世紀馬克思主義帝國主義理論的許多內容，儘管立場南轅北轍」（Wendling, 2013: 383）。馬克思的摘錄後來成為《資本論》第一卷的重要內容：「韋克菲爾德的巨大功績，並不是他關於殖民地有什麼新發現，而是他在殖民地發現了關於宗主國的資本主義關係的真理。……韋克菲爾德在殖民地發現，擁有貨幣、生活資料、機器以及其他生產資料，而沒有僱傭工人這個補充物，沒有被迫自願出賣自己的人，還不能使一個人成為資本家。他發現，資本不是一種物，而是一種以物為中介的人和人之間的社會關係。」（Marx, 2017a: 732）

（5）《倫敦筆記》第二十一至二十三本筆記本廣泛、深入地研究了印度問題，包括印度的社會與經濟結構、古代史、殖民史。馬克思摘錄的重要作品包括英國國會關於印度問題的藍皮書、《印度、大不列顛與俄國》、《印度考察》、俄國薩爾梯柯夫（Alexey Saltykov）公爵的《關於印度的通信集》、威爾克斯（Mark Wilks）的《印度南部歷史概要》、羅伊爾（J. F. Royle）的《論印度的生產資源》、《論印度長期停滯的原因及其居民》、印度行政官坎貝爾（George Campbell）的《現代印度》和《印度管理方案》、慕瑞（Hugh Murray）等人的《不列顛印度的歷史和現狀》等。這些關於印度的大量摘錄與筆記「是馬克思從世界史的角度對社會進行分析的明證」（升祿，2014: 30；cf. 張鐘樸，2014b）。[17]

17　馬克思 1850 年代初期關於印度的文章常引起爭議，尤其是他 1853 年 6 到 7 月為《紐約每日論壇報》撰寫的〈不列顛在印度的統治〉和〈不列顛在

　　這能對我們思考「帝國」帶來什麼啟發呢？首先請注意，在馬克思的時代，「帝國主義」一詞指的通常是由拿破崙或路易‧波拿巴這類人物統治的政體，並不具備 19 世紀末以降的那種政治經濟意涵。因此，如果要了解馬克思（和恩格斯）對帝國主義的看法，最好的做法就是參考他們在各種作品中對**世界市場**的分析，因為其中包含了「世界市場的動力、矛盾、不平衡發展」，也包含了「國際政治及階級鬥爭的動態互動」（ten Brink, 2014: xiii）。此外，馬克思和恩格斯也經常評論各種國際關係和地緣政治問題。根據 ten Brink（2014: xiii-xiv）的整理，他們在這個

續

印度統治的未來結果〉似乎帶有「歐洲中心論」的偏見。我們大概很難否認這點。但我同意印度歷史學家哈比布（Irfan Habib）（2002: 58）的論斷：「當時很可能只有馬克思有這樣的洞見和視野：在 1853 年就將殖民地的解放（而不只是改革）視為歐洲社會主義運動的目標，甚至期盼一場由印度人民自己的鬥爭而完成的民族解放運動（〔馬克思的用語是〕「完全擺脫英國的枷鎖」），並認為這樣的事件甚至可能先於歐洲工人階級的解放。」從 1850 年代到過世前，印度都是馬克思最關心的課題之一。1879 年，馬克思還作了《印度史編年稿》。馬克思的兩大核心問題意識是：（1）前資本主義的社會形態（特別是土地所有制）；（2）印度的反殖民鬥爭。透過這些梳理，可以看出馬克思在印度問題上的變與不變。比如說，他晚期極為關注印度（與俄國）的村社結構，認為「英國『笨蛋們』任意歪曲公社所有制的性質，造成了有害的後果。把公社土地按區分割，削弱了互相幫助和互相支持的原則，這是公社氏族團體的生命攸關的原則。地廣人多的公社……由血緣關係、比鄰而居由此產生的利害一致結合在一起，能夠抵禦各種變故……」（Marx, 1996: 92）。馬克思這類對村社結構的正面評價，在晚年的筆記中經常出現（見如袁雷、張雲飛，2013），這已經不是「歐洲中心論」或「單線史觀」能夠概括的了。Kevin Anderson（2016: xi）甚至認為，馬克思「這些關於俄國、印度和古羅馬的著作和筆記證明了馬克思感興趣的是從每一個社會自己的角度來對每一個社會提供深刻的、特定的分析，而不是要將任何普遍性的公式應用到所有社會，卻不顧社會與歷史的特定性」。

方面的分析至少包括十九類：

（1）　傳統帝國，包括奧匈帝國、鄂圖曼帝國和沙俄。

（2）　東方問題。

（3）　現代民族國家及其對暴力的壟斷。

（4）　民族與民族主義的興起。

（5）　國際局勢如何影響國家的形成方式及形成時機。

（6）　全歐洲的資產階級革命。

（7）　戰爭在資產階級革命過程中的角色，如美國南北戰爭、普法戰爭。

（8）　現代國際關係中均勢（balance of power）理論的起源。

（9）　歐洲強權與小國的國際角色。

（10）19 世紀亞洲與拉美的殖民主義、帝國主義與解放運動。

（11）經濟外交與經濟力量如何促進國內外的原始積累。

（12）國際條約與國際法。

（13）歐洲王室與金融業的相互依賴以及國際金融貴族的重要性。

（14）戰爭、軍事戰略與國內階級鬥爭的關係。

（15）世界貨幣體系的發展及其對國際關係的影響。

（16）民族、民族主義與民族自決及其對國際均勢的影響。

（17）各種國際戰略（自由貿易、保護主義、軍事擴張）與國內經濟的聯繫。

（18）軍費的來源及其對戰爭的影響。

（19）軍備競賽的邏輯。

　　馬克思對「帝國」與「帝國主義」的思考，包括帝國的「內」與「外」的問題，都必須放在這個「世界市場」的宏觀架構下來理解。換言之，馬克思理解的帝國（主義），與具有強大驅動力與吞噬力的全球資本主義－國際體系緊密相連。這樣的驅動力與吞噬力不斷使（全球）資本主義吸納、利用、轉化「外部」的社會範疇與支配關係（包括各種「前資本主義」、「非資本主義」的生產關係與剝削關係，以及以族群、種族與性別等範疇為基礎的支配），使「內」與「外」**互為前提**與**相互轉化**。簡言之，帝國的「內」與「外」形成了動態的、分化的整體（dynamic and differentiated whole）。

帝國內與外（二）：
「棉花帝國」下的美國資本主義與奴隸制

　　這種「內」與「外」的辯證關係，很值得用馬克思對**「棉花帝國」、美國資本主義與南北戰爭**的分析來加以說明。本節先討論奴隸制與資本主義的問題。

　　根據班布拉（Bhambra, 2010, 2011）的說法，許多馬克思主義歷史學者都執著於「資本主義生產方式」這個概念，從而把資本與勞動的「自由」交換（僱傭勞動）當成出發點。如此一來，「一切其他的關係（即各種不自由的勞動形式，如奴隸勞動或抵債勞動〔bonded labor〕）都無法被視為資本主義興起與發展不可或缺的一環」（Bhambra, 2011: 676）。但這種做法很可能牴觸

了馬克思自己的研究方法。

　　馬克思分析資本主義的興起時，並不是先把資本主義局限在某個民族國家或某個區域內，接著討論資本主義如何「擴散」或「擴張」到其他國家或其他區域。如前文所述，馬克思從《倫敦筆記》以來就拋棄了這種「方法論國族主義」。馬克思的分析出發點恰恰是世界貨幣、世界貿易、世界市場，也因此，《資本論》第一卷最後一章才會試圖建立「原始積累」與資本主義發展的**內在聯繫**（見如 Pradella, 2015, 2017a）。

　　馬克思寫作《資本論》時運用了大量的抽象，因為「分析經濟形式，既不能用顯微鏡，也不能用化學試劑。二者都必須用抽象力（*Abstraktionskraft*）來代替」（Marx, 2017a: 2）。馬克思雖然試圖將研究對象（資本主義生產方式）置放在「純粹的狀態下進行考察」（Marx, 2017a: 559），但也指出資本積累過程會不斷利用、製造「自由」締結契約的僱傭勞動**以外**的各種不同形式的勞動剝削。也因此，馬克思在《資本論》第一卷曾數次將「奴隸貿易」和資本主義下的「勞動市場」相提並論。比如說，1834年的英國勞動市場曾嚴重缺乏勞動力，當時的工廠主向濟貧法委員會建議，把農業區的「過剩人口」送往北方填補勞動力的缺口。馬克思引述了這段報告：

　　　　在濟貧法委員會的同意下，在曼徹斯特成立了代辦所。農業工人的名單造好以後交給了代辦所。工廠主們紛紛趕到代辦所，挑選自己需要的人，然後就把這些家庭從英國南部運出來。這些人體包裹就像一包包貨物一樣，掛上簽條，通過運河或用貨車運走了；也有人步行，很多人迷了路，在工業

區四處亂走，瀕於餓死的境地。……這種經常的貿易，這種販賣人肉的行當繼續存在，曼徹斯特代辦所不斷把這些人買來，賣給曼徹斯特的工廠主，**就像把黑人經常不斷地賣給美國南部各州的植棉主一樣**……。（Marx, 2017a: 254，重點為筆者所加）

可見只要是資本積累所需，「自由」的勞動力市場中依然可能出現這種「販賣人肉的行當」，與奴隸制簡直並無二致。

我們可以從這個段落出發，繼續討論美國貨真價實的奴隸制與南北戰爭。馬克思很早就關注（美國的）奴隸制問題。早在1847 年的《哲學的貧困》，他就寫道：

同機器、信用等等一樣，直接奴隸制是資產階級工業的基礎。沒有奴隸制就沒有棉花；沒有棉花現代工業就不可設想。奴隸制使殖民地具有價值，殖民地產生了世界貿易，世界貿易是大工業的必備條件。……沒有奴隸制，北美這個進步最快的國家就會變成宗法式的國家。如果從世界地圖上把北美劃掉，結果看到的是一片無政府狀態，現代貿易和現代文明十分衰落的情景。消滅奴隸制就等於從世界地圖上抹掉美洲。（Marx, 1958: 145-6）[18]

18　馬克思在 1846 年 12 月 28 日給安年柯夫的信中，也有幾乎完全一樣的段落。他在信中批判蒲魯東試圖「尋找自由和奴隸制的綜合，尋求真正的中庸之道，即奴隸制和自由的平衡」（Marx, 1972b: 484）。

　　1860 年開始，他屢次在給恩格斯及他人的信件中談到「奴隸運動」、「奴隸起義」、「奴隸革命」，並強調「由於布朗（John Brown）的死而展開的美國的奴隸運動」是「世界上所發生的最大的事件」之一（Marx, 1974a: 6-7）。他不僅不斷為美國《紐約每日論壇報》、奧地利《新聞報》撰稿評論南北戰爭，更在第一國際內積極支持美國南北戰爭中北方的民主派，反對南方的奴隸主。《資本論》第一卷表達了馬克思的基本立場：「在北美合眾國，只要奴隸制使共和國的一部分還是畸形的，任何獨立的工人運動就仍然處於癱瘓狀態。在黑人的勞動打上屈辱烙印的地方，白人的勞動也不能得到解放」（Marx, 2017a: 286）。[19]

　　19 世紀建立起來的全球棉花帝國不僅在英國工廠鍛造出大批的現代無產階級，也把美國種植園數以百萬計的黑人奴隸牢牢整合進全球的生產與消費鏈。借用哈佛大學經濟史家貝克特（Sven Beckert, 2017: 101）所言，棉花帝國「把似乎相對的事物，像是奴隸和自由勞動力，國家和市場，殖民主義和自由貿易，工業化和去工業化，湊合在一起」。更重要的是，這個帝國「打從一開始就是奴隸與農場主、商人與政治家、農民與商人、工人與工廠主之間，在全球持續鬥爭的場域」（Beckert, 2017: 16, 8）。對「棉花帝國」的經濟分析政治批判，占據了馬克思的核心視野。他在 1861 年 9 月發表於《紐約每日論壇報》的〈不列顛的棉花貿易〉這篇重要的文章中說：

19　馬克思對階級與種族的「交織性」（intersectionality）其實有很多洞見，可參考如 Anderson（2016, 2017, 2020）。

英國工業的第二個支柱是美國奴隸種植的棉花。當前美國
的危機正迫使英國人去擴大自己的供應來源，把棉花從繁殖
奴隸和消費奴隸的寡頭們手中解放出來。只要英國棉紡織工
廠主還依靠著奴隸所種植的棉花，就可以如實地斷言，他們
是依靠著一種**雙重的奴隸制**：對英國白人的間接奴隸制和對
大西洋彼岸黑人的直接奴隸制。（Marx, 1963a: 334，重點
為筆者所加）

根據統計，1850 年代末期，英國每年消耗的八億磅棉花中
有百分之七十七是在美國種植的；1862 年，全世界有兩千萬人
（全球人口的六十五分之一）從事棉花種植或棉布生產；英國全
國有十分之一的資金投入了棉業，將近一半的出口是棉紗和棉布
（Beckert, 2017: 263-4）。這些都是非常驚人的數字。

馬克思認為，這個「棉花帝國」**相當程度上建立在美國南方
奴隸制的基礎之上**，不僅壓迫英國本國的白人工人，更壓迫美國
的黑人奴隸。這就是馬克思在 1861 至 1863 年經濟學手稿中說
的，雖然「黑人奴隸制」不是「自由僱傭勞動」，因此不具「資
本主義生產的基礎」，但是「我們看到的是用黑人奴隸經營事業
的資本家。他們採用的生產方式不是從奴隸制產生的，而是**接種
在奴隸制上面的**」（Marx, 2008: 336，重點為筆者所加）。從另
一種角度來說，這可以說是一種「沒有資本主義生產方式的資本
主義剝削」（Marx, 1985: 32）。

如巴納吉（Jairus Banaji, 2010: 41）所言，我們可以從馬克
思的這類文字當中得出結論：「那些一般來說屬於前資本主義的
剝削形式（forms of exploitation）**有可能**被整合進資本主義（剩

餘價值的生產與積累）」。也就是說，由資本主義占支配地位的社會形構（social formation）之內可能**容納、接合、部署不同類型的生產關係與剝削形式**（如殘酷的奴隸制，而不只是「自由」的僱傭勞動）。[20] 因此，馬克思的理論並沒有落入歐洲中心論式社會理論的陷阱，輕率地把奴隸制當成「前現代的、『古代』的社會」，認為奴隸制「對現代社會的興起而言無足輕重」（Bhambra, 2014: 8）。

然而，英國在全球資本主義中的特殊位置（棉紡工業的核心）絕不只是**容納**或**利用**了美國**既有**的奴隸制，更反過來**促進**了美國奴隸制和非洲奴隸貿易的發展。馬克思 1867 年出版的《資本論》第一卷分析了這個問題。他說：

> 棉紡業的飛速發展極大地**促進了美國的植棉業**，從而不僅**大大促進了非洲的奴隸貿易**，而且還使飼養黑人成了所謂邊疆蓄奴各州的主要事業。1790 年，美國進行了第一次奴隸人口調查，當時共有奴隸六十九萬七千人，而到 1861 年大約有四百萬人。（Marx, 2017a: 423，重點為筆者所加）

---

20 自阿圖塞（Louis Althusser）以降，許多馬克思主義者所謂的「社會形構」指的是「具體的、由歷史規定的社會實在」（Harnecker, 1980: 26），需要進行扎實的經驗研究才能揭示其特徵及運作方式（見如 Benton, 1984: 115-40 的討論）。就像馬克思在《資本論》第三卷所言，「相同的經濟基礎……可以由於無數不同的經驗的情況，自然條件，種族關係，各種從外部發生作用的歷史影響等等，而在現象上顯示出無窮無盡的變異和色彩差異，這些變異和差異只有通過對這些經驗上已存在的情況進行分析才可以理解」（Marx, 2017b: 799）。

　　貝克特（2017: 101）將這段充斥強制與暴力的歷史過程稱為「戰爭資本主義」（war capitalism）：「快速擴張的工廠需要大量棉花，只有靠戰爭資本主義才能取得必需的土地和勞動力。因此之故，原住民和爭奪土地的墾殖者、奴隸和種植者、地方手工藝匠人和工廠主人，迎來了雖然只是片面開戰，但又持續不斷陷入戰爭狀態的新世紀。」

　　此外，根據馬克思的分析，南北戰爭爆發後，還「引起〔英國棉紡業〕機器的急遽改良和手工勞動的相應被排擠」，導致「英國棉紡織工業的機械改良的總結果」，並且使「生產效率較高、規模較大的機器集中在人數較少的資本家手中」（Marx, 2017a: 412-4）。也就是說，在棉花帝國之下，牽一髮而動全身，以奴隸制為核心的戰爭（及其導致的棉花價格上漲），促發了英國棉紡業本身的技術轉型。

　　馬克思的分析不只停留在這裡。以下是一段極為精彩的文字：

　　　　那些還在奴隸勞動或徭役勞動等較低級形式上從事生產的民族，一旦捲入**資本主義生產方式所統治的世界市場**，而這個市場又使它們的產品的外銷成為首要利益，那就會在奴隸制、農奴制等等野蠻暴行之上，再加上過度勞動的文明暴行。因此，在美國南部各州，當生產的目的主要是直接滿足本地需要時，黑人勞動還帶有一種溫和的家長制的性質。但是隨著棉花出口變成這些州的切身利益，黑人所從事的有時只要七年就把生命耗盡的過度勞動，就成為一種**事事都要加以盤算的制度**的一個因素。問題已經不再是從黑人身上榨取

一定量的有用產品。現在的問題是要**生產剩餘價值本身**了。徭役勞動，例如多瑙河兩公國的徭役勞動，也有類似的情形。（Marx, 2017a: 221-2，重點為筆者所加）

馬克思又說：

當棉紡織工業在英國採用兒童奴隸制的時候，它同時在美國促使過去多少帶有家長制性質的奴隸經濟轉化為一種**商業性的剝削制度**。總之，歐洲的隱蔽的僱傭工人奴隸制，**需要以新大陸的赤裸裸的奴隸制作為基礎**。（Marx, 2017a: 727，重點為筆者所加）

總之，用《資本論》第三卷的話來說，美國原先「家長制的、以生產直接生存資料為目的的奴隸制度，轉化為以生產剩餘價值為目的的奴隸制度」（Marx, 2017b: 327）。那麼，究竟如何生產更多的剩餘價值？在奴隸制下，種植園主沒有誘因去進行節約勞動（labor-saving）的投資（如改善機器設備）。因此，若要提高剩餘價值量，第一種做法是不斷增加奴隸人數、開疆闢土擴大種植範圍。如麥可弗森（McPherson, 1993: 38）所言：「在一個典型的種植園裡，在奴隸方面投資超過了在土地和農具方面的投資的總和。奴隸制農業是不可能走北部農業的道路並發展成為更加資本密集型的農業；恰恰相反……種植園主不是投資購買機器，而是購買更多的奴隸。」從 19 世紀初期開始，美國「西南邊疆地區……擴張的地理規模是前所未有的。它不是一個島嶼，而是從土著居民那兒掠奪來的次大陸的豐沃內陸地區。……

整個奴隸大軍都被遷移到新的土地上」（Baptist, 2019: 133）。

　　第二種做法是提升管理效率，以更為「科學」的方式運用奴隸的勞動力。如貝克特與羅克曼（Rockman）（2016: 10）所言，研究美國奴隸制的歷史學者正愈來愈關注這套制度背後的「企業家創新」、「『理性』計算」、「細緻的協調機制」。止是這些對於人力運用的「創新」，讓「奴役人類變成發財生意」。舉例來說，種植園中極為高壓的「隊工」制（gang system）就類似現代工廠的生產線，能提升整體的生產力（Starr, 2019: 79-80）；「任務」制（task system）則要求奴隸在一天內完成一定的任務量，超額工作的奴隸還可能得到額外的獎賞。這與現代的「科學管理」如出一轍（Rosenthal, 2018）。當然，這些管理技術都以赤裸裸的監視、刑罰與控制為基礎。[21] 如貝克特（2017: 132-3）所言，這種「強制集體勞動」、「以暴力手段宰制工人」、「全面控制工作過程」的做法，在當時世界其他地區的紡織工廠是不可能出現的，因為「工廠工人仍然保持某些他們出身的農村、小型作坊和工藝行會的節奏」。換言之，種植園的奴隸可能是世界第一批嚴守工業紀律的無產階級。這讓我們想起詹姆斯（C. L. R. James）（1963: 86，轉引自 McMichael, 1991: 326）所言：「與當時任何類型的工人相比，奴隸反倒更接近現

21　用馬克思的話來說，「監督勞動……在奴隸制度下所起的作用達到了最大限度」（Marx, 2017b: 380）。當時奴隸制的辯護者認為黑人既沒有「統治的智慧」，也沒有「勞動的意志」，因此，「給他一個主人來統治他，這並沒有什麼不公平」，還能使他們「成為一個對自己和對社會有用的人」（Marx, 2017b: 382）。

代的無產階級。」[22]

透過以上的分析，我們可以清楚看到美國南方奴隸制、戰爭、資本主義體系的交互影響。只要仔細讀過馬克思的文字，都能斷定他不是在任何「方法論國族主義」的基礎上思考資本主義的興起、鞏固與轉變，而是如前文所言，把資本主義當成**全球動態發展體系**來考察。簡言之，**大英帝國的「內」與「外」相互交織、共同演化，形成資本帝國，**[23]**在世界各地促進了「沒有資本主義生產方式的資本主義剝削」。這種「空間」的內外交織也意味著多重「時間性」（temporalities）的交織，從而動搖「線性時間」與「發展階段」的邊界。**借用通巴（Tomba, 2017: 30-31）的說法：「資本在新的框架中吸納、重組先前已經存在的生產形式，其結果是多種時間性、生命形式及生產形式所組合的『異質混合體』。……資本擴張過程中，不斷試圖將不同的生產形式吸納入全球市場，這會引發各式的時間性摩擦、不同步的時序，甚至時代錯亂（anachronism）。」[24]

---

22 美國黑人奴隸是當時全世界生產效率最高的產棉者，使其他產棉地（印度、西印度群島、巴西等）從世界市場中被淘汰。在 1860 年棉花需求增加百分之五百的情況下，棉花價格卻大幅降低，只有 1790 年的百分之二十五（Baptist, 2019: 134-5）。

23 必須特別說明，馬克思本人不曾使用「資本帝國」這個語彙。

24 通巴此文討論的是美國的日本史學者哈若圖寧（Harry Harootunian）對馬克思的詮釋。通巴和哈若圖寧都相當仰賴馬克思提出的「形式上的從屬」（formal subsumption）的概念，即「資本是使已有的勞動過程從屬於自己……例如，使適應於獨立的小農經濟農業方式的手工業勞動從屬於自己」（Marx, 1982c: 80）。哈若圖寧強調這類「形式上的從屬」不一定是「過渡」階段（即必然過渡到「成熟」的資本主義生產關係，形成「實際上的從屬」），因為「殘存」、「混雜」、「並存」、「多重路徑」反倒

　　這足以證明，在馬克思的研究典範下，我們確實有可能擺脫方法論國族主義以及與其密切聯繫的歐洲中心論，轉而看見印度史家蘇拉馬尼亞姆（Sanjay Subrahmanyam）（e.g., 1997）等人倡議的「相互連結的歷史」（connected histories），並擁抱受其啟發的「相互連結的社會學」（e.g., Bhambra, 2007, 2010, 2014）。也正因為如此，儘管我同意班布拉等人的認識論立場，卻難以認同他對馬克思的批評。她一再指出，馬克思並沒有將「殖民擴張」視為「現代歐洲社會的歷史發展或這些社會後來的（成功）軌跡」背後的核心因素（Bhambra, 2014: 9）。我希望透過上述的討論，能或多或少澄清這類誤解。

　　值得一提的是，晚近美國史學界興起了「新資本主義史」的研究趨勢（見如 Rockman, 2014；Brandon, 2015 的評述），前文引述的貝克特也是代表人物之一。愈來愈多學者主張，美國北方的資本主義工廠和南方的種植園並不是（如過去所描述的）相互**對立**的經濟體系，而是緊密交織（Baptist, 2019）；羅森塔爾（Rosenthal, 2018）甚至認為南方的奴隸經濟與美國金融和會計領域的創新有高度關聯。儘管這些研究不見得出自「馬克思主義史學」的傳統，但都承認過去的研究「太偏好從資本主義的歷史抹拭掉奴隸、剝奪和殖民主義」（Beckert, 2017: 14），也都豐

續

可能是常態（見 Harootunian, 2015: 8-20；Tomba, 2013, 2015）。另一個相關的論點是：詹明信（Fredric Jameson, 1991: 307）在評論現代主義時曾指出，現代主義的發展對應了布洛赫（Ernst Bloch）所謂的「不同時事物的同時性」（Gleichzeitigkeit des Ungleichzeitigen），亦即歷史不同環節的並存。資本主義的發展更是體現並強化了這種特徵。另見 Morfino（2018: 138-45）對阿圖塞式「社會形構」與非線性時間的討論。

富了我們對資本帝國及其內外邊界的認識。

可以這麼說，馬克思的學說已初步建立了這樣的圖像：資本主義與奴隸制兩者並不是**外部**（external）的關係，而是在具體的歷史情境中時而相互促進，時而相互掣肘，不斷共同演化。晚近的歷史研究則為這幅圖像提供了更豐富的細節。比如說，馬克思很少著墨美國奴隸制與全球金融資本主義的關係，但晚近的研究極為重視這個面向。種植園中的奴隸不僅是可買賣的商品，奴隸種植的商品甚至奴隸本身都是「有價值的擔保品」（Baptist, 2019: 293），能讓奴隸主當作抵押品來借錢投資購買土地、物資和更多的奴隸。「奴隸制度不僅用在快速調配勞動力，也用來快速調配資金」（Beckert, 2017: 131）。根據統計，1859 年，路易斯安那州的奴隸主透過抵押奴隸籌到了兩千五百七十萬美元，占該州當年棉花生產總值的百分之七十五（Baptist, 2019: 422）。簡言之，「奴隸制與金融資本主義相互關聯的擴張，成了這個新生國家經濟體系的驅動力……使大西洋沿岸以及內陸地區的精英階層和其他人受益」（Baptist, 2019: 41）。此外，馬克思較為忽略的還有奴隸制中的性別問題（如女性奴隸承受的性暴力與剝削），這也是 1980 至 1990 年代以來的重點研究領域（見 Wood, 2010 的文獻評述）。

帝國內與外（三）：南北戰爭與國際主義

本節繼續討論美國的南北戰爭。在這種帝國內外的交界處，馬克思如何採取政治行動？

南北戰爭爆發於 1861 年。隔年 9 月，林肯發表了《解放奴

隸宣言》。馬克思稱讚這個宣言是「聯邦成立以來的美國史上最重要的文件」（Marx, 1963b: 586）。1864 年 11 月，林肯連任美國總統。馬克思代表第一國際發祝賀信給林肯，信中說：

> 從美國的大搏鬥開始之時起，歐洲的工人就本能地感覺到他們階級的命運同星條旗息息相關。……無論是哪個地方的勞動者，都甘願忍受棉花危機給他們造成的艱難困苦，強烈地反對那些騎在他們頭上的「大人先生」們千方百計站在奴隸制一邊進行干涉……。（Marx, 2003b: 24-5）

南北戰爭使美國的棉花出口銳減，英國近六成的棉紡工廠停業。在戰爭正式爆發之前，馬克思就斷言「美國的奴隸占有制危機幾年之後將在英國導致可怕的危機；曼徹斯特的棉花巨頭現在就已開始戰慄了」（Marx, 1974b: 574）。戰爭期間，英國的紡織業商人（馬克思所謂的「棉花貴族」）與主流傳媒多希望政府對美國進行武裝干涉，以支持奴隸主、恢復棉花的供應。正如馬克思 1861 年 5 月 29 日給拉薩爾的信件中所言，「所有的英國官方報刊自然都支持奴隸主。正是這些先生們，曾以他們反對奴隸貿易的慈善言論使全世界都聽得發膩。但是棉花啊，棉花！」（Marx, 1974c: 601）

　　儘管英國的紡紗工人苦不堪言，但他們發揮了可貴的國際主義精神，堅決與美國奴隸站在一起，不受資本家與政府的煽動或威脅。馬克思 1862 年 1 月 28 日發表的〈倫敦的工人大會〉這樣子描寫英國工人的國際主義：

　　在北部工業區，由於各工廠藉口各蓄奴州被封鎖而停工和
縮減工時，工人們遭到了無法形容並且日益加劇的困苦。其
他部分的工人階級的窮困情況雖然沒有這樣嚴重，但是由於
棉紡織工業的危機對其他工業部門的反作用，由於這些部
門對美國北部的產品輸出因實行摩里耳稅則而減少，由於
對南部的這種輸出因實行封鎖而完全停止，他們也都遭到
很大的痛苦。因此，英國對美國進行干涉，現時就成了工
人階級迫切的吃飯問題。此外，工人的天然尊長們（natural
superiors）還不惜一切手段來煽動他們痛恨美國。……在這
種情況下，工人階級保持沉默的那種頑強性是令人驚佩的；
如果說他們打破沉默，那也僅僅是為了發出反對干涉和保衛
美國的呼聲。這又一次光輝地證實了英國人民群眾的那種
堅忍不拔的能力，它是英國強大有力的祕密之所在……。
（Marx, 1963c: 481）

英國工人在 1862 年年底聯名支持聯邦政府，要求解放奴
隸。林肯因此在 1863 年年初寫了公開信給曼徹斯特的工人，除
了表達感謝外，也強調這代表了「正義、人性和自由最終與普遍
的勝利」（ultimate and universal triumph of justice, humanity, and
freedom）（Lincoln, 1989: 433）。這正是馬克思在〈國際工人協
會成立宣言〉中說的：

　　使西歐避免了為在大西洋彼岸永久保持和推廣奴隸制進行
可恥的十字軍征討冒險的，並不是統治階級的智慧，而是英
國工人階級對於他們那種罪惡的瘋狂行為所進行的英勇反

抗。（Marx, 2003a: 14）

馬克思在給林肯的祝賀信的最後說：

> 歐洲的工人堅信，正如美國獨立戰爭開創了資產階級統治
> 的新紀元一樣，美國的反奴隸制戰爭將開創工人階級統治的
> 新紀元。（Marx, 2003b: 25）

　　南北戰爭的例子告訴我們，所謂的「國際主義」並不是左派
的空想，而是對抗資本帝國的重要戰略，也是實實在在的事實。
更值得重視的是，戰爭結束後，這樣的「國際主義」仍然在發揮
作用。1865 年 9 月 28 日，第一國際通過了〈告美利堅合眾國人
民書〉，呼籲美國儘速**為黑人賦予完整的公民權利**，「砸開自由
肢體上的一切鐐銬」。信末的幾段文字讀來鏗鏘有力，值得完整
引用：

> 既然我們已經榮幸地對你們的苦難表示過同情，鼓勵過你
> 們的努力，祝賀過你們的成就，現在也請允許我們再說一句
> 展望未來的話。
> 〔……〕因為對於你們一部分人民的不公正已經導致了如
> 此悲慘的後果，那就讓這種情況終止吧！讓你們今天的公民
> 被宣布是一律自由平等的吧！
> 〔……〕如果你們不給他們公民的權利，而同時卻又要求
> 他們履行公民的義務，那麼在今後仍然會有一場鬥爭，你們
> 人民的鮮血可能再一次染紅你們的國土。

〔……〕歐洲和全世界的目光都縈注著你們進行重建的努力，而敵人卻隨時準備為共和制度的垮臺敲起喪鐘。

〔……〕最後，我們要警告你們，共同事業的兄弟們，砸開自由肢體上的一切鐐銬，你們的勝利才是完全的。（彭萍萍編，2011: 416）

最後，我們回到奴隸制與資本帝國的問題。借用布萊克本（Robin Blackburn, 2013: 17）的話，「打敗奴隸主統治集團和解放奴隸，並不會摧毀資本主義制度，但它會為無論是白人還是黑人勞工的組織和進步創造出更為有利的條件」。馬克思便特別強調，「南北戰爭的第一個果實，就是爭取八小時工作日運動，這個運動以特別快車的速度，從大西洋跨到太平洋，從新英格蘭跨到加利福尼亞」（Marx, 2017a: 286）。第一國際也隨即在 1866 年 9 月召開的代表大會中通過決議：「限制工作日是一個先決條件，沒有這個條件，一切進一步謀求工人解放的嘗試都將遭到失敗……我們建議通過立法手續把工作日限制為八小時」（*Ibid.*）。解放黑人奴隸之後，下一步就是解放馬克思筆下的「工資奴隸」了。[25]

25　馬克思指出，「儘管反對奴隸制的戰爭打碎了束縛黑人的鎖鏈，然而在另一方面，卻使白人生產者遭到奴役」（Marx, 1972d: 333）。南北戰爭後，馬克思和恩格斯都極為關注美國經濟情勢及工人運動的發展。比如說，美國 1877 年 7 月爆發大規模的鐵路工人罷工，馬克思是這樣評論的：「反對國內戰爭後產生的聯合資本寡頭的這第一次爆發，當然將遭到鎮壓，但是在美國很可能成為建立一個真正的工人政黨的起點」（Marx, 1972c: 59）。

結語

　　後殖民研究者經常批評馬克思（和恩格斯）是「歐洲中心論」者。儘管歐洲中心論的意涵極為複雜，但背後往往有「方法論國族主義」的基礎（如「階段論」的發展觀便以其為前提）。據此，本文的焦點是分析馬克思與「方法論國族主義」的關係，並從中帶出馬克思如何思考「帝國」及其邊界。就此而言，儘管本文無法回應一切與「歐洲中心論」有關的批評與反批評，[26] 應仍能在某種程度上釐清對馬克思的誤解。

　　我認為，若要細緻重建馬克思的思想，不能只是再蜻蜓點水地徵引其少數正式出版的作品（如 1859 年的《政治經濟學批判》第一分冊或 1867 年的《資本論》第一卷），還必須正視馬克思留下的大量未出版的手稿、摘錄與筆記，這才是面對一位嚴肅的思想家該有的態度。因此，本文從 1840 年代中期的馬克思談起，詳細處理了較不為人所知的 1850 至 1853 年的《倫敦筆記》，試圖論證：馬克思在 1850 年代這個「中間階段」，不僅試圖將「全球」的面向納入他的政治經濟學體系，在世界的平面上分析資本積累與經濟危機的問題，更透過大量對古代史、殖民史、殖民理論的摘錄，逐漸從比較單線的史觀過渡到更為開放的、多線的、充滿反殖民色彩的發展觀。

26　例如晚近各類後殖民作者對「歐洲中心論」進行的理論批判（見如 Seth, 2009；Go, 2016），以及由馬克思主義社會學者齊伯（Vivek Chibber）對古哈（Ranajit Guha）、查特吉（Partha Chatterjee）、恰克拉巴帝（Dipesh Chakrabarty）等人發動的攻擊及其掀起的國際論戰（如 Chibber, 2013；Warren, 2017）。

　　其次，本文指出，在這樣的分析架構下，馬克思所理解的「帝國」，是一種具有強大驅動力與吞噬力的全球資本主義－國際體系。這樣的驅動力與吞噬力不斷使（全球）資本主義吸納、利用、轉化「外部」的社會範疇與支配關係（如各種「前資本主義」、「非資本主義」的生產關係與剝削關係），使「內」與「外」互為前提、共同演化，形成動態、分化的整體，並雜揉交織不同的「時間性」。馬克思的分析架構至今仍極有價值，因為「馬克思的現實性，恰恰是資本本身的現實性」（Bensaïd, 2009: 187）。

　　本文以馬克思對美國奴隸制與南北戰爭的經濟分析與政治行動為例，進一步闡釋這種「內」與「外」的辯證發展。19 世紀的「棉花帝國」不僅吸納了美國奴隸制，更促進、轉化了美國奴隸制和非洲的奴隸貿易，形成馬克思所說的「沒有資本主義生產方式的資本主義剝削」。換言之，奴隸制這種在時間與空間上都位居「外部」的支配／剝削關係，成為了 19 世紀資本帝國的「內在」組成。在帝國「內」與「外」的交織下，英國工人表現出的國際主義成為了對抗資本帝國的重要戰略。在這個艱苦的過程中，如馬克思所言：

　　　　英國工人階級博得了歷史上永不泯滅的榮譽，它通過充滿
　　　熱情的群眾大會打破了統治階級三番兩次地為維護美國奴隸
　　　主而組織干涉的企圖，儘管美國內戰繼續下去對成百萬英國
　　　工人來說意味著最大的痛苦和貧困。（Marx, 1963d: 615）

　　以嚴厲批判歐洲中心論而聞名的社會學者班布拉（2014: 8）指出，美國社會學的部分非裔先驅，包括較知名的杜博依斯（W.

E. B. Du Bois）以及幾乎不受重視的考克斯（Oliver Cromwell Cox）
和弗雷澤（E. Franklin Frazier）等人，都認為奴隸制是理解美國
現代社會及所謂「現代性」的關鍵所在。這當然是很重要的提
醒，只是我認為馬克思的著作應該得到更公正的評價。其實，
就連部分歷史學者都承認，「馬克思早在美國歷史學家之前就
認識到美國奴隸制的資本主義性質」（Ransom and Sutch, 1988:
133）。而且，班布拉似乎忘了：杜博依斯在撰寫其經典著作
《美國的黑人重建》（*Black Reconstruction in America*, 1935）時，
正在亞特蘭大大學（Atlanta University）研究所開設《資本論》
的專題課程（Hartman, 2018: 141），且該書高度仰賴馬克思對
美國奴隸制與資本主義的分析。杜博依斯在書中說：「黑人勞工
不僅成為美國南方社會結構的基礎，更成為美國北方製造業和商
業的基礎、英國工廠體系的基礎、歐洲商業的基礎、世界範圍買
賣的基礎」（Du Bois, 2013: 3）。這段話遙相呼應了馬克思早在
《哲學的貧困》就提出的命題。除了杜博依斯之外，C. L. R. 詹
姆斯、杜納耶夫斯卡婭（Raya Dunayevskaya，1910-1987）、博
格斯（James Boggs，1919-1993）等最早對美國種族與階級問題
（及其與全球資本主義的相互滲透）提出深刻分析的思想家，也
都深受馬克思的影響。舉例來說，杜納耶夫斯卡婭的經典《馬克
思主義與自由》（*Marxism and Freedom*, 1958）就有專章討論美
國南北戰爭與馬克思著作的關聯，值得與本文交互參照。

參考文獻

導論：在帝國主義之前
中文
格勞秀斯（Hugo Grotius）
　　2015a，《捕獲法》，張乃根、馬忠法、羅國強、王林彬、楊毅等／譯，上海：上海世紀。
卡爾・馬克思（Marx, Karl）
　　2003b，〈致美國總統阿伯拉罕・林肯〉，收於《馬克思恩格斯全集》，第二版，第 21 卷，中共中央馬克思恩格斯列寧斯大林著作編譯局／譯，北京：人民出版社，頁 24-26。

外文
Heurtebise, Jean-Yves
　　2020. *Orientalisme, Occidentalisme et Universalisme: Histoire et méthode des représentations croisées entre mondes européens et chinois*. Paris: MA éditions-ESKA.
Hobson, J. A.
　　1902. *Imperialism: A Study*. London: James Nisbet & Co. Limited.
Maier, Charles
　　2006. *Among Empires: American Ascendancy and its Predecessors*. Cambridge and London: Harvard University Press.
Muthu, Sankar
　　2012. "Introduction," in Sankar Muthu ed., *Empire and Modern Political Thought*. Cambridge: Cambridge University Press, pp. 1-6.
Pagden, Anthony
　　2015. *The Burdens of Empire*. Cambridge: Cambridge University Press.
Pennock, Caroline D.
　　2008. *Bonds of Blood: Gender, Lifecycle, and Sacrifice in Aztec Culture*. London: Palgrave Macmillan.
Pitts, Jennifer
　　2005. *A Turn to Empire: the rise of imperial liberalism in Britain and France*. Princeton, New Jersey: Princeton University Press.

Young, Robert,

　2001. *Postcolonialism: an historical introduction*. Oxford, UK; Malden, Mass.: Blackwell Publishers.

01 帝國殖民與霍布斯

Anonymous

　1802. "House of Commons Journal *Volume* 1: 21 May 1614," In *Journal of the House of Commons: Volume 1, 1547-1629*, British History Online. London: His Majesty's Stationery Office.

Aquinas, Thomas

　1947. *Summa Theologica. Cincinnati*. Ohio: Benziger Bros.

Armitage, David

　2000. *The Ideological Origins of the British Empire*. Cambridge; New York: Cambridge University Press.

Berkowitz, Abraham

　1994. "John Selden and the Biblical Origins of the Modern International Political System," *Jewish Political Studies Review* 6(1/2): 27-47.

Donne, John

　1622. *A Sermon Upon the VIII Verse of the 1 Chapter of the Acts of the Apostles: Preach'd to the Honourable Company of the Virginian Plantation, 130. Nouemb. 1622*. London: Augustine Mathewes.

Gentili, Alberico

　1877. *De Jure Belli Libri Tres*. ed. Thomas Erskine Holland. Oxford, Clarendon.

Grotius, Hugo

　1995. *De Iure Praedae Commentarius*. Buffalo, N.Y: W.S. Hein.

　2005. *The Rights of War and Peace*. eds. Jean Barbeyrac and Richard Tuck. Indianapolis, Ind: Liberty Fund.

Haigh, Christopher

　2000. *Elizabeth I*. 2nd ed. Harlow. New York: Longman.

Hamilton, Bernice Margaret

　2018. "Francisco de Vitoria," *Encyclopædia Britannica*. https://www.britannica.com/biography/Francisco-de-Vitoria (July 20, 2019).

Hobbes, Thomas

　1839a. "A Dialogue Between a Philosopher and a Student of the Common Laws of England," In *The English Works of Thomas Hobbes of Malmesbury*, ed. William Molesworth. London: John Bohn, 1-160.

1839b. "Behemoth: The History of the Causes of the Civil Wars of England, and of the Counsels and Artifices by Which They Were Carried on from the Year 1640 to the Year 1660." In *The English Works of Thomas Hobbes of Malmesbury*, ed. William Molesworth. London: John Bohn, 161-418.

1840. 'An Answer to Bishop Bramhall's Book, Called "The Catching of the Leviathan"'. In *The English Works of Thomas Hobbes of Malmesbury*, ed. William Molesworth. London: J. Bohn, 279-384.

1841. "The Questions Concerning Liberty, Necessity, and Chance." In *The English Works of Thomas Hobbes of Malmesbury*, ed. William Molesworth. London: J. Bohn.

1994a. *Leviathan: With Selected Variants From the Latin Edition of 1668.* ed. Edwin Curley. Indianapolis: Hackett Pub. Co.

1994b. *The Correspondence of Thomas Hobbes.* ed. Noel Malcolm. Oxford: Oxford; New York: Clarendon Press; Oxford University Press.

1999a. "Hobbes's Treatise of Liberty and Necessity." In *Hobbes and Bramhall on Liberty and Necessity*, Cambridge Texts in the History of Philosophy, ed. Vere Chappell. Cambridge: Cambridge University Press, 15-42.

1999b. "Selections from Hobbes, The Questions Concerning Liberty, Necessity, and Chance." In *Hobbes and Bramhall on Liberty and Necessity*, Cambridge Texts in the History of Philosophy, ed. Vere Chappell. Cambridge: Cambridge University Press, 69-90.

2008. *The Elements of Law Natural and Politic: Part I, Human Nature, Part II, De Corpore Politico; with Three Lives.* ed. J. C. A. Gaskin. Oxford: Oxford University Press.

Jansson, Maija, ed.

1988. *Proceedings in Parliament, 1614: House of Commons.* Philadelphia: Amer Philosophical Society.

Malcolm, Noel

2002. "Hobbes, Sandys, and the Virginia Company." In *Aspects of Hobbes*, Oxford: Oxford University Press, 53-79.

Martinich, Aloysius Patrick

1999. *Hobbes: A Biography.* Cambridge; New York: Cambridge University Press.

More, Thomas

2002. *Utopia*. Rev. ed. eds. George M. Logan and Robert Merrihew Adams. Cambridge; New York: Cambridge University Press.

Nelson, Eric

2014. *The Royalist Revolution: Monarchy and the American Founding*. Cambridge, Massachusetts: Harvard University Press.

Notestein, Wallace, Frances Helen Relf, and Hartley Simpson, eds.

1935. *Commons Debates, 1621*. Oxford: Oxford University Press.

Pagden, Anthony

2003. "The Christian Tradition." In *States, Nations and Borders: The Ethics of Making Boundaries*, eds. Allen Buchanan and Margaret Moore. Cambridge University Press, 103-26.

2015. *The Burdens of Empire*. Cambridge University Press.

Parker, Geoffrey

2000. *The Grand Strategy of Philip II*. New Haven: Yale University Press.

Petty, William

1646. "Correspondence and Papers of Sir William Petty (1623-1687)," British Library. Add MS 72850-72908.

Pink, Thomas

2013. "Hobbes on Liberty, Action, and Free Will." In *The Oxford Handbook of Hobbes*, eds. Aloysius Patrick Martinich and Kinch Hoekstra. Oxford: Oxford University Press, 171-94.

Rodriguez, Junius P.

1997. *The Historical Encyclopedia of World Slavery*. 1st Edition. Santa Barbara, Calif: ABC-CLIO.

Selden, John

1652. *Mare Clausum*. London: William Du-Gard.

Soto, Domingo de

1964. *Relección 'De Dominio'*. ed. Jaime Brufau Prats. Granada: Universidad de Granada.

Thornton, Helen

2006. "John Selden's Response to Hugo Grotius: The Argument for Closed Seas," *International Journal of Maritime History* 18(2): 105-28.

Tuck, Richard

1987. 'The "Modern" Theory of Natural Law'. In *The Languages of Political Theory in Early-Modern Europe*, Ideas in Context, ed. Anthony Pagden.

Cambridge University Press, 99-120.

1993. *Philosophy and Government, 1572-1651*. Cambridge; New York: Cambridge University Press.

1999. *The Rights of War and Peace: Political Thought and the International Order From Grotius to Kant*. Oxford, New York: Oxford University Press.

2003. "The Making and Unmaking of Boundaries from the Natural Law Perspective." In *States, Nations and Borders: The Ethics of Making Boundaries*, eds. Allen Buchanan and Margaret Moore. Cambridge University Press, 143-70.

Tully, James

1980. *A Discourse on Property: John Locke and His Adversaries*. Cambridge; New York: Cambridge University Press.

Vitoria, Francisco de

1932. *Comentarios a La Secunda Secundae de Santo Tomás*. ed. Vicente Beltrán de Heredia. Salamanca: Apartado 17.

1991. *Vitoria: Political Writings*. eds. Anthony Pagden and Jeremy Lawrance. Cambridge: Cambridge University Press.

Wolfe, Brenda

2016. "Virginia Company of London," *Encyclopedia Virginia*. https://www.encyclopediavirginia.org/virginia_company_of_london (August 16, 2019).

02 格勞秀斯《論捕獲法》之政治論述發展

中文

余文景／編譯

1986，《英國法律辭典》，臺北：南天書局。

格勞秀斯

2013，《論海洋自由》，馬忠法／譯，上海：上海世紀。

2015，《捕獲法》，張乃根、馬忠法、羅國強、王林彬、楊毅／譯，上海：上海世紀。

2016，《論戰爭與和平法，第二卷》，馬呈元、譚睿／譯，北京：中國政法大學。

2018，《論戰爭與和平法，第一卷》，馬呈元、譚睿／譯，北京：中國政法大學。

外文

Akhtar, Jawaid

1995. "Gujarati Merchants and the Voc: Conflict and Collaboration in South-East Asia During the 17th Century," *Proceedings of the Indian History Congress* 56: 413-417.

Andaya, Barbara Watson

1993. "Cash Cropping and Upstream-Downstream Tensions: The Case of Jambi in the Seventeenth and Eighteenth Centuries," pp. 91-122 in Anthony Reid (ed.), *Southeast Asia in the Early Modern Era: Trade, Power, and Belief.* Ithaca: Cornell University Press.

Arasaratnam, S.

1969. "Some Notes on the Dutch in Malacca and the Indo-Malayan Trade 1641-1670," *Journal of Southeast Asian History* 10(3): 480-490.

Armitage, David

2004. "Introduction," pp.xi-xx in *The Free Sea*. Indianapolis: Liberty Fund.

2008. *The Declaration of Independence: A Global History*. Cambridge: Harvard University Press.

Bailyn, Bernard

1967. *The Ideological Origins of the American Revolution*. Cambridge: Belknap Press of Harvard University Press.

Baird, Rachel

1996. "Political and Commercial Interests as Influences in the Development of the Doctrine of the Freedom of the High Seas," *QUT Law Review* 12: 274-291.

Bakker, J. I.

2004. "The Execution of Oldenbarnevelt: The 'Means of Coercion' (Weber) in Comparative-Historical Perspective (Part II)," *Michigan Sociological Review* 18: 191-211.

Baumgartner, Frederic J.

2011. *Declaring War in Early Modern Europe*. New York: Palgrave Macmillan.

Bellia, Jr. Anthony J. & Clark, Bradford R.

2012. "The Law of Nations as Constitutional Law," *Virginia Law Review* 98(4): 729-838.

Benton, Lauren, & Straumann, Benjamin

2010. "Acquiring Empire by Law: From Roman Doctrine to Early Modern European Practice," *Law and History Review* 28(1): 1-38.

Bloemendal, Jan

2002. "Hugo Grotius (1583-1645): Jurist, Philologist, and Theologian. A

Christian Humanist, His Works, and His Correspondence," *Nederlands archief voor kerkgeschiedenis/ Dutch Review of Church History* 82(2): 342-349.

Blom, Andrew

2015. "Grotius and Aristotle: The Justice of Taking Too Little," *History of Political Thought* 36(1): 84-112.

Borschberg, Peter

1999. "Hugo Grotius, East India Trade and the King of Johor," *Journal of Southeast Asian Studies* 30(2): 225-248.

2003. "A Luso-Dutch Naval Confrontation in the Johor River Delta 1603," *Zeitschrift der Deutschen Morgenländischen Gesellschaft* 153(1): 157-175.

2005. "Hugo Grotius' Theory of Trans-Oceanic Trade Regulation: Revisiting Mare Liberum (1609)," *Itinerario* 29(3): 31-53.

2014. "From Self-Defense to an Instrument of War: Dutch Privateering around the Malay Peninsula in the Early Seventeenth Century," pp. 35-50 in Y. H. Teddy Sim (ed.), *Piracy and Surreptitious Activities in the Malay Archipelago and Adjacent Seas, 1600-1840.* Singapore: Springer.

Buckland, W. W.

1975. *A Text-Book of Roman Law from Augustus to Justinian (3rd ed.).* Cambridge: Cambridge University Press.

Burrish, Onslow

1742. *Batavia Illustrata; or, a View of the Policy and Commerce of the United Provinces.* London: Printed for J. Osborn.

Carletti, Francesco

1964. *My Voyage around the World* (Herbert Weinstock, trans.). New York: Pantheon Books.

Clegg. Cyndia Susan

2004. *Press Censorship Jacobean England.* New York: Cambridge University Press.

Clulow, Adam

2006. "Pirating in the Shogun's Waters: The Dutch East India Company and the Santo António Incident," *Bulletin of Portuguese-Japanese Studies* 13: 65-80.

Coutre, Jacques de

2015. *Jacques De Coutre's Singapore and Johor 1594-c.1625* (Peter Borschberg ed.). Singapore: NUS Press.

Dijk, Wil O.

2002. "The VOC's Trade in Indian Textiles with Burma, 1634-80," *Journal of Southeast Asian Studies* 33(3): 495-515.

Edmundson, George

1922. *History of Holland*. Cambridge: Cambridge University Press.

Fenn, Percy Thomas Jr.

1926. "Origins of the Theory of Territorial Waters," *The American Journal of International Law* 20(3): 465-482.

Fletcher, Eric G. M.

1933. "John Selden (Author of Mare Clausum) and His Contribution to International Law," *Transactions of the Grotius Society* 19: 1-12.

Gentelli, Liesel

2016. "Provenance Determination of Silver Artefacts from the 1629 VOC Wreck Batavia Using LA-ICP-MS," *Journal of Archaeological Science: Reports* 9: 536-542.

Geyl, Pieter

1926. "Grotius," *Transactions of the Grotius Society* 12: 81-97.

Grotius, Hugo

1610. *Liber De Antiquitate Reipublicae Batavicae*. Lugduni Batavorum: Raphelengius.

1649. *A Treatise of the Antiquity of the Commonwealth of the Battavers, Which Is Now the Hollanders First Written in Latin by Hugo Grotius, Advocat Fiscall of Holland, Zealand, and Westfriesland, &C* (Thomas Woods, trans.). London: Printed for Iohn Walker, at the signe of the Starre in Popes Head Alley.

1658. *Annales Et Historiae De Rebus Belgicis*. Amstelaedami [Amsterdam]: Joannis Blaeu.

2000. *The Antiquity of the Batavian Republic* (Jan Waszink, trans.). Assen: Van Gorcum.

2004. *The Free Sea* (Richard Hakluyt, trans.). Indianapolis: Liberty Fund.

2005. *The Rights of War and Peace, Book One*. Indianapolis: Liberty Fund.

2006. *Commentary on the Law of Prize and Booty*. Indianapolis: Liberty Fund.

Guicciardini, Lodovico

1567. *Descrittione Di Lodovico Guicciardini Patritio Fiorentino Di Tutti I Paesi Bassi Altrimenti Detti Germania Inferiore*. Anversa [Antwerpen]:

Apresso Guglielmo Siluio, Stampatore Regio.

Hackett, Kimberly J.

2014. "The English Reception of Oldenbarnevelt's Fall," *Huntington Library Quarterly* 77(2): 157-176.

Hutchins, Todd Emerson

2011. "Structuring a Sustainable Letters of Marque Regime: How Commissioning Privateers Can Defeat the Somali Pirates," *California Law Review* 99(3): 819-884.

Israel, Jonathan

1995. *The Dutch Republic: Its Rise, Greatness, and Fall*. Oxford: Clarendon Press.

Knaap, Gerrit J.

1992. "Crisis and Failure: War and Revolt in the Ambon Islands, 1636-1637," *Cakalele* 3: 1-26.

Ladner, Gerhart B.

1975. "Justinian's Theory of Law and the Renewal Ideology of the 'Leges Barbarorum'," *Proceedings of the American Philosophical Society* 119(3): 191-200.

Lee, R. Warden

1945. "Grotius: The Last Phase, 1635-45," *Transactions of the Grotius Society* 31: 193-215.

Leeb, I. Leonard

1973. *The Ideological Origins of the Batavian Revolution: History and Politics in the Dutch Republic 1747-1800*. The Hague: Martinus Nijhoff.

Lesson, Peter T.

2009. *The Invisible Hook: The Hidden Economics of Pirates*. Princeton: Princeton University Press.

Lofgren, Charles A.

1972. "War-Making under the Constitution: The Original Understanding," *The Yale Law Journal* 81(4): 672-702.

Loureiro, Rui Manuel

2017. "Early Portuguese Perceptions of the 'Dutch Threat' in Asia," pp. 166-187 in Ernst van Veen & Leonard Blussé (eds.), *Rivalry and Conflict: European Traders and Asian Trading Networks in the 16th and 17th Centuries*. Leiden: CNWS Publications.

MacRae, Leslie M.

　　1983. "Customary International Law and the United Nations' Law of the Sea Treaty," *California Western International Law Journal* 13(2): 181-222.

Maloni, Ruby

　　2007. "Sectional President's Address: Presence and Response: Europeans in 17th Gujarat," *Proceedings of the Indian History Congress* 68: 240-275.

Marshall, C. Kevin

　　1997. "Putting Privateers in Their Place: The Applicability of the Marque and Reprisal Clause to Undeclared Wars," *The University of Chicago Law Review* 64(3): 953-981.

Meilink-Roelofsz, Marie Antoinette Petronella

　　1962. *Asian Trade and European Influence: In the Indonesian Archipelago between 1500 and About 1630*. The Hague: Martinus Nujhoff.

Mitrasing, Ingrid S.

　　2014. "Negotiating a New Order in the Straits of Malacca (1500-1700)," *KEMANUSIAAN* 21(2): 55-77.

Nellen, H. J. M.

　　2005. "Codes of Confidentiality in Hugo Grotius's Correspondence (1594-1645)," *Text* 17: 251-264.

Pearson, Michael Naylor

　　1976. *Merchants and Rulers in Gujarat: The Response to the Portuguese in the Sixteenth Century*. Berkeley: University of California Press.

Reid, Anthony

　　2009. "Southeast Asian Consumption of India and British Cotton Cloth, 1600-1850," pp. 31-51 in Giorgio Riello & Tirthankar Roy (eds.), *How India Clothed the World: The World of South Asian Textiles, 1500-1850*. Leiden: Brill.

Riker, William H.

　　1957. "Dutch and American Federalism," *Journal of the History of Ideas* 18(4): 495-521.

Roelofsen, Cornelius G.

　　1989. "The Freedom of the Seas: An Asian Inspiration for Mare Liberum," pp. 51-69 in Thomas G. Watkin (ed.), *Legal Record and Historical Reality: Proceedings of the Eighth British Legal History Conference, Cardiff, 1987*. London: The Hambledon Press.

1990. "Grotius and the International Politics of the Seventeenth Century," pp. 109-112 in Hedley Bull, Benedict Kingsbury, & Adam Roberts (eds.), *Hugo Grotius and International Relations*. Oxford: Clarendon Press.

Rommen, Heinrich A.

1998. *The Natural Law: A Study in Legal and Social History and Philosophy*. Indianapolis: Liberty Fund.

Schnurmann, Claudia

2003. "'Wherever Profit Leads Us, to Every Sea and Shore...': The VOC, the WIC, and Dutch Methods of Globalization in the Seventeenth Century," *Renaissance Studies* 17(3): 474-493.

Selden, John

1635. *Ioannis Seldeni Mare Clausum Seu De Dominio Maris Libri Duo Primo, Mare, Ex Iure Naturae Seu Gentium, Omnium Hominum Non Esse Commune, Sed Dominii Privati Seu Proprietatis Capax, Pariter Ac Tellurem, Esse Demonstratur. Secundo, Serenissimum Magnae Britanniae Regem Maris Circumflui, Ut Individuae Atque Perpetuae Imperii Britannici Appendicis, Dominum Esse, Asseritur*. Londini: Excudebat Will. Stanesbeius, pro Richardo Meighen.

1653. *Ioannis Seldeni Vindiciae Secundùm Integritatem Existimationis Suae*. Londini: apud Cornelium Bee.

Souza, George Bryan

1986. *The Survival of Empire: Portuguese Trade and Society in China and the South China Sea, 1630-1754*. Cambridge: Cambridge University Press.

Straumann, Benjamin

2006. "'Ancient Caesarian Lawyers' in a State of Nature: Roman Tradition and Natural Rights in Hugo Grotius's 'De Iure Praedae'," *Political Theory* 34(3): 328-350.

2007. "Natural Rights and Roman Law in Hugo Grotius's Theses LVI, *De Iure Praedae* and *Defensio Capitis Quinti Maris Liberi*," *Grotiana* 26(1): 341-365.

2015. *Roman Law in the State of Nature: The Classical Foundations of Hugo Grotius' Natural Law* (Belinda Cooper, trans.). Cambridge: Cambridge University Press.

Suárez, Thomas

1999. *Early Mapping of Southeast Asia*. Hong Kong: Periplus Editions.

Thomas, Philip

2003. "Piracy, Privateering and the United States of the Netherlands," *Revue internationale des droits de l'Antiquité* 50(3): 361-382.

Thornton, Helen

2004. "Hugo Grotius and the Freedom of the Seas," *International Journal of Maritime History* 16(2): 17-38.

Tracy, James D.

2008. *The Founding of the Dutch Republic: War, Finance, and Politics in Holland, 1572-1588*. Oxford: Oxford University Press.

Tuck, Richard

1979. *Natural Rights Theories: Their Origin and Development*. Cambridge: Cambridge University Press.

1991. "Grotius and Selden," pp. 499-529 in J. H. Burns (ed.), *The Cambridge History of Political Thought 1450-1700*. Cambridge: Cambridge University Press.

1993. *Philosophy and Government 1572-1651*. Cambridge: Cambridge University Press.

2001. *The Rights of War and Peace: Political Thought and the International Order from Grotius to Kant*. Oxford: Oxford University Press.

2005. "Introduction," pp. ix-xxxiii in Richard Tuck (ed.), *The Rights of War and Peace, Book One*. Indianapolis: Liberty Fund.

United Provinces of the Netherlands, Staten Generaal

1599. *A Proclamation of the Lords the Generall States, of the Vnited Prouinces Whereby the Spaniards and All Their Goods Are Declared to Be Lawfull Prize: As Also Containing a Strickt Defence or Restraint of Sending Any Goods, Wares, or Merchandizes to the Spaniards or Their Adherents, Enemies to the Netherlandes. Faithfully Translated out of the Dutch Coppy Printed at S. Grauen Haghe by Aelbercht Heyndrickson, Printer to the Generall States*. London: By [E. Allde for] Iohn Wolfe.

Van Ittersum, Martine Julia

2003. "Hugo Grotius in Context: Van Heemskerck's Capture of the 'Santa Catarina' and Its Justification in 'De Jure Praedae'," *Asian Journal of Social Science* 31(3): 511-548.

2006a. "Introduction," pp. xiii-xxi in Martine J. van Ittersum (ed.), *Commentary on the Law of Prize and Booty*. Indianapolis: Liberty Fund.

2006b. *Profit and Principle: Hugo Grotius, Natural Rights Theories and the*

Rise of Dutch Power in the East Indies, 1595-1615. Leiden: Brill.

2009a. "Dating the Manuscript of De Jure Praedae (1604-1608): What Watermarks, Foliation and Quire Divisions Can Tell Us About Hugo Grotius' Development as a Natural Rights and Natural Law Theorist," *History of European Ideas* 35(2): 125-193.

2009b. "Preparing Mare Liberum for the Press: Hugo Grotius' Rewriting of Chapter 12 of De Cure Praedae in November-December 1608," pp. 246-280 in Hans W. Blom (ed.), *Property, Piracy and Punishment: Hugo Grotius on War and Booty in De Iure Praedae - Concepts and Contexts*. Leiden: Brill.

2010. "Mare Liberum in the West Indies?: Hugo Grotius and the Case of the Swimming Lion, a Dutch Pirate in the Caribbean at the Turn of the Seventeenth Century," *Itinerario* 31(3): 59-94.

Vervliet, Joeroen

2009. "General Introduction," pp. ix-xxviii in Robert Feenstra (ed.), *Hugo Grotius: Mare Liberum 1609-2009*. Leiden: Brill.

Vieira, Mónica Brito

2003. "Mare Liberum vs. Mare Clausum: Grotius, Freitas, and Selden's Debate on Dominion over the Seas," *Journal of the History of Ideas* 64(3): 361-377.

Williams, Mary Wilhelmine

1922. "The Treaty of Tordesillas and the Argentine-Brazilian Boundary Settlement," *The Hispanic American Historical Review* 5(1): 3-23.

Wilson, Eric

2008. *Savage Republic: De Indis of Hugo Grotius, Republicanism and Dutch Hegemony within the Early Modern World-System (c. 1600-1619)*. Leiden: Brill.

2009. "The VOC, Corporate Sovereignty and the Republican Sub-Text of De Iure Praedae,"pp. 310-340 in Hans W. Blom (ed.), *Property, Piracy and Punishment: Hugo Grotius on War and Booty in* De Iure Praedae - *Concepts and Contexts*. Leiden: Brill.

Ziskind, Jonathan

1973. "International Law and Ancient Sources: Grotius and Selden," *The Review of Politics* 35(4): 537-559.

Zwalve, W. J.

2009. "The Introduction to the Jurisprudence of Holland and the Doctrine of the Free Seas," *Grotiana* 30(1): 49-64.

03 洛克：反奴隸的政治社會

Armitage, David

2004. "John Locke, Carolina, and the Two Treatises of Government", *Political Theory* 32:5: 602-27.

2012. "John Locke: theorist of empire?", in Sankar Muthu ed., *Empire and Modern Political Thought*. Cambridge: Cambridge University Press.

Barber, N.W.

2018. *Principles of Constitutionalism*. Oxford: Oxford University Press.

La Boétie, Étienne de.

1577. *Discours de la Servitude Volontaire* (1882). Paris: Librairie de la Bibliothèque Nationale.

Brett, Annabel

1997. *Liberty, Right and Nature: Individual Rights in Late Scholastic Thought*. Cambridge: Cambridge University Press.

2011. *Changes of State: Nature and the Limits of the City in Early Modern Natural Law*. Princeton, NJ: Princeton University Press.

Farr, James

1986. "'So Vile and Miserable and Estate'": the problem of slavery in Locke's political thought, *Political Theory* 14:2: 263-89.

2008. "Locke, natural law, and new world slavery", *Political Theory* 36:4: 495-522.

Finnis, John

2011. *Natural Law and Natural Rights*, second edition. Oxford: Oxford University Press.

Fuller, Lon

1969. *The Morality of Law*, revised edition. New Haven, Conn.: Yale University Press.

Gardner, John

2002. "Reasons for teamwork", *Legal Theory* 8:4: 495-509.

2012. *Law as a Leap of Faith*. Oxford: Oxford University Press.

Kelsen, Hans

1942. "Judicial review of legislation: a comparative study of the Austrian and American Constitution", *The Journal of Politics* 4:2: 183-200.

1945. *General Theory of Law and State*, Anders Wedberg and Wolfgang Herbert Kraus trans., Cambridge, Mass.: Harvard University Press.

1966. "On the pure theory of law", *Israel Law Review* 1:1: 1-7.

Locke, John

1975. *An Essay Concerning Human Understanding*, Peter H. Nidditch ed., Oxford: Clarendon Press.

1988. *Two Treatises of Government*, student edition, Peter Laslett ed., Cambridge: Cambridge University Press.

1997. *Political Essays*, Mark Goldie ed., Cambridge: Cambridge University Press.

2000. *The Reasonableness of Christianity*, John C. Higgins-Biddle ed., Oxford: Clarendon Press.

2010. *Locke on Toleration*, Richard Vernon ed., Cambridge: Cambridge University Press.

Luria, Keith P.

2002. "The power of conscience? Conversion and confessional boundary building in early-modern Europe", in C. Scott Dixon et al eds., *Living with Religious Diversity in Early-Modern Europe*. London and New York: Routledge, pp. 109-126.

Marshall, John

2006. *John Locke, Toleration and Early Enlightenment Culture*. Cambridge: Cambridge University Press.

Metha, Uday Singh

1999. *Liberalism and Empire: A Study in Nineteenth-Century British Liberal Thought*. Chicago and London: University of Chicago Press.

Miller, Michelle

2010. "Constrained friendship: Rabelais and the status of service in evangelical humanism", *Renaissance and Reformation/ Renaissance et Réforme* 33:1: 31-54.

Mortimer, Sarah

2010. *Reason and Religion in the English Revolution: The Challenge of Socinianism*. Cambridge: Cambridge University Press.

Parekh, Bhikhu

1995. "Liberalism and colonialism: a critique of Locke and Mill", in Pieterse and Parekh eds., *The Decolonization of Imagination: Culture, Knowledge and Power*, London: Atlantic Highlands, pp. 81-98.

Raz, Joseph

2009. *The Authority of Law*, second edition. Oxford: Oxford University Press.

2019. "The law's own virtue", *Oxford Journal of Legal Studies* 39:1: 1-15.

Rosen, Michael

1996. *On Voluntary Servitude: False Consciousness and the Theory of Ideology*. Cambridge: Harvard University Press.

Rosenfeld, Sophia

2011. *Common Sense: A Political History*. Cambridge, MA: Harvard University Press.

Rubinstein, Nicolai

1987. "The history of the word *politicus* in early-modern Europe", in Anthony Pagden ed., *The Languages of Political Theory in Early-Modern Europe*. Cambridge: Cambridge University Press, pp. 41-56.

Smith, Sophie

2019. "The language of 'political science' in early modern Europe", *Journal of the History of Ideas* 80:2: 203-26.

Stanton, Timothy

2017. "Natural law, judgement and toleration in Locke", *European Journal of Political Theory* 16:1: 128-35.

Tate, John William

2012. "Locke, God, and civil society: response to Stanton", *Political Theory* 40:2: 222-8.

Todeschini, Gaicomo

2015. "Servitude et travail à la fin du moyen âge: la dévalorisation des salaries et les pauvres <peu méritants>", *Annales. Histoire, Sciences Sociales* 70: 81-9.

Tomlins, Christopher

2010. *Freedom Bound: Law, Labor, and Civic Identity in Colonizing English America, 1580-1865*. Cambridge: Cambridge University Press.

Tuckness, Alex

2002. *Locke and the Legislative Point of View: Toleration, Contested Principles, and the Law*. Princeton, NJ: Princeton University Press.

Tully, James

1980. *A Discourse on Property: John Locke and His Adversaries*. Cambridge: Cambridge University Press.

1993. *An Approach to Political Philosophy: Locke in Contexts*. Cambridge: Cambridge University Press.

Waldron, Jeremy

  2002. *God, Locke, and Equality: Christian Foundations in Locke's Political Thought*. Cambridge: Cambridge University Press.

  2008. "The concept and the rule of law", *Georgia Law Review* 43:1: 1-61.

  2019. "Non-normative principles", *NYU School of Law, Public Law Research Paper*, No. 19-36, pp. 4-7. Available at SSRN: https://ssrn.com/abstract= 3400296 (accessed 05 Sept. 2019).

Ward, Lee

  2005. "Locke on Executive Power and Liberal Constitutionalism", *Canadian Journal of Political Science/ Revue Canadienne de Science Politique* 38:3: 714-44.

White, M. J.

  2019. "How ius (right) became distinguishable from lex (law): two early episodes in the story", *History of Political Thought* 40:4: 583-606.

Wood, Ellen M.

  1992. "Locke against democracy: consent, representation and suffrage in the *Two Treatises*", *History of Political Thought* 13:4: 657-89.

  1985. *John Locke and Agrarian Capitalism*. Berkeley & Los Angeles: University of California Press.

Zuckert, Michael

  2007. "The fullness of being: Thomas Aquinas and the modern critique of natural law", *The Review of Politics* 69:1: 28-47.

04 亞當‧斯密的帝國論述及其背景

中文

陳正國

  2012，〈陌生人的歷史意義：亞當‧史密斯論商業社會的倫理基礎〉，《中央研究院歷史語言研究所集刊》，第 83 本 4 分，頁 779-835。

楊肅獻

  2013，〈吉朋的史學與近代歐洲古典學術〉，《臺大歷史學報》，第 51 期，頁 119-180。

外文

Armitage, David

  2002. "Empire and Liberty: A Republican Dilemma," in Martin van Gelderen and Quentin Skinner eds., *Republicanism: A Shared European Heritage*.

Cambridge: Cambridge University Press, pp. 29-46.

Barbon, Nicholas

1690. *A Discourse of Trade*. London: Andesite Press.

1696. *A Discourse Concerning Coining the New Money Lighter: In Answer to Mr. Lock's Considerations about Raising the Value of Money*. London: Printed for Richard Chiswell.

Berry, Christopher J.

1994. *The Idea of Luxury: A Conceptual and Historical Investigation*. Cambridge: Cambridge University Press.

Bourke, Richard

2015. *Empire & Revolution: The Political Life of Edmund Burke*. Princeton, NJ: Princeton, University Press.

Brewer, John

1989. *The Sinews of Power: War, Money and the English State, 1688-1783*. New York: Alfred A. Knopf.

Burke, Edmund

1991. "Speech on Opening of Impeachment (1788)," in David P. Fidler and Jennifer M. Welsh eds., *Empire And Community: Edmund Burke's Writings And Speeches On International Relations*. Boulder, CO: Westview, pp. 203-234.

Cannon, Garland

1990. *The Life and Mind of Oriental Jones: Sir William Jones, the Father of Modern Linguistics*. Cambridge: Cambridge University Press.

Carey, Daniel

2013. "Locke's Species: Money and Philosophy in the 1690s," *Annals of Science* 70(3): 357-380.

Chen, Jeng-Guo S.

2010. "Wealth of Chinese Nation: British Economic Imaginings of China in the Long Eighteenth Century, 1688-1832," *Horizon* 2: 119-134.

Cohn, Bernard S.

1996. *Colonialism and Its Forms of Knowledge: The British in India*. Princeton, NJ: Princeton University Press.

Davenant, Charles

1701. *An Essay upon Ways and Means of Supplying the War*. London: Printed for Jacob Tonson.

Defoe, Daniel

2003. *Defoe's Review*, ed. by John McVeagh. London: Pickering & Chatto.

Deringer, William

2018. *Calculated Values: Finance, Politics, and the Quantitative Age.* Cambridge, MA: Harvard University Press.

Dickinson, H. T. ed.

1998. *Britain and the American Revolution.* London: Longman.

Fagerstrom, Dalphy I.

1954. "Scottish Opinion and the American Revolution," *The William and Mary Quarterly* 11(2): 252-275.

Fay, C. R.

1956. *Adam Smith and Scotland of his Day.* Cambridge: Cambridge University Press.

Ferguson, Adam

1995. *An Essay on the History of Civil Society*, ed. by Fania Oz-Salzberger. Cambridge: Cambridge University Press.

Finkelstein, Andrea

2000. *Harmony and the Balance: An Intellectual History of Seventeenth Century English Economic Thought.* Ann Arbor, MI: University of Michigan Press.

Forbes, Duncan

1954. "Scientific Whiggism: Adam Smith and John Millar," *Cambridge Journal* 7: 643-670.

Forman-Barzilai, Fonna

2001. *Adam Smith and the Circles of Sympathy.* Chicago, IL: University of Chicago.

Gibbon, Edward

1776. *The History of the Decline and Fall of the Roman Empire.* London: Methuen.

Greene, Jack P.

1988. *Pursuits of Happiness: The Social Development of Early Modern British Colonies and the Formation of American Culture.* Chapel Hill, NC: University of North Carolina Press.

Hanley, Ryan Patrick

2009. *Adam Smith and the Character of Virtue.* Cambridge: Cambridge University Press.

Hont, Istvan

　　2005. "Free Trade and the Economic Limits to National Politics," in Istvan Hont, *Jealousy of Trade: International Competition and the Nation-State in Historical Perspective*. Cambridge, MA: Belknap Press of Harvard University Press, pp. 185-266.

　　2015. *Politics in Commercial Society*, eds. by Bela Kapossy and Michael Sonenscher. Cambridge, MA: Harvard University Press.

Hopkins, Thomas

　　2013. "Adam Smith on American Economic Development and the Future of the European Atlantic Empires Pages," in Sophus A. Reinert and Pernille Røge eds., *The Political Economy of Empire in the Early Modern World*. Houndmills, Basingstoke, Hampshire: Palgrave Macmillan, pp. 53-75.

Jones, Richard Foster

　　1982. *Ancients and Moderns: A Study of the Rise of the Scientific Movement in Seventeenth-Century England*. New York: Dover.

Kopf, David

　　1969. *British Orientalism and the Bengal Renaissance: The Dynamics of Indian Modernization, 1773- 1835*. Berkeley, CA: University of California Press.

Levine, Joseph M.

　　1991. *The Battle of the Books: History and Literature in the Augustan Age*. Ithaca, NY: Cornell University Press.

Malynes, Gerard

　　1622. *Consuetudo, Vel Lex Mercatoria, or The Ancient Law- Merchant*. London: Facsimile Publisher.

McDaniel, Iain

　　2013. *Adam Ferguson in the Scottish Enlightenment: The Roman Past and Europe's Future*. Cambridge, Mass.: Harvard University Press.

Mehta, Uday Singh

　　1999. *Liberalism and Empire: A Study in Nineteenth-Century British Liberal Thought*. Chicago, IL: University of Chicago Press.

Misselden, Edward

　　1623. *The Circle of Commerce*. London: William Iones.

Montesquieu, Charles de Secondat

　　1734a. *Considérations Sur Les Causes de La Grandeur Des Romains et de*

　　Leur Décadence. Paris: Librairie Ch. Delagraye.

　　1734b. *Reflections on the Causes of the Grandeur and Declension of the Romans*. London: W. Innys.

Mun, Thomas

　　1664. *England's Treasure by Forraign Trade, or, The Ballance of Our Forraign Trade Is the Rule or Our Treasure*. London: Printed for J.G. for T. Clark.

Muthu, Sankar

　　2003. *Enlightenment against Empire*. Princeton, N.J: Princeton University Press.

　　2012. "Conquest, Commerce, and Cosmopolitanism in Enlightenment Political Thought," in Sankar Muthu ed., *Empire and Modern Political Thought*. Cambridge: Cambridge University Press, pp. 199-231.

Nicholson, J. Shield

　　1909. *A Project of Empire: A Critical Study of the Economics of Imperialism, with Special Reference to the Ideas of Adam Smith*. London: Macmillan and Co.

Palen, Marc-William

　　2014. "Adam Smith as Advocate of Empire, c. 1870-1932," *The Historical Journal* 57(1): 179-198.

Paterson, William

　　1968. "A Proposal to Plant a Colony in Darien (1701)," in Saxe Bannister ed., *The Writings of William Paterson: Founder of the Bank of England. Vol. 1.* New York: A. M. Kelley, pp. 113-164.

Petty, William, Sir

　　1686. *An Essay Concerning the Multiplication of Mankind Together with Another Essay in Political Arithmetick Concerning the Growth of the City of London*. London: Printed for Mark Pardoe.

Phillipson, Nicholas

　　1983. "Adam Smith as Civic Moralist," in Istvan Hont and Michael Ignatieff eds., *Wealth and Virtue: The Shaping of Political Economy in the Scottish Enlightenment*. Cambridge: Cambridge University Press, pp. 179-202.

　　2012 *Adam Smith: An Enlightened Life*. New Haven, CT: Yale University Press.

Phillipson, Nicholas T.

　　1997. "Providence and Progress: An Introduction to the Historical Thought of

William Robertson," in Stewart J. Brown ed., *William Robertson and the Expansion of British Empire*. Cambridge: Cambridge University Press, pp. 55-73.

Pitts, Jennifer

2009. *A Turn to Empire: The Rise of Imperial Liberalism in Britain and France*. Princeton, NJ: Princeton University Press.

Pocock, J. G. A.

1975. *The Machiavellian Moment: Florentine Political Thought and the Atlantic Republican Tradition*. Princeton, NJ: Princeton University Press.

1999. *Barbarism and Religion. Volume 1: The Enlightenments of Edward Gibbon, 1737-1764*. Cambridge: Cambridge University Press.

Poovey, Mary

1998. *A History of the Modern Fact: Problems of Knowledge in the Sciences of Wealth and Society*. Chicago, IL: University of Chicago Press.

Rasmussen, Dennis Carl

2014. *The Pragmatic Enlightenment: Recovering the Liberalism of Hume, Smith, Montesquieu, and Voltaire*. Cambridge: Cambridge University Press.

Robertson, John

1985. *The Scottish Enlightenment and the Militia Issue*. Edinburgh: John Donald.

Røge, Pernille

2013. "A Natural Order of Empire: The Physiocratic Vision of Colonial France after the Seven Years' War," in Sophus A. Reinert and Pernille Røge eds., *The Political Economy of Empire in the Early Modern World*. London: Palgrave Macmillan, pp. 32-52.

Ross, Ian Simpson

2010. *The Life of Adam Smith*. (2nd ed.) Oxford: Oxford University Press.

Rothschild, Emma

2011. *The Inner Life of Empires: An Eighteenth-Century History*. Princeton, NJ: Princeton University Press.

2012. "Adam Smith in the British Empire," in Sankar Muthu ed., *Empire and Modern Political Thought*. Cambridge: Cambridge University Press, pp. 184-198.

Sartori, Andrew

2006. "The British Empire and Its Liberal Mission," *The Journal of Modern*

History 78(3): 623-642.

Schwoerer, Lois G.

　1974. *"No Standing Armies!": The Antiarmy Ideology in Seventeenth-Century England*. Baltimore, MD: Johns Hopkins University Press.

Scott, Paul H.

　1992. *Andrew Fletcher and the Treaty of Union*. Edinburgh: John Donald.

Sher, Richard B.

　1985. *Church and University in the Scottish Enlightenment: The Moderate Literati of Edinburgh*. Edinburgh: Edinburgh University Press.

　1989. "Adam Ferguson, Adam Smith, and the Problem of National Defense," *The Journal of Modern History* 61(2): 240-268.

Smith, Adam

　1981a. *An Inquiry into the Nature and Causes of the Wealth of Nations, Vol. 2* [1776]. eds. by R. H. Campbell, A. S. Skinner and W. B. Todd. Indianapolis, IN: Liberty Fund.

　1981b. *An Inquiry into the Nature and Causes of the Wealth of Nations, Vol. 1* [1776]. eds. by R. H. Campbell, A. S. Skinner and W. B. Todd. Indianapolis, IN: Liberty Fund.

　1982a. *The Theory of Moral Sentiments*, eds. by D. D. Raphael and A. L. Macfie. Indianapolis, IN: Liberty Fund.

　1982b. *Lectures on Jurisprudence*, eds. by Ronald L. Meek, D. D. Raphael and Peter Stein. Indianapolis, IN: Liberty Fund.

Stanlis, Peter J.

　1976. "British Views of the American Revolution: A Conflict over Rights of Sovereignty," *Early American Literature* 11(2): 191- 201.

van Cleve, George

　2006. "'Somerset's Case' and Its Antecedents in Imperial Perspective," *Law and History Review* 24(3): 601-645.

Winch, Donald

　1978. *Adam Smith's Politics: An Essay in Historiographic Revision*. Cambridge: Cambridge University Press.

05 文明帝國 vs. 野蠻帝國：從社會情感觀點重建柏克的全球政治思想

中文

曾國祥

2017，〈開明的柏克〉（評 Richard Bourke《帝國與革命：艾德蒙・柏克的政治人生》），《思想史》，臺北：聯經出版公司，第 7 期，頁 189-210。

諾曼（Jesse Norman）

2015，《埃德蒙柏克：現代保守政治教父》（*The Visionary Who Invented Modern Politics*），田飛龍／譯，北京：北京大學出版社。

蓋伊（Peter Gay）

2019，《啟蒙運動下：自由之科學》（*The Enlightenment Part II: The Science of Freedom*），梁永安／譯，新北市：立緒文化事業有限公司。

外文

引用柏克著作縮寫

R　　Burke, Edmund. *Reflections on the Revolution in France*, ed. J. G. A. Pocock. Indianapolis: Hackett, 1987.

A　　Burke, Edmund. *An Appeal from the New to the Old Whigs, in Consequence of Some Late Discussions in Parliament, the Fourth Edition*. London: Printed for J. Dodsley, Pall-Mall, 1791.

WS1　Burke, Edmund. *The Writings and Speeches of Edmund Burke, Vol. I: The Early Writings*, eds. T. O. McLoughlin and James T. Boulton. Oxford: Clarendon Press, 1997.

WS2　Burke, Edmund. *The Writings and Speeches of Edmund Burke, Vol. II: Party, Parliament, and the American War: 1766-1774*, ed. Paul Langford. Oxford: Clarendon Press, 1981.

WS3　Burke, Edmund. *The Writings and Speeches of Edmund Burke, Vol. III: Party, Parliament, and the American War: 1774-1780*, eds. Warren M. Elofson and John A. Woods. Oxford: Clarendon Press, 1996.

WS4　Burke, Edmund. *The Writings and Speeches of Edmund Burke, Vol. IV: Party, Parliament, and the Dividing of the Whigs 1780-1794*, Eds. P. J. Marshall and Donald C. Bryant. Oxford: Clarendon Press, 2015.

WS5　Burke, Edmund. *The Writings and Speeches of Edmund Burke, Vol. V: India: Madras and Bengal,* ed. P. J. Marshall. Oxford: Clarendon Press, 2006.

WS6　Burke, Edmund. *The Writings and Speeches of Edmund Burke, Vol. VI: The Launching of the Hastings Impeachment 1786-1788,* ed. P. J. Marshall. Oxford: Clarendon Press, 1991.

WS7　Burke, Edmund. *The Writings and Speeches of Edmund Burke, Vol. VII:*

The Hastings Trial 1789-1794, ed. P. J. Marshall. Oxford: Clarendon Press, 2000.

WS8　Burke, Edmund. *The Writings and Speeches of Edmund Burke, Vol. VIII: The French Revolution 1790-1794,* ed. P. J. Marshall. Oxford: Clarendon Press, 1989.

WS9　Burke, Edmund. The *Writings and Speeches of Edmund Burke, Vol. IX: I: The Revolutionary War 1794-1797; II: Ireland,* ed. R. B. McDowell. Oxford: Clarendon Press, 1991.

其他外文書目

Armitage, David

2013. *Foundations of Modern International Thought.* Cambridge: Cambridge University Press.

Bourke, Richard

2015. *Empire and Revolution: The Political Life of Edmund Burke.* Princeton and Oxford: Princeton University Press.

Davie, George

1979. "Berkeley, Hume, and the Central Problem of Scottish Philosophy," in *McGill Hume Studies,* eds. D. F. Norton et al. San Diego: Austin Press, pp. 43-62.

Israel, Jonathan

2016. "J. G. A. Pocock and the 'Language of Enlightenment' in His Barbarism and Religion," *Journal of the History of Ideas,* 77(1): 107-127.

Marshall, P. J.

1998. "Burke and Empire," in *Hanoverian Britain and Empire: Essays in Memory of Philip Lawson,* eds. Stephen Taylor, Richard Connors, and Clyve Jones. Rochester, N. Y.: Boydell Press, pp. 288-298.

Mcloughlin, T. O. and James T. Boulton

1997. "Introduction" to *The Writings and Speeches of Edmund Burke, Vol. I: The Early Writings,* eds. T. O. McLoughlin and James T. Boulton. Oxford: Clarendon Press, pp, 1-22.

Mehta, Uday Singh

1999. *Liberalism and Empire: A Study in Nineteenth-Century British Liberal Thought.* Chicago and London: The University of Chicago Press.

Pitts, Jennifer

2005. *A Turn to Empire: The Rise of Imperial Liberalism in Britain and France.*

Princeton and Oxford: Princeton University Press.

Pocock, J. G. A.

1985. *Virtue, Commerce and History*. Cambridge: Cambridge University Press.

2003. *Barbarism and Religion, Vol. III: The First Decline and Fall*. Cambridge: Cambridge University Press.

White, Stephen K.

1994. *Edmund Burke: Modernity, Politics and Aesthetics*. Thousand Oakes, London, and New Delhi: Sage Publications.

Wollstonecraft, Mary

1975. *A Vindication of the Rights of Men*. Delmar, NY: Scholar's Facsimiles and Reprints.

06「自然非群性」的盧梭變奏：從共和帝國主義到共和邦聯

中文

陳嘉銘

2013，〈盧梭推論戰爭權利的途徑 —— 從共和自由到萬民法〉，《臺灣民主季刊》第 10 卷第 4 期：93-136。

2014，〈「創造出公民，要什麼就都有了」？論盧梭的自由、愛國主義和實現共和的弔詭〉，《人文及社會科學集刊》第 26 卷第 2 期：175-218。

外文

Grotius, Hugo

2005. *The Rights Of War And Peace, 3 Vols*. Richard Tuck (ed.). John Morrice (trans. of Barbeyrac's French edition). Indianapolis: Liberty Fund.

Hobbes, Thomas

1994. *Leviathan: With Selected Variants from the Latin Edition of 1668*. Edwin Curley (ed.). Indianapolis: Hackett Publishing Company, Inc.

Korman, Sharon

1996. *The Right of Conquest: The Acquisition of Territory by Force in International Law and Practice*. Oxford: Oxford University Press.

Machiavelli, Niccolò

1996. *Discourses on Livy*. Harvey Mansfield and Nathan Tarcov (trans.). Chicago: University of Chicago.

Rousseau, Jean-Jacques

1959-1995. *Œuvres Complètes, 5 Vols*. Bernard Gagnebin, Marcel Raymond,

Jean Starobinski et al. (eds.). Paris: Gallimard. (簡稱OC)

1979. *Emile, or On Education*. Allan Bloom (trans.). New York: Basic Books.

1994. *The Collected Writings of Rousseau, Vol. 4*. Roger D. Masters and Christopher Kelly (eds.). Hanover, NH: University Press of New England.

1997a. *The Discourses and Other Early Political Writings*. Victor Gourevitch (ed.). Cambridge: Cambridge University Press.

1997b. *The Social Contract and Other Later Political Writings*. Victor Gourevitch (ed.). Cambridge: Cambridge University Press.

2005. *The Collected Writings of Rousseau, Vol. 11*. Roger D. Masters and Christopher Kelly (eds.). Hanover, NH: University Press of New England.

Skinner, Quentin

2001. "A Third Concept of Liberty" Isaiah Berlin Lecture from the *Proceedings of the British Academy*, 237-268. The British Academy.

2002. *Vision of Politics: Vol. 2, Renaissance Virtues*. Cambridge: Cambridge of University Press.

Smith, Tom

1981. *The Patterns of Imperialism: The United States, Great Britain, and the late-industrializing world since 1815*. Cambridge: Cambridge University Press.

Tuck, Richard

1993. *Philosophy and Government 1572-1651*. Cambridge: Cambridge University Press.

1999. *The Rights of War and Peace: Political Thought and the International Order from Grotius to Kant*. Oxford: Oxford University Press.

07 蹣跚徒行於荒野與田園之間：論邊沁的文明觀

Armitage, David

2011. "Globalizing Jeremy Bentham," *History of Political Thought* 32(1): 63-82.

Bell, Duncan SA

2006. "Empire and international relations in Victorian political thought," *The Historical Journal* 49(1): 281-298.

2016. *Reordering the World: Essays on Liberalism and Empire*. Princeton: Princeton University Press.

Bentham, Jeremy

1838-1843. *The Works of Jeremy Bentham*, vol. 1, ed. by John Bowring.

Edinburgh: William Tait.

1977. *A Comment on the Commentaries and A Fragment on Government,* eds. J. H. Burns & H. L. A. Hart. New York: Oxford University Press.

1989. *First Principles Preparatory to Constitutional Code*, ed. P. Schofield. New York: Oxford University Press.

2011a. *Selected Writings*, ed. Stephen G. Engelmann. New Haven: Yale University Press.

2011b *Church-of-Englandism and Its Catechism Examined,* eds. James E. Crimmins & Catherine Fuller. New York: Oxford University Press.

2015. *The Book of Fallacies*, ed. Philip Schofield. New York: Oxford University Press.

Blake, Kathleen

2019. *Pleasures of Benthamism: Victorian Literature, Utility, Political Economy.* Oxford: Oxford University Press.

Elster, Jon

2013. *Securities against Misrule: Juries, Assemblies, Elections.* New York: Cambridge University Press.

Engelmann, Stephen G.

2011. "Introduction," in Jeremy Bentham, *Selected Writings*, ed. S. G. Engelmann. New Haven: Yale University Press.

Engelmann, Stephen G. and Jennifer Pitts

2011. "Bentham's 'Place and Time'," *The Tocqueville Review/La revue Tocqueville* 32(1): 43-66.

Hart, Herbert Lionel Adolphus

1982. *Essays on Bentham: Studies in Jurisprudence and Political Theory.* New York: Oxford University Press.

Kirk, Russell

1995. *The Conservative Mind: From Burke to Eliot*, 7th revised edition. Washington, D.C.: Regnery Publishing.

Letwin, Shirley Robin

1998. *The Pursuits of Certainty: David Hume, Jeremy Bentham, John Stuart Mill and Beatrice Webb.* Indianapolis: Liberty Fund.

Mill, John Stuart

2003. *Utilitarianism and On Liberty*, 2nd edition, ed. Mary Warnock. Oxford: Blackwell Publishing.

2015. *On Liberty, Utilitarianism, and Other Essays*, eds. Mark Philip & Frederick Rosen. Oxford: Oxford University Press.

Pitts, Jennifer

2003. "Legislator of the world? A rereading of Bentham on colonies," *Political theory* 31(2): 200-234.

2005. *A Turn to Empire: The Rise of Imperial Liberalism in Britain and France*. Princeton: Princeton University Press.

2018. *Boundaries of the International: Law and Empire*. Cambridge, Massachusetts: Harvard University Press.

Postema, Gerald J.

2019. *Bentham and the Common Law Tradition*, 2nd edition. Oxford: Oxford University Press.

Priestley, Joseph

1993. *Political Writings*, ed. P. Miller. Cambridge: Cambridge University Press.

Schofield, Philip

2002. "Jeremy Bentham: Legislator of the World," in Gerald J. Postema ed., *Bentham: Moral, Political and Legal Philosophy, vol. 2*. Hants: Ashgate Publishing Company, pp. 483-517.

Schofield, Philip and Jonathan Harris

1998. "Introduction" in Jeremy Bentham, *Legislator of the World: Writings on Codification, Law, and Education*, eds. P. Schofield & J. Harris. Oxford: Clarendon Press, pp. xi-lviii.

Sidgwick, Henry

1996. *The Methods of Ethics*, ed. John Slater. Bristol: Thoemmes Press.

08 「帝國主義的後設敘事？」：
康德論文化、文明與世界公民法權

中文

李明輝

1995，〈康德的「歷史」概念〉，《中國文哲研究集刊》，第 7 期，頁 82-157。

康德

2013，《康德歷史哲學論文集》，李明輝／譯注，臺北：聯經出版公司。

2015，《道德底形上學》，李明輝／譯注，臺北：聯經出版公司。

郭博文

1999，〈赫德社會哲學研究〉，《歐美研究》，第 29 卷 4 期，頁 1-47。

曾國祥

1997，〈在普遍主義與相對主義之間〉，收錄於蔡英文、張福建主編《現代性的政治反思》，臺北：中研院人社中心，頁 43-84。

鄭志忠

2006，〈康德的自然合目的性原則的實用意義〉，《揭諦》，10，73-152。

周家瑜

2014，〈盧梭、康德與永久和平〉，《人文及社會科學集刊》，第 26 卷 4 期，頁 621-657。

外文

Bohman, James and Lutz-Bachmann, Matthuas

1997. "Introduction," in J. Bohman, and M. Lutz-Bachmann ed., *Perpetual Peace: Essays on Kant's Cosmopolitan Ideal*. Cambridge: The MIT Press, 1-22.

Caygill, Howard

1995. *A Kant Dictionary*. London & Bering: Blackwell publishers.

Doyle, Michael

1997. *Ways of War and Peace: Realism, Liberalism and Socialism*. New York: W. W. Norton & Company.

Geuss, Raymond

1996 "Kultur, Bildung, Geist," *History and Theory*, 35(2): 151-64.

Flikschuh, Katrin

2006. "Reason and Nature: Kant's Teleological argument in Perpetual Peace," in G. Bird ed., *A Companion to Kant*. Malden, Mass.: Blackwell Publishing Ltd.

2010. "Justice without virtue," in L. Denis ed., *Kant's Metaphysics of Morals: Acritical Guide*. Cambridge: Cambridge University Press, 51-70.

Flikschuh, Katherine and Martin Ajeu

2014. "Colonial Mentality: Kant's Hospitality right then and now," in K. Flikschuh & L. Ypi ed., *Kant and Colonialism*. Oxford: Oxford University Press, 50-221.

Flikschuh, Katrin and Lea Ypi

2014. "Introduction," in K. Flikschuh & L. Ypi ed., *Kant and Colonialism*. Oxford: Oxford University Press, 1-18.

Franceschet, Antonio

2002 *Kant and Liberal Internationalism*. New York: Palgrave MacMillan.

Gozzi, Gustav

2019. *Rights and Civilizations: A History and Philosophy of International Law*. New York: Cambridge University Press.

Herder, Johann Gottfried

1800. *Ideas on the Philosophy of History of Mankind*, trans. By T. Churchill. New York: Bergman Publishers.

Kant, Immanuel

1977. *Die Metaphysik der Sitten*. Frankfurt am Main: Suhrkamp.

1991. *Kant: Political Writings. Cambridge*: Cambridge University Press.

1996. *Kant: The Metaphysics of Morals*. Cambridge: Cambridge University Press.

2000. *Critique of the Power of Judgment*. Cambridge: Cambridge University Press.

Mehta, Uday Singh

1999. *Liberalism and Empire*. Chicago and London: The University of Chicago Press.

Marwah, Inder S.

2012. "Bridging Nature and Freedom?" *Social Theory and Practice* 38(3), 385-406.

Kleingeld, Pauline

2007. "Kant's second Thoughts on race," *The Philosophical Quarterly*, 57(229): 573-92.

Muthu, Sankar

2003. *Enlightenment against Empire*. Princeton: Princeton University Press.

2010. "Global connections and World citizenship in Enlightenment political thought," paper presented at the annual meeting of Kant and Colonialism Conference at Oxford University.

Niesen, Peter

2007. "Colonialism and Hospitality," *Politics and Ethics Review*, 3(1): 90-108.

Pagden, Anthony

1995. *Lords of All the World*. New Haven & London: Yale University Press.

Pitts, Jennifer

2018. *Boundaries of the International: Law and Empire*. Cambridge,

Massachusetts: Harvard University Press.

Ripstein, Arthur

　　2014. "Kant's Juridical Theory of Colonialism," in K. Flikschuh & L. Ypi ed., *Kant and Colonialism*. Oxford: Oxford University Press, 67-145.

Taylor, Charles

　　1997. "The Politics of Recognition," *New Contexts of Canadian Criticism*, 98: 25-73.

Tully, James

　　2002. "The Kantian idea of Europe: Critical and Cosmopolitan Perspectives," in A. Pagden ed., *The Idea of Europe From Antiquity to the European Union*. Cambridge: Cambridge University Press.

　　2008. *Public Philosophy in a New Key*, Vol. II: Imperialism and Civic Freedom. Cambridge: Cambridge University Press.

Ypi, Lea

　　2014. "Commerce and Colonialism in Kant's Philosophy," in K. Flikschuh and L. Ypi eds., *Kant and Colonialism*. Oxford: Oxford University Press, 99-126.

Valsez, Ines

　　2019. *Transitional Cosmopolitanism.: Kant, Du Bois, and Justice as a Political Craft*. Cambridge: Cambridge University Press.

Walden, Kenneth

　　2019. "Reason unbound: Kant's theory of regulative principles." *European Journal of Philosophy* 27(3): 575-592.

Williams, Howard

　　2012. *Kant and the End of War*. New York: Palgrave Macmillan.

09 天真的孔多塞？反思孔多塞的帝國思想

中文

伊麗莎白・巴丹德、羅貝爾・巴丹德

　　2016，《一個知識分子的政治理想》，馬為民、廖先旺、張祝基等／譯，上海：華東師範大學出版社。

d'Entrèves, A. P.

　　1984，《自然法》，李日章／譯，臺北：聯經出版公司。

外文

Allen, Jonathan

　　2001. "The Place of Negative Morality in Political Theory." *Political Theory*

29(3): 337-363.

Baker, Keith Michael

2006. "Political Languages of the French Revolution." in Mark Goldie & Robert Wokler eds., *The Cambridge History of Eighteenth-Century Political Thought*. Cambridge: Cambridge University Press, pp. 626-659.

Badinter, Elisabeth and Robert Badinter

2016. *Condorcet, Marie Jean Antoine Nicolas Caritat, Marquis de 1743-1794*. trans. By Wei-ming Ma, Xian-wang Liao, Zhu-ji Chang. Shanhai: East China Normal University Press.

Berlin, Isaiah

2000. *Three Critics of Enlightenment: Vico, Hamann, Herder.* Princeton, N. J.; Oxford: Oxford University Press.

Berlin, Isaiah

2006. *Political Ideas in the Romantic Age: Their Rise and Influence on Modern Thought*. Princeton: Princeton University Press.

Bowden, Brett

2009 *The Empire of Civilization: The Evolution of an Imperial Idea*. Chicago: The University of the Chicago Press.

Bury, John

1960. *The Idea of Progress: An Inquiry into its Origin and Growth*. New York: Dover Publications.

Condorcet, marquis de

1994. *Condorcet: Foundations of Social Choice and Political Theory*, trans. By Iain McLean and Fiona Hewitt. Hants: Edward Elgar Publishing Limited.

2012. *Political Writings*. Cambridge: Cambridge University Press

De Champs, Emmanuelle

2020 "Interests, Rights and the Public Good in the Late Enlightenment: Condorcet vs. Bentham?," History of Political Thought 41(1): 155-174.

d'Entrèves, A. P.

1984. *Natural Law: An Introduction to Legal Philosophy*. trans. by Ri-Zhang Li. Taipei: Linking Publishing.

Ferrone, Vincenzo

2015. *The Enlightenment: History of an Idea*. Princeton: Princeton Univeristy Press.

Gay, Peter

1987. *The Enlightenment: An Interpretation*. New York: Alfred A. knodf.

Hampshire, Stuart

1979. "Introduction." in trans. by June Barraclough, *Sketch for a historical picture of the progress of the human mind*. Westport, Conn.: Hyperion Press.

Lukes, Steven and Nadia Urbinati

2012. "Editor's introduction." in Steven Lukes and Nadia Urbinati eds., *Political Writings*. Cambridge: Cambridge University Press, pp. xv-xlii.

Iggers, Georg G.

1982. "The Idea of Progress in Historiography and Social Thought since the Enlightenment. "in Gabriel A. Almond, Marvin Chodorow, and Roy Harvey Pearce eds., *Progress and its Discontents*. Berkeley: University of California Press, pp. 41-66.

Israel Jonathan

2014. *Revolutionary Ideas: An Intellectual History of the French Revolution from The Rights of Man to Robespierre*. Princeton: Princeton University Press.

Marlish, Bruce

2004. *Civilization and its Contents*. Stanford, California: Stanford University Press.

Pitts, Jennifer

2005. *A Turn to Empire: the rise of imperial liberalism in Britain and France*. Princeton, New Jersey: Princeton University Press.

Rothschild, Emma

2001. *Economic Sentiments: Adam Smith, Condorcet, and the Enlightenment*. Cambridge, Mass: Harvard University Press.

Schapiro, J. Salwyn.

1963. *Condorcet and the Rise of Liberalism*. New York: Octagon.

Sen, Amartya

2009. *The Idea of Justice*. Cambridge, Mass: Belknap Press of Harvard University Press.

Shklar, Judith

1975. "Review Work(s): Condorcet: From Natural Philosophy to Social Mathematics by Keith Michael Baker." *Political Theory* 3(4): 469-474.

Shklar, Judith

1990. *The Faces of Injustice*, New Haven: Yale University Press.

Shklar, Judith

1998. *Political Thought and Political Thinkers*, Chicago: Chicago University Press.

10 自由主義式帝國主義作為提升人類文明的政治工程：彌爾的國際政治思想及其當代意涵

彌爾著作

John Sturt Mill,

1963-1991. *The Collected Works of John Stuart Mill*, ed. J.M. Robson (Toronto: University of Toronto Press, London: Routledge and Kegan Paul), 33 vols.

引用書目縮寫

CW XVIII, *Essays on Politics and Society Part I*.

CW XXI, *Essays on Equality, Law, and Education*.

CW VIII, *A System of Logic Part II*.

CW I, *Autobiography and Literary Essays*.

CW XIII, *The Earlier Letters 1812-1848 Part II*.

CW III, *Principles of Political Economy Part II*.

CW XXX, *Writings on India*.

CW XIX, *Essays on Politics and Society Part 2*.

外文

Anderson, Elizabeth S.

1991. "John Stuart Mill and Experiments in Living", *Ethics* 102(1): 4-26.

Beetham, David

2009. "The Contradiction of Democratization by Force: The Case of Iraq," *Democratization* 16(3): 443-454.

Brown, Chris

2002. *Sovereignty, Rights and Justice: International Political Theory Today*. Cambridge: Polity.

Ferguson, Niall

2004. *Colossus: The Rise and Fall of American Empire*. London: Penguin Books.

Gray, John

2015. *Mill on Liberty: A Defence*. London: Routledge.

Habibi, Don

1999. "The Moral Dimensions of J.S. Mill's Colonialism." *Journal of Social Philosophy* 30:125-146

2017. "Mill on Colonialism", in Macleod, Christopher and Dale E. Miller (eds.) *A Companion to Mill*. Oxford: Wiley Blackwell, pp.518-532.

Holmes, Stephen

2007. "Making Sense of Liberal Imperialism", in Nadia Urbinati and Alex Zakaras (eds.), *J. S. Mill's Political Thought: A Bicentennial Reassessment*, Cambridge; New York: Cambridge University Press, pp.319-346.

Jones H. S.

2005. "The Early Utilitarians, Race, and Empire", in Schultz, Bart and Georgios Varouxakis (eds.) *Utilitarianism and Empire*, Lanham, Maryland: Lexington Books, pp.179-187.

Keene, Edward

2005. *International Political Thought: An Historical Introduction*. Cambridge: Polity.

Macleod, Christopher and Dale E. Miller (eds.)

2017. *A Companion to Mill*. Oxford: Wiley Blackwell.

Mantena, Karuna

2007. "Mill and Imperial Predicament", in Nadia Urbinati and Alex Zakaras (eds.), *J.S.Mill's Political Thought: A Bicentennial Reassessment*, Cambridge; New York: Cambridge University Press, pp.298-318.

Mehta, Uday

1999. *Liberalism and Empire: A Study in Nineteenth-Century British Liberal Thought*. London: University of Chicago press.

Montgomery, Scott L. and Daniel Chirot

2015. *The Shape of the New: Four Big Ideas and How They Made Modern World*. Princeton, N.J.: Princeton University Press.

Parekh, Bhikhu

1994. "Decolonizing Liberalism", in Alexandras Shotromas (ed.) *The End of "Isms"?* Oxford: Blackwell, pp.105-126.

Pitts, Jennifer

2005. *A Turn to Empire: The Rise of Imperial Liberalism in Britain and France*. Oxford: Princeton University Press.

Rosen, Frederick

2013. *MILL: Founders of Modern Political and Social Thought*, Oxford: Oxford University Press.

Said, Edward

1978. *Orientalism: Western Conceptions of the Orient*. New York: Pantheon Books.

Schultz, Bart and Georgios Varouxakis (eds.)

　　2005. *Utilitarianism and Empire*. Lanham, Maryland: Lexington Books.

Smith, Timothy

　　2013. *Liberalism and Imperial Governance in the Thought of J.S. Mill: The Architecture of a Democratization Theorem*. Dr. German: VDM Verlag Dr. Müller.

Soufrant, Eddy M.

　　2000. *Formal Transgression: John Stuart's Philosophy of International Relations*. Lanham, MD: Rowman & Littlefield.

Tunick, Mark

　　2006. "Tolerant Imperialism: John Stuart Mill's Defense of British Rule in India." *The Review of Politics* 68: 586-611.

Walzer, Michael

　　2007. "Mills 'A Few Words on Non-Intervention': A Commentary", in Nadia Urbinati and Alex Zakaras (eds.), *J.S.Mill's Political Thought: A Bicentennial Reassessment*, Cambridge; New York: Cambridge University Press, pp.347-56.

Weinstein, David

　　2005. "Imagining Darwinism", in Schultz, Bart and Georgios Varouxakis (eds.) *Utilitarianism and Empire*, Lanham, Maryland: Lexington Books, pp.189-209.

White, Melanie

　　2005. "The Liberal Character of Ethological Governance", *Economy and Society* 34: 474-494.

Yeh, Hao

　　2014. 'Experiments in Living and Liberal Imperialism: A Re-interpretation of J. S. Mill's International Political Thought', *Taiwanese Political Science Review* 18(1): 227-266.

11 托克維爾論東方文明中的專制主義
中文

許家豪

　　2016，〈托克維爾論多數暴政〉，《思想》（*Reflexion*），第 31 期（2016/09），頁 25-40。

　　2018，〈托克維爾論異己民族與文明的判準〉，《人文與社會科學集

刊》，第 30 卷第 1 期（107/03），頁 41-73。

外文

Brogan, Hugh

2006. *Alexis de Tocqueville: A Life*. New Haven: Yale University Press.

Boesche, Roger

2005. "The Dark Side of Tocqueville: On War and Empire," *The Review of Politics*, Vol.67(4): 737-752.

Curtis, Michael

2009. *Orientalism and Islam: European Thinkers on Oriental Despotism in the Middle East and India*. Cambridge: Cambridge University Press.

Hung, Ho-Fung

2003. "Orientalist Knowledge and Social Theories: China and the European Conceptions of East-West Differences from 1600 to 1900," *Sociological Theory*, Vol.21(3): 254-280.

Kaiser, Thomas

2000. "The Evil Empire? The Debate on Turkish Despotism in Eighteenth-Century French Political Culture," *The Journal of Modern History*, Vol.72(1): 6-34.

Kelly, George Armstrong

1992. *The Humane Comedy: Constant, Tocqueville And French Liberalism*. Cambridge: Cambridge University Press.

Kohn, Margaret

2008. "Empire's Law: Alexis De Tocqueville On Colonialism And The State Of Exception," *Canadian Journal of Political Science*, Vol.41(2): 255-278.

Manent, Pierre

1996. *Tocqueville and the Nature of Democracy*. Lanham: Rowman & Littlefield.

Mitchell, Harvey

2002. *America after Tocqueville: Democracy against Difference*. Cambridge: Cambridge University Press.

Minuti, Rolando

2012. "Oriental Despotism," in *European History Online* (EGO), published by the Leibniz Institute of European History (IEG), Mainz 2012-05-03. URL: http://www.ieg-ego.eu/minutir-2012-en [Last Retrieved: 2022-01-01].

Pitts, Jennifer

2001. "Introduction" in Alexis de Tocqueville. 2001. *Writings on Empire and Slavery*. Ed. and Trans. by Jennifer Pitts. Baltimore: Johns Hopkins University Press, iv-xxxviii.

2005. *A Turn to Empire: The Rise of Imperial Liberalism in Britain and France*. Princeton: Princeton University Press.

Richter, Melvin

1963. "Tocqueville on Algeria," *The Review of Politics*, Vol.25(3): 362-398.

1969. "Comparative Political Analysis in Montesquieu and Tocqueville," *Comparative Politics*, Vol.1(2): 129-160.

de Tocqueville, Alexis

1899 [1835; 1840]. *Democracy in America*. Trans. by Henry Reeve, New York: Colonial Press.

1955-1856. *The Ancient Régime and the French Revolution*, trans. by Stuart Gilbert. New York: Doubleday Anchor Books.

1966. *Democracy in America*. Trans. by George Lawrence, New York: HarperCollins.

1974. *"The European Revolution" & Correspondence with Gobineau*. Intro., Ed. and Trans. by John Lukacs. Westport, CT: Greenwood Press.

1985. *Selected Letters on Politics and Society*. Ed. by Roger Boesche. Trans. by James Toupin and Roger Boesche. Berkeley: University of California Press.

2001. *Writings on Empire and Slavery*. Ed. and Trans. by Jennifer Pitts. Baltimore: Johns Hopkins University Press.

2003. *Democracy in America and Two Essays on America*, trans. by Gerald Bevan. London: Penguin Books.

2010. *Democracy in America: Historical-Critical Edition*. Ed. Eduardo Nolla. Trans. by James Schleifer. Indianapolis: Liberty Fund.

Venturi, Franco

1963. "Oriental Despotism," *Journal of History of Ideas*, Vol.24(1): 133-142.

Welch, Cheryl

2003. "Colonial Violence and the Rhetoric of Evasion: Tocqueville on Algeria." *Political Theory* 31(2): 235-64.

Young, David

1978. "Montesquieu's View of Despotism and His Use of Travel Literature," *The Review of Politics*, Vol.40(3): 392-405.

12 黑格爾論市民社會、國家、民族與帝國

中文

吳庚

1986，〈唯心論與社會主義 —— 費希特政治哲學之研究〉，《社會科學論叢》第 34 輯，頁 235-292。

康德（Immanuel Kant）

2013，《歷史哲學論文集》（增訂版），李明輝／譯注，臺北：聯經出版公司。

2015，《道德底形上學》，李明輝／譯注，臺北：聯經出版公司。

黑格爾

1961，《法哲學原理》，范揚，張企泰／譯，北京：商務印書館。

1981，《黑格爾政治著作選》，薛華／譯，北京：商務印書館。

2006，《精神哲學》，楊祖陶／譯，北京：人民出版社。

2013，《哲學史講演錄》（四卷），賀麟、王太慶等／譯，北京：商務印書館。

蕭高彥

2013，《西方共和主義思想史論》，臺北：聯經出版公司。

魏楚陽

2017，〈論黑格爾對盧梭普遍意志概念的批評〉，《人文及社會科學集刊》第 29 卷第 4 期，頁 1-36。

外文

Aristotle

1984. *The Politics*, tran., Carnes Lord. Chicago: University of Chicago Press.

Avineri, Shlomo

1972. *Hegel's Theory of the Modern State*. Cambridge: Cambridge University Press.

Böckenförde, Ernst-Wolfgang

1991. *State, Society and Liberty: Studies in Political Theory and Constitutional Law*, tran., J. A. Underwood. New York: Berg.

Cassirer, Ernst

1946. *The Myth of the State*. New Haven: Yale University Press.

Constant, Benjamin

1988. *Political Writings*, tran., B. Fontana. Cambridge: Cambridge University Press.

Cohen, Jean & Arato, Andrew

1992. *Civil Society and Political Theory*. Cambridge, Mass.: MIT Press.

Conze, Werner

1985. "From 'Pöbel' to 'Proletariat'. The Socio-Historical Preconditions of Socialism in Germany," in G. Iggers ed., *The Social History of Politics: Critical Perspectives in West German Historical Writings since 1945*. New York: Berg.

Cullen, Bernard

1988. "The Mediating Role of Estates and Corporations in Hegel's Theory of Political Representation", in Bernard Cullen ed., *Hegel Today*, pp. 22-41, Avebury.

Foster, M. B.

1935. *The Political Philosophies of Plato and Hegel*. Oxford University Press.

Grotius, Hugo

1925. *On the Law of War and Peace (De Jure Belli ac Pacis)*, tran., F. W. Kelsey. Oxford: Clarendon.

Hegel, G. W. F.

1973. *Vorlesungen über Rechtsphilosophie 1818-1831*, ed., Karl-Heinz Ilting. Frommann-Holzboog.

1979. *System of Ethical Life and First Philosophy of Spirit*, ed. & trans., H. S. Harris & T. M. Knox. Albany: State University of New York Press.

1983. *Vorlesungen über Naturrecht und Staatswissenschaft: Heidelberg 1817/19 Nachgescherieben von P. Wannenmann*, hrsg. von C. Becker et al., Hamburg: Felix. Meiner Verlag.

1986. *The Philosophical Propaedeutic*, trans., A. V. Miller. Basil Blackwell.

1990. *Encyclopedia of the Philosophical Sciences in Outline and Critical Writings*, ed., Ernst Behler. New York: Continuum.

1991. *Elements of the Philosophy of Right*, ed., Allen Wood, trans., H. B. Nisbet. Cambridge: Cambridge University Press.

1995. *Lectures on Natural Right and Political Science*, trans., J. M. Stewart & P. C. Hodgson. Berkeley: University of California Press.

1999. *Hegel: Political Writings*, trans., L. Dickey. Cambridge: Cambridge University Press.

Henrich, Dieter

2004. "Logic Form and Real Totality: The Authentic Conceptual Form of Hegel's Concept of the State," R. Pippin, & O. Höffe, eds. *Hegel on Ethics and Politics*. Cambridge: Cambridge University Press, pp. 241-267.

Hobbes, Thomas

1994. *Leviathan, with selected variants from the Latin edition of 1668*, ed., Edwin Curley. Indianapolis: Hackett.

Hont, Istvan

2005. *Jealousy of Trade: International Competition and the Nation-state in Historical Perspective*. Cambridge, Mass.: Harvard University Press.

Horstmann, Rolf-Peter

2004. "The Role of Civil Society in Hegel's Political Philosophy," in R. Pippin, & O. Höffe, eds. *Hegel on Ethics and Politics*. Cambridge: Cambridge University Press, pp. 208-238.

Hyppolite, Jean

1996. *Introduction to Hegel's Philosophy of History*, trans., B. Harris & J. B. Spurlock. Gainesville: University Press of Florida.

Inwood, M. J.

1984. "Hegel, Plato and Greek 'Sittlichkeit'," in Z. A. Pelczynski ed., *The State and Civil Society: Studies in Hegel's Political Philosophy*. Cambridge: Cambridge University Press.

Kant, Immanuel

2000. *Critique of the Power of Judgment*, ed. & tran., Paul Guyer. Cambridge: Cambridge University Press.

Knemeyer, Franz-Ludwig

1980. "Polizei," *Economy and Society*, 9(2):172-196.

Moland, Lydia L.

2011. *Hegel on Political Identity: Patriotism, Nationality, Cosmopolitanism*. Evanston: Northwestern University Press.

Nippel, Wilfried

2015. *Ancient and Modern Democracy: Two Concepts of Liberty?* tran., Keith Tribe. Cambridge: Cambridge University Press.

Peperzak, Adriaan T.

2001. *Modern Freedom: Hegel's Legal, Moral, and Political Philosophy*. Dordrecht: Kluwer.

Pitts, Jennifer

2005. *A Turn to Empire: The Rise of Imperial Liberalism in Britain and France*. Princeton: Princeton University Press.

Plato

　1968. *The Republic of Plato*, tran., A. Bloom. New York: Basic Books.

Pufendorf, Samuel, Freiherr von

　1934. *On the Law of Nature and Nations Eight Books [De jure naturae et gentium libri octo]*, tran. C. H. Oldfather & W. A. Oldfather. Oxford: Clarendon.

Riedel, Manfred

　1984. *Between Tradition and Revolution: The Hegelian Transformation of Political Philosophy*, trans., W. Wright. Cambridge: Cambridge University Press.

Riedel, Manfred

　1996. "In Search of a Civic Union: The Political Theme of European Democracy and Its Primordial Foundation in Greek Philosophy," in Reginald Lilly ed., *The Ancients and the Moderns*. Indiana: Indiana University Press, pp.19-28.

Ritter, Joachim

　1982. *Hegel and the French Revolution,* trans. R. D. Winfield. Cambridge, Mass.: MIT Press.

Ritter, Joachim

　1983. "On the Foundations of Practical Philosophy in Aristotle," in D. E. Christensen et. al. eds. *Contemporary German Philosophy*, vol. 2. Philadelphia: University of Pennsylvania Press, pp.39-58.

Rosenberg, Hans

　1985. "The Pseudo-Democratisation of the Junker Class," in G. Iggers ed. *The Social History of Politics: Critical Perspectives in West German Historical Writings since 1945*. New York: Berg.

Shaw, Carl K. Y.

　1992. "Hegel's Theory of Bureaucracy," *American Political Science Review*, 86(2): 381-389.

Siep, Ludwig

　2004. "Constitution, Fundamental Rights, and Social Welfare in Hegel's *Philosophy of Right*," in in R. Pippin, & O. Höffe, eds. *Hegel on Ethics and Politics*. Cambridge: Cambridge University Press, pp. 268-290.

Smith, Steven B.

　1989. *Hegel's Critique of Liberalism: Rights in Context*. Chicago: University of

Chicago Press.

Strauss, Leo

　　1963 (1936). *The Political Philosophy of Hobbes: Its Basis and Its Genesis*. Chicago: University of Chicago Press.

Weber, Max

　　1978. *Economy and Society: An Outline of Interpretative Sociology*, 2 vols., eds. Guenther Roth & C. Wittich. Berkeley: University of California Press.

Wolff, Michael

　　2004. "Hegel's Organicist Theory of the State: On the Concept and Method of Hegel's 'Science of the State'," in R. Pippin, & O. Höffe, eds. *Hegel on Ethics and Politics*. Cambridge: Cambridge University Press, pp. 291-322.

Wood, Allen W.

　　1990. *Hegel's Ethical Thought*. Cambridge: Cambridge University Press.

13 帝國的邊界：再論馬克思

中文

愛德華・巴普蒂斯特（Baptist, Edward E.）

　　2019，《被掩蓋的原罪：奴隸制與美國資本主義的崛起》，陳志傑／譯，杭州：浙江人民出版社。

斯溫・貝克特（Beckert, Sven）

　　2017，《棉花帝國：資本主義全球化的過去與未來》，林添貴／譯，臺北：遠見天下文化。

羅賓・布萊克本（Blackburn, Robin）

　　2013，《未完成的革命：馬克思與林肯》，李曉江、陳志剛／譯，北京：社會科學文獻出版社。

卡爾・馬克思（Marx, Karl）

　　1958，《哲學的貧困》，收於《馬克思恩格斯全集》，第一版，第 4 卷，中共中央馬克思恩格斯列寧斯大林著作編譯局／譯，北京：人民出版社，頁 71-198。

　　1963a，〈不列顛的棉花貿易〉，收於《馬克思恩格斯全集》，第一版，第 15 卷，中共中央馬克思恩格斯列寧斯大林著作編譯局／譯，北京：人民出版社，頁 331-334。

　　1963b，〈北美事件〉，收於《馬克思恩格斯全集》，第一版，第 15 卷，中共中央馬克思恩格斯列寧斯大林著作編譯局／譯，北京：人民出版社，頁 584-587。

1963c，〈倫敦的工人大會〉，收於《馬克思恩格斯全集》，第一版，第 15 卷，中共中央馬克思恩格斯列寧斯大林著作編譯局／譯，北京：人民出版社，頁 480-483。

1963d，〈倫敦德意志工人教育協會支援波蘭的呼籲書〉，收於《馬克思恩格斯全集》，第一版，第 15 卷，中共中央馬克思恩格斯列寧斯大林著作編譯局／譯，北京：人民出版社，頁 614-615。

1972a，〈馬克思致恩格斯〉（1851 年 2 月 3 日），收於《馬克思恩格斯全集》，第一版，第 27 卷，中共中央馬克思恩格斯列寧斯大林著作編譯局／譯，北京：人民出版社，頁 192-198。

1972b，〈馬克思致巴維爾・瓦西里也維奇・安年柯夫〉（1846 年 12 月 28 日），收於《馬克思恩格斯全集》，第一版，第 27 卷，中共中央馬克思恩格斯列寧斯大林著作編譯局／譯，北京：人民出版社，頁 476-488。

1972c，〈馬克思致恩格斯〉（1877 年 7 月 25 日），收於《馬克思恩格斯全集》，第一版，第 34 卷，中共中央馬克思恩格斯列寧斯大林著作編譯局／譯，北京：人民出版社，頁 59-61。

1972d，〈馬克思致尼古拉・弗蘭策維奇・丹尼爾遜〉（1878 年 11 月 15 日），收於《馬克思恩格斯全集》，第一版，第 34 卷，中共中央馬克思恩格斯列寧斯大林著作編譯局／譯，北京：人民出版社，頁 332-334。

1974a，〈馬克思致恩格斯〉（1860 年 1 月 11 日），收於《馬克思恩格斯全集》，第一版，第 30 卷，中共中央馬克思恩格斯列寧斯大林著作編譯局／譯，北京：人民出版社，頁 403-406。

1974b，〈馬克思致斐迪南・拉薩爾〉（1861 年 1 月 16 日），收於《馬克思恩格斯全集》，第一版，第 30 卷，中共中央馬克思恩格斯列寧斯大林著作編譯局／譯，北京：人民出版社，頁 573-575。

1982a，〈關於大・李嘉圖《政治經濟學和賦稅原理》（摘錄、評注、筆記）〉，收於《馬克思恩格斯全集》，第一版，第 44 卷，中共中央馬克思恩格斯列寧斯大林著作編譯局／譯，北京：人民出版社，頁（？）。

1982b，〈反思〉，收於《馬克思恩格斯全集》，第一版，第 44 卷，中共中央馬克思恩格斯列寧斯大林著作編譯局／譯，北京：人民出版社，頁 154-163。

1982c，〈直接生產過程的結果〉，收於《馬克思恩格斯全集》，第一版，第 49 卷，中共中央馬克思恩格斯列寧斯大林著作編譯局／譯，

北京：人民出版社，頁 4-145。

1985，〈勞動對資本的形式上的從屬和實際上的從屬。過渡形式〉，收於《馬克思恩格斯全集》，第一版，第 48 卷，中共中央馬克思恩格斯列寧斯大林著作編譯局／譯，北京：人民出版社，頁 3-35。

1995，《路易・波拿巴的霧月十八日》，收於《馬克思恩格斯全集》，第二版，第 11 卷，中共中央馬克思恩格斯列寧斯大林著作編譯局／譯，北京：人民出版社，頁 127-240。

1996，〈馬・科瓦列夫斯基《公社土地占有制，其解體的原因、進程和結果》一書摘要〉，收於《馬克思古代社會史筆記》，中共中央馬克思恩格斯列寧斯大林著作編譯局／譯，北京：人民出版社，頁 1-121。

1998，〈政治經濟學批判〈1857-1858 年手稿前半部分〉〉，收於《馬克思恩格斯全集》，第二版，第 30 卷，中共中央馬克思恩格斯列寧斯大林著作編譯局／譯，北京：人民出版社，頁 59-623。

2003a，〈國際工人協會成立宣言〉，收於《馬克思恩格斯全集》，第二版，第 21 卷，中共中央馬克思恩格斯列寧斯大林著作編譯局／譯，北京：人民出版社，頁 5-15。

2003b，〈致美國總統阿伯拉罕・林肯〉，收於《馬克思恩格斯全集》，第二版，第 21 卷，中共中央馬克思恩格斯列寧斯大林著作編譯局／譯，北京：人民出版社，頁 24-26。

2004，《1861-1863 年經濟學手稿》，收於《馬克思恩格斯全集》，第二版，第 33 卷，中共中央馬克思恩格斯列寧斯大林著作編譯局／譯，北京：人民出版社。

2008，《1861-1863 年經濟學手稿》，收於《馬克思恩格斯全集》，第二版，第 34 卷，中共中央馬克思恩格斯列寧斯大林著作編譯局／譯，北京：人民出版社。

2017a，《資本論》，第 1 卷，中共中央馬克思恩格斯列寧斯大林著作編譯局／譯，臺北：聯經出版公司。

2017b，《資本論》，第 3 卷，中共中央馬克思恩格斯列寧斯大林著作編譯局／譯，臺北：聯經出版公司。

馬克思與恩格斯（Marx, Karl and Friedrich Engels）

2009，《德意志意識形態》（節選），收於《馬克思恩格斯文集》，第 1 卷，中共中央馬克思恩格斯列寧斯大林著作編譯局／譯，北京：人民出版社，頁 507-591。

麥克弗森（McPherson, James M.）

1993，《火的考驗：美國南北戰爭及重建南部》，陳文娟等／譯，北

京：商務印書館。

Schellhardt, Frank

　2014，〈馬克思《倫敦筆記》第 XVII 筆記本中關於休耳曼著作的摘錄〉，收於周嘉輝編，《馬克思主義研究資料》，第 4 卷，北京：中央編譯出版社，頁 63-72。

Toma, Massimiliano

　2017，〈將馬克思「去地方化」：談哈若圖寧對馬克思的解讀〉，陳春燕／譯，收於陳春燕、劉紀蕙編，《哈若圖寧選集》，新竹：交大出版社。

武錫申／編

　2014，《馬克思主義研究資料》，第 3 卷，北京：中央編譯出版社。

升祿

　2014，〈馬丁‧路德大學馬克思《倫敦筆記》研究簡述〉，收於周嘉輝編，《馬克思主義研究資料》，第 4 卷，北京：中央編譯出版社，頁 23-31。

袁雷、張雲飛

　2013，《馬克思恩格斯「論東方村社」研究讀本》，北京：中央編譯出版社。

張又升

　2019，《反思歷史唯物論：「不平衡與綜合發展」的介入》，國立政治大學政治學研究所博士論文。

張鐘樸

　2014a，〈馬克思在《倫敦筆記》中對殖民地問題的研究〉，收於周嘉輝編，《馬克思主義研究資料》，第 4 卷，北京：中央編譯出版社，頁 234-244。

　2014b，〈馬克思在《倫敦筆記》中對殖民地問題的研究〉，收於周嘉輝編，《馬克思主義研究資料》，第 4 卷，北京：中央編譯出版社，頁 291-345。

彭萍萍編

　2011，《第一國際總委員會文獻（1864-1867）》，收於《國際共產主義運動歷史文獻》，第 5 卷，北京：中央編譯出版社。

萬毓澤

　2018，《《資本論》完全使用手冊：版本、系譜、爭議與當代價值》，臺北：聯經出版公司。

外文

Anderson, Kevin B.

2016. *Marx at the Margins: On Nationalism, Ethnicity and Non-Western Societies.* Expanded edition. Chicago: University of Chicago Press.

2017. "Marx's Intertwining of Race and Class during the Civil War in the United States," *Journal of Classical Sociology*, 17(1): 24-36.

2020. "Nationalism and Ethnicity," in Marcello Musto (ed.) *The Marx Revival: Key Concepts and New Critical Interpretations.* Cambridge: Cambridge University Press. pp. 212-231.

Anievas, Alexander and Kerem Nişancioğlu

2015. *How the West Came to Rule: The Geopolitical Origins of Capitalism.* London: Pluto Press.

Arrighi, Giovanni

2007. *Adam Smith in Beijing: Lineages of the Twenty-First Century.* London: Verso.

Banaji, Jairus

2010. *Theory as History: Essays on Modes of Production and Exploitation.* Leiden: Brill.

Beckert, Sven and Seth Rockman

2016. "Introduction: Slavery's Capitalism," in Sven Beckert and Seth Rockman (eds) *Slavery's Capitalism: A New History of American Economic Development.* Philadelphia: University of Pennsylvania Press, pp. 1-27.

Bensaïd, Daniel

2009. *Marx, mode d'emploi.* Paris: Zones.

Benton, Ted

1984. *The Rise and Fall of Structural Marxism.* Basingstoke: Macmillan.

Bhambra, Gurminder K.

2007. *Rethinking Modernity: Postcolonialism and the Sociological Imagination.* Basingstoke: Palgrave Macmillan.

2010. "Historical Sociology, International Relations, and Connected Histories," *Cambridge Review of International Affairs*, 23(1): 127-143.

2011. "Talking among Themselves? Weberian and Marxist Historical Sociologies as Dialogues without Others," *Millennium*, 39(3): 667-681.

2014. *Connected Sociologies.* London: Bloomsbury Academic.

Brandon, Pepijn

2015. "Rethinking Capitalism and Slavery: New Perspectives from American Debates," *Tijdschrift voor Sociale en Economische Geschiedenis*, 12(4): 117-137.

Chernilo, Daniel

2011. "The Critique of Methodological Nationalism: Theory and History," *Thesis Eleven*, 106(1): 98-117.

Chibber, Vivek

2013. *Postcolonial Theory and the Specter of Capital*. London: Verso.

Drapeau, Thierry

2019a. "'Look at our Colonial Struggles': Ernest Jones and the Anti-Colonialist Challenge to Marx's Conception of History," *Critical Sociology*, 45(7-8): 1195-1208.

2019b. "The Frightful Hobgoblin against Empire: Karl Marx, Ernest Jones, and the World-Revolutionary Meaning of the 1857 Indian Uprising," *Historical Materialism*, 27(4): 29-66.

Du Bois, W. E. B.

2013 [1935]. *Black Reconstruction in America*. London: Transaction Publishers.

Gille, Zsuzsa

2012. "Global Ethnography 2.0: From Methodological Nationalism to Methodological Materialism," in Anna Amelina et al. (eds) *Beyond Methodological Nationalism: Research Methodologies for Cross-border Studies*. London: Routledge, pp. 91-110.

Go, Julian

2016. *Postcolonial Thought and Social Theory*. New York: Oxford University Press.

Habib, Irfan

2002. *Essays in Indian History: Towards a Marxist Perception*. London: Anthem.

Harnecker, Marta

1980. "Mode of Production, Social Formation and Political Conjuncture," *Theoretical Review*, 17: 23-31.

Harootunian, Harry

2015. *Marx after Marx: History and Time in the Expansion of Capitalism*. New York: Columbia University Press.

Hartman, Andrew

2018. "Against the Liberal Tradition: An Intellectual History of the American

Left," in Raymond Haberski Jr. and Andrew Hartman (eds) *American Labyrinth: Intellectual History for Complicated Times*. London: Cornell University Press, pp. 132-145.

Jahn, Wolfgang

1987. "Die Londoner Hefte 1850-1853 in der Entwicklung der politischen Ökonomie von Karl Marx," *Jahrbuch des Inst. für Marxist Studien und Forschungen*, 12.

James, C. L. R.

1963. *The Black Jacobins: Toussaint L'Ouverture and the San Domingo Revolution*. New York: Vintage Books.

Jameson, Fredric

1991. *Postmodernism, or, the Cultural Logic of Late Capitalism*. Durham, NC: Duke University Press.

Kubálková, Vendulka and Albert Cruickshank

1989. *Marxism and International Relations*. Oxford: Oxford University Press.

Lincoln, Abraham

1989. *Speeches and Writings 1859-1865*. New York: Literary Classics of the United States.

McMichael, Philip

1991. "Slavery in Capitalism: The Rise and Demise of the U.S. *Ante-bellum* Cotton Culture," *Theory and Society*, 20(3): 321-349.

Morfino, Vittorio

2018. "On Non-Contemporaneity: Marx, Bloch, Althusser," in Vittorio Morfino and Peter D. Thomas (eds) *The Government of Time: Theories of Plural Temporality in the Marxist Tradition*. Leiden: Brill, pp. 117-147.

Musto, Marcello

2018. *Another Marx: Early Manuscripts to the International*. New York: Bloomsbury Publishing.

Olende, Ken

2019. "Marx and Race: A Eurocentric Analysis?", *International Socialism*, available at http://isj.org.uk/marx-and-race/.

Pradella, Lucia

2013. "Imperialism and Capitalist Development in Marx's *Capital*," *Historical Materialism*, 21(2): 117-147.

2015. *Globalisation and the Critique of Political Economy: New Insights from*

Marx's Writings. London: Routledge.

2017a. "Marx and the Global South: Connecting History and Value Theory," *Sociology*, 51(1): 146-161.

2017b. "Postcolonial Theory and the Making of the World Working Class," *Critical Sociology*, 43(4-5): 573-586.

Ransom, Roger L. and Richard Sutch

1988. "Capitalists without Capital: The Burden of Slavery and the Impact of Emancipation," *Agricultural History*, 62(3): 133-160.

Richardson, William Jamal

2018. "Understanding Eurocentrism as a Structural Problem of Undone Science," in Gurminder K Bhambra, Dalia Gebrial and Kerem Nıancıo lu (eds) *Decolonizing the University*. London: Pluto, pp. 231-247.

Rockman, Seth

2014. "What Makes the History of Capitalism Newsworthy?", *Journal of the Early Republic*, 34(3): 439-466.

Rosenberg, Justin

2013. "The 'Philosophical Premises' of Uneven and Combined Development," *Review of International Studies*, 39(3): 569-597.

Rosenthal, Caitlin

2018. *Accounting for Slavery: Masters and Management*. Cambridge, Massachusetts: Harvard University Press.

Seth, Sanjay

2009. "Historical Sociology and Postcolonial Theory: Two Strategies for Challenging Eurocentrism," *International Political Sociology*, 3(3): 334-338.

Starr, Paul

2019. *Entrenchment: Wealth, Power, and the Constitution of Democratic Societies*. New Haven: Yale University Press.

Subrahmanyam, Sanjay

1997. "Connected Histories: Notes towards a Reconfiguration of Early Modern Eurasia," *Modern Asian Studies*, 31(3): 735-762.

ten Brink, Tobias

2014. *Global Political Economy and the Modern State System*. Leiden: Brill.

Toma, Massimiliano

2013. "Accumulation and Time: Marx's Historiography from the *Grundrisse* to *Capital*," *Capital and Class*, 37(3): 355-372.

2015. "On the Capitalist and Emancipatory Use of Asynchronies in Formal Subsumption," *Review*, 38(4): 287-306.

van der Linden, Marcel

2008. *Workers of the World: Essays toward a Global Labour History*. Leiden: Brill.

Warren, Rosie (ed.)

2017. *The Debate on Postcolonial Theory and the Specter of Capital*. London: Verso.

Wendling, Amy E.

2013. "Second Nature: Gender in Marx's *Grundrisse*", in Riccardo Bellofiore, Guido Starosta, and Peter D. Thomas (eds) *In Marx's Laboratory: Critical Interpretations of the Grundrisse*. Leiden: Brill, pp. 347-369.

Wimmer, Andreas and Nina Glick Schiller

2002. "Methodological Nationalism and Beyond: Nation-state Building, Migration and the Social Sciences," *Global Networks*, 2(4): 301-334.

Wood, Kirsten E.

2010. "Gender and Slavery," in Mark M. Smith and Robert L. Paquette (eds) *The Oxford Handbook of Slavery in the Americas*. New York: Oxford University Press, pp. 513-534.

聯經評論

帝國與文明：政治思想的全球轉向

2022年4月初版　　　　　　　　　　　　　　　　定價：新臺幣580元
有著作權・翻印必究
Printed in Taiwan.

		主　　編	曾	國	祥
			劉	佳	昊
著者：		叢書主編	黃	淑	真
曾國祥、劉佳昊、梁裕康、賴芸儀、陳禹仲、陳正國		校　　對	馬	文	穎
陳嘉銘、陳建綱、周家瑜、沈明璁、葉　浩、許家豪		內文排版	張	靜	怡
蕭高彥、萬毓澤		封面設計	廖	婉	茹

出　　版　　者	聯經出版事業股份有限公司	副總編輯　陳　逸　華	
地　　　　　址	新北市汐止區大同路一段369號1樓	總 編 輯　涂　豐　恩	
叢書編輯電話	(02)86925588轉5322	總 經 理　陳　芝　宇	
台北聯經書房	台北市新生南路三段94號	社　　長　羅　國　俊	
電　　　　　話	(02)23620308	發 行 人　林　載　爵	
台中分公司	台中市北區崇德路一段198號		
暨門市電話	(04)22312023		
台中電子信箱	e-mail：linking2@ms42.hinet.net		
郵 政 劃 撥 帳 戶 第 0 1 0 0 5 5 9 - 3 號			
郵 撥 電 話	(02)23620308		
印　　刷　　者	文聯彩色製版印刷有限公司		
總　　經　　銷	聯合發行股份有限公司		
發　　行　　所	新北市新店區寶橋路235巷6弄6號2樓		
電　　　　　話	(02)29178022		

行政院新聞局出版事業登記證局版臺業字第0130號

本書如有缺頁，破損，倒裝請寄回台北聯經書房更換。　ISBN 978-957-08-6245-4 (平裝)
聯經網址：www.linkingbooks.com.tw
電子信箱：linking@udngroup.com

本書為中央研究院主題研究計畫
「帝國與文明：普遍價值之批判性反思（歐洲：1650-1850）」之研究成果。

國家圖書館出版品預行編目資料

帝國與文明：政治思想的全球轉向/曾國祥、劉佳昊主編 .
初版 . 新北市 . 聯經 . 2022年4月 . 584面 . 14.8×21公分（聯經評論）
ISBN 978-957-08-6245-4（平裝）

1.CST：西洋政治思想　2.CST：政治思想史

570.94　　　　　　　　　　　　　　　　　　　111003110